浙大财税中心、中科天翔研究系列

公共财政转型
与社会政策发展

PUBLIC FINANCE TRANSITION
AND SOCIAL POLICY DEVELOPMENT

顾昕 著

社会科学文献出版社
SOCIAL SCIENCES ACADEMIC PRESS (CHINA)

前言
公共财政支出与国家治理转型

国家治理体系和治理能力的现代化，需要政府、市场和社会多方行动者协作互动，在制度建设上促成行政机制、市场机制和社群机制的互补嵌入。在这方面，公共财政的角色举足轻重。公共财政不仅是政府施政的最重要抓手，也是治理变革的最重要推手，而后一点无论是在学术界还是在政策实践中所受到的重视度都不足。以往人们所重视的，往往是公共财政在公共政策上的战略意义，而不是在公共治理变革上的重要意涵。

在中国财政学界或者在更为广泛的公共管理学界看来，公共财政的格局在中国尚未真正形成，其原因在于公共财政服务于发展型政府，呈现出经济发展主义。随着中国政府从发展型政府向公共服务型政府转型，公共财政将从倾向于推动经济发展向促进经济社会协调发展上转型。

实际上，这样一场具有重大且深远意义的公共财政结构性转型正在发生，体现出中国政府的发展战略正从单方面注重经济增长向重视经济社会协调发展的方向上转变。在改革开放时代迈出市场力量引入的初期阶段之后，中国的社会保护和社会发展开始与市场力量的释放同步加速，从而使中国政府的规模随之增大。与此同时，中国公共财政支出的配置机制和流向结构都发生了一定的变化。一方面，中国社会政策领域中公共财政支出的绝对和相对规模都有所增长，尤其是进入中国特色社会主义新时代之后增长更为显著；另一方面，公共财政支出配置流向的转变也促进了社会领域的治理变革。尽管在学术界和实践层都对"福利国家"这个词有各种各样的偏见，但是，客观的事实是，一个全新的福利国家正在中国形成，而这种新的福利国家不同于传统意义上行政化、官僚化、科层化倾向严重的旧福利国家，而是具有发展主义取向、基于积极社会政策、致力于社会基础设施建设的新福利国家。

这一点在医疗领域尤为显著，公共财政转型在推动医疗卫生健康治理创新上的贡献良多。首先，通过增加财政投入，医疗卫生健康领域政府的筹资职能回归，其结果是，中国卫生总费用大幅度提升，卫生公共支出占比接近某些发达国家的水平，政府和公共部门在这一领域公共治理体系中的定位更加明确；其次，政府财政预算支出"补需方"的强化及其制度化，不仅使全民医疗保险体系得以建立，而且还为重构医疗卫生健康供给侧的激励机制奠定了基础，当然激励机制的优化还是一个长期的过程；最后，医疗卫生健康领域公共财政转型的方兴未艾之举，在于推动"补供方"或"投供方"的治理变革，即改变以往按编制拨款的行政化旧模式，代之以政府购买的市场化新方法。改善行政机制、引入市场机制、发育社群机制，无论是在医疗服务还是在公共卫生领域，都成为治理体系转型的关键环节，也成为治理能力提升的不二法门。

本书致力于通过翔实的数据分析、历史探究和理论考察，展示中国公共财政波澜壮阔的大转型。这一过程将分为三个部分展开，从而呈现为本书的三大部分。

第一部分的四章对政府规模的理论意涵进行讨论，并基于中国教育领域的公共支出数据，对相关理论进行一定的检验。第二部分的四章专注于对中国社会政策支出的增长进行分析，而社会政策支出增长在政府增长中具有重要意义，也可以说是政府增长的重要推手并对社会经济生活产生最为直接的、最具实质意义的影响。第三部分有八章，重点考察医疗卫生健康领域公共财政的转型及其对该领域公共治理变革的影响。可以说，这一部分是前两部分理论思考和宏观探究的深化和细化。

第一部分的主题，回应了社会科学和人文学术界旷日持久的大政府与小政府之争。关于政府规模究竟太大还是太小，以及关于大政府与小政府孰优孰劣，经常占据着各国公共讨论的空间，也成为学术研究的课题。相关讨论和研究的首要前提，是弄清如何度量政府规模。第一章对政府规模度量问题进行了详细考察，这看起来似乎是一个学术分析的技术性问题，实则不然。由于政府活动的多样性，政府规模的度量必然具有多维性，因此不可能也不应该有唯一的度量指标。采用哪些指标进行研究，取决于研究目的，但最为常见的是政府支出与国民经济总产出之比。以此来衡量，在世界各地，政府规模的确会随着经济增长而有所扩张，呈现出瓦格纳定律所揭示的各种效应，但政府会有增长的极限。政府规模是否过大，取决于其扩张是否不利于经济社会发展。由于对政府职能的认知不同以及对政府活动投入与产出的度量方式不同，不同研究对最优政府规模的测算，尚未形成共识。因此，何为大政府也成为一个具有争议的问题，更不必说评判其优劣了。

政府规模的变化，尤其是政府规模膨胀即政府增长，无论是对于公共经济学、公共管理学和政治经济学的学术研究来说，还是对政府改革的实践来说，都具有重要意义。经济增长是否助长政府规模，即瓦格纳定律在中国是否适用，自然成为研究者关注的一个论题，结论看起来莫衷一是。第二章对检验瓦格纳定律在中国是否灵验的中英文学术研究成果进行综述。这些研究启示我们，对于政府增长的研究，需要特别关注如下几个问题：（1）结构性和制度性变革因素的外生冲击；（2）不同公共支出领域的情形；（3）经济发展阶段性对政府增长的影响；（4）不同公共支出类型的作用。唯有对这些问题深入探讨，中国政府增长的实证性研究才能分别在政府增长的多元决定因子、政府增长的功能、政府增长的极限、社会保护和社会福利对政府增长的影响、公共财政治理对政府增长的影响等领域做出贡献，并就中国公共财政治理变革给出更具针对性的意见。

在公共经济学和发展政治学中，政府规模是最经久不息的研究课题之一，而大政府与小政府孰优孰劣也是公共政策甚至意识形态争论的重点话题之一。一般认为，只有把政府规模控制在适度的范围，才能保证政府更有效地发挥其应有的作用；一旦超过适度规模，政府就变成了大政府。可是，对于何为适度或最优政府规模，学界众说纷纭。第三章专门考察有关最优政府规模的学术研究成果。这些研究显示，政府规模适度或最优水平的确定，与确定政府的施政目标有关，而施政目标的确立与政府职能的界定有关。如果仅以促进经济增长为目标，那么最优政府规模的测算结果会偏小；如果在经济增长之外引入多元社会发展目标，那么最优政府规模的测算结果会增大。此外，最优政府规模的研究还需考虑到政府施政效率和公共部门绩效的因素。但由于很多社会发展指标、政府施政效率和公共部

3

门绩效的可度量性低,且由于在政府究竟应该承担哪些社会职能的确定上分歧巨大,有关大政府与小政府孰优孰劣的争论会无休无止地进行下去。

对于瓦格纳定律的根源,学界衍生出很多细致的命题,其中全球化引致大政府就是这样的一个命题。面对经济全球化的冲击,世界各地政府会做出何种应对,尤其是社会政策支出有何变化,这是经济学、政治学和社会学界共同关注的一个话题。第四章基于中国1998~2016年省级面板数据,运用空间计量模型进行分析,有两点发现:(1)投资开放度对省域生均财政教育支出水平及增量都呈现非线性的U形关系,即先有压低后有提高之效;(2)贸易开放度对省域生均财政教育支出水平没有显著影响,但对支出增量也呈现出U形关系。这些发现显示,就教育支出而言,全球化引致大政府的命题在中国亚国家层级上获得了有条件的证实,即只有深度全球化才会引致大政府。更重要的是,这一章确证了既有文献中"补偿假说"或"社会保护论",即在全球化冲击下的各地政府通过强化社会保护以补偿受损民众,从而使政府规模增大;同时,这一章还提供了一种新的解释——社会发展论,即为了应对全球化的冲击,各级政府会采用发展型社会政策,助力经济增长,而增加教育支出的财政政策正是这种发展型社会政策的具体举措之一。

第二部分对中国公共政策中社会政策支出的分析,本质上就是对福利国家建设的分析。第五章有两个不同但密切相关的内容,一是对中国福利国家建设的背景进行分析,二是对中国福利国家建设的理论意涵进行考察。中国福利国家建设的背景是中国经济发展模式的转型,而这一转型在短期内的具体目的是提升国内民间投资和民间消费。然而,由于各种社会风险难以得到有效的分散,居民对于未来收入的预期不稳定,而对于未来支出快速增长的预期却是确定无疑的,因此中国居民储蓄率持续攀升,自然导致民间消费率持续下降。因此,从经济领域推动中国经济发展模式转型,明显是力有不逮的。从理论上看,中国经济发展模式转型如果局限于经济领域,无论如何也是无法成功的,而是需要超越经济发展主义,推动社会政策变革,其方向是重建一个适合中国经济社会发展水平的福利国家。福利国家建设并不一定与市场化建设相悖,也不一定会有损于市场运行的效率。从维护、培育发展市场机制的视角反对福利国家的建设,是没有理论依据的。正如市场机制本身有多样性,福利国家的制度结构也有多样性。福利国家的建设，能够在多大程度上促进社会公平、保障人民福祉的同时提高经济效率，端看福利国家的建设取向、治理模式和施政措施。实施"积极的社会政策"，建设一个发展型福利国家，使之成为市场机制运行的社会性基础设施，而后者正是中国经济发展模式转型的社会基础。正是这一点为许多关于中国经济发展模式转型的论述所忽视，而这种忽视根源于对当今世界福利国家治理变革的认知相当滞后。

尽管在认知上尚且滞后，但中国的公共财政正在发生一次具有重大意义的结构性转型，即社会政策支出的水平大幅度提高，这意味着一个福利国家正在中国兴起早已成为一个基本事实。对公共财政的结构性转型及其现实和理论意义，既有文献的阐发非常不足。第六章对这一结构性转型进行了宏观考察，分析中国社会政策支出的水平和结构，一方面呈现出一个国家社会民生事业的发展水平，另一方面也折射出中国政府的施政理念。长期以来，中国公共财政中用于社会民生领域的支出，无论是从水平还是从结构上看，都处于偏低的格局。但这一格局自2005年以来出现了实质性的改变，即中国社会政策支出占国内生产总值（GDP）的比重及其在更为一般性的公共支出中的份额，都出现了明显的提升。中国公共财政正在发生的这一结构性转型，体现出中国政府的发展战略正从单方面注重经济增长向重视经济社会协调发展的方向转变。当中国经济进入新常态之后，中国公共财政的结构性转型能否坚持下去，中国市场机制的社会性基础设施能否进一步夯实，发展型福利国家或社会保护体系能否在中国发育并完善，是中国经济发展模式转型能否成功的关键影响要素。

第七章对中国社会政策支出的筹资机制进行分析。在世界各国，社会政策支出的资金主要来源包括一般税收和社会保险缴费，其中社会保险缴费在中国的社会支出中占据相当大的份额。尽管福利给付水平还不高，但仅从收入结构或筹资模式上看，中国福利国家接近于西欧式"法团主义模式"，即社会保险在社会政策支出中的比重相对较高。筹资来源不仅是筹资问题，而且与治理问题有关，即不同的筹资来源会对治理机制和治理结果（尤其是公平性）产生影响。作为福利筹资和给付的一种重要模式，社会保险本身固有的一些公平与效率问题在中国同样存在，如参保者与非参保者的社会保障差别巨大且企业缴费负担沉重等。而且，由于制度细节设计不当，中国的社会保险制度还存在不少不公平和负激励问题，使之未能产生良好的再分配与风险分摊效应。中国福利国家的治理变革，亟待学界针对包括福利体制的诸多制度性问题在内的"社会大转型"展开深入的研究，其中有关社会保险体系的治理变革自然是主要的论题。

如果说第七章是对中国社会政策支出收入面进行分析，那么第八章就是对支出面进行分析。随着中国社会政策支出总体水平的逐渐提高，中国社会政策支出的配置机制和配置结构也逐渐发生了改变。从配置机制上看，中国社会政策支出出现了两阶段结构性转变：第一阶段，20世纪90年代，社会保险发展起来，但社会救助体系停滞不前，使社会安全网出现了漏洞；第二阶段，进入21世纪之后，社会救助体系重新受到重视。从配置结果来看，社会保护支出增长迅猛是中国社会政策支出结构性转变的最显著之处。中国的经验证明，社会保护的发展并非与市场机制的成熟相对立，而是一种与释放市场力量相辅相成的国家行动。中国的经验同样表明，以忽视社会保护为主要特征的东亚生产主义福利模式，在全球化和市场化的进程中，不可避免地发生转型。不过，中国同亚洲发展中国家的共同之处，在于医疗卫生领域中公共财政支出的比重偏低，这对于正在快速走向老龄化的中国来说，尤其是一个不容忽视的结构性缺陷。同时，中国在教育领域的公共财政支出上也有提升的空间。

第三部分集中对医疗卫生健康领域涉及公共财政的事项及其对该领域公共治理变革的影响进行深入的分析。这部分分析，依循从宏观到中观的路径，首先展示该领域公共财政转型的宏观格局，并进行国际比较，进而对医疗保险体系中涉及财政的一些技术性问题进行深入分析，最后针对地方（浙江省）和部门（国家医疗保障局）的治理变革实践进行讨论。

第九章考察在新医改正式实施之前医疗卫生健康财政格局。20世纪90年代，中国的公共财政在卫生筹资领域的责任弱化，国际文献称此现象为"国家退出"，导致民众医药费用的负担大大加剧，产生了严重的社会不公现象。然而，自2003年以来，这种局面开始逆转，中国卫生总费用中公共筹资或者广义政府卫生支出的比重大幅度提高，到新医改正式实施的前夜，开始接近并将超过发展中国家的平均水平。与此同时，公共财政的转型在医疗卫生领域有了充分的体现，即政府不再独揽卫生筹资和基本医疗卫生服务提供的责任，而是通过公共财政筹资优势的发挥以及政府购买服务的方式，动员社会资本进入医疗卫生领域，在服务提供方面引入竞争。

政府还调整了公共资源的配置方向，强化对农村地区基本医疗卫生服务体系和城乡基本医疗保障体系的投入。所有这些，均为全球性公共管理变革以及中国政府转型大趋势的具体体现。"新医改方案"明确了医疗卫生领域公共财政转型的这些新原则，不仅为中国医药卫生事业的发展指出了新方向，而且还将对中国经济社会和谐发展产生深远的影响。

第十章对新医改正式实施十年来医疗卫生健康公共财政的格局进行全景式考察，并与实施前进行对比。这一考察揭示，公共财政转型在推动中国医疗卫生健康事业公共治理创新上的贡献良多。首先，通过增加财政投入，医疗筹资的政府职能回归，其结果是，中国卫生总费用大幅度提升，公共卫生支出占比也已经接近发达国家的水平；其次，政府财政预算支出"补需方"的强化及其制度化，不仅使医疗保险体系得以实现全民覆盖，而且还为新医改新时代全面推进医保支付制度改革，进而重构医疗供给侧的激励机制奠定了基础；最后，医疗领域公共财政转型的方兴未艾之举，在于推动"补供方"或"投供方"的治理变革，即改变以往按编制拨款的行政化旧模式，代之以政府购买的市场化新方法。这些改革之举，不仅与国际公共管理的前沿变革相契合，而且对中国国家治理体系的现代化具有重要的战略意义。

公共卫生是公共服务的重要组成部分之一，也是医疗卫生健康领域中较为特殊的一种服务，其治理好坏与医疗卫生健康事业的公益性息息相关。第十一章全面系统地考察了中国公共卫生体系在进入21世纪以来的组织和制度模式，突出了公共财政在塑造和变革其治理机制中的作用。与世界各国的情形一样，行政机制在中国公共卫生的治理中发挥着主导性作用；但与发达国家不一样，行政机制的主导性抑制了市场机制和社群机制发挥应有作用的空间。等级化行政协调机制导致公共卫生资源配置的非均等化。纵向协调的主导使横向协调低效，导致相当多的边界性服务或新兴服务供给不足。对于众多免费提供的公共卫生服务来说，自上而下设立的激励机制经常失灵，导致这类服务的供给不足或质量不高（即形式主义盛行）。政府通过建立大型官僚等级组织以大包大揽的方式直接提供公共卫生服务，并不一定是行政机制的最优运行模式。公共卫生体系通过治理变革补短板，在新冠肺炎疫情防治经验总结的背景下，更具重要意义。只有中国政府大力推进自身的改革，优化行政机制的运作模式，拓展市场机制的运作空间，引入社群机制的运作框架，推动多种多样公私合作伙伴关系的形成，公共卫生的治理变革才能走上良性循环的轨道。

第十二章考察中国基本医疗保障体系的治理问题，而医保体系和公共卫生体系都是医疗卫生健康领域中最重要的制度性基础设施。由于制度结构的差异性和行政管理的地方性，中国基本医疗保障体系呈现碎片化，这使医保的游戏规则在不同地区、不同身份的人群之间存在复杂的差别，导致严重的制度失调和运转不良。医保碎片化，无论是从公平还是从效率的角度来衡量，都给中国社会保障事业的发展带来了深远的负面影响。医保体系中的诸多老大难问题，例如城乡一体化、统筹层次提高、个人账户的使用及其存废、医保基金累计结余的最优规模及其使用、退休者免缴费规则、医保关系跨地区转移接续（即可携带性）等，均为医保碎片化所累而迟迟难以解决。零碎的制度微调已经无济于事，中国医保体系迫切需要系统性的改革。

中国医保体系最合意的改革方向是走向再福利化，从社会医疗保险向全民公费医疗转型。第十三章对此问题进行了专题考察，并对其中涉及的战略性（合意性）、战术性（转型路径）和技术性问题（转型成本与收益）进行深入的分析。在新医保体系中，所有国民均以居民身份参保，筹资来源于国民定额参保登记费和政府定额补贴。对所有参保国民来说，参保缴费水平划一，给付水平和结构也一样。这一转型不仅能化解医保碎片化所引致的诸多棘手问题，提升医保的公平和效率，而且还能助推供给侧改革中企业社保减负。实现这一转型，不仅需要政府财政增加一定的预算卫生支出，而且还需要政府以及公共政策学界治理理念的转变，即重新思考福利国家与市场经济的关联性，并破除对全民公费医疗的偏见，即把中国计划经济时代公费医疗的教训等同于、移植于或投射于世界各地正在实施的全民公费医疗实践之中。

退休者免予缴费而享受参保者待遇，是城镇职工基本医疗保险长期形成的基本游戏规则之一。可是这一规则对医保覆盖面拓展、筹资公平性、给付可持续性和可携带性带来了负面影响。2015~2016年，政府曾试图开展废止这一规则的政策研究，但这一政策导向遭遇民意反弹。第十四章对城镇职工医保中退休者免缴费规则的历史沿革进行了描述，对这一规则所引发的"系统老龄化"危机进行了分析。基于历史考察和制度分析，本章认为，可行的改革之道，并非在退休者如何缴费上就事论事，而是废止城镇职工医保，走向准全民公费医疗。唯此，基本医疗保障体系才能一劳永逸地解决老龄化问题，重构激励机制，实现可持续发展。这一思路为第十三章所勾画的全民公费医疗蓝图提供了细节的深描。

基本卫生保健（又译初级卫生保健）或社区卫生服务的发展，既是公共卫生体系也是医疗服务体系的一部分，其服务能力的提升离不开组织、制度和治理模式的创新。第十五章以浙江省为案例，就财政体制与基本卫生保健的治理展开讨论。浙江省县域医共体建设推进县级医院与基层的城乡社区卫生服务机构一体化，从而让医共体内所有组成单位结成一个利益共同体，是基本卫生保健治理创新的一种尝试。在创新的过程中，由于既有人事、财政、医保和价格体制所构成的制度嵌入性，医共体机构统一目标受到多重体制的制约而难以在短期内达成，其中基于编制的财政补偿体制尤为重要。浙江省政府启动了基层医疗卫生机构的财政改革，力推从按编制拨款到按绩效购买服务的转型。财政领域的制度变革，为医共体建设突破制度嵌入性的羁绊，实现基本卫生保健体系的公共治理创新，开辟了新的空间。

第十六章聚焦于全国各地医疗保障局的组建对中国医保体系的深远影响。医疗保障局的建立标志着中国新医改进入新时代，而新医改新时代的特征在于需求侧（医保体系）改革将走向去碎片化，供给侧（医疗体系）改革将走向去行政化。医疗保障局面临三个重大挑战：第一，建立医保公共预算制度，通过筹资体制、给付结构、经办模式的重构，将既有碎片化的基本医疗保障体系整合为以省为单位的单一付费者体系；第二，推动医保支付改革的规范化与制度化，从而加快重构医疗供给侧的激励结构，让医疗机构有更高的积极性为参保者提供性价比高的医药服务；第三，推动医药价格体制改革，并在此基础上重建药品集中采购制度。医疗保障局的建立及其在医疗需求侧和供给侧所推动的改革，是医疗事业公共治理创新和国家治理体系现代化的重要实践，将在医疗领域中重构政府—市场—社会的关系，推动政府职能的转型。

总而言之，公共财政的转型助推了福利国家建设中的治理变革，中国社会领域出现了发展型福利国家的雏形。尤其是在医疗卫生健康领域，国家、市场、社会协同协作，行政机制、市场机制和社群机制互补嵌入的新公共治理格局，有望在未来形成。当中国的改革与发展事业进入新时代之后，公共财政的结构性转型继续坚持下去，对于国家治理体系和治理能力的现代化，对于发展型福利国家的建设，对于社会民生事业的发展，都具有重大的战略意义。

本书的完成离不开众多人士的大力支持。赵琦和孟天广分别为第四章和第六、八章提供了数据分析。全书各章的早期版本曾经在学术期刊发表，在此特别感谢这些期刊的责任编辑或主编，包括《中国社会科学》的冯小双、《广东社会科学》的左晓斯、《学习与探索》的房宏琳、《社会科学研究》的何频、《学海》的毕素华、《治理研究》的严国萍、《武汉科技大学学报》的许斌、《中国公共政策评论》的岳经纶、《中国卫生管理研究》的顾海、《教育研究》的金东贤等。在纳入本书时，笔者对已刊论文中所涉及的数据进行了更新，内容也进行了增补。相当欣慰的是，已刊论文中所表达的观点，均未因数据更新和内容充实而有所更改。

本书所展示的一些研究，尤其是有关医疗政策的研究，与如下学友的支持密切相关，他们是余晖、郁建兴、朱恒鹏、雒亚龙、何文炯、牛正乾、戴廉、余功斌、宋其超、关志强、刘翔、王杉、张苗、韩克庆、仇雨临、朱亚鹏、刘庭芳、肖滨、周子君、杨洪伟、董朝晖、张炜、杨中旭、汪兆平、王世玲等。同时，还感谢社会科学文献出版社的王绯和黄金平在出版协调和书稿编辑上的精心安排。

在此，特别感谢浙江大学财税大数据与政策中心主任李金珊教授。在她的领导下，该中心为本书的出版提供了技术支持，并将本书列入中心的出版系列。

顾　昕

2020 年 12 月 15 日

目录 Contents

第一部分 政府增长的研究：公共支出的政治经济社会意涵

第一章　走向大政府时代？ …………………………………………… 3
第二章　检验"瓦格纳定律"：中国经济增长与政府规模研究 ………… 21
第三章　最优政府规模与经济社会协调发展：重审大政府-小政府
　　　　之争 ………………………………………………………… 47
第四章　社会发展视角下的全球化与大政府：中国地方财政教育
　　　　支出 ………………………………………………………… 62

第二部分 中国社会政策支出的增长

第五章　从经济发展主义到社会发展主义：社会政策变革与中国
　　　　发展模式转型 ……………………………………………… 95
第六章　中国社会政策支出的增长与公共财政的结构性转型 ………… 124
第七章　中国社会政策支出的筹资模式：一般税收与社会保险的公平
　　　　程度与激励效应 …………………………………………… 141
第八章　中国社会政策支出的配置机制和流向结构 …………………… 159

第三部分 公共财政转型与医疗卫生健康事业发展

第九章　公共财政转型与政府卫生筹资责任的回归：新医改实施前的
　　　　变化 ………………………………………………………… 179

第十章	公共财政转型与政府卫生投入机制的改革：新医改实施后的变化 …………………………………………………………… 204
第十一章	政府投入与公共卫生的治理变革 …………………… 223
第十二章	中国全民医疗保险体系的碎片化及其治理之道 …… 249
第十三章	走向准全民公费医疗：医保体系制度创新对公共财政的挑战 ………………………………………………………… 263
第十四章	重新思考退休者免医保缴费的问题：中国医保体系的可持续发展 …………………………………………………… 278
第十五章	财政制度改革与县域医共体的推进：浙江经验 …… 299
第十六章	国家医疗保障局与新时代医疗保险的新挑战 ……… 316

参考文献 ………………………………………………………………… 333

表目录

表号	标题	页码
表1-1	1920~2018年发达国家的政府规模（以政府总支出在GDP中的占比来衡量）	13
表4-1	中国经济全球化与政府应对的主要变量的描述性统计	81
表4-2	1998~2016年全球化对中国生均教育支出的影响	82
表4-3	1998~2016年全球化对中国生均教育支出增量的影响	84
表5-1	2009年和2012年亚洲部分国家社会保护指数、社会保护支出占GDP的比重及人均GDP	99
表5-2	行政化福利国家与能促型福利国家的比较	122
表6-1	1990~2018年中国社会政策支出的总水平	132
表6-2	1990~2018年中国社会政策支出占公共支出的比重	135
表6-3	中国和世界主要发达国家的社会支出水平	137
表7-1	1990~2018年中国社会政策支出中财政预算与社会保险筹资来源的金额与占比	149
表7-2	1990~2013年世界诸国社会政策支出中一般税收和社保缴费所占的份额	153
表7-3	1990~2018年中国社会保险基金的累计结余水平	156
表8-1	1990~2018年中国社会政策支出的三种配置机制	166
表8-2	社会支出三种配置机制构成的四国比较	167
表8-3	1990~2018年中国社会政策支出的配置结果	170
表8-4	若干国家教育、卫生和社会保护领域的公共支出	173
表9-1	2006年世界部分国家公共筹资占卫生总费用的比重	192
表9-2	1990~2008年政府预算卫生支出及其增长指数	194

表10-1	世界各国卫生总费用（THE）占国内生产总值（GDP）的比重	209
表10-2	公共支出在卫生总费用中占比的国际比较	212
表11-1	从经典公共行政到新公共治理的范式变革	230
表11-2	2002~2018年中国政府财政在医疗卫生机构中的投入	234
表11-3	2002~2018年专业公共卫生机构中政府投入的分布	235
表11-4	2004~2018年政府投入在专业公共卫生机构总收入中的占比	236
表11-5	2002~2018年中国疾病控制中心的能力建设	238
表11-6	2002~2018年中国妇幼保健院（所）的能力建设	242
表11-7	2002~2018年中国卫生监督所（中心）的能力建设	245
表12-1	中国社会医疗保险的制度结构	252
表14-1	1993~2018年中国城镇职工基本医疗保险的负担率	286
表14-2	1994~2018年中国城镇职工基本医疗保险基金的收入、支出和结余	287

图目录

图 3-1 政府规模与经济增长的关系：巴斯曲线、阿梅曲线、拉恩曲线或阿梅-拉恩曲线 ……………………………………… 53
图 4-1 投资开放度与中国生均教育支出拟合曲线 ……………… 87
图 4-2 投资开放度与中国生均教育支出增量拟合曲线 ………… 87
图 4-3 各省份达到投资开放度与生均教育支出 U 形关系曲线拐点的年份数量比较 …………………………………………… 88
图 4-4 贸易开放度与中国生均教育支出增量拟合曲线 ………… 89
图 5-1 1980~2018 年中国城乡居民收入和医疗保障支出的增长指数 ……………………………………………………… 102
图 5-2 1980~2018 年城乡居民人均消费水平与人均国内生产总值的增长指数 ………………………………………… 103
图 6-1 1990~2018 年中国社会政策支出及其占国内生产总值的比重 ……………………………………………………… 134
图 7-1 1990~2018 年狭义中国社会政策支出中一般税收与社保缴费的比重 …………………………………………… 151
图 8-1 1990~2018 年中国社会政策支出在不同社会领域的增长幅度 ……………………………………………………… 172
图 8-2 2018 年中国与 OECD 成员国社会保护支出占 GDP 的比重 …… 175
图 9-1 1980~2008 年中国卫生总费用的增长及其占 GDP 的比重 …… 186
图 9-2 1990~2008 年中国卫生总费用的来源构成 ……………… 187
图 9-3 1990~2008 年中国卫生总费用中公共筹资与私人筹资之比 ……………………………………………………… 191

图 10-1 1990~2018年中国卫生总费用的增长及其占GDP的
比重 208
图 10-2 1990~2018年中国卫生总费用筹资来源构成 211
图 10-3 1990~2018年中国卫生总费用中公共筹资与私人筹资
之比 212
图 10-4 1979~2017年中国政府预算卫生支出及其占财政总支出的
比重 214
图 10-5 2015年政府预算卫生支出在财政总支出中的占比：
国际比较 215
图 10-6 1990~2018年中国政府财政卫生支出中补需方和补供方的
占比 219
图 12-1 1994~2018年中国城镇职工基本医疗保险的覆盖面 ... 256
图 15-1 制度关联性的四种理想类型 303
图 16-1 医疗公共治理体系中的政府、市场与社会 318
图 16-2 医疗服务供给侧的组织和治理模式 320

第一部分
政府增长的研究：
公共支出的政治经济社会意涵

第一章 走向大政府时代？
——政府规模增长的度量*

在公共经济学、发展政治学和公共管理学中，政府规模（government size）是经久不息的研究课题之一。关于世界各国政府究竟是太大还是太小，[①] 政府规模与政府职能的关系，[②] "政府增长"（government growth）或公共部门规模扩张的趋势及其成因，[③] 政府规模对公共服务递送效率的影响，[④] 以及政府规模对经济增长的影响等议题，[⑤] 都引起经济学者、政治学者和公共管理学者的持续关注。关于大政府与小政府孰优孰劣的意识形态争论，经常占据着各国公共讨论的空间。尤其是在美国，抨击大政府会给政治社会经济生活带来损害性影响，[⑥] 论证大政府相对于自由市场的非道

---

* 此章的较早版本参见顾昕《走向大政府时代？——政府规模增长的度量问题》，《学习与探索》2015年第12期。该文转载于《新华文摘》2016年第7期，并选为封面文章。收入本书时，内容有所改动，数据有所更新。

① Alberto Alesina, "Too Large and Too Small Governments," in Vito Tanzi, Ke-Young Chu, and Sanjeev Gupta (eds.), *Economic Policy and Equity*, International Monetary Fund, 1999, pp. 216–234.

② Marc Labonte, *The Size and Role of Government: Economic Issues*, Congressional Research Service, 2010.

③ Vito Tanzi, Ludger Schuknecht, *Public Spending in the 20th Century: A Global Perspective*, Cambridge University Press, 2000.

④ Santiago Lago-Peñas, Jorge Martinez-Vazquez (eds.), *The Challenge of Local Government Size: Theoretical Perspectives, International Experience and Policy Reform*, Edward Elgar Publishing Ltd., 2013.

⑤ Andreas Bergh, Magnus Henrekson, *Government Size and Implications for Economic Growth*, American Enterprise Institute Press, 2010.

⑥ Grant R. Jeffrey, *One Nation, Under Attack: How Big-Government Liberals Are Destroying the America You Love*, WaterBrook Multnomah Publishing, 2012.

德性,①更是持自由至上主义或保守主义立场的人不遗余力加以弘扬的理念。②著名智库美国事业研究所（American Enterprise Institute）的总裁阿瑟·布鲁克斯（Arthur C. Brooks）甚至把"自由市场与大政府之间的战斗"描绘为塑造美国未来的关键战役。③

大政府有损于经济繁荣和民众生活的理念在美国非常盛行，以致被视为一种"传统智慧"，而秉持这一"智慧"的论著不仅年年有之，而且还时常成为畅销书。当然，挑战这一"传统智慧"的论著，也在美国学术界和出版界不断涌现。例如，2004年，美国社会经济史学家林德特（Peter H. Lindert）出版了两卷本巨作《公共部门的增长》，获得了美国社会科学史协会和美国经济史协会颁发的两项最佳图书奖，该书以坚定的口吻给出如下结论："众所周知的看法是，较高的税收和转移支付会降低生产率。的确是众所周知，但这一看法并未获得统计和历史的支撑。"④ 这部巨作基于18世纪以来跨国数据的分析，认定政府或公共部门规模的扩张并不一定有损于经济增长。针对反对大政府的"传统智慧"，美国知名媒体人马德里克（Jeff Madrick）于2009年出版了《拥护大政府的理由》一书，针锋相对地主张，一个积极有为且具有一定规模的政府对于经济增长和繁荣是不可或缺的。⑤

如此激烈交锋的一个原因，在于有关政府规模问题的研究包含了太多内容，一部分属于事实判断和实证分析，另一部分涉及价值判断，而价值判断上的分歧自然会导致完全不同的结论。这些内容，基本上可为四个相

---

① Steve Forbes, Elizabeth Ames, *Freedom Manifesto*: *Why Markets Are Moral and Big Government Isn't*, Crown Business, 2012.

② Yaron Brook, Don Watkins, *Free Market Revolution*: *How Ayn Rand's Ideas Can End Big Government*, Palgrave Macmillan, 2012.

③ Arthur C. Brooks, *The Battle*: *How the Fight between Free Enterprise and Big Government Will Shape America's Future*, Basic Books, 2011. 顺便说，American Enterprise Institute（AEI）常常被译为"美国企业研究所"，这是不确的。实际上，在英文中 enterprise 一词既可指狭义的企业，也可泛指各种事业，而 AEI 这个智库并不致力于研究企业管理与企业发展，而是致力于研究公共政策。实际上，该智库的全称是 American Enterprise Institute for Public Policy Research。

④ Peter H. Lindert, *Growing Public*: *Social Spending and Economic Growth since the Eighteenth Century*, Vol. I: *The Story*, Cambridge University Press, 2004, p. 227.

⑤ Jeff Madrick, *The Case for Big Government*, Princeton University Press, 2009.（该书获得美国笔会2009年加尔布雷斯最佳非虚构类图书奖的提名。）

互独立而又有关联的问题：一、什么是政府规模，而这个问题可以转化为政府规模的度量问题；二、政府成长的趋势及其成因；三、政府规模的社会经济影响，尤其是大政府对经济增长的影响；四、评判政府规模的优劣，即依据各种不同的价值观对不同规模的政府给社会经济生活带来的好处和劣处加以评判性分析。在这些问题中，政府规模究竟意指为何以及如何加以度量，显然是最为基础性的学术问题。这两个问题不厘清，关于其他问题的讨论就会变成无根之木。限于篇幅，本章仅讨论这一基础性问题，并在此基础上，对发达国家、发展中国家和转型国家政府规模的现状，给予全景性和概括性的描绘，只是在极为必要的情况下才会旁及上述的其他问题。同时，本章暂不论及中国，而有关中国政府规模的研究，将在下一章展开。

一　什么是政府规模？

要探讨政府规模的问题，首先要对政府本身进行界定，弄清其内涵和外延。依照韦伯（Max Weber）的经典性定义，所谓政府或称国家（state），即在一定地域内对合法使用武力或强制力拥有垄断权的组织。[①]这个定义揭示了政府行动的一个内涵性特征，即具有强制性，也可以在一定程度上将政府机构和私人机构区分开来。可是，强制性并非政府行动的唯一特征。虽然有合法使用强制力的垄断权，但任何国家（政府）显然不会时时刻刻地使用强制力。在市场经济体系中，政府可以以多种角色，例如保险者、购买者、雇佣者、赞助者、调控者、信贷者、担保者、仲裁者、规划者、监管者甚至道德劝说者，参与到市场活动之中。[②]扮演这些角色，既可以采取强制性也可以采取非强制性的方式，例如，美国政府向民众提供的医疗保险，既有强制参保的，如面向老人的医疗照顾（Medicare）和面向穷人的医疗救助（Medicaid），也有自愿参加的，

[①] H. H. Gerth, C. Wright Mills (eds.), *From Max Weber: Essays in Sociology*, new edition, Routledge, 1991, p. 78.

[②] Murray L. Weidenbaum, *Business, Government, and the Public*, 4th edition, Prentice Hall, 1990, pp. 10–15.

如州政府提供的儿童医疗保险（SCHIP）。① 当然，政府能够有效地扮演各种非强制性角色，归根结底还是以政府拥有合法强制力的垄断权（例如征税权）所带来的强大实力所致。可是，即使认可韦伯对政府内涵的刻画，也无助于厘清政府的外延，因为强制力合法行使范围的伸缩性太大。

笼统地说，政府的宗旨是为民众提供公共服务。为了完成相关的工作，政府会设立各种各样的机构，即公立组织，而国际文献把各种公立组织的总体称为"公共部门"（the public sector）。因此，政府规模的问题，也被等同于公共部门大小（the size of the public sector）的问题，而政府成长就等同于公共部门的成长。② 可是，"公共服务"这一概念也不能帮助我们一劳永逸地确定政府或公共部门的外延，因为公共服务的内涵和外延本身具有伸缩性，在不同的意识形态或学术理论体系大不一样，而且还因为公共服务的提供者并不限于公立组织，也包括民间的非营利组织。③ 西方福利国家自20世纪80年代以来的改革最主要的走向就是政府逐渐淡出福利提供者的角色，更多地扮演促进者的角色（facilitating role），即福利国家向"能促型国家"（the enabling state）转型，以促使民间社会组织提升能力，④ 从而在更大程度上实现公共服务的民间提供。⑤

不管在现实世界中政府与非政府的界限是多么模糊，度量政府或公共部门的大小依然是一项基础性的研究工作。最直接的度量方式自然就是直接考察政府活动。可是，如诺贝尔经济学奖获得者斯蒂格利茨（Joseph Stiglitz）所总结的，政府活动多种多样，至少包括：（1）提供法律制度、维护公共秩序；（2）提供某些服务，例如国防、外交、义务教育、公共卫生、邮政等；

---

① Harry A. Sultz, Kristina M. Young, *Health Care USA: Understanding Its Organization and Delivery*, 8th edition, Jones & Bartlett Learning, 2014, chapter 8.

② Norman Gemmel (ed.), *The Growth of the Public Sector: Theories and International Evidence*, Edward Elgar Publishing Limited, 1993.

③ 〔美〕莱斯特·萨拉蒙：《公共服务中的伙伴：现代福利国家中政府与非营利组织的关系》，田凯译，商务印书馆，2008。

④ 顾昕：《能促型国家的角色：事业单位的改革与非营利组织的转型》，《河北学刊》2005年第1期。

⑤ Roger L. Kemp (ed.), *Privatization: The Provision of Public Services by the Private Sector*, McFarland & Company, Inc., 1991.

(3) 通过补贴、税收、贷款、担保、管制等手段，影响民间的经济社会活动；(4) 为民众购买某些产品和服务；(5) 福利提供或收入再分配。① 不仅如此，很多政府活动本身及其产出，例如管制，难以直接加以度量。事实上，公共服务的成本与收益具有低度量性，这正是政府活动与市场活动的最显著差别之一，② 因此我们难以依据其投入或产出度量其规模。

值得注意的是，考察政府规模，不仅要面临政府活动的可度量性问题，而且面对着政府活动度量的可加总性问题。事实上，就上述政府活动而言，很多还是可以度量的，关于其提供与结果的效率和公平，相关的专项研究业已非常发达，有些甚至形成了经济学的分支学科，例如国防经济学、教育经济学、收入分配经济学等。即便是那些乍看起来不可度量的政府活动，如法治建设，现在也逐渐进入了发展经济学家和公共经济学家的研究视界，并开始运用计量分析，从而在经济学中形成了一个方兴未艾的研究领域，即法律与发展研究，③ 而关于法律与经济增长的研究，是该研究领域的核心。④ 这些研究发展了各自的方法，对相关政府活动的深度和广度加以界定。但是，要探讨政府规模问题，需要找到可加总的适当方法对政府活动进行跨领域的度量。

尽管与市场活动相比，政府活动的可度量性相对较低，但对于公共部门的活动，依然有不少可定量的指标加以度量，而且有些指标具有可加总性，有助于我们在总体规模的意义上度量政府。总体政府规模的度量指标，最为常用的有两类：一是公共部门拥有的资源量，其中以人力资源最容易度量；二是政府的收入和支出。当然，采用这两类指标所度量的政府规模，具有一定的相关性，因为在政府支出中，有一部分成为公共部门运行的人力成本，即公共部门的薪酬。同时，值得注意的是，这两类政府规模度量法都用于考察政府在社会经济生活中的投入，要么是人力投入，要

---

① 〔美〕约瑟夫·斯蒂格利茨：《公共部门经济学》（第三版），郭庆旺等译，中国人民大学出版社，2005，第11页。
② Charles Wolf, Jr., *Markets or Governments: Choosing between Imperfect Alternatives*, 2nd edition, The MIT Press, 1993, pp. 51 – 52.
③ David M. Trubek, Alvaro Santos (eds.), *New Law and Economic Development: A Critical Appraisal*, Cambridge University Press, 2006.
④ Kenneth W. Dam, *The Law – Growth Nexus: The Rule of Law and Economic Development*, Brookings Institution Press, 2006.

么是金钱投入，而没有考察政府活动的产出。考察政府活动的产出（包括其数量和质量）及其效果和效率，即公共部门绩效评估[①]和效率研究,[②] 是公共部门研究的难点，但也是热点。本章对此暂且不加讨论。

二 如何度量政府规模：数人头还是计金额？

考察公共部门的人力资源，乍看起来是一件相对简单的研究工作。西方学者常称之为"数人头"（counting heads），而在中国则是"定编制"（"定编"）。可是，实情并非如此简单。在世界各国的公共部门，都存在正式雇员和非正式雇员，前者一般被称为公务员或准公务员，多享受终身就业，其薪酬和福利都出自政府财政预算；而后者则是临时聘用人员或非全职雇员，仅持有固定期限的劳动合同，其薪酬和福利出自特定的政府项目。[③] 因此，当依据人力资源总量来考察政府规模的时候，究竟是仅仅计算正式雇员人数还是将临时聘用人员也包括进来，则需要根据研究目的的不同而加以不同的考量。

更有甚者，采用雇佣人数来度量政府规模，一般认为并不精确，因为这一度量方法受到了两方面的挑战。[④] 一方面的挑战来自政府的资本密集化倾向，即采用耗资不菲的高科技装备以减少雇佣的增长甚至直接减少雇员数量；另一方面的挑战来自政府外包的兴起，很多政府项目的执行现在是由政府外组织（既包括非营利组织也包括公司）来承担，而政府外包之势也会导致公共部门正式雇员数量的减少。[⑤] 无论发生哪一种情形，政府

[①] David N. Figlio, Lawrence W. Kenny, "Public Sector Performance Measurement and Stakeholder Support", *Journal of Public Economics*, 93 (9-10), 2009.

[②] Antonis Adam, Manthos Delis, Pantelis Kammas, "Public Sector Efficiency: Leveling the Playing Field between OECD Countries", *Public Choice*, 146 (1-2), 2011.

[③] Sharon H. Mastracci, James R. Thompson, "Nonstandard Work Arrangements in the Public Sector: Trends and Issues", *Review of Public Personnel Administration*, 259 (4), 2005.

[④] Marc Labonte, *The Size and Role of Government: Economic Issues*, Congressional Research Service, 2009, p.1.

[⑤] Sergio Fernandez, Craig R. Smith, Jeffrey B. Wenger, "Employment Privatization, and Managerial Choice: Does Contracting out Reduce Public Sector Employment?", *Journal of Policy Analysis and Management*, 26 (1), 2007.

雇员减少并非意味着政府规模的降低。因此，大多数探讨政府规模问题的论著，要么很少使用政府雇员占劳动力人口的比重这一指标，要么仅仅以附带的方式论及政府雇佣。例如，美国知名的大政府批判者、自由至上主义经济史家罗伯特·希格斯（Robert Higgs）在其名作《危机与列维坦：美国政府成长的关键剧集》一书中，在论及政府规模的度量方式时，使用了"政府民用雇员占民用劳动力的比重"这一指标，同时也对政府在紧急情况下雇佣"应急工人"（emergency workers）的情况进行了讨论；但他明确指出，使用雇佣数据来分析政府规模会具有误导性，因为政府履行职责时的很多人力投入在有关数据中是看不见的。①

凡事都有例外。美国著名智库布鲁金斯学会的高级研究员保罗·莱特（Paul C. Light）于1999年出版了《政府的真实规模》一书，主要依据对公共部门雇佣数据的分析，揭示政府的真实规模，以挑战时任美国总统克林顿有关大政府时代已经终结的宣称。克林顿宣称的依据是，美国联邦政府的公务员人数1996年大约190万，与越战高峰时期1968年的公务员人数相比，减少了40万。但莱特发现，美国存在一个巨大的"政府之影"，即政府通过合同外包、赠款、授权等方式，让相当于大约127万名专职人员的政府外人员为联邦政府做事，而这些人相当于政府的"影子劳动力"（shadow workforce）。因此，莱特宣称，就联邦政府而言，所谓美国已进入小政府时代的看法纯属幻觉。如果只是数人头，美国联邦政府的确变小了，但从其行使的职能上看，却一点儿没有变少。看起来变小的政府却要向民众递送更多的公共服务，新挑战自然层出不穷，公共管理的难度不减反增，问题重重。②

或许正是由于以雇佣度量法会产生很多难以厘清的问题，绝大多数有关政府规模的研究采用金钱度量法，要么考察政府收入（岁入），要么考察政府支出。③ 政府收入和政府支出有一定的相关性，这取决于政府债务的规模和利率。一般来说，采用支出作为指标，更能准确地度量政府活动

---

① Robert Higgs, *Crisis and Leviathan: Critical Episodes in the Growth of American Government*, Oxford University Press, 1987, pp. 21-27.
② Paul C. Light, *The True Size of Government*, Brookings Institution Press, 1999.
③ William D. Berry, David Lowery, "The Measurement of Government Size: Implications for the Study of Government Growth", *The Journal of Politics*, 46（4），1984.

的规模,因为无论何种政府活动,都必须要有公共支出给予支撑。采用岁入作为指标,在赤字财政下,会低估政府规模。但采用岁入指标进行分析,又有助于从经济汲取的角度来考察政府对经济社会活动的涉入。其中,税收的绝对水平和相对水平常被用来度量政府的汲取度,而这两个指标常常被简写为"税负"。究竟是从收入端考察政府规模,还是从支出端考察政府规模,需要根据研究目的而定。

但值得注意的是,仅仅考察税负会低估政府涉入经济活动的程度,因为除了税收之外,由社会保险缴费和各种行政性服务收费所组成的"非税收入",在世界各国都构成政府公共收入的重要组成部分。前文提及的获奖巨作《公共部门的增长》,仅仅考察了基于税收的政府支出(tax-based government spending),而没有考察包括通过雇员及其雇主缴费而形成的社会保险支出。[1] 关于社会保险的扩张是否会对经济增长造成负面影响,社会保险对劳动力市场的影响,以及社会保险与最优税收的关系,这些都是公共经济学中颇有争议的论题。[2] 因此,忽略了社会保险支出,前述《公共部门的增长》得出的斩钉截铁的结论难免会有一定的折扣。

因此,公共部门规模的度量必然是多维的,不可能也不应该有唯一的度量指标。不同的指标其实各有利弊,采用哪些指标进行研究,要看具体的研究目的为何。但由于习惯或较具可比性,最广泛使用的度量指标,无疑是公共支出的绝对水平和相对水平;其中的相对指标,即公共支出与国民经济总产出(例如 GDP)之比,又是最为常见的。[3]

度量公共支出看起来简单,但其实也不尽然,至少还需要考虑如下四个方面的细节。

一是政府支出的形式,即在政府支出规模的界定中是否包括政府的转移支付。国际货币基金组织经济学家、公共财政专家维托·坦齐(Vito

---

[1] Peter H. Lindert, *Growing Public*: *Social Spending and Economic Growth since the Eighteenth Century*, Vol. I, Cambridge University Press, 2004, pp. 6 – 7.
[2] 〔美〕彼得·戴蒙德:《税收、不完全市场和社会保障》,王丹枫译,上海财经大学出版社,2011。
[3] Peter Saunders, "Recent Trends in the Size and Growth of Government in OECD Countries," in Noman Gemmell (ed.), *The Growth of the Public Sector*: *Theories and International Evidence*, Edward Elgar Publishing, 1990, pp. 20 – 21.

Tanzi）和卢德格尔·舒克内希特（Ludger Schuknecht）在 2000 年出版了《20 世纪的公共支出》一书，将"政府实际支出"与"补贴和转移支付"区分开来，前者是指用于自身活动的开支，包括公共部门雇员薪资、政府物质和设备的采购以及其他成本，其中包括公共住房和公共教育的提供，而后者则是政府向非政府组织和个人以现金形式发放的补贴或给付，其中为民众发放的各种福利给付构成了现代福利国家的重要条件。[①]

二是政府支出的分解，即政府支出包括政府投资和政府消费两部分，而政府消费支出比总支出更能度量政府施加于社会的影响，因为消费支出代表了民众从政府支出份额中获得的有效现期收益。[②] 其中，国有企业的活动及其支出是否纳入政府规模的度量，与此问题有关。国有企业是政府占有股份并拥有控制权的企业，而政府股份自然是政府投资的组成部分，但国有企业日常运营的开支已经不再是政府的直接开支，因此不计算在政府开支的名下。至于政府给予国有企业的补贴，则被视同政府补贴的一部分，计入政府开支。

三是政府支出的名义测量与实际测量，即用名义价格还是不变价格来测定政府支出。采用后者可以捕捉到在公共服务和非公共服务中通货膨胀程度的不同对政府规模的影响。有学者同时采用两种不同的测量方法，分析了发达国家和低收入国家的政府规模，发现其结论会有一些微妙的差别。如果采用名义值度量的政府消费占 GDP 的比率，那么两类国家平均而言都在 1960～1980 年经历了政府规模递增的过程，而在 1980～2000 年政府成长之势平缓，甚至在某些年份还有微幅下降；可是，如果采用实际值来度量，那么发达国家的政府规模从 1960 年以来一直呈现平缓之态，而低收入国家的政府成长之势与使用名义值时的发现无异。[③]

四是税务支出的问题，即政府对纳税人（无论是个人还是组织）的税务优惠或减免。先征税、后进行转移支付与直接进行税务优惠或减免，从

[①] Vito Tanzi, Ludger Schuknecht, *Public Spending in the 20th Century: A Global Perspective*, Cambridge University Press, 2000, pp. 24–33.

[②] Norman Gemmell, "The Public Sector: Definition and Measurement Issues," in Norman Gemmell (ed.), *The Growth of the Public Sector: Theories and International Evidence*, Edward Elgar Publishing, 1990, pp. 7–9.

[③] 〔英〕蒂莫西·贝斯利：《守规的代理人：良政的政治经济学》，李明译，上海人民出版社，2009，第 6～7 页。

财政规模上看是一样的,因此在分析政府规模时没有理由忽视税务支出。①将税务支出纳入考虑,的确会对有关政府规模的研究结论产生实质性的影响。例如,有学者发现美国的很多社会福利是通过税务优惠的方式提供给民众,因此存在一个"隐形的福利国家",②从而纠正了国际社会政策学界对美国福利国家不发达的刻板印象。进入21世纪,世界银行一直致力于搜集各国的数据,将税务支出纳入政府支出。③当然,由于不少国家的税务优惠和减免数据要么缺乏系统的统计,要么不公开透明,将税务支出纳入国际比较研究存在一定的难度,但无论如何,将税务支出纳入公共开支,已经开始成为政府规模、社会政策和公共财政国际比较研究的新常态。④

三 "瓦格纳定律"在何处灵验?

尽管并不存在一个唯一的、一劳永逸的度量方法,但由于国际比较数据的日益丰富,关于政府规模的研究还是取得了极为丰硕的成果。考察政府规模增长的实际情况,可称为"瓦格纳定律的检验"。在19世纪后半叶,德国经济学家阿道夫·瓦格纳(Adolph Wagner)开展了一系列关于政府成长的研究。其研究成果被后来的学者总结为"瓦格纳定律",成为公共财政的最基本原理之一。由于不同学者的视角不同,瓦格纳定律有很多版本,其基本内容也很多,比较关注的命题如下。(1)一个描述性命题:随着现代化的推进,公共部门在国民经济中的份额将不断增加。(2)三个解释性命题:(a)工业化导致经济体系复杂化,因此引致法律的增多和完善,从而推动公共部门的持续增长;(b)城市化进程伴随着经济活动的外部性增加,从而导致公

---

① 〔美〕丹尼斯·C. 穆勒:《公共选择理论》第三版,韩旭、杨春学等译,中国社会科学出版社,2010,第545~546页。
② Christopher Howard, *The Hidden Welfare State: Tax Expenditures and Social Policy in the United States*, Princeton University Press, 1999.
③ Hana Polackova Brixi, Christian Valenduc, Zhicheng Li Swift (eds.), *Tax Expenditures: Shedding Light on Government Spending Through the Tax System: Lessons from Developed and Transition Economies*, The World Bank, 2004.
④ Rune Ervik, *The Hidden Welfare State in Comparative: Tax Expenditures and Social Policy in Different Welfare Models*, VDM Verlag, 2009.

共开支的增长；(c) 公共部门提供的服务具有高需求收入弹性，因此居民收入水平提高必然会导致对公共服务需求的增长，从而导致政府成长。

(3) 一个规范性命题：政府成长与社会经济进步相伴随。

以上各个命题均引发一代又一代学者基于跨国或单个国家的数据不断加以检验，每一个命题都引发了无穷无尽的争议，相关文献已经到了卷帙浩繁的程度。本章只简要考察一下第一个命题，即公共部门是否随着现代化的推进而持续不断地增长。对这个描述性问题，回答的争议性相对较少，也比较简单。瓦格纳定律基本上成立，但政府有"增长的极限"，至于政府成长的天花板究竟多高，在不同地方有所不同，这取决于很多因素，包括自然制约（即税负上限不可能无限提高）、宪政制约（即关于征税权和举债权的宪法约束）、政府管制的范围和强度等。①

由于发达国家的统计数据比较齐整，因此关于政府规模的研究很多以经济合作与发展组织（OECD）成员国为分析对象。表1-1展示了绝大多数OECD成员国重要时点的政府规模数据。由此可以看出，大多数OECD国家在二战后到1980年间经历了政府规模的大扩张，这一势头在一部分老成员国一直延续到20世纪末，但另一部分老成员国的政府在进入21世纪之后陆续遭遇到了增长的极限。绝大多数OECD新成员国的政府规模进入21世纪之后依然保持增长，但到2010年之后也开始遭遇到增长的极限。到2018年，在OECD成员国中，只有韩国、挪威和斯洛伐克的政府规模与2010年相比有微幅增长，其余国家均有下降，而且在一些老牌发达国家，政府规模下降幅度还相当可观（参见表1-1）。

表1-1 1920~2018年发达国家的政府规模（以政府总支出在GDP中的占比来衡量）

单位：%

国家	1920年	1937年	1960年	1980年	1990年	2000年	2010年	2018年
澳大利亚	19.3	14.8	21.2	34.1	34.9	35.6	36.9	36.2
奥地利	14.7	20.6	35.7	48.1	38.6	51.9	52.6	48.7
比利时	22.1	21.8	30.3	57.8	54.3	49.1	52.5	52.2

---

① Bruno Frey, "Are There Natural Limits to the Growth of Government?", in Francesco Forte and Alan Peacock (eds.), *Public Expenditure and Government Growth*, Basil Blackwell, 1985, pp. 101–118.

续表

国家	1920年	1937年	1960年	1980年	1990年	2000年	2010年	2018年
加拿大	16.7	25.0	28.6	38.8	46.0	41.1	44.1	NA
捷克	—	—	—	—	—	41.6	43.7	40.7
丹麦	—	—	—	—	—	53.7	57.7	51.0
爱沙尼亚	—	—	—	—	—	36.1	40.7	39.1
芬兰	—	—	—	—	—	48.3	55.8	53.2
法国	27.6	29.0	34.6	46.1	49.8	51.7	56.6	55.9
德国	25.0	34.1	32.4	47.9	45.1	45.1	47.7	44.6
希腊	—	—	—	—	—	47.2	51.5	47.0
匈牙利	—	—	—	—	—	47.8	49.8	46.7
冰岛	—	—	—	—	—	41.9	51.5	42.4
爱尔兰	18.8	25.5	28.0	48.9	41.2	31.2	66.1	25.4
以色列	—	—	—	—	—	51.6	45.1	40.3
意大利	30.1	31.1	30.1	42.1	53.4	45.9	50.4	48.4
日本	14.8	25.4	17.5	32.0	31.3	NA	40.8	39.0
韩国	—	—	—	—	—	22.4	30.1	30.3
卢森堡	—	—	—	—	—	37.6	42.8	42.0
荷兰	13.5	19.0	33.7	55.8	54.1	44.2	51.2	42.1
新西兰	24.6	25.8	26.9	38.1	41.3	37.8	42.3	NA
挪威	16.0	11.8	29.9	43.8	54.9	42.3	45.5	49.2
波兰	—	—	—	—	—	41.1	45.4	41.5
葡萄牙	—	—	—	—	—	41.6	51.3	43.4
斯洛伐克	—	—	—	—	—	52.1	40.0	41.9
斯洛文尼亚	—	—	—	—	—	46.5	50.3	43.6
西班牙	8.3	13.2	18.8	32.2	42.0	39.2	46.3	41.7
瑞典	10.9	16.5	31.0	60.1	59.1	55.1	52.3	49.9
瑞士	17.0	24.1	17.2	32.8	33.5	35.6	33.8	33.7
英国	26.2	30.0	32.2	43.0	39.9	36.8	50.4	40.9
美国	12.1	19.7	27.0	31.4	32.8	33.9	42.7	37.8

注：GDP均以当年美元价格计算。

资料来源：Vito Tanzi and Ludger Schuknecht, *Public Spending in the 20th Century: A Global Perspective*, Cambridge University Press, 2000, Table 1.1；OECD, *National Accounts at a Glance* 2014, OECD Publishing, 2014；OECD, General government spending (indicator), 2020。doi：10.1787/a31cbf4d-en

关于发展中国家政府规模的研究一向比较薄弱，其中针对单一国家的研究有一些，但跨国比较的研究比较少，这主要缘于数据可获得性的限制，尤其是有关地方政府的数据很不齐整。① 加拿大智库费瑟尔研究所（The Fraser Institute）在2013年发布了一份长篇报告，基于国际货币基金组织的世界经济展望数据库（WEO）以及OECD数据库，对186个经济体截至2011年的政府规模以及政府施政效率进行了研究。就本章而言，该报告有四个发现具有相干性。

第一，人均GDP与人均政府支出具有正相关性，这在全球范围内证实了"瓦格纳定律"的适用性。

第二，在20世纪的最后10年中，政府规模变小是一个全球性现象，在发达国家中尤其突出；但在21世纪的第一个10年，这一全球性现象却出现了逆转之势，政府规模重新变大，其中发展中国家的政府规模随着经济增长而有所扩张是主要推动力。

第三，以政府支出与GDP之比来衡量，最高的50个经济体中，该指标的区间范围是从40%到95%，最高者基里巴斯（95%）、图瓦卢（93%）和伊拉克（71%）均被视为异常值，其余大多数均为发达经济体，包括OECD的34个成员国；在最低的50个经济体中，该指标的区间范围从12%到35%弱；其余的经济体，政府规模均在35%～40%。

第四，在政府规模大和政府规模小的组别中，都存在一定的高收入经济体和低收入经济体。在政府规模大的前50个经济体中，既有发达的北欧和西欧国家，也有莱索托和利比亚；在政府规模小的后50个经济体中，绝大多数是不发达国家，但也有亚洲四小龙。②

转型国家的政府规模问题另有玄机。由于转型国家是从计划经济转向市场经济，而计划经济体制的特征就是公共部门极为庞大，而私营部门微不足道，市场转型本身就意味着公共部门大幅度缩减。由国际货币

---

① David Lim, "Recent Trends in the Size and Growth of Government in Developing Countries," in Noman Gemmell（ed.）, *The Growth of the Public Sector: Theories and International Evidence*, Edward Elgar Publishing, 1990, pp. 34 – 50.

② Livio Di Matteo, *Measuring Government in the Twenty – first Century: An International Overview of the Size and Efficiency of Public Spending*, The Fraser Institute, 2013.

基金组织学者对24个国家的一项研究发现，1993～1999年，欧盟周边的转型国家公共开支占GDP的比重维持在41%～46%，而同期其他转型国家的这一指标从平均43%下降到了36%。公共雇员的规模在大多数国家也下降了，但从国际比较的角度来看，依然居高不下。总体来说，转型国家在20世纪末的政府规模依然较大，其政府职能的优化尚未完成，体现为政府支出的构成没有向重要的社会项目（尤其是针对贫困者的社会保护项目）转移，在教育和医疗卫生领域的政府支出份额也下降了。[①]

四 何为"大政府"？

关于政府规模的实证研究必定要得出政府规模究竟大还是小的判断。事实上，关于大政府和小政府的论述宛若潮水，相关文献可谓滔滔不绝。尤其是在美国，大量颇有学术根基的非学术文献更是无时不有，其中相当一部分资料丰富，紧扣时事，文辞犀利。不论其专业水准如何，也不论其观点的犀利程度如何，这类文献的共同点是言之凿凿地断定美国早已进入大政府时代。但耐人寻味的是，这类文献的另一个共同特点是对以何标准判断美国政府已属大政府语焉不详。

当然，如果进行历时态的考察，毫无疑问会得出美国政府依然在不断壮大的事实性判断。但是，如果进行共时态的考察，即与同等经济水平的其他国家进行比较，就会发现美国政府无论如何也算不上大政府。前述坦齐和舒克内希特在其名作《20世纪的公共支出》中给出了关于大政府、中政府、小政府的经典性界定。基于1990年的数据，他们把17个国家分为三组。（1）大政府组：公共支出占GDP之比重在50%以上的国家，包括比利时、意大利、荷兰、挪威、瑞典；（2）中政府组：这一比重在40%～50%的国家，包括奥地利、加拿大、法国、德国、爱尔兰、新西兰和西班牙；（3）小政府组：这一比重在40%以下的国家，包括澳大利亚、日本、

[①] Sanjeev Gupta, Luc Leruth, Luiz de Mello, Shamit Chakravarti, "Transition Economies: How Appropriate is the Size and Scope of Government?", *Comparative Economic Studies*, 45 (4), 2003.

瑞士、英国和美国。①

依照坦齐和舒克内希特的分类标准，美国长期以来属于小政府组别。实际上，到了2009年，美国政府总支出占GDP的比重才第一次超过了40%，② 2010年达到42.7%（参见表1-1），进入了中政府组别。可以说，从国际比较的视角来看，美国政府不仅从来不是大政府，而且美国还远未进入大政府时代。然而，终结大政府时代的呼声在美国自20世纪70年代起就不绝于耳，从而在意识形态上推动了里根革命和新自由主义的兴起。后来，即便是一向被视为大政府推手的民主党，也在附和终结大政府的呼求。例如，克林顿就在1996年美国国会发表的国情咨文中两次说："大政府时代已经终结。"③

坦齐-舒克内希特标准的提出有一定的人为性，因为两位学者并没有给出设定如此标准的理据。但由于两位学者当时都在国际货币基金组织财政事务部任职（坦齐为主任），负责评估世界各国的税收与公共支出政策，且由于两位都是知名公共财政学者（坦齐曾任国际公共财政学会会长，出书时是该会名誉会长），并都曾在公共金融和财政部门中担任要职（舒克内希特曾担任欧洲中央银行首席经济学家），因此他们对大、中、小政府的界定，后来还是得到其他学者的认可。④ 此外，国际公共财政学者以及社会政策学界都公认，美国并没有大政府，而美国福利国家的规模更是无法与欧洲相提并论。

因此，问题的关键在于，到底多大规模的政府才算"大政府"？从逻辑上看，对此问题的回答，应该先于对大政府的批判性评价。对于政府规模，当然可以从历史比较或国际比较的视角在相对意义上考察其大小，坦齐-舒克内希特标准就是这样一种标准；但更重要的研究，是依据经济增长或更广泛的社会经济发展目标，确定最优政府规模（optimal government size），如果实际政府规模超过这一最优规模，就成

---

① Vito Tanzi, Ludger Schuknecht, *Public Spending in the 20th Century: A Global Perspective*, Cambridge University Press, 2000, p. 101.
② OECD, *National Accounts at a Glance* 2014. OECD Publishing, 2014.
③ 这份国情咨文的文本，参见美国国会图书馆的档案库，http://clinton4.nara.gov/WH/New/other/sotu.html。
④ Arye L. Hillman, *Public Finance and Public Policy: Responsibilities and Limitations of Government*, Cambridge University Press, 2009, pp. 755 – 756.

为大政府。然而，问题在于，由于涉入的变量过多，对于最优政府规模的测算，迄今为止在学术界并没有共识。前述费瑟尔研究所的报告发现，如果以促进经济增长为政府目标，那么最优政府规模的确存在：在控制了各种因素之后，人均GDP的增长在政府规模为GDP的26%时达到最大值，为3.1%。但政府的施政目标显然不仅仅是促进经济增长，如果将某些社会发展指标（例如教育和健康）纳入考虑，那么最优政府规模就变得很不确定。[①] 另有研究显示，如果把其他政府目标（例如促进社会福利水平的提高）考虑进来，即采用人类发展指数（包含人均GDP、识字率和人均预期寿命）取代人均GDP的增长，那么测算出来的最优美国政府规模，将比GDP主义标准下的最优政府规模，至少要高出5%。[②]

当然，在大政府的美国批判者当中，也有学者意识到大政府的界定模糊问题。例如，希格斯就特别强调，仅仅依据一些有关政府规模的定量指标，尤其是政府开支与GDP之比，有时并不能确定政府的大小，而最为关键的是要考察政府对强制力使用的方式。他举例说，同样是政府支出增加，政府雇员增多，但用于对原本私人的经济决策施加管制与用于改善司法体系以提升其效率和效力，是完全不同的，前者是走向大政府的表现，而后者却不是。在希格斯看来，政府强制力在经济生活中的兴起是大政府出现的本质性特征，对此现象虽然没有简明合适的定量指标加以衡量，但其他类型的相关定性证据无穷无尽。[③] 希格斯的这一见解，实际上是把有关政府规模的经验描述性问题转化为规范性问题，即政府是否应该对某些原本属于私人决策领域的行为施加强制性或行政性管制。但经过如此转化，由于对规范性问题众说纷纭，关于大政府究竟在某个地方（例如美国）是否存在的问题，就永远不会有一个能够获得共识的答案了。

---

① Livio Di Matteo, *Measuring Government in the Twenty - first Century: An International Overview of the Size and Efficiency of Public Spending*, The Fraser Institute, 2013, p. 86.
② Antony Davies, "Human Development and the Optimal Size of Government," *Journal of Socio - Economics*, 38 (2), 2009.
③ Higgs, *Crisis and Leviathan*, pp. 20 - 34.

五 结语

关于政府（或公共部门）规模的研究是公共财政、公共经济学和公共管理研究的中心课题之一。由于政府活动具有多样性，且很多政府活动的投入和产出具有低度量性，政府规模的度量必然具有多维性。因此，在从事政府规模的研究时，不可能也不应该有唯一的度量指标，具体采用哪些指标开展研究，完全取决于特定研究的特定目的。在国际比较研究中，最为常见的政府规模度量指标是政府支出（或公共开支）与国民经济总产出（GDP）之比，以及税负（税收收入与 GDP 之比）和公共部门雇佣在劳动力市场上的份额。

无论采用何种指标，国际比较研究发现，在世界上很多国家，政府规模的确随着经济增长而扩大，但政府成长存在增长的极限。换言之，就公共财政学中著名的"瓦格纳定律"而言，其事实描述的部分，也仅仅是部分得到证实。至于说"瓦格纳定律"在中国是否灵验，第二章对相关研究进行综述。总体而言，在不同的地方，政府成长的速度快慢不一，政府成长天花板的高低也不尽相同，而影响政府成长的影响因素众多，导致有关政府成长的理论（与有关经济成长的理论相比）迄今为止尚未统一起来。

关于政府规模的实证研究也没有对大政府的界定给出清晰的标准。关于大政府是否有损于经济繁荣和民众生活，一向是世界各国公共生活中经常出现的争论焦点，尤其是在自由至上主义（libertarianism）较为盛行的美国，批判以及终结大政府时代的呼声不绝于耳。可是，究竟政府规模多大才算是大政府，世界各国的政府究竟是过大还是过小，大政府究竟在美国存在与否，对这些基础性问题，都没有明确的答案。如何界定大政府与最优政府规模的研究有关。一般认为，当政府规模尚小时，政府规模的边际增长会对社会经济发展产生边际促进效应，但这种边际促进效应会随着政府成长而递减，直到一个拐点出现，政府成长的继续就会开始对社会经济发展产生阻滞作用。问题在于，由于社会经济发展的影响因素过多，这些影响本身又大多影响着政府成长，且政府成长与经济社会发展互为因果，再加上社会发展度量指标的可选择余地较大，导致最优政府规模（即上述拐点）的确定出现了众说纷纭的局面。对这一问题的详细探讨，将在第三章展开。

在很大程度上，有关大政府时代是否到来，是否会持续下去，以及大政府是否会对社会经济发展产生负面影响，所有的争论都同有关适当政府职能的争论有关。相关的研究要取得更多的共识性成果，必须在厘清价值判断分歧的基础上取得实证经验分析技术上的突破，即解决最优政府规模研究所必然面对的内生性问题。

第二章 检验"瓦格纳定律":中国经济增长与政府规模研究*

政府规模既是一个学术问题也是一个现实问题。在20世纪的多数时期,政府规模的扩张,即政府增长或公共部门增长,在发达的工业化国家中成为一种常态。[①] 即便是在里根-撒切尔新自由主义革命引领的全球性福利国家转型浪潮中,发达国家中的政府福利支出占国内生产总值(GDP)的比重也没有实质性的降低,只是在福利提供的制度安排(尤其是其中所涉的国家—市场—社会的关系)上发生了不少变革,这一现象在社会政策研究领域中被称为"福利国家的新政治学"[②]。换言之,即便是在所谓"福利国家收缩"的年代,政府规模或许停止了增长,但没有收缩。

当然,对政府增长这一现象,不同学者基于不同的理据给出了截然不同的评价。亚当·斯密(Adam Smith)所开创的古典自由主义传统认定,如果政府权力不受到约束,政府规模的扩张总是对特权利益集团有利,因此政府越小越好。但是,古典自由主义不是无政府主义,这一思想认定政府在公共物品提供上是必要的,尤其是在市场制度的建设和维护上更是不可或缺的。秉持这一传统,持古典自由主义或新古典

---

* 本章的另一个版本,参见顾昕《检验"瓦格纳定律":中国经济增长与政府规模研究的现状与未来》,《武汉科技大学学报》(社会科学版)2020年第6期。

① Vito Tanzi, Ludger Schuknecht, *Public Spending in the 20th Century: A Global Perspective*, Cambridge University Press, 2000.

② Paul Pierson (ed.), *The New Politics of the Welfare State*, Oxford University Press, 2001.

自由主义立场的学者大都认为，政府孱弱固然不利于经济增长，但达到了一定规模之后，进一步的政府增长就会损害经济增长。在全球性民营化的大潮中，国家收缩（state shrinking）或政府瘦身（government downsizing）至少在发达国家成为一种值得追求的变革之道，[1] 尤其是公共管理改革之道。[2] 政府瘦身的呼声在美国保守主义智库的诸多出版物中尤其高涨。[3]

但是，相反的观点也在众多重量级的学者那里得到了发展。早在19世纪后期，德国历史主义学派经济学家阿道夫·瓦格纳就提出了后来学者所谓的"瓦格纳定律"，即经济增长必然引致政府增长，而且政府职能超越了亚当·斯密所说的保障产权、维护契约、提供公共物品的范围，正是现代化进程进步性特征的一种显示。[4] 到了2004年，美国社会经济史学家皮特·林德特的两卷本巨作《公共部门的增长》获得了美国社会科学史协会和美国经济史协会颁发的两个最佳图书奖，该书通过对18世纪以来长程历史统计数据的分析显示，政府在社会政策领域（即民生领域）增加支出非但不会阻碍反而能促进经济增长。[5]

抛开学术争论，在政治与公共行政的现实世界中，政府规模的扩张固然无时无处不在，但出于种种考虑，执政党和政府主动缩减政府规模的呼吁和举措也不时出现。这一现象不仅发生在终结大政府的呼声不绝于耳的美国，[6] 也同样发生在中国。自1949年以来，中国政府就以构建更加精简、高效的政府为目的，对党和政府先后进行过多次大规模的结构调整和

---

[1] Harvey Feigenbaum, Jeffrey Henig, Chris Hamnett, *Shrinking the State: The Political Underpinnings of Privatization*, Cambridge University Press, 1998.

[2] John Shields, B. Mitchell Evans, *Shrinking the State: Globalization and Public Administration "Reform"*, Nova Scotia, 1998.

[3] Chris Edwards, *Downsizing the Federal Government*, Cato Institute, 2005.

[4] Adolph Wagner, "Three Extracts on Public Finance" (trans. Nancy Cooke), in Richard A. Musgrave, Alan T. Peacack (eds.), *Classics in the Theory of Public Finance*, Palgrave Macmillan, 1958, pp. 1 – 15. ［瓦格纳此文最早发表于1883年。］

[5] Peter H. Lindert, *Growing Public: Social Spending and Economic Growth since the Eighteenth Century*, Vol. I: *The Story*; Vol. 2: *Further Evidence*, Cambridge University Press, 2004.

[6] Yaron Brook, Don Watkins, *Free Market Revolution: How Ayn Rand's Ideas Can End Big Government*, St. Martin's Press, 2012; David Westrom, *Big Government Love and Your Money: Exploring the Role of Government in the Economy*, CreateSpace, 2012.

机构精简。① 关于机构精简重要性的宣示，在执政党的官方出版物以及党和政府领导人的言论中，随处可见。1982年1月，邓小平曾在中共中央政治局讨论中央机构精简的会议上讲话，指出"精简机构是一场革命"，"是对体制的革命"。②

中国执政党和政府的瘦身力度，在世界范围内也并不多见。可是，对于机构精简的实效却众说纷纭。问题在于：近30年来，随着经济高速增长的出现，中国政府是否也在增长？换言之，"瓦格纳定律"是否适用于中国？本章试图通过文献综述，对这一问题进行初步考察，总结既有研究的成果，探究未来研究的方向。

一 "瓦格纳定律"的分解与检验

考察政府规模是否随经济增长而增长，在经济学中被称为"瓦格纳定律的检验"。然而，正如经济学中的不少定律或定理（如科斯定理）一样，"瓦格纳定律"并非由瓦格纳本人提出并加以阐述，而是后来学者不断阐释的产物。实际上，在当时，瓦格纳的经济学论述与哲学论述交融在一起，与当今世界的经济学论述有很大的差别。瓦格纳并不会以实证经济学的方式提出"瓦格纳定律"。因此，这一定律有很多版本，涉及的命题很多，有些命题是瓦格纳本人明确阐述的，有些是瓦格纳论述中隐含的，有些则是其他学者依据瓦格纳的逻辑引申出来的，还有一些则是试图修正或超越瓦格纳思想而提出的新命题，尤其是公共选择学派中关于政府增长的政治经济学命题。无论是用哪一国或哪些国家为案例来检验"瓦格纳定律"，首先必须做的一项工作是对这一定律进行分解，使之转变为可检验或可证伪的假说或命题。

第一章曾对瓦格纳定律给出初步的分解，详细的瓦格纳定律分解陈述如下。

---

① 刘智峰：《第七次革命：1998—2003中国政府机构改革问题报告》，中国社会科学出版社，2003。

② 邓小平：《精简机构是一场革命》，《邓小平文选》（第二卷），人民出版社，1994，第396、401页。

第一,一个实证性命题,即随着经济增长,政府活动不断增加,于是政府规模不断增大。为了行文方便起见,本章称之为"瓦格纳基础命题"。对这一命题的检验,自然是绝大多数有关政府增长文献的基本内容之一。

第二,诸多解释性命题,从各种经济、政治甚至社会因素来解释政府增长的"瓦格纳基础命题",其中,重要的解释性命题可列举如下。

(1)"瓦格纳工业化-城市化命题",即工业化和城市化导致经济体系复杂化,引致法律的增多和完善,也伴随着经济活动的外部性增强,从而导致公共部门的成长。工业化命题是瓦格纳自己阐述的,而城市化命题显然可以从工业化命题中衍生出来。[1]

(2)"瓦格纳公共服务高需求收入弹性命题",简称"瓦格纳公共服务命题",即居民收入水平的提高必然会导致民众对公共服务(如基础设施、教育、医疗卫生等)需求的增长,从而推动政府增加公共服务供给,由此导致政府增长。[2] 与此相关的一个命题是所谓"鲍莫尔效应"(Baumol effect)或"鲍莫尔成本病"(Baumol cost disease),即无论民众的需求如何,包括教育、医疗、社会照顾等在内的公共服务的成本,始终会保持增长。[3] 民众对公共服务的需求增长,而公共服务成本也呈现自然增长之势,政府规模自然会增大。

第三,两个规范性命题,即(1)政府增长对于经济增长有促进作用;(2)政府增长对于社会进步有促进作用。瓦格纳直接提出了第一个命题,而第二个命题可以从其论述中引申出来。在这里,瓦格纳规范性命题存在一个内生性困惑,即究竟是经济增长推动了政府增长,还是政府增长推动了经济增长。瓦格纳本人对于正向和逆向因果性并未加以区分,在论述经济增长必然推动政府增长的同时,也断定政府增长对经济

---

[1] Richard A. Musgrave, Peggy Boswell Musgrave, *Public Finance in Theory and Practice*, 5th edition, McGraw Hill Higher Education, 1989, p. 124.

[2] Richard A. Musgrave, Peggy Boswell Musgrave, *Public Finance in Theory and Practice*, 5th edition, McGraw Hill Higher Education, 1989, pp. 121 – 122.

[3] William J. Baumol, *The Cost Disease*: *Why Computers Get Cheaper and Health Care Doesn't*, Yale University Press, 2012.

增长有正面作用，并认为正是在这个意义上政府增长对于一个"进步国家"来说是不可避免的。[1] 现在，政府增长有利于经济增长这个命题在相关文献中一般又被称为"凯恩斯命题"，或"瓦格纳－凯恩斯命题"。尽管凯恩斯本人并未提出如此简化的命题，但这一命题基于凯恩斯主义范式可以得出，对于这一命题，常常在检验瓦格纳定律的相关文献中一并得到检验。[2]

当然，上述两个瓦格纳规范性命题都可以转化为实证性命题。哈佛大学著名宏观经济学家巴罗发现，政府增长对于经济增长的促进作用，呈现为倒U形曲线，即在经济发展水平较低的阶段，政府增长可促进经济增长，但一旦经济发展达到一定的水平，政府规模再增长就会损害经济增长。[3] 这个实证性命题后来在文献中被称为"最优政府支出律"[4]，又被简称为"巴罗规则"[5]。

除了上述分解后的瓦格纳命题之外，还有三个理论假说与政府规模理论息息相关。一是公共选择学派宗师、诺贝尔经济学奖得主詹姆斯·布坎南（James M. Buchanan）参与提出的"利维坦假说"（通称布伦南－布坎南利维坦假说），其包含两个子命题，即（1）由于政府官员形成一个追求自身膨胀的利益集团，政府规模膨胀在所难免，从而最终走向利维坦（一个传说中的巨大怪兽）；但（2）财政分权化有利于约束甚至遏制政府的利维坦化。[6] 二是针对利维坦假说（尤其是其中的子命题2）给出的反命题，由财政联邦主义理论奠基人奥茨（Wallace E. Oates）提出，通称"奥茨假说"，即财政分权化引发的政府竞争并不具有约束地方政府规模增长的功效，而财政集中化也不能抑制利维坦的成长，利维坦是一种神奇的巨灵，

---

[1] Richard M. Bird, "Wagner's Law of Expanding State Activity", *Public Finance*, 26 (1), 1971.

[2] Cosimo Magazzino, "Wagner versus Keynes: Public spending and national income in Italy", *Journal of Policy Modeling*, 34 (6), 2012.

[3] Robert J. Barro, "Government Spending in a Simple Model of Endogenous Growth", *Journal of Political Economy*, 98 (5), 1990.

[4] Georgios Karras, "The Optimal Government Size: Further International Evidence on the Productivity of Government Services", *Economic Inquiry*, 34 (2), 1996.

[5] Juin-jen Chang, Hsiao-wen Hung, Jhy-yuan Shieh, Ching-chong Lai, "Optimal Fiscal Policies, Congestion and Over-Entry", *Scandinavian Journal of Economics*, 109 (1), 2007.

[6] Geoffrey Brennan, James M. Buchanan, *The Power to Tax: Analytical Foundations of a Fiscal Constitution*, Cambridge University Press, 1980.

其成长因子令人琢磨不透。① 三是由哈佛大学肯尼迪政府管理学院的发展经济学家丹尼·罗德里克（Dani Rodrik）阐发的全球化引致大政府命题，即经济越开放，政府规模越大，② 这个命题在后续的文献中一般被称为"罗德里克全球化命题"。这一命题实际上揭示了瓦格纳定律中政府增长的一个贡献因子。

二 "瓦格纳定律"的全球性争议：公共部门是否随经济增长而增长？

上述的诸多命题均激发无数学者基于单个国家或跨国的数据不断加以检验，其中每一个命题的检验几乎都会由于样本不同而引发不少争议。限于篇幅，本章只关注"瓦格纳基础命题"，即公共部门是否随着经济增长而持续不断地增长。即便对这个经验性命题是否成立，争议性也不少。

一般认为，瓦格纳定律对于工业化发达国家来说基本上是成立的，例如，一项针对23个OECD成员国的研究显示，瓦格纳定律总体来说是成立的，而且对于正处在赶超阶段的成员国来说更是如此。③ 但正如前述"巴罗规则"所揭示的，一来瓦格纳定律不可能以线性的方式呈现，二来政府无论如何都有"增长的极限"，因此发达国家到了一定的经济发展阶段，政府增长的势头必定会停止。至于政府增长的极限究竟多高，在不同地方是有所不同的，这又取决于很多因素，包括自然制约（即税负上限不可能无限提高等）④、宪政制约（即关于征税权和举债权的宪法约束）⑤、政治

---

① Wallace E. Oates, "Searching for Leviathan: An Empirical Study," *American Economic Review*, 75 (4), 1985.

② Dani Rodrik, "Why Do More Open Economies Have Bigger Governments?" *Journal of Political Economy*, 106 (5), 1998.

③ Serena Lamartina, Andrea Zaghini, "Increasing Public Expenditure: Wagner's Law in OECD Countries", *German Economic Review*, 12 (2), 2011.

④ Bruno Frey, "Are There Natural Limits to the Growth of Government?", in Francesco Forte and Alan Peacock (eds.), *Public Expenditure and Government Growth*, Basil Blackwell, 1985, pp. 101 – 118.

⑤ James M. Buchanan, *Constitutional Economics*, Blackwell Publishing Inc., 1991.

经济体制约束（如财政分权化或财政联邦主义对政府增长的限制）[①]以及意识形态或时代精神（如新自由主义是否兴盛一时等）约束[②]等。

对于后发型发达国家和发展中国家来说，有关瓦格纳定律的检验得出了很多截然相反的结论，即便是单就"瓦格纳基础命题"而言也是如此。一些研究显示，"瓦格纳基础命题"对发展中国家整体来说不成立，[③]或就某一地区的发展中国家而言是不成立的，如加勒比地区[④]，或针对一组国家（如六个非洲国家）不成立[⑤]，或针对不少单个发展中国家不成立，如墨西哥[⑥]、巴西[⑦]、南非[⑧]。但有研究显示，长期而言，"瓦格纳基础命题"对印度来说基本上是成立的，尤其是在其强力推进经济自由化改革的时期（1991~2007），政府增长对经济增长的弹性更大。[⑨]针对一个国家的研究，研究不同时期的不同文献，结论也会不一样。例如，针对土耳其，一篇在2003年发表的论文判定"瓦格纳基础命题"在1960~2000

[①] Michael L. Marlow, "Fiscal Decentralization and Government Size", *Public Choice*, 56 (3), 1988; Philip J. Grossman, "Fiscal Decentralization and Government Size: An Extension", *Public Choice*, 62 (1), 1989; John E. Anderson, Hendrik van den Berg, "Fiscal Decentralization and Government Size: An International Test for Leviathan Accounting for Unmeasured Economic Activity", *International Tax and Public Finance*, 5, 1998.

[②] Kurt Schmidt, "Is There a Natural Limit to Public-spending Growth? Or, the Spirit of the Age as a Determinant of the Development of Public-spending," in Francesco Forte, Alan Peacock (eds.), *Public Expenditure and Government Growth*. Oxford: Basil Blackwell, 1985, pp. 119-131.

[③] Rati Ram, "Wagner's Hypothesis in Time-series and Cross-section Perspectives: Evidence from 'Real' Data for 115 countries", *Review of Economics and Statistics*, 69 (2), 1987.

[④] Irving J. Goffman, Dennis J. Mahar, "The Growth of Public Expenditures in Selected Developing Nations: Six Caribbean Nations", *Public Finance*, 26 (1), 1971; Sunday O. Iyare, Troy Lorde, "Co-integration, Causality and Wagner's Law: Tests for Selected Caribbean Countries," *Applied Economics Letters*, 11 (13), 2004.

[⑤] Yaya Keho, "Testing Wagner's Law in the Presence of Structural Changes: New Evidence from Six African Countries (1960-2013)," *International Journal of Economics and Financial Issues*, 6 (1), 2016.

[⑥] Bernd Hayo, "No further evidence of Wagner's Law for Mexico", *Public Finance*, 49 (2), 1994.

[⑦] Marcio Nakane, Marcelo Resende, "Wagner's Law for Brazil: a Disaggregated Analysis", *Revista de Economia Contemporânea*, 3 (2), 1999.

[⑧] Emmanuel Ziramba, "Wagner's Law: An Econometric Test for South Africa, 1960-2006", *South African Journal of Economics*, 76 (4), 2008.

[⑨] Satish Verma, Rahul Arora, "Does the Indian Economy Support Wagner's Law? An Econometric Analysis", *Eurasian Journal of Business and Economics*, 3 (5), 2010.

年是不成立的,① 而另一篇在2015年发表的论文发现该命题在1998～2004年是成立的。② 这表明,在同一个国家,不同时期的经济结构性因素会对经济增长与政府增长的关系产生深刻的影响。

跨国、跨地区的研究结果更具复杂性。一项基于51个发展中国家的研究显示,尽管经济增长和政府增长都有一定的阶段性,但两者间的长期关系还是与瓦格纳定律吻合的。③ 对于一些幅员辽阔、人口众多的国家,有些研究以地方政府为单位运用面板数据进行研究。例如,一项针对印度15个邦1986～2009年面板数据的研究发现,瓦格纳定律总体来说对印度是适用的,而且政府增长主要是由政府消费而不是政府投资推动的。④

另外一个研究取向是不针对政府财政总支出来检验瓦格纳定律,而是进行所谓的"去聚合性分析",即按照政府职能对财政支出进行细分,考察瓦格纳定律究竟在哪个公共支出领域显灵。公共财政研究的泰斗马斯格雷夫(Richard A. Musgrave)主张将公共支出拆分成军用和民用,分别研究其随经济增长而增长的情形。⑤ 一篇针对希腊1958～1993年的研究发现,瓦格纳定律仅对国防支出成立。⑥ 一篇对马来西亚1970～2004年的研究表明,政府支出与经济产出之间存在长期相关性,而且公共行政和医疗卫生的支出与经济产出的关系具有双向性,即瓦格纳定律和凯恩斯命题同时成立,但对于国防、教育、农业和发展领域,仅瓦格纳定律成立。⑦ 一篇在2017年发表的论文基于14个欧盟国家在1996～2013年的面板数据库

---

① Ferda Halicioglu, "Testing Wagner's Law for Turkey, 1960-2000", *Review of Middle East Economics and Finance*, 1 (2), 2003.
② Seda Bayrakdar, Selim Demez, Mustafa Yapar, "Testing the Validity of Wagner's Law: 1998-2004, The Case of Turkey", *Procedia - Social and Behavioral Sciences*, 195, 2015.
③ Bernardin Akitoby, Benedict Clements, Sanjeev Gupta, "Public Spending, Voracity, and Wagner's Law in Developing Countries", *European Journal of Political Economy*, 22 (4), 2006.
④ Seema Narayan, Badri N. Rath, Paresh K. Narayan, "Evidence of Wagner's law from Indian States", *Economic Modelling*, 29 (5), 2012.
⑤ Richard A. Musgrave, Peggy Boswell Musgrave, *Public Finance in Theory and Practice*, 5th edition, McGraw Hill Higher Education, 1989, pp. 116-117.
⑥ Michael Chletsos, Christos Kollias, "Testing Wagner's Law Using Disaggregated Public Expenditure Data in the Case of Greece: 1958-93", *Applied Economics*, 29 (3), 1997.
⑦ Muthi Samudram, Mahendhiran Nair, Santha Vaithilingam, "Keynes and Wagner on Government Expenditures and Economic Development: The Case of a Developing Economy", *Empirical Economics*, 36 (3), 2009.

进行分析，发现在某些国家（如奥地利、法国、荷兰和葡萄牙）的不同政府职能领域中，瓦格纳定律得到确证，例如在荷兰，环境保护公共支出随经济增长而增长的情形格外显著，而在法国，这样的情形出现在住房和社区维护领域。[1] 但是，对于为什么某些政府职能领域对经济增长的依赖性较强而另外一些政府职能领域对经济增长的依赖性较弱，目前尚没有较好的理论解释。

就政府规模问题的研究常常得出不同的结论，其中的缘由很多。首先，影响政府规模变化的因素太多，相当一部分并不限于经济领域，诸多政治和社会结构性因素很重要，因此要给出一个单一的政府增长理论或许根本是不可能的；其次，就很多国家或地区而言，瓦格纳定律或者只在某些发展阶段才成立，或者只就某些公共支出领域才成立；再次，经济增长与政府增长之间的关系，存在内生性问题，即两者的因果关系究竟如何，哪些变量构成中间变量或被忽视的变量；最后，政府规模的度量由于对政府行动的界定存在歧义而富于弹性，不同度量方式的选择就有可能导致不同结论，甚至即便采用同一个度量指标，但细节之差就会影响结论。例如，如果采用政府消费占GDP的比重作为政府规模的度量，分别采用名义值和实际值计算，来考察发达国家和发展中国家从1960年到2000年的政府增长，会得出两个略有不同的图景。[2]

在这里，如何度量政府的规模，显然是一个基础性的学术问题。大体而言，政府规模度量方式有两种，即数人头或计金额。数人头即考察公共部门雇员占劳动力的比重。计金额又有两个方法：一是从岁入角度看，即考察政府税费收入；二是从岁出角度看，考察政府支出。从岁出角度度量政府规模，最为常见的度量指标有三个，即政府支出、人均政府支出和政府支出占GDP的比重。[3] 当然，不同学者对于政府支出的内涵和外延有不同的认定，这也导致最终的定性结论五花八门。

---

[1] António Afonso, José Alves, "Reconsidering Wagner's Law: Evidence from the Functions of the Government", *Applied Economics Letters*, 24（5），2017.

[2] 〔英〕蒂莫西·贝斯利：《守规的代理人：良政的政治经济学》，李明译，上海人民出版社，2009，第6~7页。

[3] Alan Peacock, Alex Scott, "The Curious Attraction of Wagner's Law", *Public Choice*, 102（1），2000.

三 瓦格纳定律在中国是否成立？

下文我们考察"瓦格纳基础命题"在中国的适用性。实际上，关于中国政府规模的研究成果众多，有些论文考察了诸多命题，其中包括"瓦格纳基础命题"（以下等同于"瓦格纳定律"）。但是，单独考察"瓦格纳基础命题"文献（无论中英文）并不多，而且，正如前述原因，这些文献的结论具有混合性。

首先考察英文文献。

一位英国学者2005年发表的一篇论文，采用描述性和列举性方法来考察1978~2001年中国政府规模的增长，并讨论了瓦格纳定律在中国的适用性。他使用全国性政府预算内支出占GDP的比重和国有单位正式职工的人数作为政府规模的度量，主要基于对若干社会经济领域（经济建设、社会文化与教育、政府行政管理等）的描述，断定瓦格纳定律对1978年进入改革开放时期之后的中国总体来说是适用的，因此判定中国经济发展模式与瓦格纳在19世纪确定的经济发展模式没有什么不同。[①]其定性结论如何姑且不论，此文对中国政府规模变化的描述不具有系统性和全面性：首先，作者没有考察政府预算外支出；其次，作者也没有关注正在兴起的社会保险。同时，其研究结论从方法论上看也不具有稳健性。

更多的论文是以省为单位，运用计量分析方法，来检验"瓦格纳定律"是否在中国成立。

2004年中国台湾学者陈建勋发表的一篇论文，基于1986~1998年省级面板数据，考察财政分权化对政府规模的影响。此文并未对瓦格纳定律本身进行验证，而是对从中衍生的三个命题进行验证，即：（1）利维坦假说，即政府规模有内在的膨胀之势，但财政分权化有可能对此有阻滞作用；（2）奥茨假说，即财政分权化并不具有遏制政府走向利维坦的功效，

[①] Damian Tobin, "Economic Liberalization, the Changing Role of the State and 'Wagner's Law': China's Development Experience since 1978", *World Development*, 33 (5), 2005.

反而会促使地方政府规模膨胀;(3)共谋默契假说,即如果财政分权化未能遏制政府膨胀,那是因为政府间出现共谋或者默契,这个假说也由利维坦假说的提出者提出。陈建勋的研究显示,中国改革开放时代的地方政府否证了利维坦假说而确证了奥茨假说和共谋默契假说,即财政分权化非但没有降低地方政府规模,反而推高了其财政支出水平,其奥妙在于中央政府与地方政府就预算外支出达成了一种不予严厉控制的默契。[①] 尽管并非第一篇直面瓦格纳定律中国适用性的英文论文,但此文开创了运用省级数据研究中国政府规模之先河。

2005年,两位在荷兰工作的学者完成了一篇英文工作论文。这是第一篇使用省级面板数据检验瓦格纳定律中国适用性的英文论文,尽管没有在学刊上发表,但作为著名学府鹿特丹大学伊拉斯谟管理研究院(Erasmus Research Institute of Management,ERIM)[②] 的工作论文,还是产生了一定的影响。该文基于1995~2002年31个省级行政区的数据,以政府财政预算内和预算外支出占GDP比重作为政府规模的度量,检验了瓦格纳基础命题、瓦格纳城市化命题、瓦格纳公共服务命题以及其他相关命题。该文赫然发现了一个与"瓦格纳定律"不相符的"困惑",即中国各省的政府规模随着经济增长实际上在缩小。为了解惑,该文检验了利维坦假说,发现财政分权化的确有遏制政府规模扩张之势,但政府间转移支付又在一定程度上抵消了这一效应,即中央政府转移支付占省级公共支出比重越高,省级政府规模越大。同时,该文还发现,人口规模的增加并未引致诸省级政府为民众提供更多的公共服务,因此瓦格纳公共服务命题似乎不成立,而由此推论,鲍莫尔成本病(该文未提及这一点)似乎也应该无缘于中国。此外,该文还指出,国有企业亏损是政府预算外支出的主要消耗口,而经济开放也引致地方政府将更多的公共开支用于改善投资环境,这实际上确证了"罗德里克全球化命题"在中国的成立,并且提出了这一命题的新机制。但很令人遗憾,该文没有注意到"罗德里克全球化命题",从而让挖

[①] Chien-Hsun Chen,"Fiscal Decentralization,Collusion and Government Size in China's Transitional Economy",*Applied Economics Letters*,11(11),2004.
[②] 此学院是伊拉斯谟经济学院(Erasmus School of Economics,ESE)的研究生院,隶属于鹿特丹大学。首届诺贝尔经济学奖得主简·丁伯根(Jan Tinbergen)供职于伊拉斯谟经济学院。该学院及其研究生院的经济学基础和应用研究享有国际声誉。

掘理论意涵的机会白白溜走。① 总体来说，此文发现中国政府实属小政府，这与国际文献常常把中国政府描绘为大政府的既有印象大不吻合。② 作为第一篇使用计量方法检验瓦格纳定律在中国是否成立的英文论文，此文所分析的数据时间跨度较短，仅仅7年，而且对改革开放初期未加覆盖，这使其研究结果的局限性较大。

三位在澳大利亚工作的学者2008年发表了一篇论文，基于1952~2003年24个省级行政区面板数据的分析，以人均GDP为自变量，对"瓦格纳基础命题"在中国的适用性进行了验证，得出了几点发现：其一，瓦格纳基础命题在经济发展水平较低的中西部地区是成立的，但在经济相对比较发达的东部地区则不成立，对所有省份总体来说也不成立。③ 这篇论文研究的时间跨度很大，其间包括计划经济体制形成、"文化大革命"、市场转型三个完全不同的时期。该文强调的主要学术贡献是在计量方法上寻求精致化，运用了面板单位根检验、面板协整检验和格兰杰因果检验，试图解决因果性问题。此文在政府规模度量指标的选择上也独树一帜，即选择了实际政府支出和实际人均政府支出，而不是像其他文献中常用的政府支出占GDP的比重。

香港城市大学学者吴木銮、林谧基于中国30个省级行政区1998~2006年的面板数据，考察了政府规模的决定因素，同时检验了瓦格纳基础命题。他们发现，瓦格纳定律在改革开放初期的中国是不成立的，经济越发达的东部地区，政府规模反而越大，这一点确证前述三位澳大利亚学者的发现。同时，吴木銮、林谧还发现，利维坦假说在中国也不成立，即无论是从收入端还是从支出端来考察，财政分权化实际上与政府规模正相关，因此并不能抑制政府规模的膨胀，这一点印证了陈建勋的发现。他们的另一个发现否证了罗德里克假设，即贸易和投资开放度与政府规模负相

---

① Ze Zhu, Barbara Krug, *Is China a Leviathan?* (No. ERS – 2005 – 087 – ORG). Erasmus Research Institute of Management, 2005, accessible online: http://hdl.handle.net/1765/7175.
② Dali L. Yang, *Remaking the Chinese Leviathan: Market Transition and the Politics of Governance in China*, Stanford University Press, 2006; Angela H. Zhang, "Taming the Chinese Leviathan: Is Antitrust Regulation a False Hope?", *Stanford Journal of International Law*, 51 (2), 2015.
③ Paresh K. Narayan, Ingrid Nielsen, Russell Smyth, "Panel Data, Cointegration, Causality and Wagner's Law: Empirical Evidence from Chinese Provinces", *China Economic Review*, 19 (2), 2008.

关。与前述澳大利亚学者的论文仅依赖于格兰杰因果检验不同，吴木銮、林谧采用了广义矩估计法和工具变量法进行内生性检验，试图解决反向因果性问题。[①] 但是，吴木銮、林谧的论文在计量分析上有两点值得商榷：一是时间跨度较短，仅仅 8 年，其问题与前述鹿特丹大学的研究相类似，但问题是，前者论文发表时间比后一研究晚了 7 年，他们在开展此项研究期间，更多年份的数据实际上已经可获得了，却没有加以利用；二是仅仅以财政预算内支出占 GDP 的比重为政府规模的度量，不仅明显低估了中国的政府规模，即没有将预算外支出和社会保险支出纳入政府规模的度量之中，而且有可能对相关结论有所影响，这一问题与澳大利亚学者论文的问题是一样的。

2013 年两位台湾学者发表的论文，并未使用省级面板数据，而是基于 1960～2009 年的时间序列数据，运用门限协整估计法（又可译为"门槛协整估计法"）进行分析，将这段时间分为两个时期，即改革开放前时期（1960～1978 年）和改革开放后时期（1979～2009 年），发现在改革开放后时期，公共支出随国民收入增长而增长的趋势，通过了格兰杰因果检验，但在改革前时期，则没有通过格兰杰检验。这表明，瓦格纳定律对于改革开放时期的中国大陆是适用的。[②] 令人感到费解的是，此文没有对新中国成立后第一个十年的情形加以分析，也没有给出理由，而这些年的数据基本上也是可获得的。

检验"瓦格纳基础命题"在中国适用性的中文文献相对较多，其结果也是混合性的。

李永友、裴育早在 2005 年发表的一篇论文中，基于 1979～2003 年的时间序列数据进行分析，发现瓦格纳定律在中国并不成立，至少在 1994 年之前，公共支出的变化与经济增长不相干。此文将季度数据替代年度数据以增加样本量之后进行的分析，依然没有改变基本的结论。通过添加滞后项变量进行分析之后，此文认为中国公共支出的变化主要是惯性因素使

---

① Alfred M. Wu, Mi Lin, "Determinants of Government Size: Evidence from China," *Public Choice*, 151 (1/2), 2012.
② Ching - Yang Liang, Chih - Wen Mao, "Public Spending and National Income Before and After Economic Reform in China: An Application of Asymmetric Threshold Cointegration", *International Journal of Economics and Finance*, 5 (11), 2013.

然。此文指出，分析基于的样本量较小，会影响到研究发现的有效性和可靠性，而时间序列分析基于的数据从年度数据改为季度数据之后，对此有所改善，但并不能根本改变，因此对于研究结论须持谨慎的态度。[1]

汤玉刚、范方志同年发表的一篇文章，基于 1976~2002 年的时间序列数据，考察了政府规模的决定因素，发现工业化和城市化并不能很好地解释改革开放时期中国政府规模的变化，经济增长也并非影响政府规模变化的唯一重要因素，而财政分权化和经济市场化（用非财政性投资在基础设施建设投资中的占比来度量）是非常重要的影响因素。经济增长是推动政府增长的因素，而财政分权化和经济市场化则是抑制政府增长的因素。[2]此文的缺陷在于：一是财政分权化是一个具有全球性的制度因素，有关财政分权化对政府规模影响的考察实际上是对布伦南－布坎南利维坦假说的检验，但此文并未提及这一点，反而认为这一考察是针对中国经济转型中外生制度变量的考察；二是此文承认只针对预算内财政支出的考察会忽略预算外支出对政府规模变化的影响。此文的睿识，在于注意到考察瓦格纳定律中国适用性的时候必须注意到转型经济的特征，即经济市场化本身意味着很多在计划经济时代政府行使的职能变成市场的职能，这意味着会导致政府规模缩小。但可惜的是，此文对这一睿识没有予以重视。

2008 年，赵石磊的论文基于 1978~2006 年的时间序列数据分析，发现整体来说瓦格纳定律在这段时期的中国并不成立，就 1987 年之后的部分时期又成立了，但政府规模对经济增长的弹性很小，即瓦格纳定律的呈现程度很弱。此文在协整分析的基础上引入了格兰杰因果检验，在计量分析的方法论上有所改善。但是，基于短暂时期的时间序列数据分析，依然会因为样本量小的因素影响到结果的有效性和可靠性，对此弱点，此文也是承认的。[3]

2009 年，有三篇中文论文直接考察了瓦格纳定律在中国的适用性。王小利、张永正的论文，基于 1952~2006 年的时间序列数据分析，发现瓦格

---

[1] 李永友、裴育:《公共支出与国民产出：基于瓦格纳定律的实证检验》,《财经研究》2005 年第 7 期。
[2] 汤玉刚、范方志:《财政规模决定：一个经验模型》,《财经问题研究》2005 年第 9 期。
[3] 赵石磊:《"瓦格纳定律"检验中的协整与因果问题——中国的情况》,《中央财经大学学报》2008 年第 8 期。

纳定律在中国的适用性具有阶段性或时变性，基本上只是在20世纪60年代中期之前成立，在其他时期并不成立。具体而言，在"文化大革命"之前，财政支出增长率高于经济增长率；自60年代中期到70年代末，财政支出增长率呈现剧烈波动；80年代以及此后的时期，财政支出的变化受到制度变迁的影响，与经济增长的关联性大幅度减弱。[①] 这表明，在"文化大革命"之前，在典型的计划经济体制下，政府财政收入内生于经济增长，而财政支出自然也内生于经济增长。

李树生的论文基于1952~2007年的时间序列数据进行分析，认为经济增长曾经在1959年和1991年发生结构性突变，而政府规模则在1960年和1996年发生过结构性突变，因此在控制了结构性突变的情况下重新考察两者的关系，发现瓦格纳定律总体来说在中国是成立的。[②] 此文基于的数据以及计量分析结果与王小利、张永正之文是相似的，只不过定性的阐释不仅不同，而且此文是更加精到的。

与上述两篇论文不同，姚静的论文专注于改革开放时期，基于1978~2006年时间序列数据进行分析，识别出瓦格纳定律仅适用于1995~2006年这段时期，也就是分税制实施之后的时期。就此，此文提出，在1995年之前，中国从计划经济向市场经济的转型，导致瓦格纳定律失效，经济增长与政府规模的关系呈现出"转轨效应"，而自1995年以来，随着市场经济体制的逐步确立，政府规模随经济增长和工业化而增大，呈现出"瓦格纳效应"。[③] 此文实际上对前述汤玉刚、范方志的论文注意到的经济体制转型的影响有所回应，但由于未能引证后文，也未能采用后文中对经济转型的度量指标，姚静的论文对所谓"转轨效应"基本上停留在点到为止的境地。

王宝顺2010年的论文，对"瓦格纳定律"和"凯恩斯命题"在中国的适用性同时进行了检验。基于1952~2007年的时间序列数据进行协整分析和格兰杰因果检验，此文发现从长期来看，瓦格纳定律并不成立，凯恩

[①] 王小利、张永正：《Gibbs抽样条件下瓦格纳法则的中国有效性研究》，《统计研究》2009年第1期。
[②] 李树生：《基于结构突变的瓦格纳定律的实证检验》，《经济问题》2009年第12期。
[③] 姚静：《中国财政支出增长的实证分析——基于瓦格纳法则的研究》，《经济论坛》2009年第8期。

斯命题也未得到确证，但在某些较短的时期，国民收入构成财政支出的格兰杰之因。① 可是，此文没有清楚地说明瓦格纳定律成立的时期究竟是哪些时期。

2013 年，高军、王晓丹的论文基于 1952~2008 年的时间序列数据，运用一种能够识别非线性关系的门限协整估计法进行分析，结果发现总体来说瓦格纳定律并不适用于中国，但在 1994 年之后的十多年时间，的确出现过政府财政收支的规模随经济增长而增长的趋势，但认为这段时期的样本量太小，不足以支撑任何经由统计分析而得出的结论。② 此文未能将考察的时段延长到论文发表时数据可获得的 2011 年是一个遗憾。此文将瓦格纳定律在中国不成立的理由归结为中国在改革开放时期推进从计划经济向市场经济的转型，而在这一变革中，经济有所增长但政府规模有所缩小，恰好与瓦格纳定律所呈现的关系相反。同前述姚静的论文一样，高军、王晓丹的论文既没有引证前述汤玉刚、范方志的论文，也没有对"转轨效应"的影响加以深入剖析。同时，高军、王晓丹的论文未能对计划经济时期瓦格纳定律的时变性加以深入分析。门限协整估计法的方法论优势没有得到充分的体现。

郭月梅、孙群力 2010 年的论文，基于 1978~2008 年的时间序列数据，采用基于非限制性误差修正模型的边界检验方法进行分析，结果表明，经济增长与政府支出在中国的改革开放时期不存在长期稳定的关系。③ 2015 年，贾凯威对改革开放时期瓦格纳定律的中国适用性进行研究，其基于的时间序列数据年份增多，从 1978 年到 2012 年，发现经济增长与公共支出之间存在非对称性门限协整关系，即仅存在经济增长影响公共支出的单向格兰杰因果关系，由此可以断定瓦格纳定律在改革开放时期对中国是适用的。④

---

① 王宝顺：《财政支出与经济增长：瓦格纳法则的中国证据》，《广东商学院学报》2010 年第 4 期。
② 高军、王晓丹：《基于门限向量协整模型对瓦格纳法则的实证研究》，《统计与决策》2013 年第 13 期。
③ 郭月梅、孙群力：《中国的政府支出：基于边界检验的 Wagner 法则有效性检验》，《财贸经济》2010 年第 12 期。
④ 贾凯威：《政府公共支出与经济增长：基于 MTAR 模型的瓦格纳法则再检验》，《统计与决策》2015 年第 13 期。

至此可以看出，关于瓦格纳定律中国适用性的相当一部分研究，尤其是较为早期的研究，基本上是基于时间序列数据分析，但是这一分析在方法论上具有很大的局限性，主要是样本量不够，而仅仅针对改革开放时期的分析更是如此。这些研究的共同结论是瓦格纳定律总体上来说在中国不大适用。对此现象，有些研究提出了一个值得关注的问题，即中国改革开放时期初，经济体制从计划经济体制向市场经济体制转型会对瓦格纳定律产生反向影响。当然，"文化大革命"对瓦格纳定律的中国适用性也构成干扰性影响。可惜的是，对这些发现的意涵这些研究都没有深入探究。

与基于时间序列数据的分析相比，基于省级面板数据的分析在方法论上更具可靠性。在中文期刊上最早采用后一种计量分析方法研究政府规模的论文，据笔者考察，是孙群力于2006年发表的论文，基于1978～2003年28个省、自治区、直辖市的面板数据以及全国性时间序列数据，对利维坦假说和奥茨假说进行检验，发现财政收入分权化有助于地方政府规模缩小，但支出分权化（尤其是财政垂直不平衡，即中央政府转移支付占地方政府财政支出的比重）有增大地方政府规模之效，且后者比前者的效力更大。这表明，财政分权化具有抑制地方政府利维坦化的功效。[①] 2007年，孙群力又发表一篇论文，对瓦格纳基础命题进行了考察。基于1995～2004年省级面板数据，此文发现，随着实际人均GDP的提高，中国地方政府规模扩大，因此中国经济增长与地方政府规模之间的关系，支持了瓦格纳基础命题的中国适用性。[②] 此文所考察的时期短于其2006年论文，主要原因在于前者考察的是分税制改革之后的情形。2010年，孙群力继续发表论文，基于1995～2006年省级面板数据，对瓦格纳定律、利维坦假说、奥茨假说和罗德里克命题进行检验，发现在分税制实施的背景下，瓦格纳定律在中国总体来说是成立的，但在东部地区不成立，奥茨假说在全国得到了确证，而罗德里克命题则得到否证。[③]

前述吴木銮、林谧的英文论文实际上是在《公共管理学报》2010年第4期以中文首先发表的，其发现与孙群力2007年的论文相反。如前所述，

[①] 孙群力:《财政分权与政府规模：中国的经验分析》,《统计与决策》2006年第12期。
[②] 孙群力:《经济增长对中国地方政府规模的影响：Wagner法则的有效性检验》,《江西财经大学学报》2007年第2期。
[③] 孙群力:《中国地方政府规模影响因素的实证研究》,《财政研究》2010年第1期。

吴木銮、林谧论文的分析基于1998~2006年的省级面板数据，样本量反而小于三年前就已发表的孙群力的论文，而且此文也未引证孙群力的这篇论文。

2011年，王凯等人发表的论文基于1978~2009年29个省级行政区面板数据进行分析，发现无论是长期还是短期，经济增长都是政府规模的格兰杰之因，这表明瓦格纳定律在改革开放时期的中国是成立的，而且对中、东、西部地区都成立，只是在东部地区的呈现程度较弱而已。[1] 这篇论文引证并采用了前述三位澳大利亚学者的方法，但由于考察的时期不同，因此结论有所不同。针对瓦格纳定律的考察，这篇文章的结论与孙群力2010年的发现稍有不同，但后者只考察了分税制改革之后的情形，而前者则将分税制改革前后的整个改革开放时期都纳入分析。样本不同，结论不同是不奇怪的。

2012年，郑法川基于1998~2006年30个省级行政区的面板数据，运用空间动态计量模型，同时检验了瓦格纳定律和罗德里克全球化命题，发现这段时期中国省级政府规模的变化符合瓦格纳基础命题，与此同时，罗德里克命题也成立，即对外经济的发展促使地方政府一方面增加服务于经济活动的公共支出，另一方面也增加社会保护的公共支出，从而走向大政府。该论文还发现，政府间竞争（即攀比效应）会助推政府规模增长，这实际上构成了对利维坦假设的否证，提供了对奥茨假说的中国验证，并同前文提及的陈建勋的发现相呼应，但可惜此文既没有提及这两点，也没有引证布坎南、奥茨，更没有提及陈建勋。[2]

2016年，文雁兵基于1994~2012年30个省级行政区的面板数据，同时检验了瓦格纳定律和利维坦假说，发现两者在短期内成立但长期不成立，同时发现中央财政转移支付的"粘蝇纸效应"无论是从短期还是长期来看都是成立的。[3] 可是，对数据分析的结果如何解读值得玩味。就瓦格纳定律长期不成立而言，有可能是东部地区的政府规模随经济增长而增长

---

[1] 王凯、庞震、潘颖：《"瓦格纳法则"在中国适用性研究》，《经济与管理》2011年第2期。
[2] 郑法川：《地方政府规模影响因素实证分析》，《财政研究》2012年第4期。
[3] 文雁兵：《改革中扩张的政府支出规模：假说检验与政策矫正》，《经济社会体制比较》2016年第2期。

的情形到了一定的阶段就出现增速放缓甚至停滞不前的情形，也就是说，触及了政府增长的极限；就利维坦假说长期不成立但粘蝇纸效应长期成立而言，合理的解释应该是自1994年分税制实施以来中央政府财政汲取能力增强之后转移支付力度也加大，致使相当一部分省份的政府财政对中央转移支付的依赖度提高，从而出现本地财政支出也随之增加的现象。这实际上是利维坦假说的一种间接确证。

2018年，邹洋基于2007～2014年31个省级行政区的面板数据，尤其是其中财政支出的分类统计，对瓦格纳定律在中国的适用性首次进行了前述的"去聚合性分析"，发现总体来说，政府规模的确随经济增长而增长，但GDP每增长1%，政府财政支出增长小于1%，这显示瓦格纳基础命题不大成立，但是在民生支出、经济发展支出和行政管理支出这三个领域，瓦格纳定律是成立的。此文的一个方法论长处是运用差分GMM方法对动态面板数据进行分析，以克服内生性问题。[①]

四 中国政府增长研究的若干问题

从前文的综述来看，无论是基于跨国样本，还是基于单个国家样本，尤其是基于中国样本，对于瓦格纳定律适用性的研究，结论往往莫衷一是。这种情况的出现本身是非常正常的，因为不同的文献所分析的样本是不同的，而度量指标和分析方法有时也有不同，结论自然会有不同。尽管如此，关于瓦格纳定律在中国的适用性，并不应该停留在莫衷一是的境况，而是需要基于分析结果给出准确而精妙的解释。可是，恰恰在这方面，既有文献是不尽如人意的，基本上均停留在对各自计量分析结果的简单定性陈述，缺乏分析性阐释，也缺乏与已有文献中的重要发现进行对话并加以整合的努力。前文评述的文献，除了早期研究之外，只是更新了所分析的数据并在计量分析方法稍作调整，均未充分系统地引证已有的文献，形成了自说自话、简单重复的局面。只是努力完成计量分析本身，但却忽视对计量分析结果的理论提炼和阐释，可以说是绝大多数计量类论文

---

① 邹洋：《基于动态面板数据模型的瓦格纳定律再检验》，《统计与决策》2018年第3期。

的通病，中外皆然。这也导致很多基于计量分析的"实证研究"往往陷于一种徒具方法精致性的就事论事。

为了避免关于政府增长的研究陷入就事论事、自说自话、简单重复的境地，未来的研究有必要在如下几个方面深入探究。

首先，重视结构性和制度性因素的影响，探究瓦格纳定律在中国具有时变性的根源。重视这一点既具有理论意义，也能充分展示中国经济发展的特色。

政府增长或公共支出增加的决定因子众多，而瓦格纳定律所揭橥的经济增长以及由此而产生的中介变量，只不过是众多决定因子的一部分而已。因此，瓦格纳定律（尤其是瓦格纳基础命题）在特定时期针对特定样本是否成立，往往受到多重因素的影响，在计量分析中如何控制其他因素非常重要。

在政府规模的多种决定因素中，结构性和制度性因素非常重要。由于某些非经济力量的作用，在任何一个国家或地区，总会有一些时期出现经济与政府在结构或制度上的大变化。因此，如前述针对土耳其和中国的一些实证研究所显示的，瓦格纳定律的适用性往往呈现出所谓"时变性"特征，这就不奇怪了。倘若只是发现存在时变性，而不考量这些结构性和制度性因素，或者考量的方式不同，对瓦格纳定律适用性的检验就会得出不同的结论。

就中国而言，这一点尤为重要。新中国成立后，1952年以来的系统性统计数据是可获得的。如果基于1952年以来的数据对瓦格纳定律的中国适用性进行系统性的考察，必须对结构性和制度性因素严加关注。

新中国自1952年以来，一共经历过如下重要的结构和制度转型期，而这些历史时期相互之间有一些重叠：（1）计划经济体制形成期，基本上在20世纪50年代；（2）计划经济体制冲击期，中国在50年代末期的"大跃进"和60年代中期到70年代中期的"文化大革命"，对计划经济体制的经济结构和政府机构都形成了巨大冲击；（3）计划经济体制恢复期，基本上在70年代；（4）经济体制转轨期，基本上从1979年开始；（5）市场经济体制形成期，基本上从1992年开始；（6）市场经济体制成长期，基本上从2003年开始。

在市场转型前的计划经济时期，国有和准国有部门近乎一统天下，私营部门的规模微乎其微,而国有和准国有部门的经济社会活动基本上纳入国家计划。在这一时期,以财政支出相对值来度量的政府规模是否随经济增长而增长,或者说瓦格纳定律是否适用于计划经济,这本身就是一个具有学术意义的论题。但是,对于这一论题,如果仅仅运用全国性时间序列数据分析,一来样本量太小,二来其间还有"大跃进"和"文化大革命"这种外生性结构性巨变所产生的震荡性影响,导致经济增长和政府规模都出现波动,瓦格纳定律自然不可能显灵。如果在计量分析中不把这些因素剔除,那么对于自1952年以来瓦格纳定律中国适用性的研究,必定是不大可靠的。如果运用50年代以及70年代中后期的中国省级面板数据进行分析,并与苏联和东欧进行比较,还是可以得出具有一定参考意义的结论,可惜,迄今为止未有论文对此进行专题研究。

对于中国改革开放时期瓦格纳定律是否适用的研究,也出现了莫衷一是的现象,基本上有三个原因:一是这段时期中国经济体制的"转轨效应"本身会消解瓦格纳定律,甚至会出现逆瓦格纳定律现象,即经济增长反而与政府规模收缩相伴随;二是制度性变革,即财政分权化和分税制改革后某种程度的财政再集中化;对政府规模的变化产生了深刻的影响;三是出现了政府规模增长极限效应,由此,瓦格纳定律在市场经济初期的发展阶段才有效,而随着时间的推移,政府增长的极限极有可能在经济超越初期发展阶段的东部地区出现。

正是由于这些结构性和制度性因素的存在,瓦格纳定律的中国适用性一定会出现所谓的"时变性"或笼而统之的"非线性",即在不同时期有所不同。

瓦格纳定律中国适用性的时变性,在改革开放时期更具复杂性。改革开放时期的本质特征是从计划经济向市场经济的转型。在市场转型的过程中,至少有三种方向不一的力量塑造着政府规模的变化,其作用力在改革开放时期的不同时期都有呈现但力度有所不同。一是转轨效应本身,即市场转型过程本身是一个政府瘦身的过程,在政府逐渐放松禁令或日渐鼓励的情况下,民营部门的成长本身必然导致公共部门的缩减,无论以就业份额还是产出份额来度量;二是市场力量的释放,尤其是国有企业的改革以及民营化,会引发社会保护的发展,而在中国,政府在社会保护制度建设上扮演着主导性角色,因此政府规模又会增大;三是既承继计划经济的遗产又呈现东亚政治经济的特色，中国政府逐渐演变为建立在市场经济基础上之上的发展型国家（the developmental state），即政府运用各种市场经济中的政策工具，试图驾驭市场，推动经济增长，① 在此过程中，政府增长是可见的。

从1979年到1995年，可以说是中国市场转型的初期阶段，其特征是市场力量的释放在这一时期，国有和准国有企业的破产制度和失业制度相继形成，并在20世纪90年代中期形成了大规模的"工人下岗"浪潮。② 国有企业的市场化改革弱化了国有单位的社会保护职能，但与此同时，政府主导的社会保护制度尚未建立健全。因此，在这一历史时期，中国政府规模呈现出缩减的态势。

实际上，从20世纪90年代中期中国政府就开始致力于重建社会保护体系。这一进程从1998年起明显加速，首先是社会保险体系的建设，随后是社会救助体系的建设。③ 尤其是自2003年以来，社会经济平衡发展成为国家新发展战略，④ 自此中国政府的社会支出水平大幅度提升。值得注意的是，在此过程中，社会保险支出在促进社会保护发展的过程中发挥着举足轻重的作用，而有关政府规模的研究不可忽略作为公共支出重要内容的社会保险支出。

与此同时，在1998年和2008年两次金融危机的大背景下，东亚型发展主义在中国兴起。⑤ 伴随着经济刺激计划的不断推出，中国的发展型政府对经济的干预也不断增多。社会保护和经济干预的双重推动，促使中国政府重新走上了通往大政府之路。自2010年起，中国政府的规模已经开始

---

① Seung-Wook Baek, "Does China Follow 'the East Asian Development Model'?", *Journal of Contemporary Asia*, 35 (4), 2005; Mark Beeson, "Developmental States in East Asia: A Comparison of the Japanese and Chinese Experiences", *Asian Perspective*, 33 (2), 2009.

② Edward X. Gu, "From Permanent Employment to Massive Lay-offs: The Political Economy of 'Transitional Unemployment' in Urban China", *Economy and Society*, 28 (2), 1999.

③ Edward Gu, "From Social Insurance to Social Assistance: Welfare Policy Change," in John Wong, Lai Hongyi (eds.), *China into the Hu-Wen Era: Policy Initiatives and Challenge*, World Scientific Publishing Ltd., 2004, pp. 405–436.

④ Edward Gu, David Kelly, "Balancing Economic and Social Development: China's New Policy Initiatives for Combating Social Injustice," in Samir Radwan, Manuel Riesco (eds.), *The Changing Role of the State*, The Economic Research Forum, 2007, pp. 201–224.

⑤ 顾昕：《发展主义的发展：政府主导型发展模式的理论探索》，《河北学刊》2014年第3期。

同韩国并驾齐驱了。

其次,对政府规模进行"去聚合性分析",通过对不同财政领域公共支出的分析,揭示瓦格纳定律发挥作用的机制。

实际上,"去聚合性分析",无论是在跨国研究还是在针对单个国家的研究中,已经成为国际文献中的一个重要潮流。但迄今为止,对瓦格纳定律中国适用性的研究,很少开展"去聚合性研究"。

当然,重视这一点并非为了追赶"学术时尚",而是有着深刻的学术意涵。不同领域的公共支出有着不同的公共功能,有些领域的公共支出随经济增长而增长的程度较高,即公共支出对经济增长的弹性较大,但另外一些领域的公共支出具有一定程度的刚性。如果对公共支出进行聚合性分析,那么就无法识别出瓦格纳定律发挥作用的有效领域,也无法澄清瓦格纳定律发挥作用的显著机制。值得注意的是,无论是国际文献,还是中文文献,即便是对瓦格纳定律的适用性开展了"去聚合性分析",但往往对分析结果停留在就事论事型的解读,极少能进一步发掘相关分析结果的理论意涵。

与第一点相关,将社会保险支出纳入政府增长的研究,将有助于"去聚合性分析",并有助于解释社会保护或民生保障的成长对于政府增长的重要性,从而丰富并细化对瓦格纳定律的解释。

再次,重视对政府增长极限的研究。这既有理论意义,也能挖掘中国政府增长的地区差异,从而为地方治理尤其是政府改革的研究提供新的视角。

如前所述,一些瓦格纳定律中国适用性的研究,无论中英文,都识别出一些地区差异性,即在改革开放时期,瓦格纳定律在中西部地区基本上得到了验证,但在东部地区则不然。可是,这些研究对这一发现多仅仅停留在直观的、简单的、就事论事的陈述,即判定瓦格纳定律在中国仅具有局部性的适用性,缺乏进一步的理论探究。实际上,这一发现至少与两个理论问题相关:一是瓦格纳定律仅仅在经济发展初期阶段显灵,这一点需要通过跨国研究和单个国家的研究加以验证,而有关瓦格纳定律中国适用性的研究恰恰能为此做出贡献;二是政府规模具有增长的极限,即当经济发展进入一定阶段或达到一定水平,政府增长就会停止,甚至还会在某些外生条件下出现政府收缩现象,而有关瓦格纳定律在改革开放时期中国东部地区不大适用的发现恰恰能为有关政府增长极限的研究做出贡献。当然，对于一些大国而言，政府增长的地区差异性本身不仅是重要的学术论题，也具有丰富的政策意涵。

最后，有必要调整对公共支出的度量，更加系统、完整地研究政府规模的变化。

目前来看，无论是中英文文献，无论是跨国研究还是针对单个国家的研究，对于政府规模的度量往往只限于政府财政预算支出，而不包括社会保险支出，这无疑具有很大的局限性，导致相关研究对于社会保护在瓦格纳定律中的作用机制不甚明了。

关于中国政府增长的研究，最为常用的政府规模度量指标是政府财政预算内支出占GDP的比重。正如前文所述，使用这一指标所观察到的政府规模，也往往在20%以下，这意味着无论如何中国政府都是标准的小政府，与利维坦实在"搭不上界"。然而，这样的观察结果显然不符合中国的国情。事实上，无论不同的论者对于大政府或小政府持有何种规范性评价以及对中国政府会提出何种批评或期待，但有关中国政府实为大政府的认定，还是得到广泛承认的一种印象。现在需要做的是基于切实的数据对这种印象进行严谨的检验。

无论从何种角度来看，基于政府财政预算内支出计算出来的政府规模，显然会极大地低估中国政府的真实规模。要度量真实的中国政府规模，必须将如下三种公共支出纳入度量：（1）预算外支出对于中国政府行动的重要性已是众所周知，因此应该纳入对政府规模的度量。无论是在中国还是许多国家，社会保险都是公共财政的重要组成部分之一，其支出毫无疑问也应该纳入公共部门支出。（2）政府投资，哪怕仅仅考虑政府的直接投资，而不考虑政府强力引导甚至动员起来的民间投资（在中国政府文件中常称之为"社会资本"），也是公共支出非常重要（甚至举足轻重）的组成部分之一。（3）中国是一个转型国家，依然处在从计划经济向市场经济的转型之中，其公共部门的规模庞大，其国有单位在职工福利的支出应属于公共支出的范畴。

最后一点比较容易引起争议。在计划经济体制下，国有企业和事业单位都行使着社会安全网的职能，这在所有计划体制国家中都一样。然而，在中国，单位行使的社会职能更加广泛，为正式职工提供着从摇篮到墓地

第二章 检验"瓦格纳定律"：中国经济增长与政府规模研究

的一揽子社会福利，对于民众的社会福祉来说也更为重要，成为"微型的福利国家"[1]。尽管单位福利的给付水平由于经济发展水平的低下而低下，但这些福利实际上是一种国家福利；将单位福利称为"在职福利"，并与市场经济中的"在职福利"以及福利多元主义相提并论，[2] 会有误导性。中国国有企业改革的重要内容之一，就是改变"企业办社会"的格局，将社会职能从国有企业剥离出去，[3] 并开始建立覆盖所有企业雇员的社会保险制度。这一转型过程在20世纪80年代中后期起步，自1995年之后在国有企业中全面铺开，之后极为缓慢地拓展到事业单位。在此转型过程中，国有单位以及准国有单位（即集体所有制城镇单位）的福利提供职能逐渐弱化，但在社会保险缴费之外，这些单位大多依然程度不等地为在职职工和离退休、退职职工提供一些补充性福利给付。与此同时，这些单位还为"不在岗职工"支付一定的生活费。

可以说，即便中国的市场转型一直在前行，但所谓全民和集体所有制的单位依然承担着一些本来应该由国家承担的社会保护职能，而这类职能的履行与市场经济体系中各类组织的雇员福利并不一样。单位福利从国家福利向雇员福利的转型是一个渐进的过程，到何时才真正结束，并没有定论。尽管单位职工福利费用及其离退休、退职人员生活费用的官方统计数据自2006年和2011年之后就不再发布[4]，但是对中国日常工作与生活有切身了解的人都知道，这两类费用依然是国有单位（尤其是事业单位）重要的开支，当然这些开支的一大部分并不直接出自政府财政，而是来自这些国有单位的"创收"。

为了更加贴近现实，有必要把预算内支出、预算外支出、社会保险支出和单位（全民和集体所有制）社会福利支出以及不在岗职工生活费均纳入中国公共部门支出的范畴，对政府规模或公共部门规模进行研究。当

---

[1] Edward X. Gu, "Dismantling the Chinese Mini - Welfare State: Marketization and the Politics of Institutional Transformation", *Communist and Post - communist Studies*, 34 (1), 2001.
[2] Lee Ming - kwan, *Chinese Occupational Welfare in Market Transition*, St. Martin Press, 2000.
[3] Edward Gu, "Beyond the Property Rights Approach: Welfare Policy and the Reform of State - owned Enterprises in China, 1978 - 1998", *Development and Change*, 32 (10), 2001.
[4] 《中国财政年鉴2006》最后一次记载单位离退休、离职人员保险福利费用数据，参见《中国财政年鉴2006》（总第15卷），中国财政杂志社，2006，第467页。《中国劳动统计年鉴2011》最后一次记载城镇国有单位和集体所有制单位不在岗职工的生活费数据。

然，对这几种不同类型的公共支出，既可以开展聚合性分析，以显示整体规模；也可以开展去聚合性分析，以探究不同公共支出类型在瓦格纳定律发挥作用中的不同影响。

五　结语

政府规模的变化，尤其是政府规模的膨胀即所谓政府增长，无论是对于公共经济学、公共管理学和政治经济学的学术研究来说，还是对于政府改革的公共政策实践来说，都具有重要意义。政府增长的决定因子无疑是多元的，但经济增长对政府规模可能的助长，即瓦格纳定律的适用性，是一个重要的学术关注点。由于经济增长助长政府规模的机制不同，瓦格纳定律呈现出不同的版本，又由于政府规模其他影响因子的涉入，瓦格纳定律的衍生命题也不少。因此，对于瓦格纳定律究竟在何时何地"显灵"，成为相关学术领域的一个研究热点。

瓦格纳定律在中国是否"显灵"，自然成为中外学者关注的一个论题，相关研究成果众多。由于不同的研究基于的样本不同，采用的研究方法和研究路径也有微妙的差别，因此结论看起来莫衷一是。但是，穿透多种多样的发现所形成的迷雾，我们依然可以辨别一些具有较高确定性的情形，即瓦格纳定律有可能对于计划经济体制成长期和稳定期来说适用，对于经济体制转轨初期不适用，对于市场经济体制形成期和成长期适用，对于处于经济发展较低水平的地区适用。

关于瓦格纳定律中国适用性的既有研究启示我们，对于政府增长的研究，需要特别关注如下几个问题：第一，结构性和制度性变革因素的外生冲击；第二，不同公共支出领域的情形；第三，经济发展阶段性对政府增长的影响；第四，不同公共支出类型的作用，尤其是预算外支出、社会保险支出和公立组织职工福利支出。唯有对这些问题进行深入探讨，有关中国政府增长的实证性研究才能走出就事论事的格局，分别在政府增长的多元决定因子、政府增长的功能、政府增长的极限、社会保护和社会福利对政府增长的影响、公共财政治理对政府增长的影响等学术领域做出中国的贡献，并就中国公共财政治理的变革给出更具针对性的意见。

第三章 最优政府规模与经济社会协调发展：重审大政府－小政府之争[*]

无论是在公共经济学还是在发展政治学和公共管理学中，确定最优（optimal）或最适（appropriate）的政府规模（government size），是经久不息的研究课题之一。著名的公共经济学家马丁·费尔德斯坦（Martin Feldstein）甚至把公共支出适度水平（即政府规模的适度水平）视为公共财政的中心问题。[①] 与之相关，正如第一章所述，大政府与小政府孰优孰劣也是中外公共政策争论的重点话题之一。一般认为，只有把政府规模控制在适度的范围，才能保证政府更有效地发挥其应有的作用。然而，这种一般的看法的确是过于一般了，因为对于何为最优或适度的政府规模，学界的争论从未停止。

在美国，不仅以大政府为题的学术文献汗牛充栋，而且大量颇有学术根基的非学术文献更是无时不有；其中，相当一部分非学术性文献基于大政府兴起的事实性描绘而对美国政治制度和政治现实展开了深层的批判，紧扣时事，资料丰富，文辞犀利，书名耸人所闻，且颇具影响力。例如，2015年初，一位独立政治分析师 Jay Cost 出书，题为《共和不再：大政府与美国政治腐败的兴起》。[②] 另一位独立政治分析师 Michael Stumborg 出版

---

[*] 本章的较早版本，参见顾昕《最优政府规模、经济社会协调发展与大政府－小政府之争》，《学习与探索》2016年第1期。收入本书时，本章进行了一些文字修改。
[①] Martin Feldstein, "How Big Should Government Be?", *National Tax Journal*, 50 (2), 1997.
[②] Jay Cost, *A Republic No More: Big Government and the Rise of American Political Corruption*, Encounter Books, 2015.

了《希拉里·克林顿的村庄：为什么大政府已破碎以及如何修复政府》，[①]对2016年民主党最热门总统竞选人希拉里·克林顿以往提出的具有大政府色彩的社会政策进行了详细的剖析和批判。

由于反对大政府是共和党的传统政治理念，这类非学术性文献的作者既包括共和党政治人物，也包括具有自由至上主义（libertarianism）意识形态倾向且在政治上偏向共和党的独立撰稿人、智库成员和媒体人。可是，亦有论著痛斥当今的共和党沦落为大政府的支持者。例如，著名自由至上主义智库卡托研究所（The Cato Institute）的一位税收和预算问题专家Stephen A. Slivinski曾出书《雄鹿蛮荒：共和党人如何摧毁银行并成为大政府的政党》，[②]详尽梳理了自约翰逊总统以来共和党执政时期美国联邦政府的预算，揭橥了共和党高举小政府大旗但实则拥抱大政府且在大手大脚花费纳税人金钱方面比民主党有过之而无不及的真相。卡托研究所健康与福利研究主任、福利国家最著名的批判者之一迈克尔·泰纳尔（Michael D. Tanner）也曾在2007年出版过轰动一时的论著《右派利维坦：大政府保守主义如何买断了共和党革命》一书，[③]矛头直指小布什当局的施政及其背后的新保守主义意识形态背叛了共和党自由至上主义的传统。

一　大政府－小政府之争中的学术分歧

值得注意的是，这类批评大政府的论著均以极为丰富的数据和史料证明美国政府早已成为一个大政府的事实。然而，这一事实是否铁板钉钉，实际上并不清楚。要断定任何一个特定的政府是大政府还是小政府，必须首先确定大政府的界定方式。但耐人寻味的是，以批判大政府为核心内容的美国文献，大多对以何种标准判定美国政府已属大政府，语焉不详。如第一章所述，国际货币基金组织的著名财政专家坦齐和舒克内希特在2000

---

① Michael Stumborg, *Hillary Clinton's Village*: *Why Big Government is Broken*, *and How to Fix It*, CreateSpace Independent Publishing Platform, 2015.
② Stephen A. Slivinski, *Buck Wild*: *How Republicans Broke the Bank and Became the Party of Big Government*, Thomas Nelson, 2006.
③ Michael D. Tanner, *Leviathan on the Right*: *How Big - Government Conservatism Brought Down the Republican Revolution*, The Cato Institute, 2007.

年发表的名作《20世纪的公共支出》中,以公共支出占国内生产总值(GDP)之比重在 50% 以上、40%~50%、40% 以下划界,给出了关于大政府、中政府、小政府的经典性界定。[①] 依照这一界定,美国长期以来其实是属于小政府组别。根据经济合作与发展组织公布的统计数据,美国公共支出占 GDP 的比重到 2009 年才首次超过了 40%,2010 年达到 42.7%,[②]刚进入了中政府组别而已。因此,从国际比较的视角来看,美国政府不仅从来不是大政府,而且迄今为止还远未进入大政府时代。这样看来,终结大政府的美国呼声听起来言之凿凿,但会不会是无的放矢呢?

政府规模的大小,并非仅对美国人来说意义重大,而是一个全球性的重大政治经济问题。显然,坦齐和舒克内希特对大、中、小政府的界定有一定的人为性,两位学者并没有给出界定的理据。对于政府规模,当然可以从历时态或共时态比较的视角确定其相对大、小的标准,坦齐-舒克内希特界定就是这样一种标准。但更有意义的研究,是依据经济增长或更广泛的社会经济发展目标,确定一个最优政府规模的区间;如果实际的政府规模超过最优政府规模区间的上限,以致有损于既定目标的达成,自然就成为大政府。然而,问题在于,由于涉入的变量很多,再加上研究方法论上的可商榷之处也很多,对于最优政府规模的测算,迄今为止在学术界并没有共识。本章将对最优政府规模研究中的争议点进行清理,以期为未来的研究,包括针对中国政府最优规模的研究,提供一个更好的分析基础。

我们首先简要考察一个看起来简单但值得引起注意的问题,即政府规模如何度量。关于这一问题,第一章进行了详细陈述。简单地说,政府规模既可以从岁入也可以从岁出方面来考察。从岁入来考察,最为常见的政府规模度量是税负(tax burden),即税收占 GDP 的比重。这是狭义的税负度量,广义的岁入负担(revenue burden)除了税收之外,还把公共社会保险缴费收入、非税收入以及其他预算外收入也一并纳入。关于政府规模的大多数研究,要么分别考察岁入和岁出,要么只考察其中一项,但也有研究认为,在考察公共支出对经济增长的影响时,不应忽略公共支出筹资来

---

① Vito Tanzi, Ludger Schuknecht, *Public Spending in the 20th Century: A Global Perspective*, Cambridge University Press, 2000, p. 101.
② OECD, *National Accounts at a Glance* 2014, Organization for Economic Cooperation and Development, 2014.

源差别（即扭曲性税收、非扭曲性税收、非税收入等）所造成的影响。①

从岁出来考察政府规模，情形较为复杂一些，这缘于岁出构成的界定及其所带来的影响具有非常重要的社会经济意涵。依照公共财政奠基人理查德·马斯格雷夫（Richard A. Musgrave）的经典性界定，公共支出大体上可分为三类：（1）政府消费，即政府为民众提供或购买公共物品和有益物品（merit goods or wants）所需的款项；（2）转移支付，即政府向个人（家庭）和组织进行的现金转移支付；（3）公共投资，即政府在诸多领域内参与资本形成的过程。② 在一些文献中，三类支出的总和被称为公共总支出（total public expenditure，TPE），其中转移支付既包括政府财政直接转移给个人或家庭的福利给付，也包括政府财政面向各类组织（国有企业、公立组织以及私立非营利组织）的补贴、对外援助经费和公共债务付息。③

政府分配资源以满足民众的社会需要，这一点在很大程度上与政治体制没有多大关系。马斯格雷夫当年提到，政府在满足民众对有益品需要（主要是教育和医疗卫生）上进行资源配置的比例，在社会主义国家普遍高于资本主义国家。④ 然而，从国家治理模式或公共管理改革的视角来看，政府采取何种支出方式来满足民生需要，是大有学问的。一种方式是政府直接提供，即建立各种公立组织（在中国通称"事业单位"）以提供各种公共服务，这在公共财政统计上多体现于政府消费的数据之中。另一种是转移支付，又称"补需方"，即政府向有所需要的民众发放相关给付或补贴。在西方发达的福利国家之中，公共转移支付的绝大部分是各种社会福利给付，因此又被称为"社会转移支付"（social transfers），⑤ 成为所谓"社会支出"或"社会政策支出"（social spending）的重要组成部分之一，而有关社会支出的研究，已经成为一个专门的研究领域。但对于包括中国

---

① Richard Kneller, Michael F. Bleaney, Norman Gemmell, "Fiscal Policy and Growth: Evidence from OECD countries," *Journal of Public Economics*, 74（2），1999.
② Richard A. Musgrave, *Fiscal Systems*, Yale University Press, 1969, pp. 34 – 40.
③ Roger Middletpon, *Government versus Market: The Growth of the Public Sector, Economic Management and British Economic Performance*, c.1890 – 1979, Edward Elgar Publishing Ltd., 1996, pp. 88 – 91.
④ Richard A. Musgrave, *Fiscal Systems*, Yale University Press, 1969, p. 34.
⑤ Vito Tanzi, *Government versus Market: The Changing Economic Role of the State*, Cambridge University Press, 2011.

在内的许多"发展型国家"来说,公共转移支付的相当一部分用于实施产业政策,具体表现为对特定目标定位的产业甚至企业进行补贴。与支撑社会支出实施的"社会转移支付"相对应,支撑产业政策实施的政府补贴可称为"经济转移支付"。关于公共债务的研究也常常从有关公共支出的研究中分出来,成为另一个独立的研究领域。

简言之,采用不同的政府规模度量,无疑会对研究结论产生不同的直接影响。前述批判美国政府太大的文献,其共同之处是采用政府消费占GDP的比重作为最优政府规模的度量。可是,政府消费显然仅仅是公共支出(或政府支出)的一部分,远不足以反映政府活动对社会经济生活的直接影响。实际上,在大萧条之后,美国公共支出中社会转移支付的份额越来越高,1930年仅占GDP的0.6%,到1995年上升到22.5%,而这一年美国政府消费仅占GDP的15.4%。[①] 基于政府消费而不是基于公共总支出(TPE)对政府规模进行衡量和评判,无疑会产生不少误判。当然,这一点对于批判大政府的文献来说并不是什么大的问题,因为这些文献基于自由至上主义的意识形态取向,本来就认为福利国家应该缩减,而高水平、高份额的社会转移支付本身,既是大政府存在的明证,也是从大政府向小政府转型过程中政府职能转变的核心领域。

二 巴斯曲线与政府规模最优点

要探究最优的政府规模,必须要以给定的政府施政目标为标尺。以促进经济增长为标尺是最为常见的,也是这类研究的基础。但是,解释经济增长的内生变量本身就很多,而在这些变量中又有不少又是政府规模的解释变量,同时经济增长与政府规模之间也存在互为因果的关系。在因果关系难以确定的前提下,要确定政府规模在什么情形下对经济增长有促进作用,在何种状况下又有阻滞作用,的确难以得出确定的结论。

以促进经济增长为标尺来考察最优政府规模的学术性奠基之作,当属

[①] Vito Tanzi, *Government versus Market: The Changing Economic Role of the State*, Cambridge University Press, 2011, pp. 10, 101.

著名的宏观经济学家罗伯特·巴罗（Robert J. Barro）在1990年发表的一篇经典性论文。在此文中，巴罗在内生经济增长理论的框架内，将政府支出视为一种公共投资，与私人投资一起，构成对经济增长的重要解释变量。这一研究思路打破了原有研究将政府活动及其支出视为经济增长外生变量的传统。尽管影响经济增长的内生变量已经很多了，但巴罗还是发现，一般而言，当初始政府规模比较小时，政府规模增长会对经济增长有正面的推进作用，但政府成长到一定程度后，其继续增长就会对经济增长产生负面阻滞作用；简言之，政府规模与经济增长呈现非线性的倒U形关系。[1] 这篇论文正式提出了最优政府规模的存在性，这一点后来被称为"最优政府支出律"，简称为"巴罗规则"。[2]

关于最优政府支出律，后来在学术性深入探索和政策性通俗普及两方面，都取得了进展。其中美国共和党领袖理查德·阿梅（Richard Armey）、以批判大政府－弘扬小政府而著名的经济学家理查德·拉恩（Richard W. Rahn）和另一位以研究公共财政和体育经济学而闻名的经济学家杰拉德·斯库里（Gerald W. Scully）做出的贡献最大，因此巴罗发现的倒U形关系（参见图3-1），在学术文献中常被称为"巴斯曲线"（the BARS curve），即以四位学者姓氏的第一个字母合成命名。[3] 这一曲线在一些学术文献中也被称为"阿梅曲线"，[4] 因为阿梅对这一思想的普及化之功最大。阿梅是1995～2003年美国众议院多数党领袖、得克萨斯州众议员，是旨在推进小政府的"共和党革命"的领军人物之一。1995年，他出版了有影响

---

[1] Robert J. Barro, "Government Spending in a Simple Model of Endogenous Growth", *Journal of Political Economy*, 98 (5), 1990.

[2] Georgios Karras, "The Optimal Government Size: Further International Evidence on the Productivity of Government Services", *Economic Inquiry*, 34 (2), 1996; Juin - jen Chang, Hsiao - wen Hung, Jhy - yuan Shieh, Ching - chong Lai, "Optimal Fiscal Policies, Congestion and Over - Entry", *Scandinavian Journal of Economics*, 109 (1), 2007.

[3] James Gwartney, Randall Lawson, Robert Holcombe, *The Size and Functions of Government and Economic Growth*, Joint Economic Committee Study of the U. S. Congress, 1998; Pevcin, Primož, "Economic Output and the Optimal Size of Government," *Economic and Business Review*, 6 (3), 2004; Cosimo Magazzino, "'Wagner's Law' in Italy: Empirical Evidence from 1960 to 2008," *Global & Local Economic Review*, 14 (1), 2010; Cosimo Magazzino, Francesco Forte, *Optimal size of government and economic growth in EU - 27*. MPRA Paper No. 26669, 2010.

[4] Sheng - Tung Chen, Chien - Chiang Lee, "Government Size and Economic Growth in Taiwan: A Threshold Regression Approach," *Journal of Policy Modeling*, 27 (9), 2005.

第三章 最优政府规模与经济社会协调发展：重审大政府-小政府之争

的《自由革命：新任共和党国会领袖讲述为什么大政府会失败，为什么要争取自由，以及我们将如何重建美国》一书，其中向非学术界读者普及了政府规模与经济增长的倒 U 形关系，并自己径直命名为"阿梅曲线"。① 由政治人物撰写的论著，一般很少出现在学术论文的参考文献之中，但《自由革命》是一个罕见的例外。当然，严格地说，这并不是一个例外，因为阿梅本人有经济学博士学位并在从政之前曾在若干大学担任经济学教授。

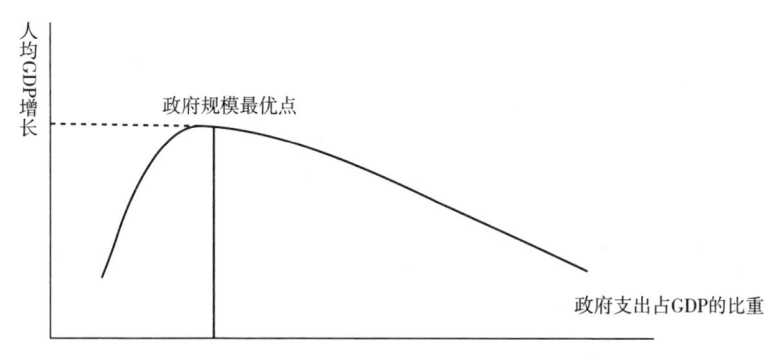

图 3-1 政府规模与经济增长的关系：巴斯曲线、阿梅曲线、拉恩曲线或阿梅-拉恩曲线

巴斯曲线或阿梅曲线在自由至上主义派学者或智库的出版物及网站和博客中，常被称为"拉恩曲线"，而且常常与著名的拉弗曲线相提并论。拉弗曲线是由供给学派领军人物拉弗在一次餐会时在餐巾上画出的一个著名的倒 U 形曲线，描绘了税负与经济增长的关系，后来构成了"里根经济学"的基础。② 1996 年，拉恩与其助手在一篇颇有影响力的政策分析报告中以经济增长最大化为目标，计算出最优的美国政府支出应该保持在 GDP 的 15%~25% 这一区间。③ 后来，25% 就成为拉恩本人及其同道常用的标尺，依照这一标尺，美国政府从 20 世纪 60 年代起就开始是大政府了。拉恩是美国著名的自由至上主义经济学家，始终一贯且不遗余力地抨击大政

---

① Dick Armey, *The Freedom Revolution: The New Republican House Majority Leader Tells Why Big Government Failed, Why Freedom Works, and How We Will Rebuild America*, Regnery Publishing, 1995, pp. 91-93.
② Arthur Laffer, *The Laffer Curve: Past, Present and Future*, Heritage Foundation, 2004.
③ R. Rahn and H. Fox, *What Is the Optimum Size of Government*, Vernon K. Krieble Foundation, 1996.

府。因此，拉恩曲线被视为支出版的拉弗曲线，而这两个曲线成为很多美国自由至上主义智库的两大思想利器。例如，美国智库自由与繁荣中心的大量报告和博文，均基于拉弗曲线主张减税，基于拉恩曲线主张减少政府支出。① 此外，"阿梅－拉恩曲线"的说法有时也出现在一些学术文献中的标题或关键词之中。②

细究起来，将斯库里纳入这一曲线的命名或许是经济思想史的一个错误。1994年，斯库里为独立智库国家政策分析中心撰写了一份分析美国最优税负的报告，其研究结论表明，对促进经济增长而言，美国各级政府在1949~1989年的最优税负应该在国民生产总值（GNP）的22%~23%，而实际税负高出许多，导致这一期间美国GNP总值减少了94.2万亿美元。③很显然，斯库里的测算实际上是对拉弗曲线的确认而非对巴罗规则的验证。但这个小错误无伤大雅；事实上，斯库里所给出的分析方法，既可以研究税负，也可以研究岁出，因此多为后来的相关研究所采纳。

无论如何，巴斯曲线揭示了经济增长与政府成长之间的非线性关系，即当经济基数较小且政府规模同样小的时候，政府成长有利于经济增长，而当达到一个临界点之后，政府规模的膨胀就开始不利于经济增长了。这个临界点，就是最优政府规模。然而，问题在于如何确定这个临界点以及这个临界点究竟在哪里。

三　促进经济增长和社会发展：政府规模最优点的存在性

关于最优政府规模的存在性，最早大多以美国数据为基础得出结论，后来基于单个国家（或地区）的分析和跨国性比较分析所进行的最优政府规模研究，真可谓汗牛充栋，但始终没有一清二楚的结论。比较具有共识

---

① 参见自由与繁荣中心的官方网页，http：//freedomandprosperity.org，其中其创始人之一、理事会主席 Dan Mitchell 的很多博文，均依据拉恩曲线主张终结大政府。
② Evgeny Balatsky, "Wagner's Law, the Armey－Rahn Curve, and the Paradox of Wealth," *Problems of Economic Transition*, 54 (12), 2012.
③ Gerald W. Scully, *What is the Optimal Size of Government in the United States?* NCPA Policy Report No. 188, National Center for Policy Analysis, 1994.

性的结论是，最优政府规模对于不同国家（或地区）来说是不一样的，而且在不同的历史时期也有所不同。

研究结论稳定性弱的原因很多，归根结底就是能对经济增长产生影响的相关自变量太多，关于这一点，只要浏览任何一部经济增长的教科书就可略知一二。因此，要考察政府活动的影响，不仅需要控制很多内生变量，还要控制很多外生变量，这就涉及有关经济增长模型选择以及对基础模型加以改进的许多专业性、技术性环节。不同学者的模型选择及其细节性改进点不一，自然会对研究结论有微妙的影响。

本章重点放在非技术性的思路和框架上，其中最重要的是在分析过程中首先要明确政府职能为何，即考察相对于何种政府目标的最优政府规模。绝大多数文献考察促进经济增长的最优政府规模，但在任何一个国家，政府职能都绝不限于促进经济增长，而是要促进社会经济协调发展。在不少奉行弱政府干预施政理念的国家中，或者说在大多数西方福利国家中，政府的经济性职能其实相当弱，但其社会性职能非常强。因此，加入各种有关社会发展的指标，考察促进社会经济协调发展的最优政府规模，成为近年来相关研究的创新点。可是，由于社会发展度量指标的多样性远甚于经济增长的度量指标，再加上社会发展理论模型的建构远不如经济增长模型稳健，因此相关研究的创新点也就五彩缤纷，但也过于碎片化，导致理论创新的框架有欠简洁，理论创新的方向也颇为紊乱。

（一）最优政府规模与经济增长

前文已述，关于最优政府规模与经济增长之关系的理论框架，由巴罗奠定。巴罗规则的存在性，在一些跨国性的经验研究中，得到了支持。

例如，1996年发表的一篇论文使用了118个国家的1965~1980年的面板数据，基于巴罗模型，以政府消费占GDP的比重，估算了各国的最优政府规模。这项研究得出四个结论。

（1）政府服务具有很重要的生产性，因为政府提供的国防、法治等公共服务具有生产性。

（2）政府规模在非洲过大，在亚洲过小，在其他地区则处于最优状态，而这一结论是基于地区内部的平均数据，并不一定适用于单个国家。

（3）所有样本国家的平均最优政府规模应为23%（±2%），但最优政府规模在不同地区（甚至不同国家）均有所不同，其中北美16%（±6%）、欧洲18%（±10%）、非洲20%（±2%）、亚洲25%（±4%）、南美33%（±6%），而其中的差异与发展阶段和产出结构有关。

（4）政府服务的边际生产率与规模负相关。①

这项研究所覆盖的样本量较大，是较早对最优政府规模进行跨国性研究的成果，但其选用的政府规模度量仅仅是政府消费，这就有很大的局限性。当然，如果把有关政府消费最优规模的估算结果，仅与政府消费的实际值相比较，从而得出政策性结论，在方法论上是没有问题的，也具有实际的政策意义。因此，后来颇有一些关于最优政府规模的文献，要么仅考察政府消费，②要么在综合考察政府总支出的同时也专门考察政府消费。③

侧重政府消费的另一个不利之处是在最优政府规模的研究中容易忽视社会政策支出。因此，另一些研究将政府转移支付（其绝大部分是社会政策支出）甚至政府投资都纳入分析之中，即基于政府总支出来度量政府规模。由此，无论是对于政府规模的描述性统计（例如，上文提及的坦齐和舒克内希特的研究成果）还是对于最优政府规模的新计量估算，都高于早期研究中的结果。

一些研究文献使用时间序列数据，对单个国家或经济体政府总支出以及政府消费和政府投资的最优规模分别进行了研究。例如，两位美国学者1998年为美国国会联合经济委员会撰写了一份报告，运用时间序列数据，以政府消费和转移支付为政府规模的度量，分别分析了6个国家的最优政府规模，得出的结论是：美国联邦+地方政府的最优规模是28.8%，其中联邦政府最优规模是17.4%，而在联邦或中央层次，其他五国的最优政府规模分别为：瑞典19.4%、英国21.0%、加拿大21.4%、意大利22.2%、丹麦26.1%。④

两位台湾学者使用了中国台湾1979年第一季度到2003年第三季度的

---

① Georgios Karras, "The Optimal Government Size: Further International Evidence on the Productivity of Government Services," *Economic Inquiry*, 34 (2), 1996.
② Radhames Lizardo, André V. Mollick, "Can Latin America Prosper by Reducing the Size of Government," *Cato Journal*, 29 (2), 2009.
③ Esmaiel Abounoori, Younes Nademi, "Government Size Threshold and Economic Growth in Iran," *International Journal of Business and Development Studies*, 2 (1), 2010.
④ Richard K. Vedder, Lowell E. Gallaway, *Government Size and Economic Growth*, Joint Economic Committee, the House of U.S., 1998.

时间序列数据，采用了两部门生产函数构建了一个门槛回归模型，最后估算出，如果以政府总支出占 GDP 之比为度量，台湾最优政府规模应该为22.8%；如果以政府消费支出占 GDP 之比为度量，应为15.0%；如果以政府投资支出占 GDP 之比为度量，应为7.3%。而台湾在 2003 年第三季度的政府规模（23.2%）已经超过了最优规模。[1]

在这类研究中，对土耳其的一项研究发现，最优政府规模对于不同时间段来说有可能不一样。[2] 这是一个有趣的发现，但对于如何解释还需要有理论上的创新。

针对政府总支出最优规模的跨国性研究也有一定的进展。一项研究分析了 15 个欧盟老成员国和 12 个新成员国在 1999～2008 年的最优政府规模，发现老成员国的最优政府规模应为 GDP 的 30.42%，其人均 GDP 年增长率有望达到 3.96% 的水平，但这些国家的实际经济增长率仅为 2%～3%，政府规模过大对经济增长的拖拽效应至少达到了 16.05%；至于新成员国，最优政府规模应为 27.46%，有望使人均 GDP 年增长率达到 7.69%，而新成员国实际经济增长率的差异性较大，有些国家（波罗的海三国）超过了最优值，有些国家低于最优值，但总体来说这些新成员国偏大的政府规模使经济增长降低了 13%。[3]

迄今为止，规模庞大且控制因素最为周详的最优政府规模跨国性研究，当属加拿大智库弗雷瑟研究所在 2013 年发表的报告《度量 21 世纪的政府：公共支出规模与效率的国际性概览》。该报告发现，在 21 世纪的第一个 10 年之中，在控制了人口规模、债务、治理质量等制度因素以及区域变异等因素之后，186 个经济体在政府支出与 GDP 之比与人均 GDP 增长率之间，出现了驼峰形曲线。在控制了各种因素之后，人均 GDP 的增长在政府规模为 GDP 的 26% 时达到最大值，为 3.1%。[4]

---

[1] Sheng-Tung Chen, Chien-Chiang Lee, "Government Size and Economic Growth in Taiwan: A Threshold Regression Approach", *Journal of Policy Modeling*, 27 (9), 2005.

[2] Taner Turan, "Optimal Size of Government in Turkey", *International Journal of Economics and Financial Issues*, 4 (2), 2014.

[3] Mihai Mutaşcu, Marius Miloş, "Optimal size of government spending. The case of European Union member states", *Annales Universitatis Apulensis Series Oeconomica*, 11 (1), 2009.

[4] Livio Di Matteo, *Measuring Government in the Twenty-first Century: An International Overview of the Size and Efficiency of Public Spending*, The Fraser Institute, 2013.

（二）最优政府规模与社会经济协调发展

可是，政府施政的目标并非只有推动经济增长。因此，如何超越经济主义的视角来分析政府规模的最优水平，就成为一个新问题。有学者提出评判政府规模的标准应该考虑到社会福利的提供水平，但考虑到直接度量社会福利水平比较困难，因此采用国际上比较认可的人类发展指数（Human Development Index）作为替代，并将其结果与使用 GDP 的分析结果相比较，结果发现，如果以人类发展指数而不是 GDP 为评判标准，那么最优政府规模将会有显著性的提高：就美国而言，要高出至少 5 个百分点。①

可是，人类发展指数仅由收入水平、教育水平和健康水平三个指标组合而成，作为社会经济综合发展的度量，依然有失狭隘。近年来，有关社会福祉（social well‐being）的度量，成为经济学领域中的一个新热门话题。② 经济合作与发展组织开发了一个由 13 个指标组成的社会福祉指数，并且在其成员国中把社会福祉统计纳入政府统计工作之中。③ 可以预计，随着社会福祉度量技术的完善以及相关统计数据可获得性的提高，以促进社会总福祉或社会福祉的各分项指标为标尺来考察最优政府规模，应该成为未来研究的一个新热点。

另一个很有发展潜力的研究思路，是将单纯经济增长为标尺和以社会经济综合发展为标尺的最优政府规模，进行比较。2010 年在《公共选择》学刊发表的一篇论文独辟蹊径，以税负占 GDP 的比重为度量指标，对 23 个 OECD 国家的最优政府规模进行了研究。该文发现，如果仅以经济增长为目标，在控制了初始收入水平、经济开放度、国家大小、人口密度和城市化之后，这些国家的平均最优政府规模应为 GDP 的 41.2%，而其实际规模比最优值多了 3.7 个百分点，其中意大利政府最为臃肿，多了 10.2 个百分点；但如果超越"GDP 主义"，将收入分配、经济稳定、机会均等、法治维护、基础设施建设等多重政府职能纳入政府的目标函数，那么最优

---

① Antony Davies, "Human Development and the Optimal Size of Government", *Journal of Socio‐Economics*, 38 (2), 2009.
② Jean‐Paul Fitoussi, Joseph E. Stiglitz, "On the Measurement of Social Progress and Wellbeing: Some Further Thoughts", *Global Policy*, 4 (3), 2013.
③ OECD, *How's Life?: Measuring Progress and Well‐Being*, Organization for Economic Cooperation and Development, 2013.

政府规模比单纯考虑经济增长时仅微增了 1 个百分点，为 42.2%。在此情形下，所考察国家实际的政府规模平均应该降低 2.1 个百分点，其中意大利的政府规模比最优值高出了 9.2 个百分点。①

（三）政府施政效率与最优政府规模

另一个重要问题在于，政府规模是否达致最优，显然与政府施政效率乃至整个公共部门公共服务提供的效率有关。因此，要考察最优政府规模，还必须在度量政府施政和公共部门绩效上下一番功夫。

可是，这项研究任务的挑战性在于，无论是政府施政还是公共服务提供，都具有多维性。早在 1959 年，公共财政学的奠基人马斯格雷夫就提出，政府有三大任务：(1) 提升资源配置的效率；(2) 保持经济稳定；(3) 进行收入再分配。前两者均与促进经济增长有关，而后者则是为了促进社会公平。② 后来，为了更好地度量政府施政的绩效，坦齐和舒克内希特与另一位学者合作，在马斯格雷夫政府三任务的基础上，增添了四个新指标，称之为"机会指标"，包括行政、教育、卫生和公共基础设施的提供水平和质量，以衡量政府推进法治并促进机会均等的表现，发展出有关政府施政效率的研究思路。③ 在此基础上，后续的研究进一步发现，对于促进经济增长来说，不仅政府规模至关重要，而且政府效率也至关重要，因此研究焦点发生了转移，从最优政府规模转向最优政府规模 - 效率关联 (the size - efficiency nexus)。④

四 结语

关于最优政府规模的探究，对于公共预算的制定和政府施政的优化，

---

① Kristof De Witte, Wim Moesen, "Sizing the Government," *Public Choice*, 145 (1/2), 2010.
② Richard A. Musgrave, *Theory of Public Finance*, McGraw Hill, 1959.
③ António Afonso, Ludger Schuknecht, Vito Tanzi, "Public Sector Efficiency: An International Comparison", *Public Choice*, 123 (3/4), 2005.
④ Konstantinos Angelopoulos, Apostolis Philippopoulos, Efthymios Tsionas, "Does Public Sector Efficiency Matter? Revisiting the Relation between Fiscal Size and Economic Growth in a World Sample", *Public Choice*, 137 (1/2), 2008.

无疑有着重要的作用。有关大政府-小政府的争论，无论是就事实认定还是就政策意义而言，都必须基于对最优政府规模的实证研究结果，否则只能是沦为滔滔不绝的意识形态论战。然而，迄今为止，国际学术界有关最优政府规模的研究结果，却存在不稳定性，因此对于时常爆发的大政府-小政府之争，无法提供确凿的经验证据。造成这种不稳定性的根源，总结起来，有如下几个方面。

首先，政府职能具有多重性。从分析的角度，政府职能可分为经济性职能和社会性职能两种，即维持经济增长和促进社会发展。因此，政府目标不同，相关研究就可分为三类，即维持经济增长的最优政府规模、促进社会发展的最优政府规模和推动社会经济协调发展的最优政府规模。如果仅以促进经济增长为目标来考察最优政府规模，就会忽略政府在社会发展领域的角度，也无助于社会政策支出的优化。

其次，关于最优政府规模的理论模型建构，尚存在不足。有关维持经济增长的最优政府规模，著名宏观经济学家巴罗早在20世纪90年代初就建立了模型，之后这一模型得到了发展和完善，从而使以经济增长为标尺的最优政府规模研究有了相对坚实的理论基础。可是，对于社会发展来说，类似的理论模型建构极为不足，因此也就导致相关分析处于碎片化的境况。尤其是，对于社会政策来说，究竟政府最优民生支出的区间何在，依然是一个未解之谜。

再次，关于经济增长的度量相对稳定，这使有关维持经济增长的最优政府规模研究相对稳健。但随着各种经过调整之后的指标（如绿色GDP、可持续性增长指数、包容性增长指数）出现之后，以这些新指标为标尺的最优政府规模研究尚未出现。与经济增长的度量相比，社会发展水平的度量极具多样性，而且社会发展诸维度的度量方法，也处在完善的过程之中，这就给研究促进社会发展的最优政府规模造成了很大的挑战。

最后，最优政府规模的研究需要将政府施政的效率和公共服务的绩效纳入分析框架之中。由于政府职能很多，公共服务的种类也很多，因此政府施政效率的研究，一方面需要理论化，另一方面也需要向诸多社会政策领域细致化。可是，这两个领域的相关研究，正处于方兴未艾的阶段，无论在理论化还是在细致化方面都不成熟，因此也对有关最优政府规模的研究造成了不小的困难。

然而，正是上述有所不足或方兴未艾的领域，才是学术创新的热土。只有夯实实证研究的基础，有关大政府-小政府的争论才能走向去意识形态化。随着中国社会经济协调发展的目标日益受到重视，诸多统计数据的可获得性大大提高，中国学术界完全可以在借鉴国外学界已有研究成果的基础上，在最优政府规模的研究领域进行创新。这无论是对于学术探索的深入，还是对于国家治理水平的提升，都具有重要的意义。

第四章　社会发展视角下的全球化与大政府：中国地方财政教育支出[*]

导言：全球化与政府的政策选择

经济全球化浪潮的冲击无远弗届，难免在世界各地的社会中造成输家和赢家，以致引起经济不确定性，甚至还有可能危及社会稳定。面对经济全球化带来的冲击，各地政府究竟有何作为成为国际政治经济学的重要议题之一。针对这一问题，有两种针锋相对的见解。

第一种见解是，经济全球化的冲击让各地政府难有作为，从而引致小政府，甚至会出现"国家失势"。[①] 根据这一逻辑，全球化促进了经济资源的跨域（包括国域和地域）流动，这使各地政府影响社会经济发展的财政能力乃至施政影响力减弱，政府行动范围收窄，政府行动规模减小，政府开支降低，其中减少（或不增加）教育支出也在政府紧缩措施之列。

第二种见解是，经济全球化不仅不会使各地政府难有作为，反而会在全球激发起大政府的浪潮。各地政府会努力增加公共支出，尤其是社会政

---

[*] 本章的另一个版本，参见顾昕、赵琦《经济全球化与中国地方政府教育支出——基于省级面板数据的实证分析》，《教育研究》2019 年第 10 期。但已刊论文中未采用"社会发展论"作为分析视角，而是依照该刊匿名评审者的意见采用了教育经济学界较为熟悉的"人力资本论"。本章回归了投稿前的版本，采用更具有前沿理论意义的社会发展论。但这一理论回归并不影响已刊论文与本章的实质内容，因为人力资本论实际上是社会发展论的一个组成部分。换言之，已刊论文只是运用一个较为狭窄的理论来解释经验现象，而本章则采用一个更具有包容性的理论来解释经验现象。

[①] Peter Evans, "The Eclipse of the State? Reflections on Stateness in an Era of Globalization", *World Politics*, 50 (1), 1997.

第四章　社会发展视角下的全球化与大政府：中国地方财政教育支出

策支出（social spending）[①]，包括公共教育支出，以应对全球化的冲击。

第一种见解的理论根基在于市场自由主义，这一点无论是赞成者还是反对者都无异议。但是，第二种见解的理论根基并不十分清晰。如果经济全球化也引发了大政府的全球化，那么这些大政府究竟有何作为，或其应对全球化的策略是否有所不同，却没有完整的理论解释。最常见的解释是"社会保护论"或"补偿论"，即各地政府增加社会政策支出是为了强化社会保障，为那些在全球化浪潮中受到负面冲击的民众提供经济补偿。可是，政府增加社会政策支出的功用，并不仅仅在于为民众提供社会保护（social protection），还在于促进社会发展（social development）[②]。由此，社会政策可分为两大类：社会保护型和社会发展型。一般认为，收入维持（养老保险、失业保险、工伤保险）、社会救助、社会住房和社会服务等属于社会保护型的社会政策领域，而教育、医疗卫生、积极劳动力市场和儿童福利等属于社会发展型的社会政策领域[③]。从逻辑上看，世界各地政府为了应对经济全球化的冲击，既有可能采取社会保护型策略，也有可能采取社会发展型策略，或两者兼而有之。换言之，就全球化引致大政府的理论，至少有两种可能的解释，即"社会保护论"和"社会发展论"。

本章将以中国地方政府财政教育支出为例，首先考察全球化究竟引致了小政府还是大政府；其次对全球化引致大政府的社会发展论进行初步考察，或者说对全球化引致大政府的社会保护论进行补充。限于篇幅，本章并未考察在全球化背景下中国地方政府在医疗卫生和积极劳动力市场领域的作为。因此，就全球化大政府的"社会发展论"，本章只提供了部分经验论据。但鉴于中国在全球尤其是发展中国家中的重要地位，以及中国地方政府在社会经济发展中发挥的重要作用，本章所进行的局部性实证研

[①] 英文中 social spending 一词，又译"社会支出"，但这种译法容易引起误解。在英文中，social spending 一词意指政府在社会政策领域的公共支出；而中文文中的"社会支出"一词，支出的主体很容易被望文生义地理解为政府之外的社会。因此，为了避免误解，本书采用中文文献中已有的"社会政策支出"这一译法，参见中国发展研究基金会《公共预算读本》，中国发展出版社，2008，第141~152页。

[②] James Midgley, *Social Development: The Developmental Perspective in Social Welfare*, Sage Publications, 1995.

[③] James Midgley, "Toward a Developmental Model of Social Policy: Relevance of the Third World Experience", *Journal of Sociology and Social Welfare*, 23 (1), 1996.

究，可为更系统性的研究提供一定的证据，仍然具有理论意义和政策意涵。

一 文献综述：全球化、政府行为与教育发展

本章研究与三组文献有关：一是论及全球化与大政府的文献；二是考察全球化与教育发展的文献；三是探讨中国地方政府财政行为的文献。这些文献都涉及各国以及各国内部地方政府应对全球化的策略，并根据内容广度和深度的不同，有些文献会论及全球化应对策略在财政教育政策中的体现。

（一）全球化究竟是否引发了大政府浪潮？

全球化以经济资源在世界各地低障碍的快速流动为特征。直觉上看，经济资源高流动性无可避免地会冲击各地政府掌控资源的能力。依照这一"传统智慧"，全球化的后果自然是国家的撤退，① 无论是在民族国家层次还是在地方政府层次，只有所谓"剩余型国家"（即只扮演拾遗补阙角色的政府）才能生存下来。② 各地政府都会采纳一些新自由主义政策，减轻企业税务负担、削减社会政策支出，降低社会规制标准，③ 出现所谓"探底竞争"（race to bottom）④，以增强本地的经济竞争力。后来，这种看法在国际文献中被概括为"效率假说"或"效率命题"。⑤ 与这一命题相关，社会政策领域出现了不少论著，阐述全球化所引致的"福利国家空心化"⑥，

---

① Susan Strange, *The Retreat of the State: The Diffusion of Power in the World Economy*, Cambridge University Press, 1996.
② Philip G. Cerny, "Globalization and the Changing Logic of Collective Action", *International Organization*, 49 (4), 1995.
③ William Greider, *One World, Ready or Not: The Manic Logic of Global Capitalism*, Simon and Schuster, 1998.
④ Richard J. Barnet, John Cavanagh, *Global Dreams: Imperial Corporations and the New World Order*, Simon and Schuster, 1995.
⑤ Geoffrey Garrett, "Globalization and Government Spending around the World", *Studies in Comparative International Development*, 35 (4), 2001.
⑥ Rames Mishra, *Globalization and the Welfare State*, Edward Elgar, 1999.

第四章 社会发展视角下的全球化与大政府：中国地方财政教育支出

分析福利国家的危机,① 并因此对新自由主义全球化进行批判。② 同时，亦有文献显示，在经济合作与发展组织成员国中，确有"福利国家收缩"（welfare state retrenchment）的现象，具体呈现为政府的社会政策支出有所缩减。③

然而，很多政治学者发现，在全球化时代，国家撤退不仅是无稽之谈，相反全球化还催生了"国家增强效应"，令各地政府在社会经济发展中的积极作用更趋重要。④ 与此同时，福利国家收缩的现象也并非普天下皆准；相反，社会政策支出不减甚至反增的情形并不罕见。当然，在新自由主义全球化的冲击下，全球各地的福利国家，尤其是在欧美，福利国家都经历了多维度的转型期。⑤ 可是，福利国家的转型主要并不体现为政府社会政策开支的缩减，而是社会政策项目的调整及其治理模式的改变。对这类现象进行的研究，被称为"福利国家新政治学"⑥。全球化所产生的福利国家扩张的效应，后被简称为"补偿假说"或"补偿命题"，即经济全球化必将在各地造就赢家和输家，为了补偿输家，尤其是中产阶级以及弱势群体，各地政府会致力于社会保护的强化，以促成社会稳定。⑦ 基于政治科学家的研究，著名发展经济学家、哈佛大学政府管理学院教授丹尼·罗德里克（Dani Rodrik）于1998年发表了一篇经典性论文，首次运用跨国数据识别出全球化引致大政府的现象，并基于新古典模型对此现象给出"社会保护论"的解释，对补偿命题进行了理论深化。⑧

---

① Evelyne Huber, John D. Stephens, *Development and Crisis of the Welfare State: Parties and Policies in Global Markets*, University of Chicago Press, 2010.
② Robert Boyer and Daniel Drache, *States against Markets: The Limits of Globalization*, Routledge, 1996.
③ Geoffrey Garrett, Deborah Mitchell, "Globalization, Government Spending and Taxation in the OECD", *European Journal of Political Research*, 39 (2), 2001.
④ Linda Weis, "The State - augmenting Effects of Globalisation", *New Political Economy*, 10 (3), 2005.
⑤ Frances Fox Piven, "Neoliberalism and the Welfare State", *Journal of International and Comparative Social Policy*, 31 (1), 2015.
⑥ Paul Pierson (ed.), *The New Politics of the Welfare State*, Oxford University Press, 2001.
⑦ Norman Gemmell, Richard Kneller, Ismael Sanz, "Foreign Investment, International Trade and the Size and Structure of Public Expenditures", *European Journal of Political Economy*, 24 (1), 2008.
⑧ Dani Rodrik, "Why Do More Open Economies Have Bigger Governments?" *Journal of Political Economy*, 106 (5), 1998.

此后，在罗德里克的框架中，验证效率命题还是补偿命题正确的大量经济学、政治学和社会学文献问世。这些文献基于不同的样本，既有发达国家（如 OECD 成员国[①]）、发展中国家[②]或转型国家[③]的样本，也有较为广纳性的样本（如 151 个国家 41 年的面板数据[④]），亦有单个国家（如美国[⑤]、加拿大[⑥]、墨西哥[⑦]）亚国家层级政府（subnational governments）（即省政府或州政府）的样本，或若干个国家（如澳大利亚、加拿大、英国、挪威、瑞典和美国[⑧]）长程时间序列数据，其对政府支出的度量方法也有所不同，即多数文献仅以政府财政预算支出为度量，有少数文献将社会保险基金支出纳入，因此，得出的结论自然会有所不同。对于全球化引致大政府的命题，有些文献基本加以否证；[⑨]有些文献部分加以确证；有些文献则予以了各种修正，其中重要的一点修正在于，全球化与福利国家并不是线性关系，而是非线性关系，尤为典型的是一种倒 U 形关系，即在经济全球化初期阶段，很多国家的政府应对之策与补偿命题相吻合，但在后期，则又与效率命题相吻合。[⑩]这些文献的结论看起来莫衷一是，但实际上并非相互否定，而是为全球化引致大政府的命

[①] Alexander Hicks, Christopher J. Zorn, "Economic Globalization, the Macro Economy, and Reversals of Welfare: Expansion in Affluent Democracies, 1978 – 94", *International Organization*, 59 (3), 2005.

[②] Jungkeun Yoon, "Globalization and the Welfare State in Developing Countries", *Business and Politics*, 11 (2), 2009.

[③] Ting Jiang, "Globalization and Welfare Spending across 21 Transitional Economies", *International Journal of Comparative Sociology*, 55 (5), 2014.

[④] Rati Ram, "Openness, Country Size, and Government Size: Additional Evidence from a Large Cross – country Panel", *Journal of Public Economics*, 93 (2), 2009.

[⑤] Frank Balle, Ashish Vaidya, "A Regional Analysis of Openness and Government Size", *Applied Economics Letters*, 9 (5), 2002.

[⑥] Mark Pickup, "Globalization, Politics and Provincial Government Spending in Canada", *Canadian Journal of Political Science*, 39 (4), 2006.

[⑦] Rene Cabral, "Openness and Mexico's Subnational Governments Size: Evidence from a Panel of Mexican States", *Contaduría y Administración*, 61 (4), 2016.

[⑧] Muhammad Q. Islam, "The Long Run Relationship between Openness and Government Size: Evidence from Bounds Test", *Applied Economics*, 36 (9), 2004.

[⑨] David Brady, Jason Beckfield, Wei Zhao, "The Consequences of Economic Globalization for Affluent Democracies", *Annual Review of Sociology*, 33, 2007.

[⑩] Evelyne Huber, John D. Stephens, *Development and Crisis of the Welfare State: Parties and Policies in Global Markets*, University of Chicago Press, 2010.

题增添了更多的条件，例如发现贸易开放性在小国家中更有可能引致大政府。① 然而，国际文献对于这些文献的理论意涵是缺乏整合的，这导致我们对于在什么条件下全球化更有可能引发大政府浪潮，缺乏一个清楚的、有条理的理论解释。

国际文献中就全球化引致大政府的命题出现了众说纷纭的验证结果，针对这一点，一篇于2001年发表在国际政治经济学顶级学刊《国际组织》上的论文提出，此前研究均以加总后的社会政策支出作为因变量，而进一步的研究应该进行拆分，对加总数据中社会保障、教育、医疗卫生、社会救助、住房、积极劳动力市场等不同功能领域的政府支出分别进行研究。② 这当然是深化相关研究并对纷乱结论进行解套的一种可行路径。依照这一思路，一些文献基于不同的跨国样本（如17个民主制发达国家③、57个发展中国家④、拉丁美洲国家⑤）分析了全球化对整个社会政策支出及其不同功能领域政府支出的影响，并已经出现了专门分析全球化对政府卫生支出的论文⑥，但迄今尚未发现专门分析全球化对政府教育支出影响的文献。值得一提的是，2012年在经济学顶级期刊《宏观经济学学刊》上发表的一篇论文，基于62个低收入国家和57个高收入国家从1970年到2000年的数据，就贸易开放度对各国公共支出的影响进行了系统性的分析，结果发现，就加总后的公共支出以及拆分后大多数功能领域的公共支出而言，与全球化之间并无因果关联，但唯一稳健的、具有统计显著性

---

① Alberto Alesina, Romain Wacziarg, "Openness, Country Size and Government", *Journal of Public Economics*, 69 (3), 1998; Michael Jetter, Christopher F. Parmeter, "Trade Openness and Bigger Governments: The Role of Country Size Revisited", *European Journal of Political Economy*, 37 (1), 2015.
② Brian Burgoon, "Globalization and Welfare Compensation: Disentangling the Ties that Bind", *International Organization*, 55 (3), 2001.
③ David Brady, Jason Beckfield, Matin Seeleib - Kaiser, "Economic Globalization and the Welfare State in Affluent Democracies, 1975 - 2001", *American Sociological Review*, 70 (6), 2005.
④ Nita Rudra, Stephan Haggard, "Globalization, Democracy, and Effective Welfare Spending in the Developing World", *Comparative Political Studies*, 38 (9), 2005.
⑤ George Avelino, David S. Brown, Wendy Hunter, "The Effects of Capital Mobility, Trade Openness, and Democracy on Social Spending in Latin America, 1980 - 1999", *American Journal of Political Science*, 49 (3), 2005.
⑥ Lucas Fervers, Philipp Oser, Georg Picot, "Globalization and Healthcare Policy: A Constraint on Growing Expenditures", *Journal of European Public Policy*, 20 (2), 2016.

的、正向因果关系出现在低收入国家中贸易开放度与政府教育支出之间。[1]

在中文学术期刊中,出现了一些依循上述思路而展开的研究成果。早在 2008 年,一篇在《经济研究》上发表的论文,基于中国 28 个省级行政区 1978～2006 年的面板数据进行分析,发现全球化所增大的外部风险引致地方政府规模增大,以贸易依存度来度量的外部风险与地方政府社会保障和社会福利支出显著正相关。[2] 同年在《财经研究》上发表的一篇论文,运用了空间计量经济分析方法,基于 1995～2004 年省级面板数据,发现外商直接投资限制了政府部门规模,降低了总支出水平及其主要构成部分的支出水平,支持效率假说的推断;而贸易开放度则扩张了政府部门规模,提高了总支出水平及其主要构成部分的支出水平,支持补偿假说的推断。[3] 2010 年,有论文识别出贸易开放度与省级政府财政支出水平呈 U 形关系。[4] 值得一提的是,这三篇文章所分析的地方财政支出并不包括教育支出。2010 年,另有论文基于 1978～2007 年的省级面板数据,考察了贸易开放度和投资开放度对省级公共支出水平及其构成中用于经济投资、教育与科学、行政管理和社会保障四领域分项支出的影响,发现对教育研究支出没有影响,[5] 但此文对教育支出和科技支出未加拆分。2012 年,有论文基于 1994～2006 年的数据,在考察贸易开放度和投资开放度对省级公共支出水平和结构的影响时,将公共支出拆分为教育支出、基本建设支出、行政管理支出、司法支出、农业支出、教科文卫事业费支出加以分析,其中发现贸易开放度对教育支出没有影响,而投资开放度则有提升教育支出水平之效,[6] 这是第一篇将单独拆分出来的教育财政支出纳入分析的论文。

无论实证研究的内容和结果为何,上述这一类中外文献都没有意识

---

[1] Michael Benarroch, Manish Pandey, "The Relationship between Trade Openness and Government Size: Does Disaggregating Government Expenditure Matter?" *Journal of Macroeconomics*, 34 (1), 2012.
[2] 杨灿明、孙群力:《外部风险对中国地方政府规模的影响》,《经济研究》2008 年第 9 期。
[3] 蔡伟贤、踪家峰:《外商投资、贸易开放度与中国财政支出结构》,《财经研究》2008 年第 8 期。
[4] 余官胜:《贸易开放和政府财政支出规模——基于省际动态面板数据的实证研究》,《东北大学学报》(社会科学版) 2010 年第 1 期。
[5] 盛晏、刘长生:《经济全球化对财政支出的非均衡性影响研究——基于中国不同省份财政支出的面板数据分析》,《工业技术经济》2010 年第 10 期。
[6] 朱军:《贸易开放、资本开放、地区规模与公共支出结构——来自中国省级政府面板数据的一项经验研究》,《经济与管理研究》2012 年第 9 期。

第四章　社会发展视角下的全球化与大政府：中国地方财政教育支出

到，对拆分数据进行分析的路径不仅是一种旨在解套的研究策略，而且还蕴含着更深刻的理论意涵。关键在于，对社会政策支出不同功能领域的分析，有助于我们理解政府应对全球化之策的多样性。全球化引致大政府的命题基于"补偿假说"，即认定应对全球化冲击的大政府必然采取社会保护之策。可是，在社会政策学界看来，大政府也好，福利国家也罢，在面对社会经济生活的不确定性之时，其社会政策有两类：一类旨在提供社会保护，另一类旨在促进社会发展。后一种功能的实现有赖于"发展型社会政策"的实施，其功能在于提升人力资本、强化社会性基础设施、促进社会经济协调发展。① "发展型社会政策"的发展意味着福利国家从传统的消费型模式向发展型模式的转变，即走向"发展型福利国家"（the developmental welfare state）。发展型福利国家或福利发展主义（welfare developmentalism）的理念，一开始植根于对东亚社会政策模式的总结，② 后来也被视为社会民主主义型福利国家（即北欧模式）的核心内容。③

与发展型社会政策的理念相似的是"社会投资视角"（social investment perspective），由 OECD 在经济全球化的背景下于 20 世纪 90 年代中期率先提出。④ 欧盟在 21 世纪之初汇聚了一批顶尖社会政策学者，为社会投资视角提供理论支撑，于 2002 年出版了由享誉世界的著名社会政策学者艾斯平-安德森（Gøsta Asping-Anderson）主编的论文集《我们为什么需要一个新的福利国家》，影响力深远。⑤ 依照这一视角，尽管全球化有可能会限制凯恩斯主义福利国家的诸多社会福利计划，但有可能使各地政府重新将福利国家施政重点转入熊彼特式的"竞争"政策，即在福利计划中强调教育、医疗、培训等人力资本型政策，以应对全球化的危机。⑥ 发展型社

---

① James Midgley, "Developmental Social Policy: Theory and Practice", *Asian Journal of Social Policy*, 2 (1), 2006.
② Huck-ju Kwon (ed.), *Transforming the Developmental Welfare State in East Asia*, Palgrave Macmillan, 2005.
③ Stein Kuhnle, Sven E. O. Hort, *The Developmental Welfare State in Scandinavia: Lessons for the Developing World*, United Nations Research Institute for Social Development (UNRISD), 2004.
④ OECD, *Societal Cohesion and the Globalising Economy: What Does the Future Hold?*, Organisation for Economic Co-operation and Development, 1997.
⑤ Gøsta Asping-Anderson (ed.), *Why We Need a New Welfare State*, Oxford University Press, 2002.
⑥ Robert B. Reich, *The Work of Nations: Preparing Ourselves for 21st Century Capitalism*, Vintage, 2010.

会政策注重对儿童教育、劳动力市场参与、人力资本增进、社会资本培育等领域的投资,具有社会投资的功能,[1] 提升了社会性基础设施水平,同物质性基础设施的完善一样,构成了在全球经济竞争力提升的基础。[2] 发展型社会政策的理念,在最近的十年内,受到了中国学界的重视,被视为中国走向社会政策新时代[3]与新福利国家建设[4]的指导范式。

因此,全球化是不是引致大政府,对这一现象进行辨识仅仅是第一层次的探索,第二层次的探索需要追问大政府究竟干什么,也就是考察面对全球化的挑战,各地政府的应对之策具有何种多样性。"补偿假说"仅仅揭橥了第一个应对之策,即社会保护之策;本章试图揭橥第二个应对之策,即社会发展之策。鉴于社会发展范式产生的发展中国家背景,发展型社会政策更有可能成为发展中国家政府应对全球化的战略选项之一,这一点对于如中国这样的发展中国家来说更有借鉴意义。

(二) 全球化、教育发展与教育政策

在发展型社会政策当中,促进教育发展(尤其是基础教育)公认是优先选项之一。[5] 教育发展有利于人力资本的增进,提升经济竞争力,从而助力经济增长,这早已成为教育经济学、发展经济学和增长经济学的常识,相关文献可用海量形容,无须详加叙述和引证了。

但在这里,特别值得注意的是,祝树金、虢娟 2008 年发表的一篇论文,基于 1987~2004 年省级面板数据分析发现,在经济开放的条件下,教育支出增加通过区域人力资本的增进和技术进步的溢出有利于地方经济增长的推动。[6] 杜育红、赵冉 2018 年发表的一篇论文,基于中国 20 个省级

---

[1] Anton Hemerijck, "The Quiet Paradigm Revolution of Social Investment", *Social Politics*: *International Studies in Gender*, *State & Society*, 22 (2), 2015.
[2] Paul Smyth and Christopher Deeming, "The 'Social Investment Perspective' in Social Policy: A Longue Duree Perspective", *Social Policy and Administration*, 50 (6), 2016.
[3] 郁建兴、何子英:《走向社会政策时代:从发展主义到发展型社会政策体系建设》,《社会科学》2010 年第 7 期。
[4] 顾昕:《中国福利国家的重建:增进市场、激活社会、创新政府》,《中国公共政策评论》2017 年第 11 卷。
[5] Anthony Hall, James O. Midgley, *Social Policy for Development*, Sage Publications, 2004, chapter 5。
[6] 祝树金、虢娟:《开放条件下的教育支出、教育溢出与经济增长》,《世界经济》2008 年第 5 期。

第四章 社会发展视角下的全球化与大政府：中国地方财政教育支出

行政区 1997~2015 年面板数据分析发现，教育促进经济增长的机制，不仅表现为人力资本作为"要素积累"直接作用于产出，而且还在于可以通过"效率提升"以及人力资本与物质资本间的"资本互补"效应间接促进经济增长。[①] 这些发现，为促进教育发展作为发展型社会政策的有效性，提供了坚实的中国证据。简言之，从有关教育发展与经济增长的国际国内文献中可以引申出一个与本章相关的命题，即促进教育发展有可能成为各地政府应对全球化的社会发展策略之一，而增加政府财政在教育领域中的支出则是重要的社会发展政策选项之一。

有关全球化与教育发展关系的文献可谓汗牛充栋，其论题极为广泛，从教育本身的全球化[②]，尤其是高等教育的全球化[③]，到全球化对教育领域诸多方面（例如，教改政治[④]、高教改革[⑤]、公民教育权[⑥]、历史教育与国家构建[⑦]、全球价值观教育[⑧]、分权化学校管理[⑨]等）的影响，再到对新自由主义全球化给世界各地（尤其是发展中国家）教育带来的负面影响进行批判，[⑩] 并对超越新自由主义教育全球化的道路进行探索。[⑪] 尽管这些文献广泛论及全球化对世界各地各种教育政策的影响，并且从许多维度探讨了

---

① 杜育红、赵冉：《教育在经济增长中的作用：要素积累、效率提升抑或资本互补？》，《教育研究》2018 年第 5 期。
② Joel Spring, *Globalization of Education: An Introduction*, Routledge, 2008.
③ Christine T. Ennew, David Greenaway (eds.), *The Globalization of Higher Education*, Palgrave Macmillan, 2012.
④ Joseph Zajda, Macleans A. Geo-JaJa (eds.), *The Politics of Education Reforms*, Springer, 2010.
⑤ Heather Eggins (ed.), *Globalization and Reform in Higher Education*, Open University Press, 2003.
⑥ Joel H. Spring, *Globalization and Educational Rights: An Intercivilizational Analysis*, Lawrence Erlbaum Associates, Inc., 2012.
⑦ Joseph Zajda (eds.), *Nation-Building and History Education in a Global Culture*, Springer, 2015.
⑧ Joseph Zajda, Holger Daun (eds.), *Global Values Education: Teaching Democracy and Peace*, Springer, 2009.
⑨ Joseph Zajda, David T. Gamage (eds.), *Decentralisation School-Based Management, and Quality*, Springer, 2009.
⑩ Dip Kapoor, *Critical Perspectives on Neoliberal Globalization, Development and Education in Africa and Asia*, Sense Publishers, 2011.
⑪ Hakan Ergül, Simten Coşar (eds.), *Universities in the Neoliberal Era: Academic Cultures and Critical Perspectives*, Palgrave Macmillan, 2017.

应对全球化的教育之策,但以全球化为背景专门针对各地政府教育财政政策的研究,无论是跨国比较研究,还是基于单个国家的国别研究,都不多见。OECD 每年发布的《教育概览》在对全社会教育支出的分析中,都会详尽展示其成员国公共教育支出的规模和流向,也会偶尔提及其成员国内部地方政府的财政教育支出情况,但极少分析教育支出的影响因子,更没有对全球化的影响进行全面分析。其 2018 年度报告仅仅提到,2008 年金融危机对公共支出的负面影响在 OECD 成员国政府教育预算的调整上有所反映,然而,自 2010 年起,尽管私人教育支出有所下降,但公共教育支出又重现增长之象。①

关于政府财政教育支出的研究,是教育财政研究领域的一个论题。事实上,无论是在发达国家还是在发展中国家,教育支出在政府财政支出中一直都占有一定的比重。关于公共教育支出的研究,重点在于其规模、流向(如在不同教育阶段如基础教育和高等教育之间的公共教育投入的差异②)及其对教育治理的影响(如教育的公共投入如何影响大众教育的治理③)。对发达国家的比较分析结果基本上展示在 OECD 的年度《教育概览》中,而对发展中国家的比较研究成果,由联合国教科文组织设立在加拿大蒙特利尔的统计研究所定期发布的世界教育指标(World Education Indicators,WEI)中予以展示,④ 而被纳入这一指标的发展中国家则被称为 WEI 国家,中国也跻身 WEI 国家之列。可是,关于教育领域公共支出水平的决定因素,相关的实证研究较为零散。基于瑞士各州多年面板数据的一项研究发现,人口老龄化对教育公共支出有负面影响。⑤ 基于美国在日趋郊区化背景下地方社会人口和教育数据的分析,发现了同样的现象。⑥ 一篇基于 21 个 OECD 成员

---

① OECD, *Education at a Glance* 2018:*OECD Indicators*, Organisation for Economic Cooperation and Development, 2018, p. 262.
② Xuejian Su, "Endogenous Determination of Public Budget Allocation across Education Stages", *Journal of Development Economics*, 81 (2), 2006.
③ Anne Berg, Samuel Edquist, *The Capitalist State and the Construction of Civil Society:Public Funding and the Regulation of Popular Education in Sweden*, 1870 – 1991, Palgrave Macmillan, 2017.
④ NESCO – UIS, *Education Counts:Benchmarking Progress in 19 WEI Countries*, UNESCO Institute for Statistics, 2006.
⑤ Ueli Grob, Stephan C. Wolter, "Demographic Change and Public Education Spending:A Conflict between Young and Old?" *Education Economics*, 15 (3), 2007.
⑥ David N. Figlio, Deborah Fletcher, "Suburbanization, Demographic Change and the Consequences for School Finance", *Journal of Public Economics*, 96 (11 – 12), 2012.

国 1980~2001 年面板数据的分析,选择了诸多社会经济、政治和制度变量,如经济发展水平、社会人口结构、宪政否决结构、社会政策支出总水平、税收分权化以及执政党党派,作为教育公共支出的决定因素。[①]

经济全球化出现在考察教育公共支出决定因素之中的论文寥寥无几。其中,2008 年在国际政治经济学领域顶级学刊《国际组织》上发表的论文,对此问题进行了全面系统性的考察。此文首先基于再分配政治经济学,建立了一个教育公共支出的数理模型,推导出一系列命题,即:(1) 民主化推高教育公共支出,降低私人支出;(2) 经济全球化无论在何种政治制度下都会推高教育公共支出,降低私人支出;(3) 经济全球化在专制制度下,相较于民主制度,会对教育产生更强的供给侧效应;(4) 经济全球化会在发展中国家,相较于发达国家,对教育支出产生更强的需求侧效应;(5) 相较于民主国家,专制国家更倾向于提高教育支出在高等教育中的占比;(6) 经济全球化会更有力推动发展中国家,相较于发达国家,降低高等教育对初等教育的支出比。继而,该文使用 113 个国家 1960~2000 年的面板数据,对上述命题进行统计上的验证,并运用若干国家的案例对上述命题中的因果机制加以分析。[②] 另一篇 2012 年在公共财政领域国际顶级学刊《国际税收与公共财政》上发表的论文,使用 104 个国家 1992~2006 年的数据进行分析,发现父爱主义国家随着全球化的进展会增加在高等教育上的公共支出,但会降低在基础教育中的公共支出,而利维坦国家的教育公共支出模式则不确定;与此同时,无论是在发达工业化国家还是在发展中国家,全球化都会导致其政府在中等和高等教育中增加公共投资,在初等教育中减少公共投资。[③]

(三) 中国地方政府财政政策研究

关于中国地方政府财政行为的分析,构成了本章的另一个学术基

[①] Marius R. Busemeyer, "Determinants of Public Education Spending in 21 OECD Democracies, 1980 – 2001", *Journal of European Public Policy*, 14 (4), 2007.

[②] Ben W. Ansell, "Traders, Teachers, and Tyrants: Democracy, Globalization and Public Investment in Education," *International Organization*, 62 (2), 2008.

[③] Thushyanthan Baskaran, Zohal Hessami "Public Education Spending in a Globalized World: Is There a Shift in Priorities across Educational Stages?" *International Tax and Public Finance*, 19 (5), 2012.

础。财政行为在很大程度上是政府施政取向的一种体现,也可视之为对内外冲击的一种反应。地方政府财政行为受到国内外各种政治经济因素的影响,其中向经济全球化开放的程度仅仅是其中一种可能的影响因素。

关于世界各地国家级和亚国家级政府财政行为的研究,是公共财政学和公共经济学领域中的显学,相关文献可谓浩如烟海。如前几章所述,源于对"瓦格纳定律"的验证,政府财政支出早就成为有关政府规模这一学术领域的研究主题。早在19世纪后半叶,德国历史主义学派经济学家阿道夫·瓦格纳(Adolph Wagner)就提出经济增长必然引致政府规模的增长,而且政府职能超越了亚当·斯密所说的保障产权、维护契约、提供公共物品的范围,正是现代化进程进步性的一种显示。由此,许多经济学家和政治学家基于不同国度、不同地区和不同历史时段的数据,来验证瓦格纳定律是否存在。相关文献不计其数,本章无法尽列,但其中的一篇文献值得一提。《美国政治科学评论》1978年发表的一篇论文发现,在第二次世界大战之后的30年间,18个发达国家都出现了"公共经济"的扩张,即政府职能的范围拓展,强度提升,并对此给出了5种解释,包括:(1)经济增长水平和速度;(2)税收结构对间接税的依赖程度;(3)政党政治和选举竞争性;(4)政府制度结构;(5)经济向国际市场的暴露度。[1] 正是该文给出的第5项解释,启发了前述罗德里克经典论文的问世,为瓦格纳定律增添了国际视野。

针对政府规模扩张或政府增长,如前几章所述,大量文献显示,其影响因素主要源自国内政治经济因素,由此瓦格纳定律呈现出若干子命题,其中包括:(1)瓦格纳基础命题:随着经济增长,政府活动增加,于是政府规模不断增大;(2)工业化-城市化命题:工业化和城市化导致经济体系复杂化,经济活动的外部性增强,从而导致公共部门的成长;(3)"利维坦命题",即官僚作为一个独特而有影响力的利益集团有追求政府自我膨胀的内在动力;(4)"财政分权化命题",即财政分权化会推动竞争中的地方政府为辖区居民有效地提供地方性公共物品,财政自主性的提高会减小地方

---

[1] David R. Cameron, "The Expansion of the Public Economy: A Comparative Analysis", *American Political Science Review*, 72 (4), 1978.

政府规模，从而构成对"利维坦现象"的抑制；（5）"罗德里克命题"，如前所述，即全球化引致大政府，由罗德里克命题引发的后续研究，实际上把政府增长影响因素的挖掘范围从国内拓展到全球，从而极大地深化了有关政府规模、政府增长和福利国家发展与转型的学术认识。除此之外，还有两个命题值得注意，即：（1）"再分配政府命题"，即政府再分配行动增多推动了政府规模的扩大，而再分配型政府多由左翼政党执政；[1]（2）"利益集团命题"，即在某些特定的选举游戏规则下，利益集团的活动强度越大，政府规模越大。[2]

关于政府规模与公共支出效能的研究[3]，无论考察的是哪一个命题，对于本章来说都是相干的。一方面，这组文献为本章计量分析中控制变量的选择提供了学术指引；另一方面，本章通过对罗德里克命题的补充性或拓展性理论解释也能为这组文献的大厦增添一个新的学术板块。

有关中国地方政府规模以及财政支出结构的研究，成果众多，尤其是以省级数据为基础的研究，从不同的维度，尤其是财政分权化[4]、政府竞争[5]和官员激励[6]这三个关联的维度，揭示了亚国家层级政府财政行为的影响因素。针对地方政府教育支出的研究亦成果斐然，并与有关地方政府总体财政行为的研究进行对话，其中受到重点考察的影响因素为财政分权化以及作为影响机制的政府竞争和干部激励。无论是基于较早（1979～2001年）的数据[7]，还是基于相对晚近（1997～2006年）的数据[8]，实证研究结果都显示财政分权化引致省级教育支出在预算内财

---

[1] Dannis C. Muller, *Public Choice Ⅲ*, Cambridge University Press, pp. 511-519.
[2] Dannis C. Muller, Peter Murrell, "Interest Groups and the Size of Government," *Public Choice*, 48 (2), 1986.
[3] Livio Di Matteo, *Measuring Government in the Twenty-first Century: An International Overview of the Size and Efficiency of Public Spending*, The Fraser Institute, 2013.
[4] 陈硕：《分税制改革、地方财政自主权与公共品供给》，《经济学（季刊）》2010年第4期。
[5] 李涛、周业安：《中国地方政府间支出竞争研究——基于中国省级面板数据的经验证据》，《管理世界》2009年第2期。
[6] 王贤彬、张莉、徐现祥：《什么决定了地方财政的支出偏向——基于地方官员的视角》，《经济社会体制比较》2013年第6期。
[7] 乔宝云、范剑勇、冯兴元：《中国的财政分权与小学义务教育》，《中国社会科学》2005年第6期。
[8] 张光、江依妮：《为什么财政教育投入达不到占GDP百分之四的目标：一个基于跨省多年度数据分析的实证研究》，《公共行政评论》2010年第4期。

政支出中的占比下降，其机制是政府竞争对财政教育支出产生了挤压效应，[1] 而教育在中国地方官员的激励结构中占据相对较低位置是深层原因。

然而，另有研究发现，财政分权化对地方政府教育财政支出行为的影响具有复杂性。王蓉、杨建芳基于2000~2004年的省级面板数据发现，财政分权化对财政教育支出在财政总支出中的占比有正面影响，只不过教育支出增加的份额并不一定用于公共教育，而省内财政分权化增加了全省教育财政支出占财政总支出的比例。[2] 在王蓉、杨建芳之文的基础上，另有一篇论文扩展了数据的时间跨度（1995~2008年省级面板数据），证实了省级财政自主性增强和省内地级市级财政分权化有增加教育支出之效。[3] 赵力涛则发现，2001年政府间教育支出责任的调整，对于义务教育支出，既有提升之效，也有公平之功。[4]

除此之外，关于地方政府教育支出的研究，例如上述王蓉、杨建芳之文，还考察了经济发展水平、产业结构、国有经济比重、人口结构等国内因素的影响。值得注意的是，迄今为止，尚未出现专门考察全球化对地方政府财政教育支出影响的研究。因此，本章亦可为有关中国地方政府财政支出行为的学术大厦添砖加瓦。

二 研究设计：数据、模型、变量

下文利用1998~2016年的省级面板数据，考察全球化对中国地方政府教育支出的影响。有别于对跨国数据的分析，选择一个国家的亚国家级政府进行研究的一个好处是可以将上述文献综述中提及的政治和制度因素加以天然的控制。

---

[1] 郑磊：《财政分权、政府竞争与公共支出结构——政府教育支出比重的影响因素分析》，《经济科学》2008年第1期。
[2] 王蓉、杨建芳：《中国地方政府教育财政支出行为实证研究》，《北京大学学报》（哲学社会科学版）2008年第4期。
[3] 杨良松：《中国的财政分权与地方教育供给——省内分权和财政自主性的视角》，《公共行政评论》2013年第2期。
[4] 赵力涛：《中国义务教育经费体制改革：变化与效果》，《中国社会科学》2009年第4期。

（一）模型

基于已有文献，本章以投资开放度和贸易开放度来衡量地方全球化的水平，并在模型中分别加入二者的平方项以识别全球化的规模效应。此外，某一省份的公共支出不仅受到其自身经济发展情况的影响，还会受到邻近省份公共支出及其他相关方面的影响。因此本章采用空间计量分析方法，将地区间的相互关系引入模型，在固定效应回归模型中加入一个空间权重矩阵以控制地区之间教育支出及其他控制变量的相互影响。同时，我们还沿用所有以亚国家级政府为对象的既有文献，采用了控制地区和年份的双向固定效应模型，简化如下：

模型 E1：

$$Edu_{it} = \theta \times Edu_{it-1} + \beta_a \times Open_{it-1} + \beta_b \times Open_{it-1}^2 + \varphi \times X_{it-1} + \varepsilon_{it} + \mu_i + \rho_t$$

模型 E2：

$$\Delta Edu_{it} = \beta_a \times Open_{it-2} + \beta_b \times Open_{it-2}^2 + \varphi \times X_{it-2} + \varepsilon_{it} + \mu_i + \rho_t$$

模型中，下标 i（$i=1$，…，31）和 t（$t=1998$，…，2016）分别代表第 i 个省份和第 t 年。Edu 代表衡量地方教育支出水平的指标，即生均教育支出。考虑到目前社会政策领域仍有浓厚的基数预算色彩，地方支出有很强的延续性，本章借鉴前述有关全球化与政府支出的国际国内文献，采用两种方法识别地方应对全球化的教育支出策略。首先，模型 E1 通过控制 $t-1$ 期生均教育支出，以控制前一年教育支出的影响；其次，模型 E2 采用生均教育支出增量为变量，即 t 期与 $t-1$ 期的差值，识别全球化对地方政府教育支出决策变动的部分的影响。Open 代表地方投资开放度和贸易开放度的两个指标，X 代表其他控制变量，包括财政自主性、Log 人均 GDP、国有经济占比、在校生比重、第三产业比重、老龄负担比，ε 代表误差项。由于因变量教育支出预算是年初制定的，因此使用相应滞后期的自变量和控制变量才能验证地方决策变化。

地区教育支出的空间相关性可能来源于两个方面。第一，因变量的地区相关。诸多论文已经证明，地方政府的竞争可能引发了地区财政支出如教育支出的竞争，形成了教育支出的"标尺竞争"，因此本章通过构建空间加权矩阵，对其他省份的教育支出进行加权平均，由此将检验其他省份对某一省份教育支出的影响，转化为检验这一加权平均支出对该省份教育支出的影响。各省之间的相邻关系程度由权重体现，基本空间模型如下：

$$y = \rho W_y + \beta X + \varepsilon, \quad \varepsilon \sim n(0, \sigma^2 I)$$

其中，W 是一个 n×n 阶空间权重矩阵（n 为省份数），表示 n 个省份之间一种距离的一阶相邻函数；W_y 为相邻省份公共支出水平的加权平均；ρ 为空间自回归系数；X 为解释变量向量；ε 为随机误差项，服从独立同分布。将此与模型 E1 与 E2 结合，空间自回归模型构造如下：

模型 1A：

$$Edu_{it} = \rho \sum_{j=1}^{n} W_{ij} \times Edu_{jt-1} + \theta \times Edu_{it-1} + \beta_a \times Open_{it-1} + \beta_b \times Open_{it-1}^2 + \varphi \times X_{it-1} + \varepsilon_{it} + \mu_i + \rho_t$$

模型 2A：

$$\Delta Edu_{it} = \rho \sum_{j=1}^{n} W_{ij} \times Edu_{jt-2} + \beta_a \times Open_{it-2} + \beta_b \times Open_{it-2}^2 + \varphi \times X_{it-2} + \varepsilon_{it} + \mu_i + \rho_t$$

第二，相邻地区间的经济联系客观存在，因此各省份仍有可能受到彼此相关的随机冲击的影响，进而使省份间教育支出存在某种相关性，即空间相关源于控制变量之间的空间相关，形成"空间残差相关性"，因此本章使用空间误差模型（SEM）控制这种情况。其中，ε 为随机误差项，同样服从独立同分布。将其与基础模型 E1、E2 结合，空间误差项模型设定如下：

模型 1B：

$$Edu_{it} = \theta \times Edu_{it-1} + \beta_a \times Open_{it-1} + \beta_b \times Open_{it-1}^2 + \varphi \times X_{it-1} + \lambda \sum_{j=1}^{n} W_{ij} \times u_{jt-1} + \varepsilon_{it}$$

模型 2B：

$$\Delta Edu_{it} = \beta_a \times Open_{it-2} + \beta_b \times Open_{it-2}^2 + \varphi \times X_{it-2} + \lambda \sum_{j=1}^{n} W_{ij} \times u_{jt-2} + \varepsilon_{it}$$

参照现有文献的做法，本章主要依据地理空间或经济空间的两个标准构造空间权重矩阵。其中，地理权重矩阵依据空间是否相邻来设定，相邻的区域被赋予"1"，不相邻的区域被赋予"0"，表现为：

$$\left[\begin{array}{l} W_{ij} = 0,若\ i = j; \\ W_{ij} = 0,若\ i \neq j\ 且区域\ i\ 与\ j\ 不相邻; \\ W_{ij} = 1,若\ i\ 不等于\ j\ 且区域\ i\ 与\ j\ 相邻 \end{array}\right.$$

经济权重矩阵依据两省实际人均收入水平差距的倒数来设置，两省之间收入差距越小，经济水平则越相近，权数越大，反之则越小，表现为：

$$\left[\begin{array}{l} W_{ij} = \dfrac{1}{|\overline{Y_i} - \overline{Y_j}|},若\ i\ 不等于\ j; \\ \overline{Y_i} = \dfrac{1}{T - T_0}\sum_{t=T_0}^{T} Y_{it} \\ = 0,若\ i = j \end{array}\right.$$

（二）变量选择

1. 被解释变量

本章采用地区生均教育支出及其增量来衡量地方的教育支出水平。考虑到各地区人口中的在校学生比例可能不同，本章没有使用"人均教育支出"的变量。鉴于省级政府主要负责高等教育的支出，以及为地方中小学教育支出兜底，本章采用教育事业费总额除以高等教育及中小学在校生数度量生均教育支出（千元/人）。本章采用教育事业费而非总教育支出，是因为后者还包含了中央的教育补助，以及教育基础设施建设支出，无法衡量地方政府财政教育支出的真实水平。因此，本章沿用前述王蓉、杨建芳的论文，采用数据可获得性和一致性较好的"教育事业费"，其数据来自历年的《中国教育经费统计年鉴》。

2. 解释变量

结合中外文献，本章以投资开放度和贸易开放度来区分地方不同的对外开放类型。前者用各地外商直接投资额（FDI）占地区生产总值的比重来度量，后者用各地进出口总额占地区生产总值的比重来度量。国外资本和当地政府的博弈会对地方政府公共支出产生不同的影响。投资开放主导的地区更强调地区竞争，为争取流动的资本而更强调生产性社会支出，社会发展论的逻辑更有可能发挥作用，而贸易开放主导的地区则会考虑全球化对地区企业所带来的风险，因而更强调保障性社会支出，社会保护论的逻辑更有可能发挥作用。本章使用年度汇率统一了进出口总额及外商直接投资额与地区生产总值的单位,也便于进行跨年对比。

3. 控制变量

结合本章给出的新理论解释以及既有的中外文献,我们选取了如下影响地方政府教育支出的国内政治经济社会因素作为控制变量。除特殊注明外,这些变量的数据来自历年的《中国统计年鉴》和《中国财政年鉴》。

(1) 财政自主度。财政约束不仅使地方政府更看重基础设施建设而忽略教育,也可能调节地方应对全球化的策略。财政自主度更高的地区能够有余力去发展教育以更好地吸引高层次的外资。同时,该指标比"财政收支分权"更能反映财政分权程度的地区差异。本章沿用既有文献中常用的度量方法:财政自主度=预算内财政收入/预算内财政支出。该指标越大,说明地方自有收入比重越高,越有自主使用的财力。

(2) 经济发展水平越高的地区,居民的教育需求一般越高,并且地方政府也越有可能通过加大教育投入以提升全球化下的地区生产效率。模型中采用人均GDP的对数值度量地方经济发展水平,也相应控制了人口规模的影响。

(3) 产业结构。在加工制造业为重的经济发展模式下,地方仍处于低水平利用外资阶段,反而降低了其教育投入的热情,而在走向以服务业为重的地方,人力资本对经济竞争力的提升至关重要,政府在教育领域的支出水平有可能提升。模型中利用第三产业增加值占地区生产总值比重度量地方经济发展模式。

(4) 国有经济比重。一方面,国有经济所需补贴越多,其他财政支出(包括教育)就可能越少;另一方面,国有经济比重越大的地区,其市场化程度越低,教育水平有可能不是劳动力市场上的主要诉求。本章以国有经济固定资产投资占全社会固定资产投资的比例作为控制变量。

(5) 学生抚养比及老龄抚养比是影响教育支出最重要的两个人口结构特征。如上所述,本章将采用高等教育及中小学在校生数占当地人口比重测量地区在校生比重,反映省级教育支出的需求;而使用老龄抚养比度量人口老龄化程度,以控制其可能的对教育支出的挤占作用。该变量数据来源于《中国人口与就业统计年鉴》。

(6) 财政供养人口。党政机构人员密度需要加以控制,以考察"吃饭财政"影响地方财政支出结构的可能性。上述有关中国地方政府财政支出行为的既有文献,大多发现,由于政府不同支出项目之间具有竞争性,政府用于行政人员的公务费越多,教育等社会政策支出就越有可能被挤占。本章采用每万人口公职人员数作为控制变量。

表4-1显示了主要变量的描述性统计。生均教育支出的均值为8.37,但标准差达到了9.78,表明我国生均教育支出呈现了极度的地区间不平衡,而同样的趋势也反映在投资开放度和贸易开放度之上。

表4-1 中国经济全球化与政府应对的主要变量的描述性统计

变量名	观测值	平均值	标准差	最小值	最大值
生均教育支出	589	8.3684	9.7765	0.4135	72.3982
外商直接投资额占比	589	0.0248	0.0225	0.00001	0.1343
进出口总额占比	589	0.3157	0.4631	0.0307	6.7568
第三产业占比	589	0.4187	0.0810	0.2830	0.8023
财政自主度	589	0.5117	0.1988	0.0530	0.9509
Log（人均GDP）	589	9.8332	0.8715	7.7681	11.6795
国有经济占比	589	0.3875	0.1600	0.1143	0.9589
在校生比重	589	0.1127	0.0205	0.0598	0.1550
老龄抚养比	589	11.9674	2.6708	6.13	21.9
财政供养人口	589	110.5437	41.5619	57.0303	387.8278

三 计量分析结果

本章采用Wooldridge检验确认不存在面板自相关的问题（$p=0.000$）,且莫兰指数不等于0,显示空间因素非随机,应引入空间相关分析。表4-2及表4-3报告了生均教育支出及其增量的影响因素。模型先单独检验了投资开放度和贸易开放度的净影响（如模型E1A-1与E1A-4）,而后控制财政自主度、人均GDP、国有经济占比、第三产业比重等结构性变量检验其结果的稳健性。本章同时采用这两种空间权重矩阵进行实证检验,经对比,两种矩阵的结果相差不大,但地理权重矩阵的结果更具解释力,因此下文将报告地理权重矩阵的结果。

表 4-2　1998~2016 年全球化对中国生均教育支出的影响

	模型 E1A-1	模型 E1A-2	模型 E1A-3	模型 E1A-4	模型 E1A-5	模型 E1A-6	模型 E1A-7	模型 E1A-8
上年应变量 (t-1)	0.8906*** (0.0107)	0.8879*** (0.0119)	0.8867*** (0.0118)	0.8904*** (0.0106)	0.8785*** (0.0122)	0.8762*** (0.0126)	0.8778*** (0.0122)	0.8756*** (0.0124)
投资开放度 (t-1)	8.2038** (3.1905)	5.2064 (3.3234)	-21.4715*** (7.2585)				5.6600* (3.2940)	-20.0785*** (7.2440)
投资开放度 (t-1)²			268.745*** (65.2558)					256.244*** (64.8699)
贸易开放度 (t-1)				-1.1836*** (0.3880)	-1.3242*** (0.4108)	-0.6727 (0.9882)	-1.3535*** (0.4100)	-0.6733 (0.9821)
贸易开放度 (t-1)²						-0.3406 (0.4699)		-0.2970 (0.4661)
财政自主度 (t-1)		-0.4477 (0.9121)	-0.3730 (0.8985)		0.2578 (0.9375)	0.3169 (0.9406)	0.3855 (0.9379)	0.4340 (0.9273)
Log (人均 GDP) (t-1)		-0.7329* (0.4439)	-0.6576 (0.4375)		-0.5933 (0.4416)	-0.5194 (0.4530)	-0.6246 (0.4408)	-0.4959 (0.4470)
国有经济占比 (t-1)		1.4755* (0.8483)	1.7873** (0.8389)		1.5572* (0.8398)	1.5537* (0.8394)	1.7326** (0.8437)	1.9976** (0.8348)

续表

	模型 E1A-1	模型 E1A-2	模型 E1A-3	模型 E1A-4	模型 E1A-5	模型 E1A-6	模型 E1A-7	模型 E1A-8
在校生比重 (t-1)		8.1382 (5.3460)	7.7692 (5.2656)		3.7786 (5.4668)	4.0528 (5.4773)	3.8384 (5.4519)	4.0746 (5.3871)
第三产业比重 (t-1)		2.8577* (1.4615)	2.8478** (1.4393)		2.3647 (1.4613)	2.4867* (1.4703)	2.1044 (1.4652)	2.2751 (1.4564)
老龄化占比 (t-1)		-0.0693* (0.0372)	-0.0631* (0.0366)		-0.0876** (0.0363)	-0.0836** (0.0367)	-0.0760** (0.0368)	-0.0665* (0.0367)
财政供养人员 (t-1)		-0.0122*** (0.0029)	-0.0111*** (0.0029)		-0.0138*** (0.0029)	-0.0134*** (0.0029)	-0.0129*** (0.0029)	-0.0115*** (0.0029)
空间相关系数	0.0958*** (0.0236)	0.0844*** (0.0237)	0.1012*** (0.0237)	0.0898*** (0.0233)	0.0837*** (0.0234)	0.0834*** (0.0234)	0.0895*** (0.0235)	0.1046*** (0.0236)
N	558	558	558	558	558	558	558	558
R^2	0.9897	0.9772	0.9753	0.9876	0.9708	0.9739	0.9742	0.9748

注：***、**、*分别代表在1%、5%、10%的显著性水平下显著。

表 4-3　1998~2016 年全球化对中国生均教育支出增量的影响

	模型 E2A-1	模型 E2A-2	模型 E2A-3	模型 E2A-4	模型 E2A-5	模型 E2A-6	模型 E2A-7	模型 E2A-8
投资开放度 (t-2)	5.7204* (3.4203)	8.4533** (3.5066)	-16.0149** (7.6685)				8.2426** (3.5007)	-14.8872* (7.6128)
投资开放度 (t-2)²			238.716*** (66.7528)					236.008*** (66.0589)
贸易开放度 (t-2)				0.2895 (0.4252)	0.7010* (0.4240)	-2.5556** (1.0552)	0.6632 (0.4222)	-2.5560** (1.0444)
贸易开放度 (t-2)²						1.6396*** (0.4874)		1.6726*** (0.4813)
财政自主度 (t-2)		-2.7543*** (0.9812)	-2.7137*** (0.9699)		-3.2948*** (0.9884)	-3.2785*** (0.9782)	-3.0013*** (0.9914)	-2.9465*** (0.9684)
Log（人均 GDP） (t-2)		-0.6979 (0.4737)	-0.5960 (0.4691)		-0.6758 (0.4748)	-1.0009** (0.4797)	-0.7092 (0.4727)	-0.9468** (0.4728)
国有经济占比 (t-2)		0.5759 (0.8924)	0.9098 (0.8870)		0.2288 (0.8887)	0.3555 (0.8803)	0.4969 (0.8916)	0.9782 (0.8763)
在校生比重 (t-2)		16.0463*** (5.7870)	15.9640*** (5.7200)		17.8022*** (5.9017)	15.7237*** (5.8733)	17.7393*** (5.8729)	15.8049*** (5.7685)

续表

	模型 E2A-1	模型 E2A-2	模型 E2A-3	模型 E2A-4	模型 E2A-5	模型 E2A-6	模型 E2A-7	模型 E2A-8
第三产业比重 (t-2)		2.8877* (1.5554)	3.0463** (1.5380)		3.7583** (1.5834)	3.2540** (1.5742)	3.3850** (1.5836)	3.0593** (1.5568)
老龄化占比 (t-2)		0.1536*** (0.0371)	0.1604*** (0.0368)		0.1322*** (0.0363)	0.0978*** (0.0374)	0.1514*** (0.0371)	0.1252*** (0.0375)
财政供养人员 (t-2)		-0.0109*** (0.0033)	-0.0102*** (0.0032)		-0.0120*** (0.0032)	-0.0148*** (0.0033)	-0.0105*** (0.0033)	-0.0125*** (0.0033)
空间相关系数	0.1405** (0.0641)	0.0964 (0.0634)	0.0781 (0.0635)	0.1524** (0.0637)	0.1139* (0.0630)	0.1042* (0.0629)	0.0995 (0.0633)	0.0695 (0.0632)
N	527	527	527	527	527	527	527	527
R^2	0.3393	0.2106	0.1992	0.3141	0.1483	0.1335	0.1817	0.1570

注：***、**、*分别代表在1%、5%、10%的显著性水平下显著。

整体来看，地区开放水平对地区教育支出有显著的影响，但投资开放度和贸易开放度对地区教育支出的影响略有不同。表4-2显示，投资开放度能够显著提升地区生均教育支出，投资开放度每上升1个单位能够提升生均教育支出约5.7个单位，但贸易开放度每上升1个单位会降低生均教育支出约1.3个单位。但值得注意的是，当我们加入投资开放度的二次项之后（表4-2模型E1A-3），投资开放度平方项系数为正，这说明全球化水平与生均教育支出呈现出非线性的U形关系，即随着全球化水平的提高，生均教育支出经历先下降后上升的趋势。但贸易开放度与生均教育支出之间并没有这种U形关系。

表4-3则显示，投资开放度和贸易开放度与生均教育支出的增量均呈现出非线性的U形关系。具体而言，投资开放度会先降低而后提高生均教育支出增量，并且由于平方项远大于非平方项的绝对值，这说明U形关系中上升的部分较为剧烈，在到达U形曲线的最低点后，随着投资开放度的提高，生均教育支出的变化将有所增加。贸易开放度同样会先降低而后提高生均教育支出增量。同样，从绝对值大于其平方项可看出，贸易开放度会先急剧降低教育支出增量，而后缓慢提高其增量。与投资开放度的U形曲线相比，贸易开放度曲线的U形曲线在节点两端走势更为平衡。

图4-1与图4-2，根据基础模型（E1与E2）分别拟合了投资开放度与生均教育支出及其增量的关系走势图。经过计算，投资开放度与生均教育支出U形关系的拐点发生在投资开放度约为0.0418时，即当外商直接投资占GDP比重超过4.18%的水平后，投资开放度的提高会促使地方政府提升生均教育支出水平。同时，从滞后一期投资开放度的直方图来看，中国已开始有相当部分的省份在特定年份（约19%的观测值）到达了U形曲线的拐点。其中，天津、辽宁、上海、江苏、福建、海南六个省份已有超半数年份达到该数值（见图4-3）。而投资开放度增加教育支出增量的拐点发生在其值达到0.0312之后，已有约29.2%的观测值达到该水平。这显示，我国已有相当多的省份开始进入投资开放度急速提升生均教育支出的阶段，这符合社会发展论的逻辑，即为于更好地吸引外资，各地政府致力于增加财政支出，投资于当地的人力资本成长。

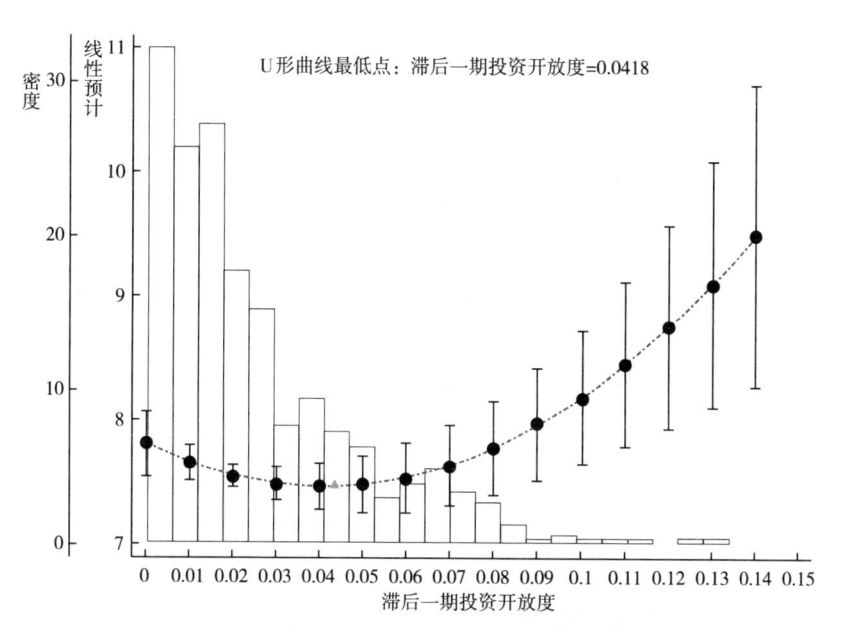

第四章 社会发展视角下的全球化与大政府：中国地方财政教育支出

图4-1 投资开放度与中国生均教育支出拟合曲线

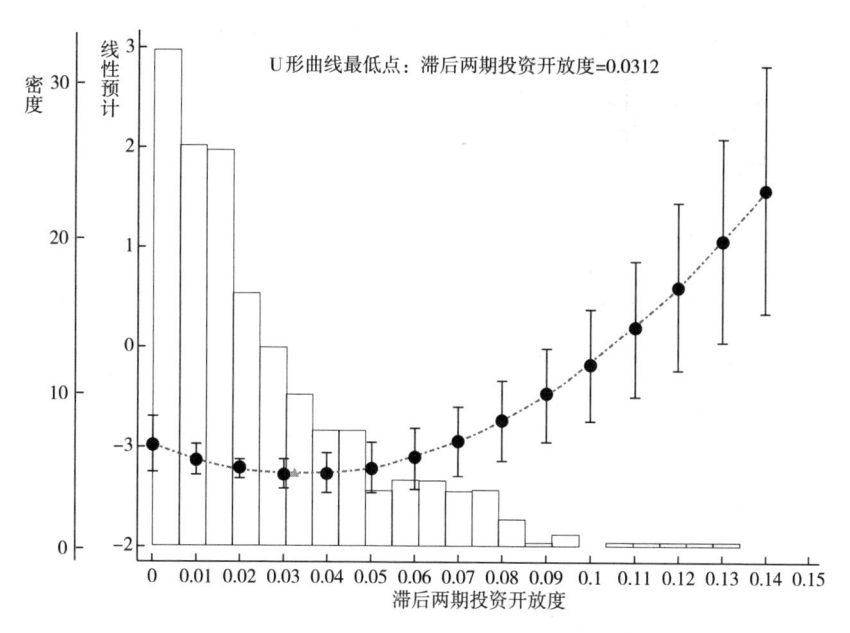

图4-2 投资开放度与中国生均教育支出增量拟合曲线

图4-4拟合了贸易开放度与生均教育支出增量的关系图。从中可以看出，贸易开放度与教育支出增量的关系也呈现出了U形曲线，其拐点在贸

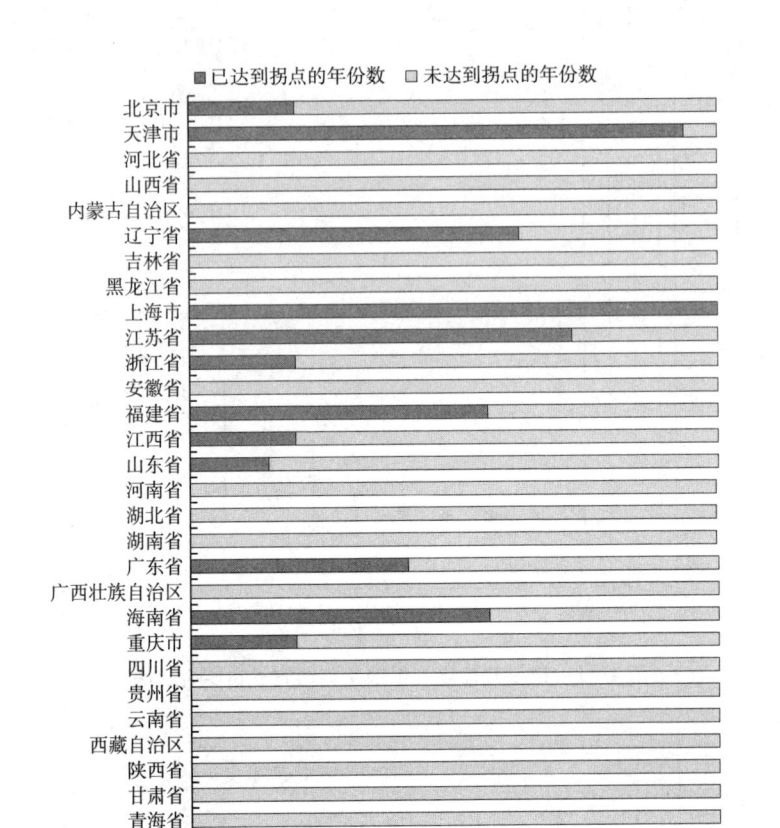

图 4-3 各省份达到投资开放度与生均教育支出 U 形关系曲线拐点的年份数量比较

易开放度约为 0.7713 时，即地区对外依存度为 77.13% 时。能达到该拐点的省份并不多（约 11.9% 的观测值）。大部分省份的贸易开放度还不足以达到让其生均教育支出增量提高的程度，因而表 4-2 中贸易开放度对生均教育支出的负向影响还不会大规模体现出来。值得注意的是，在达到拐点的有限观测值中，北京、上海、广东在几乎所有的年份都已达到该拐点，只有这三个地区的生均教育支出有可能显示社会发展论的逻辑。

这说明，就中国的省级行政区而言，从长期来看，经济全球化水平能够提升教育公共支出的水平，但目前来看，这一点在各省份还存在不均衡性：（1）投资开放度对生均教育支出已呈现稳定的正向影响，显示了招商引资政策激励了发展型社会政策的发育；（2）贸易开放度对教育公共支出

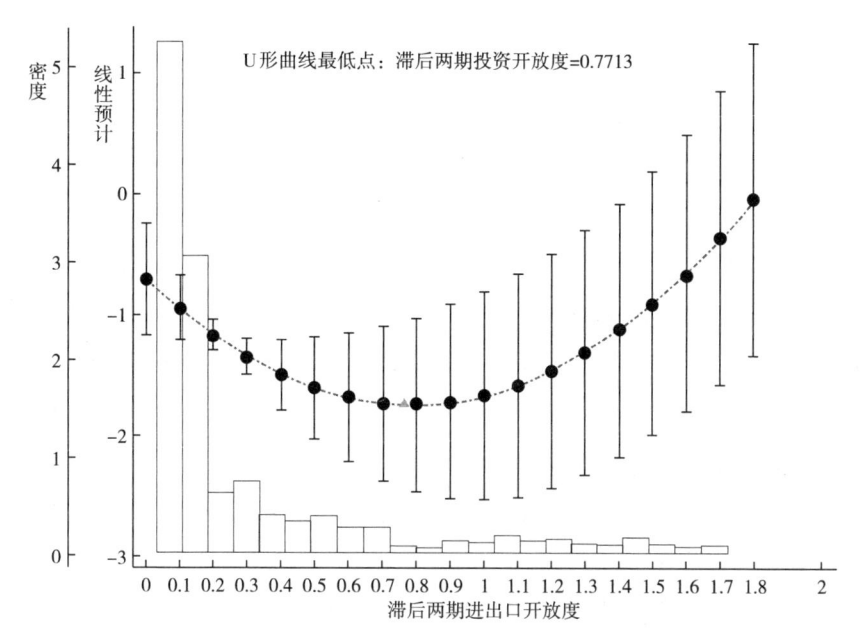

第四章 社会发展视角下的全球化与大政府：中国地方财政教育支出

图4-4 贸易开放度与中国生均教育支出增量拟合曲线

的正向影响要滞后于投资开放度的正向影响，FDI总额占GDP比重超过4.18%就有正向影响，而进出口总额占GDP比重在超过77.13%后才有此影响。显然，当发展到后者的阶段时，一个地区经济发展的对外依存度将非常高。这种发展模式对于大部分中国省级行政区来说较难实现。因此，中国大部分省份在贸易开放度提升过程中，有可能会提高教育公共支出的边际增量，但不会大幅度提高其绝对水平。

表4-2和表4-3都报告了空间相关系数，表明各省份之间的政府教育支出的确存在"标尺竞争"的情况，即一个省份的教育支出对相邻另一个省份的教育支出有显著的正向影响。此外，本章还对空间误差进行检验，显示各省份之间的随机冲击不会影响开放度对教育支出的关系，限于篇幅，本章并未对此进行报告。在所关注的控制变量中，财政供养人员能显著降低生均教育支出水平和增量，结果呈现稳定性，这说明行政支出有可能挤占教育财政支出。老龄化占比对生均教育支出水平有负向影响，但对增量有正向影响。此外，在增量模型中，第三产业比重和在校生比重都有正向影响。

结　语

面对经济全球化的冲击，各地政府会做出何种应对，尤其是社会政策支出有何变化，这是经济学、政治学和社会学界共同的学术关注。这个论题可分解为如下几个论题：（1）经济全球化是否会引致公共支出增加，或简言之，更开放的经济会不会催生大政府？（2）经济全球化对不同的政府财政支出领域有何影响？（3）无论影响如何，如何加以解释，或者说，就政府应对经济全球化的战略，我们能建构出什么样的理论？就教育支出对上述问题进行回答，无疑在教育经济学尤其是教育财政研究领域，具有重要的学术意义。

基于中国 1998～2016 年省级面板数据，运用空间计量模型进行分析，在控制了既有文献中给出的所有国内政治经济社会变量以及政府间标尺竞争效应之后，本章发现，投资开放度对省域生均财政教育支出水平及增量都呈现非线性的 U 形关系，即先有压低后有提高之效；贸易开放度对生均支出水平没有显著影响，但对支出增量也呈现出 U 形关系。更为细致的分析显示，投资开放度只要达到一个较低水平的门槛，各地政府就会增加教育支出，而且增加幅度较大；而贸易开放度达成此类效应的门槛则较高。

本章的发现对上述学术关注给出了回应。就教育支出而言，全球化引致大政府的命题在中国亚国家层级上获得了有条件的证实，即只有深度全球化才会引致大政府。在经济全球化的初期阶段，效率命题会成立，但这种新自由主义的政府应对之策不仅在学术理据上不具有充分性，在现实中也不具有可持续性。随着经济全球化的深入，政府很快将增加财政教育支出作为应对之策之一。但是，这一发现并非确证了既有文献中的"补偿命题"，即在全球化冲击下的大政府通过强化社会保护以补偿受损民众。很显然，公共教育支出的增加并无社会保护之效。实际上，面对经济全球化，相关政府既可以采用保护型社会政策，以缓和民众受到的经济冲击；也可以采用发展型社会政策，促进人力资本，助力经济增长，提升本地区社会经济发展的竞争力。增加教育支出的财政政策正是这种发展型社会政策的具体举措之一。因此，本章为全球化催生大政府的现象提供了一种新的解释，即社会发展论。

当然，本章的研究还有一定的局限性。首先，对于政府教育支出在不同教育类别的配置，本章未如既有国际文献那样加以详细分析；其次，本章所分析的教育公共支出比较狭窄，仅限于政府财政预算中的事业费，但实际上，中国教育公共支出的筹资渠道不只这一渠道，其在某些地区某些年份有非常规的增加（即"大跃进"）[1]，其总规模遭到低估[2]，增长也呈现出非模式化特征[3]；再次，本章对政府应对全球化的社会发展论，仅仅给出了局部性的初步考察，对此进行完整的分析，还需要对卫生、积极劳动力市场和其他发展型社会政策领域的公共支出进行分析，并与教育公共支出分析一并纳入对整个社会政策支出的系统性分析之中。对于这些问题，有待进一步的深入研究。

---

[1] Litao Zhao, Ling Li, Chen Huang, "Mobilizing Resources for Education: The 2012 'Great Leap' in a Province in Western China," *Journal of Contemporary China*, 27 (111), 2018.

[2] Andrew Kipnis, Shanfeng Li, "Is Chinese Education Underfunded?" *The China Quarterly*, 202, 2010.

[3] Litao Zhao, "Mobilization and Irregularity: Volatile Growth of Educational Expenditure in China," in Jianxing Yu, Sujian Guo (eds.), *The Palgrave Handbook of Local Governance in Contemporary China*, Palgrave Macmillan, 2019, pp. 541–560.

第二部分
中国社会政策支出的增长

第五章　从经济发展主义到社会发展主义：社会政策变革与中国发展模式转型[*]

中国发展模式尤其是经济发展模式亟待转型，这一点在进入21世纪之后的第一个10年，成为中国学界和政界的一个共识。至于转型的方向，大体上也清晰可见。既有经济发展模式主要靠投资推动和外需拉动，而在投资推动中政府主导型投资又发挥着举足轻重的作用。在这个意义上，中国政府呈现出发展型政府的特征，中国的发展模式呈现出发展主义的特征。[①]毫无疑问，发展模式转型的核心就是增大国内民间投资和民间消费占总投资和总消费的比重。其中，居民潜在消费需求如何释放，并使中国最终走向消费大国，就成为转型能否成功的决定性因素。[②]

毫无疑问，中国居民的消费需求潜力是巨大的。问题在于，究竟是哪些因素阻碍了潜在的消费需求变成现实的消费？对此，经济学视角的讨论非常详尽。然而，有关的讨论很少注意到社会政策的重要性，忽视社会体制的不完善对经济增长的抑制作用，也不大关注社会体制变革对社会经济

---

[*] 此章部分内容曾刊发于作者发表的两篇文章，参见顾昕《社会政策变革与中国经济发展模式转型》，《国家行政学院学报》2013年第6期；顾昕《中国福利国家的重建：增进市场、激活社会、创新政府》，《中国公共政策评论》第11卷（2017年1月）。在收入本书后，内容进行了重组，数据进行了更新。

[①] 顾昕：《发展主义的发展：政府主导型发展模式的理论探索》，《河北学刊》2014年第3期。

[②] 迟福林：《处在十字路口的中国经济转型》，《人民论坛·学术前沿》2013年第8期下（总第32期）。

发展的积极作用。尽管多数经济学家也会在有关讨论中提及一下社会保障体系的巩固和完善，但这方面的思考基本上处于边缘性的位置，也仅仅起到工具性而不是战略性的作用。社会政策研究者亦极少参与经济发展模式转型的讨论。

然而，人类社会现代化的历史表明，社会政策的重要性随着市场化的进程而日益凸显。在经济生活日益市场化的时代，社会保护（social protection）体系的建立，可以帮助民众防范与应对负面风险，从而更有利于财富的创造和经济的发展。20世纪最伟大的经济史学家卡尔·波兰尼（Karl Polanyi）曾经指出，西方社会的现代化可以归结为市场化和社会保护两种制度建设交替推进、相互促进的双向运动（double movement）。前者可以简化为经济制度的建设，而后者一般被简化为社会制度的建设，主要体现为一系列社会政策的制定和贯彻以及有关社会事务治理制度安排的建立。[①]简言之，现代化意味着经济社会的协调发展；具体而言，意味着市场化进程与社会保护体系的协调发展。

实际上，中国既有的经济发展模式之所以形成以及发展模式转型之所以艰难，关键的因素之一就在于社会政策的变革长期以来没有纳入国家社会经济发展的大战略，而只是局限在为经济增长提供服务的边缘位置。换言之，中国的发展主义仅仅是一种经济发展主义，缺少社会发展主义的要素。具体而言，中国居民消费长期不振，主要肇因之一就是国民必定会面临的各种社会风险（social risks）难以得到有效的分散，居民对于未来收入的预期不稳定，而对于未来支出快速增长的预期却确定无疑，因此中国居民储蓄率持续攀升，自然导致消费率持续下降。

在任何一个国家和地区，政府的核心职能就是建立健全一整套制度，帮助民众有效地分散社会风险。这种政府行为、制度和政策的总和，就是众所周知的"福利国家"。由于语言的问题，很多人往往把"福利国家"理解为福利水平较高的国家。其实，"福利国家"一词可以简单地理解为对福利提供负有一定责任的政府，可以适用于任何经济体中的政府施政行为和模式。按照这一理解，福利国家完全可以有不同的模式，而其中的福

[①] Karl Polanyi, *The Great Transformation: The Political and Economic Origins of Our Time*, Beacon Press, 2001 (1965). 此书初版于1965年，后多次重印，本章引证其2001年重印版。

第五章　从经济发展主义到社会发展主义：社会政策变革与中国发展模式转型

利提供水平也会有高有低。无论如何，运转良好的福利国家是一种社会性基础设施（social infrastructure），同实体性基础设施（physical infrastructure）一样，都是一个国家和地区经济健康、可持续性发展的保障。而且，福利国家的建设也是一个永无止境的过程，国家、市场和社会在其中所扮演的角色日益呈现多样化的格局，即便在发达国家也是如此。一个有趣的现象是，无论福利国家的改革走向何方，欧美发达国家政府在社会政策上的支出，却没有下降。①

在中国，越来越多的人认识到，内需不足的原因之一在于政府在社会政策上的投入不足。当社会保障不健全，福利国家不发达，国民在养老、医疗、教育等方面被迫要面对不确定的巨额支出之时，压抑当前的消费自然是不得已而为之的普遍行为。无论如何，中国经济发展模式转型迫切需要社会政策变革，迫切需要福利国家的建设，迫切需要社会保护的发展，也迫切需要社会政策研究者的参与。中国的福利国家建设，一方面与经济发展水平的提高不相适应，呈现为福利水平普遍较低的境况；另一方面在制度变革和制度建设方面发展缓慢，导致国家、市场和社会在福利筹资、提供和监管各领域的边界不清和职能错位，既损害了公平也不利于效率。

一　社会风险的预期与中国居民消费的限制

无论在什么地方，几乎所有人都有可能因老龄、疾病、残疾和丧失工作（失业）而引致收入减少甚至收入中断，有些人群还会在一段时期因为抚养儿童而导致收入与需要不相适应的困难境况。在自然经济和农业社会之中，这类风险均为家庭（家族）风险，而且也不存在"失业"的概念。但在工业社会和市场经济的背景下，这类风险转变为"社会风险"。人们普遍认为政府有责任建立社会保护体系，以帮助所有国民在一定程度上抗击社会风险，②而制定并实施各种社会政策以履行这一责任的政府就是福

---

① 〔美〕保罗·皮尔逊编《福利制度的新政治学》，汪淳波、苗正民译，商务印书馆，2004。
② Jon Elster, Claus Offe, Ulrich K. Preuss, *Institutional Design in Post-communist Societies: Rebuilding the Ship at Sea*, Cambridge University Press, 1998.

利国家。① 当然，福利国家或社会保护体系发展到何种程度，取决于一个国家或地区的经济发展水平。这意味着，福利国家无所不在，只不过在发展中国家，福利国家的发展水平较低，还不足以帮助国民有效地抵御社会风险所带来的危害。而在发达国家，应对这些"旧社会风险"的制度安排已经充足，而其福利国家所面临的挑战是应对所谓的"新社会风险"，主要包括：（1）妇女劳动力市场高参与所引致的社会问题；（2）老龄化导致老年照顾的需求激增；（3）技术变迁导致低技能、非熟练劳动力的就业问题；（4）公共服务民营化所引致的服务品质监管问题。②

中国刚刚迈入中高收入国家不久，因此在发展阶段上属于新旧社会风险纷至沓来的历史时期。当然，由于历史和制度背景不同，有些西方国家所面临的"新社会风险"，如妇女劳动力市场高参与率，在中国并不是新鲜事。中国作为一个二元转型国家，即从农业国家向工业国家转型和从计划经济国家向市场经济国家转型，会遭遇很多西方发达国家从未碰到过的"社会风险"，例如进入城市的原农村居民和进入市场体系之中的原城市居民所面临的医疗、养老、失业等问题。但无论面对传统的社会风险，还是新兴的社会风险，中国福利国家（或社会保护体系）的制度建设速度和质量均未能赶上风险日益增长的速度，这是无可置疑的。

21世纪初，亚洲开发银行基于各国社会保险、社会救助和劳动力市场政策项目的数据，对亚太地区国家的社会保护体系发展进行了系统的评估，并从2005年开始发布"社会保护指数"。社会保护体系被分为三个板块，即社会保险、社会救助和劳动就业保障。社会保护指数（social protection index，SPI）为人均社会保护支出与贫困线之比，而人均社会保护支出的计算以社会保护项目目标定位的受益者人口数为基数，而贫困线的设定采用相对法而不是绝对法，③ 即设定为人均国内生产总值的25%。④

基于2009年的数据，亚洲开发银行在2013年社会保护指数报告中对

---

① Gøsta Esping‑Andersen, *Social Foundations of Postindustrial Societies*, Oxford University Press, 1999, chapter 3, "Social Risks and Welfare States."
② 〔英〕彼得·泰勒-顾柏：《新风险、新福利：欧洲福利国家的转变》，马继森译，中国劳动社会保障出版社，2010。
③ 顾昕：《贫困度量的国际探索与中国贫困线的确定》，《天津社会科学》2011年第1期。
④ Asian Development Bank, *The Social Protection Index: Assessing Results for Asia and the Pacific*, Asian Development Bank, 2013, p. xiii.

35个亚洲国家的社会保护指数进行了计算，其中将中国社会保护指数处于中偏上的位置。就2009年社会保护支出占GDP的比重而言，中国为5.4%（参见表5-1）。在这一年，有不少人均GDP低于中国的国家，例如乌兹别克斯坦、蒙古国和吉尔吉斯斯坦，这一比重超过中国。当然，也有一些人均GDP高于中国的国家，例如新加坡、马来西亚和泰国，这一比重还低于中国，这或许与社会保护支出的统计口径有关。在新加坡和马来西亚，都存在公积金制度。公积金制度是一种强制储蓄制度，并不在人与人之间发挥分散风险的作用，因此其基金大多不计入社会保护支出。但实际上，这种制度也在很大程度上行使着社会保护的功能。[①]

表5-1 2009年和2012年亚洲部分国家社会保护指数、社会保护支出占GDP的比重及人均GDP

单位：%，美元

国　家	社会保护指数		社会保护支出占GDP的比重		人均GDP**	
	2009年*	2012年	2009年	2012年	2009年	2012年
日本	41.6	11.7	19.2	22.1	39714	46549
乌兹别克斯坦	34.3	9.3	10.2	9.9	1187	1710
蒙古国	20.6	4.8	9.6	13.2	1692	3617
韩国	20.0	5.1	7.9	7.5	17110	24454
新加坡	16.9	6.3	3.5	4.7	35514	52052
马来西亚	15.5	4.2	3.7	3.8	6915	10324
吉尔吉斯斯坦	15.1	5.7	8.0	11.6	871	1234
中国	13.9	4.3	5.4	6.5	3734	6093
越南	13.7	4.0	4.7	5.0	1130	1755
斯里兰卡	12.1	2.7	3.2	2.6	2057	2930
泰国	11.9	2.9	3.6	4.5	4151	5913
菲律宾	8.5	2.2	2.5	2.6	1746	2613
马尔代夫	7.3	4.2	3.0	5.2	6174	5032
尼泊尔	6.8	1.7	2.1	2.2	463	664
印度	5.1	1.3	1.7	1.6	1043	1555
巴基斯坦	4.7	1.4	1.3	1.4	926	1150

[①] Mukul G. Asher, *Social Security in Malaysia and Singapore: Practices, Issues, and Reform Directions*, Institute of Strategic and International Studies, 1994.

续表

国　家	社会保护指数		社会保护支出占GDP的比重		人均GDP**	
	2009年*	2012年	2009年	2012年	2009年	2012年
阿富汗	4.6	—	2.0	—	488	—
印度尼西亚	4.4	1.2	1.2	1.2	2335	3552
孟加拉国	4.3	1.1	1.4	1.3	617	740
塔吉克斯坦	3.9	0.7	1.2	0.8	668	956
不丹	3.6	0.8	1.2	0.9	1852	2532
老挝	2.6	0.6	0.9	0.7	904	1394
柬埔寨	2.0	1.2	1.0	1.2	731	971

注：* 2009年社会保护指数改用百分比来展示；** 人均GDP按当时价格和汇率计算。

资料来源：Asian Development Bank，*The Social Protection Index：Assessing Results for Asia and the Pacific*，Mandaluyong City，Philippines：Asian Development Bank，2013，pp. 13-14；Asian Development Bank，*The Social Protection Indicator：Assessing Results for Asia*，Mandaluyong City，Philippines：Asian Development Bank，2016，p. 8。

2016年，亚洲开发银行出版了新版社会保护指数报告，基于2012年的数据，对更多的亚洲国家进行了研究。新版社会保护指数的计算方法有所变化，即不再用人均社会保护支出与国家贫困线（人均GDP的25%）相比，而是直接与人均GDP相比，并且用百分比的形式展示。[①] 从新版来看，社会保护指数更加直观，数据采集也更加充分，对一些国家（如新加坡）有所低估的情况也发生了改变。中国社会保护指数在亚洲国家中所处的位置提高1位，即超越了马来西亚。

重要的是，亚洲开发银行在其2013年社会保护指数报告中指出，除了日本、韩国、蒙古国和乌兹别克斯坦之外，亚洲国家在社会保护的深度和广度上都存在偏低的情形，即社会保护不足。所谓"社会保护深度"，是指实际受益者（非目标定位受益者）的人均受益金额；"社会保护广度"，是指实际受益者占目标定位受益者的比重。与此同时，亚洲开发银行报告指出，在亚洲国家社会保护体系中，以养老保险和医疗保险为主体的社会保险制度占据主导地位，而社会保险的主要受益群体是非贫困中产阶层人群。相对来说，亚洲国家社会保护体系中为贫困人群所提供的保护更加不

[①] Asian Development Bank，*The Social Protection Indicator：Assessing Results for Asia*，Asian Development Bank，2016.

足；换言之，面向贫困人群的社会救助在深度和广度上都严重不足。总体来说，亚洲国家，尤其是包括中国在内的进入中高收入行列的国家，未能使国家社会保护体系的发展跟上经济成长的步伐，其国家社会保护体系内部也存在结构不平衡的状况。[1]

在2016年的社会保护指数报告中，亚洲开发银行指出，亚洲只有少数国家为民众提供了较为适当的社会保护，其中日本和新加坡是优等生。至于乌兹别克斯坦等原苏联加盟国的社会保护指数相对较高，主要是其公共养老金体系覆盖面较广且保障水平较高。这是苏联体制的一笔遗产，其继承并不足以表明这些国家的社会保护体系完善度能与日本和新加坡相媲美。总体来说，社会保险主导社会保护体系的亚洲格局没有发生多大变化，但社会救助的地位略有提高，而劳动就业保障始终是亚洲国家社会保护体系中的短板。在社会保险中，养老保险的支出占比很高，但受益者覆盖面（12%）较小，而医疗保险的支出占比尽管不是最高，但受益者覆盖面（14%）高于养老保险。在社会救助中，儿童救助、一般性社会救助和医疗救助在社会保护受益者中的覆盖率名列前三，分别为18%、17%和10%。与此相对照，积极劳动力市场政策的覆盖面仅为4%。这份报告特别指出，中国和菲律宾的社会保护状况有所改善，主要是由社会医疗保险和社会养老保险覆盖面的拓宽所致。[2]

加强社会保护体系建设是亚洲开发银行在2008年提出的"亚太2020脱贫战略"的三大支柱之一，该战略认定社会保护的强化是推进包容性增强的首要贡献因子。[3] 从亚洲开发银行2013年和2016年社会保护指数报告来看，大多数亚洲国家社会保护体系的发展还任重道远，其中最为重要的是健全面向贫困人群的社会救助、社会扶贫项目，以及面向低收入者的积极劳动力市场政策。

尽管中国的社会保护体系，尤其是社会医疗保险在2009年以来得到了快速发展（参见第九章和第十章），但社会风险对于广大的城乡居民

---

[1] Asian Development Bank, *The Social Protection Index*: *Assessing Results for Asia and the Pacific*, Asian Development Bank, 2013, p. xix.

[2] Asian Development Bank, *The Social Protection Indicator*: *Assessing Results for Asia*, Asian Development Bank, 2016, pp. xiii – xiv.

[3] Asian Development Bank, *Strategy 2020*: *Working for an Asia and Pacific Free of Poverty*, Asian Development Bank, 2008.

来说依然居高不下。让我们仅以医疗费用的风险来说明这一问题。随着经济持续不断地发展，中国城乡居民的收入在过去的30多年里有了可观的增长。不计入通货膨胀的因素，2018年城乡居民家庭人均收入分别是1980年的82.2倍和76.4倍，然而2018年城乡居民医疗保健人均支出分别是1980年的215.3倍和213.8倍，都远远超过收入增长的幅度（见图5-1）。中国的基本医疗保障制度已经成形，人口覆盖率已经超过了95%，但是其保障水平并不高。对大多数参保者来说，其30%~40%的实际医疗费用还需要依赖于自付。[①] 这意味着，尽管中国在医疗保障制度建设方面取得了很大的成就，但是民众在医疗费用方面的社会风险依旧没有得到适当的分散。因此，如何提高社会医疗保险的保障水平，改善社会医疗保险的给付结构，依然是中国社会保护体系的重要工作内容。事实上，在社会保险制度方面，医疗保障体系的制度建设是相对比较完善的。与此同时，养老保险制度在民众那里造成的不确定感也比较强烈。由于对未来社会风险的担忧，中国居民消费不振也就是自然而然的结局。图5-2显示，以2018年同1980年相比，中国的人均国内生产总值（GDP）提升了137.1倍，但城乡居民人均消费水平分别只提升了67.7倍和73.7倍。

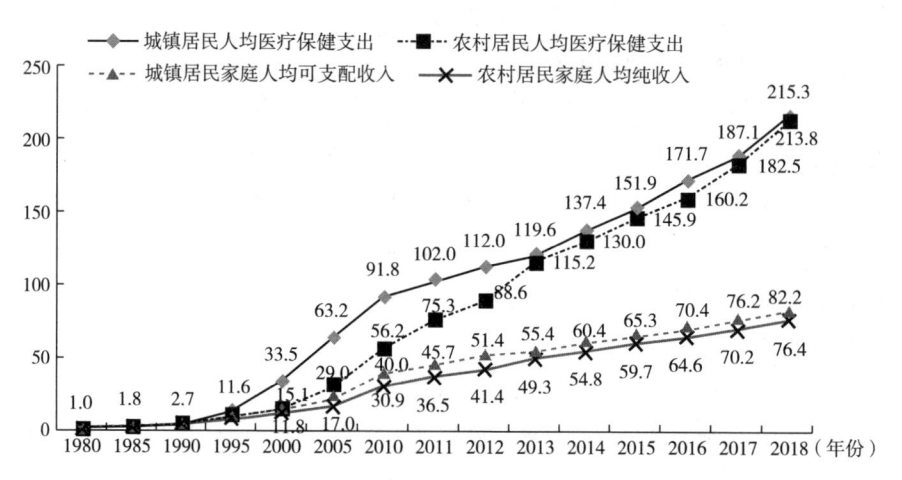

图5-1　1980~2018年中国城乡居民收入和医疗保障支出的增长指数

资料来源：国家统计局编《2012中国统计年鉴》，中国统计出版社，2012，第101、344、346、368、852页；国家统计局编《2019中国统计年鉴》，中国统计出版社，2019，第173、176页；国家卫生健康委员会编《2019中国卫生健康统计年鉴》，中国协和医科大学出版社，2019，第97、357页。

---

① 顾昕：《新医改的公益性路径》，云南教育出版社，2012，第38~39页。

第五章 从经济发展主义到社会发展主义：社会政策变革与中国发展模式转型

图 5-2 1980~2018 年城乡居民人均消费水平与人均国内生产总值的增长指数

资料来源：国家统计局编《2019 中国统计年鉴》，中国统计出版社，2019，第 56、173、176 页。

当然，就中国的社会保护体系而言，社会救助和社会扶贫事业在 21 世纪第二个 10 年内取得了长足的发展。自 2013 年以来，中国共产党和政府不仅将扶贫开发工作定为实现全面建成小康社会目标的重点工作之一，而且还就扶贫开发中市场力量和社会力量的参与提出了一系列新的设想。2013 年 12 月，中共中央办公厅、国务院办公厅发布《关于创新机制扎实推进农村扶贫开发工作的意见》，提出"创新社会参与机制"，建立和完善广泛动员社会各方力量参与扶贫开发的新制度。[①] 2015 年 11 月，中共中央、国务院颁布了《中共中央 国务院关于打赢脱贫攻坚战的决定》，提出要坚持政府主导、社会协同的原则，"构建专项扶贫、行业扶贫、社会扶贫互为补充的大扶贫格局"。[②] "大扶贫格局"设想的提出，意味着市场化组织和非营利组织作为重要的社会力量，理应在社会扶贫中拥有更大的空间。这意味着，中国社会保护体系的发展走向了多方主体共建共治共享的社会治理新方向。

---

① 《中共中央办公厅、国务院办公厅关于创新机制扎实推进农村扶贫开发工作的意见》（中办发〔2013〕25 号），2013 年 12 月 18 日，http：//www.gov.cn/gongbao/content/2014/content_2580976.htm。

② 《中共中央 国务院关于打赢脱贫攻坚战的决定》（中发〔2015〕34 号），2015 年 12 月 7 日，http：//www.gov.cn/zhengce/2015-12/07/content_5020963.htm。

二 福利国家建设与社会经济的可持续发展

谈起福利国家，很多奉哈耶克主义为圭臬的中外学者会露出鄙夷之色。在他们看来，福利国家的建设必定意味着国家官僚体系的膨胀，个人选择权与责任感的侵蚀，从而压碎市场机制运行的基石。近年来由南欧国家触发的欧债危机，似乎更加坐实了这一看法。在他们看来，福利国家应该最小化，而福利提供的责任则应该从国家转移到家庭、社群（社区）、市场和公民社会（慈善组织）。美国保守派智库卡托研究所出版的一部论著集中表达了这一主张。[①]

这样的看法并非全无根据。在福利国家发展的历史上，的确有一段时期，社会政策的实施呈现极强的行政化之势，以"命令与控制"为特征的公立官僚机构主宰着公共服务的筹资和提供。此种行政化的福利国家自然是对市场机制的损害。尽管中国的福利国家在建设上属于初级阶段，但行政化的情形在中国已经普遍存在。在推进中国医疗体制改革的过程中，有一种强烈的呼声发自体制内以及与之有千丝万缕关系的某些专家，即政府应该主导基本的医疗服务，要确立公立医疗机构在医疗服务体系中的主导地位，政府应该对公立医疗机构从筹资、支付、运行和评估等各个方面，实施全环节、全方位、全天候的管理。[②]

但值得深思的是，正如市场制度本身正处于持续不断的自我改革与完善之中，福利国家也是如此。自20世纪70年代受到石油危机冲击之后，福利国家在很多国家走上了自我改革与完善的道路。福利国家改革的内容林林总总，但大趋势之一就是在公共服务（例如医疗和教育）中引入一些精巧的市场机制，从而让民众在公共服务领域也能享受到"选择与竞争"带来的好处。[③] 与此同时，国家在福利筹资方面依然承担主导责任，从而

[①] Michael Tanner, *The End of Welfare: Fighting Poverty in the Civil Society*, The Cato Institute, 1996.

[②] 顾昕：《收支两条线：公立医疗机构的行政化之路》，《中国卫生经济》2008年第1期。

[③] 〔英〕朱利安·勒·格兰德：《另一只无形的手：通过选择与竞争提升公共服务》，韩波译，新华出版社，2010。

第五章　从经济发展主义到社会发展主义：社会政策变革与中国发展模式转型

在提升个人自由与责任的同时依然维持国民的公共福利水平。在中国医改领域，笔者始终不渝地反对以"命令与控制"模式主导医改，坚决在医改中走去行政化的道路，大力引入市场机制，即国家在筹资方面主导全民医疗保险的建设，然后通过医疗保险对医疗服务进行集团性购买，同时大力推进医疗服务体系走向多元竞争的格局。①

简言之，福利国家的发展完全可以与市场体制的良好运行并不相悖。正如马克思根本料想不到资本主义有了今天的发展一样，哈耶克也没有预想到福利国家有了脱胎换骨的改造。21世纪的哈耶克主义者，也应该与时俱进了。同以往人们将社会政策支出（social spending）视为纯粹消费的观念有所不同，当代社会经济史学家已经证明，一个国家社会政策支出的多少，尤其是其占GDP的比重，对该国整体的经济发展水平都有极大的促进作用。② 社会政策支出的扩大，或者说社会政策的发展，不再是只花钱、无效果的社会消费，而是一种"社会投资"（social investment）；这一投资的产物，就是"社会性基础设施"，其重要性不亚于实体基础设施的建设。③ 这是所谓"新社会民主主义"的核心理念，深刻影响了英国新工党和德国新社会民主党的社会政策。

其实，尽管对"福利国家"避之唯恐不及，中国的很多经济学家并不一味地反对政府强化社会政策。他们大力主张政府健全社会保障制度，并视之为改善中国收入分配不均衡的必定之策，视之为政府职能转型的必然之举，视之为中国经济社会发展模式转型的必由之路。但是，对于应对当前中国所面临的经济下行之局面，他们大多认为政府财政投资于"社会性基础设施"是远水解不了近渴。亦有学者提出，中国不仅要防范"中等收入陷阱"，而且还要防范"福利国家陷阱"，提醒政府不要"一味地为了讨好民众而承诺各种超出国家经济能力的福利措施"，否则"就有违经济发展的规律，最终可能拖垮经济"。④ 有很多政府官员和学者认为，福利国家建设弄不好会"养懒汉"，因此形成了"福利恐惧症""社会福利社会责

---

① 顾昕：《新医改的公益性路径》，云南教育出版社，2012。
② Peter H. Lindert, *Growing Public: Social Spending and Economic Growth since the Eighteenth Century*, Vol. I and II, Cambridge University Press, 2004.
③ 〔英〕安东尼·吉登斯：《第三条道路——社会民主主义的复兴》，郑戈译，北京大学出版社，2000。
④ 黄益平：《告别"中国奇迹"》，社会科学文献出版社，2012，第28~29页。

任论""社会福利可替代论"等流行的观念。① 更有甚者,明明中国在福利国家建设方面始终存在"低福利"和"负福利"并存的现象,距离所谓的"福利国家陷阱"有十万八千里,但有很多人包括著名的"左派"人士在内都时常痛斥福利国家的危害性。②

在有关中国发展模式转型的知识精英论说中,福利国家基本上是缺位的。令人感到啼笑皆非的是,不管其意识形态取向根源于何处,哪怕是新旧凯恩斯主义、新旧国家主义抑或新旧马克思主义,很多中国知识精英在谈到"福利国家"之时,却都会突然变脸,一下子变成了奥地利思想家米塞斯(Ludwig H. E. von Mises)和哈耶克(Friedrich A. von Hayek)的同道,要么彻底如米塞斯那样彻底否定福利国家,③ 要么如哈耶克那样基本上反对福利国家而仅在最低保障的意义上勉强承认福利国家的某些正面意义。④

很长一段时间,中国政府奉行经济发展主义的意识形态,即强调"发展是硬道理",将施政重心放在促进经济增长之上,甚至在一定程度上将政权合法性建基于政府的经济绩效。⑤ 尽管在社会建设或福利提供上并非无所作为,而且进入21世纪之后,中国政府在平衡经济发展和社会正义上付出了巨大努力,⑥ 尤其是各项社会保障制度的建设,正是不折不扣的福利国家建设。可是,在施政理念上,中国发展主义始终缺少社会发展主义的要素,而福利国家建设从未在发展战略的议程中占据核心位置,甚至连"福利国家"这个词也在公共政策的论说中或明或暗地成为一个忌讳词。

实际上,中国经济发展模式本身的转型都需要有社会政策的维度,即

---

① 郑功成:《中国社会福利的现状和发展取向》,《中国人民大学学报》2013年第2期。

② 秦晖:《福利的"高低""正负"与中国的转型》,《二十一世纪》(香港中文大学)总第139期(2013年10月)。

③ Ludwig von Mises, *Socialism: An Economic and Sociological Analysis*, 2nd edition, Yale University Press, 2010.

④ Andrew Farrant, Edward McPhail, "Supporters Are Wrong: Hayek Did Not Favor a Welfare State", *Challenge*, 55 (5), 2012.

⑤ 龙太江、王邦佐:《经济增长与合法性的"政绩困局"——兼论中国政治的合法性基础》,《复旦学报》(社会科学版) 2005年第3期;杨宏星、赵鼎新:《绩效合法性与中国经济奇迹》,《学海》2013年第3期。

⑥ Edward Gu and David Kelly, "Balancing Economic and Social Development: China's New Policy Initiatives for Combating Social Injustice," in Samir Radwan and Manuel Riesco (eds.), *The Changing Role of the State*, Cairo: The Economic Research Forum, 2007, pp. 201 – 224.

经济发展模式的转型有必要与社会发展的方向统筹起来加以考虑。中国社会发展的方向，根本不必讳言，就是重建一个适合中国经济社会发展水平的福利国家。或者，借用欧洲社会政策学者习惯的表达方式，建构一个"社会中国"。[①] 在这个过程中，中国社会政策研究界至少需要在如下三个领域使出洪荒之力，即发展型福利国家的可能性、社会发展主义的多元理念基础和福利国家治理模式的创新，亦即如何通过治理模式的创新使福利国家以增进市场、激活社会的方式运作起来，才能为重建中国福利国家创造必要的知识条件。

三 福利国家建设与经济社会发展的协同

福利国家是一个极易产生意见纷争的领域。三个在国内外都极为流行的观点与本章的主旨密切相关，有必要加以厘清，即：（1）福利国家是经济发展水平提高的副产品，换言之，注重经济发展应该放在政府施政的优先位置；（2）经济发展主义与社会发展主义是零和博弈的关系，即福利国家的建设只是一种社会财富的再分配，而再分配无助于经济发展；（3）国家与社会是零和博弈关系，福利国家的发展会挤压市场组织和社会组织的空间，从而不仅不利于经济发展，而且也不利于社会发展本身。

这三个观点相互关联，而第一个观点尤为根深蒂固，其产生的部分原因在于望文生义。很多人把"福利国家"理解为"有福利的国家"或社会福利水平较高的国家，诸如"新加坡已跨入'福利国家'的行列"之类的报道，就是在这种意义上使用"福利国家"这个词。[②] 但这种理解并非完全缘于望文生义，而是基于一种根深蒂固的认知，即只有在经济发展水平提高之后才谈得上福利国家建设；换言之，很多人认为福利国家是发达国家的专利。按照这种理解，中国自然谈不上"福利国家"，

[①] 岳经纶：《建构"社会中国"：中国社会政策的发展与挑战》，《探索与争鸣》2010年第10期；岳经纶：《中国社会政策的扩展与"社会中国"的前景》，《社会政策研究》2016年第1期（创刊号）。

[②] 木易：《新加坡已跨入"福利国家"的行列》，《国外社会科学》1995年第11期。

自然也就不存在"福利国家重建"的问题，顶多存在如何建设福利国家的问题。

"一个国家何时才能被称为福利国家呢？"[①] 要回答著名社会政策学者艾斯平-安德森提出的这个问题，取决于"福利国家"这个概念的定义。事实上，无论是在国际上还是在国内，人们在使用"福利国家"这个词的时候经常夹杂着自己的价值观。例如艾斯平-安德森自己所说，最为常见的、教科书式的"福利国家"定义，是指"国家对于其公民的某些基本的一点点福利负有保障责任"[②]。这一定义自然存在很大的含混之处，因为关于何为"基本"，不同时期、不同国度乃至不同社群都会有不同的看法。

其实，对于"福利国家"这个概念，完全可以有一种独立于各种价值观的界定。在此，"福利国家"是指一种国家形态，即对社会保护（social protection）或社会福利（social welfare）负有一定责任的政府；至于政府承担这一责任的边界和程度，则呈现变异性。按照这一理解，福利国家是普遍存在的，除非政府在社会保护上完全无所作为。即便是中华帝国，朝廷也在赈灾领域扮演积极的角色，因此可谓最低意义上的"福利国家"，至于荒政的好坏，即"中华帝国福利国家"的绩效，那是另外一个问题了。[③]

当然，在国际文献中，"福利国家"的起源一般公认为19世纪末期的德意志帝国，但其滥觞被追溯到英国的"济贫法传统"（the Poor Law tradition）。[④] 1597年，伊丽莎白王朝统治下的英国议会通过了《济贫法》（The Poor Law），正式建立了公共财政支持下的贫困救助体系。基本上，"济贫法传统"乃是把公共救助的对象限定在"老弱病残"，也就是完全无法通过自身的努力而生存的社会成员。[⑤] 然而，"福利国家"的正式出现和发展

---

① Gøsta Asping-Anderson, *The Three Worlds of Welfare Capitalism*, Princeton University Press, 1990, p. 18.
② Gøsta Asping-Anderson, *The Three Worlds of Welfare Capitalism*, Princeton University Press, 1990, pp. 18-19.
③ 〔法〕魏丕信：《18世纪中国的官僚制度与荒政》，徐建青译，江苏人民出版社，2003。
④ Larry Patriquin, *Agrarian Capitalism and Poor Relief in England, 1500-1860: Rethinking the Origins of the Welfare State*, Palgrave Macmillan, 2007.
⑤ Anthony Brundage, *The English Poor Laws, 1700-1930*, Palgrave, 2002.

第五章　从经济发展主义到社会发展主义：社会政策变革与中国发展模式转型

终结了济贫法传统：不仅是社会边缘群体，全体公民（甚至包括享有合法居住权的外国人）均有权成为国家福利的受益者。简言之，在福利国家中，享有社会保护成为每一个公民的社会权利。[1]

可是，社会权利的边界也具有很大的漂移性，这意味着"福利国家既随时也随地而有所不同"。[2] 因此，福利国家中的福利提供水平也会有高有低。当然，福利国家或社会保护体系发展到何种程度，取决于一个国家或地区的经济发展水平。而且，福利国家完全可以有不同的模式，最著名的分类当属艾斯平-安德森的三模式论，即自由主义型、法团主义型和社会民主主义型福利国家；[3] 后来，三模式论又被拓展为四模式甚至五模式论。[4] 这里特别值得注意的是，东亚地区的福利国家模式被界定为生产主义，其特色是社会政策附属于经济政策，福利国家服务于经济发展。[5] 这一模式与本节关注的发展主义社会政策密切相关。

进而，福利国家的建设也是一个永无止境的过程，政府、市场和社会在其中所扮演的角色，日益呈现多样化的格局，即便在发达国家也是如此。[6] 在20世纪70年代的石油危机之后，欧美福利国家的发展模式面临严峻的挑战，庞大的社会福利开支被视为经济发展的负担。于是，上述的第二种观点，即福利国家阻碍经济发展论，日益流行开来。这种观点在意识形态上根源于新自由主义和保守主义，各种抨击福利国家的论述风起云涌。在抨击者们看来，福利国家应该最小化，而福利提供的责任则应该从国家转移到家庭、社群（社区）、市场和公民社会（慈善组织）。[7] 长期以来，在人们的印象中，福利国家社会政策的实施，无非是财富的再分配，

---

[1] Hartley Dean, *Social Rights and Human Welfare*, 2nd revised edition, Routledge, 2015.
[2] Martin Powell, "Introduction," in Martin Powell (ed.), *New Labour, New Welfare State? The "Third Way" in British Social Policy*, Policy Press, 1999, p. 2.
[3] Gøsta Esping-Anderson, *The Three Worlds of Welfare Capitalism*, Princeton University Press, 1990.
[4] Wil Arts, John Gelissen, "Three Worlds of Welfare Capitalism or More? A State-of-the-Art Report", *Journal of European Social Policy*, 12 (2), 2002.
[5] Ian Holiday, "Productivist Welfare Capitalism: Social Policy in East Asia", *Political Studies*, 48 (4), 2000; Mason M. S. Kim, *Comparative Welfare Capitalism in East Asia: Productivist Model of Social Policy*, Palgrave Macmillan, 2015.
[6] Bob Hancké, *Debating Varieties of Capitalism: A Reader*, Oxford University Press, 2009.
[7] Michael Tanner, *The End of Welfare: Fighting Poverty in the Civil Society*, The Cato Institute, 1996.

对某些人群实施了过度的社会保护,并不能直接促进财富的增长。于是,20世纪最后20年,在西方发达国家的政策论说中,福利国家的收缩成为一时之选,即便是一向强烈捍卫福利国家的激进经济学家,也承认福利国家适度收缩的必要性;[1] 而在发展中国家,社会政策的发展障碍重重,更不必说福利国家的建设了。

然而,福利国家缩减真可谓雷声大雨点小。一个有趣的现象是,在新自由主义的冲击下,全球各地的福利国家,尤其是欧美的福利国家,都在福利国家缩减的呼声中经历了多维度的改革。[2] 可是,无论福利国家的改革走向何方,欧美发达国家的政府在社会政策上的支出,基本上没有下降。[3]

关于福利国家扩张和收缩究竟对经济增长会产生什么影响,国际学界开展了旷日持久的争论,也催生了大量经验性研究成果,但尚未得出具有共识性的结论。针对上述流行的福利国家阻碍经济发展论,很多经验研究成果提出了质疑。最响亮的质疑声莫过于美国社会经济史学家林德特(Peter H. Lindert)2004年出版的两卷本获奖巨著《增长中的公共部门》,此书通过分析详尽的历史数据和丰富的历史资料论证了一个具有冲击性的观点,即一个国家社会政策支出的水平(用其占GDP的比重来度量)对该国整体的经济发展水平有极大的积极作用。[4] 林德特此书所界定的"社会政策支出",仅由基于税收的政府支出(tax-based government spending)组成,不包括通过受益者本人及其雇主缴费而形成的支出,即不包括社会保险。[5]

至于社会保险或较为狭义的社会保障对经济的影响,也有一些实证研究的成果。两位意大利经济学家在1999年发表的一篇文章中建构了一个模型考察社会保障、公共投资与经济增长的关系,显示给付水平与工资水平

---

[1] Jacques H. Drèze and Edmond Malinvaud, "Growth and Employment: The Scope for a European Initiative", *European Economic Review*, 38 (3-4), 1994.
[2] Frances Fox Piven, "Neoliberalism and the Welfare State", *Journal of International and Comparative Social Policy*, 31 (1), 2015.
[3] Paul Pierson (ed.), *The New Politics of the Welfare State*, Oxford University Press, 2001.
[4] Peter H. Lindert, *Growing Public: Social Spending and Economic Growth since the Eighteenth Century*, Vol. I-II, Cambridge University Press, 2004.
[5] Peter H. Lindert, *Growing Public: Social Spending and Economic Growth since the Eighteenth Century*, Vol. I, Cambridge University Press, 2004, pp. 6-7.

第五章 从经济发展主义到社会发展主义：社会政策变革与中国发展模式转型

挂钩的养老金体系能为纳税人提供有利于增长的正向激励。① 次年，他们基于61个国家数据的分析发现，社会保障支出水平与经济增长的相关性本身在统计上并不总是显著的，但只要这种相关性出现，都是正相关，而且在社会保障体系相对不太发达的穷国，这种正相关更加显著；导致这种正相关性产生的机制，似乎在于社会保障对人力资本形成的正面影响。②

值得注意的是，有关福利国家与经济增长关系的研究，自变量多选用某种形式或类别的社会支出。然而，福利国家究竟是否构成经济增长的障碍，并不仅仅或者不主要取决于社会支出水平，而取决于福利国家中是否包含着不利于经济增长的激励结构。对这个问题，英国著名公共经济学家阿特金森（Anthony B. Atkinson）早在1995年发表的一篇论文中，就拨开了新自由主义和新保守主义话语所制造的重重迷雾。阿特金森指出，姑且不论福利国家在健康和教育领域的支出对人力资本增进的巨大作用进而对经济增长产生的正面影响，即便是饱受诟病的收入转移类社会支出，对于经济增长并不一定是障碍。关键在于福利国家中是否存在有损于经济增长的负激励结构，尤其是国家养老金计划是否会通过减少私人储蓄、压缩民间投资而不利于经济增长，以及这种不利影响，与私营养老金计划通过机构投资者对企业治理和成长的不利影响相比，是否更大。③

简言之，福利国家"养懒汉"，在国际上基本上是一种陈腐过时的论调，而"福利国家陷阱"在中国也完全是一种时空倒置的观察。关键在于，福利国家的施政，完全有可能不养懒汉，也不一定会形成福利国家陷阱。健全养老保障和发展医疗保障，都与"养懒汉"毫不相干。在有关社会政策的国际文献中，探究所谓"发展型社会政策"（developmental social policy）或"积极的社会政策"（active social policy），是近30年来的一个热点，其要旨是试图解决这一问题。

---

① Giorgio Bellettini, Carlotta Berti Ceroni, "Is Social Security Really Bad for Growth?" *Review of Economic Dynamics*, 2 (4), 1999.
② Giorgio Bellettini, Carlotta Berti Ceroni, "Social Security Expenditure and Economic Growth: an Empirical Assessment", *Research in Economics*, 54 (3), 2000.
③ Anthony B. Atkinson, "Is the Welfare State Necessarily an Obstacle to Economic Growth", *European Economic Review*, 39 (3-4), 1995.

四 发展型社会政策：社会发展与经济发展的协同

前文提及，20 世纪 70 年代的石油危机之后，西方发达国家福利国家的发展模式面临严峻的挑战，庞大的社会福利开支被视为经济发展的负担。在意识形态上，新自由主义兴起，各种抨击福利国家的论述风起云涌。长期以来，在人们的印象中，福利国家社会政策的实施，无非是财富的再分配，并不能直接促进财富的增长。毫无疑问，保护型的社会政策为新自由主义对社会政策的抨击提供了土壤。20 世纪最后 20 年，在西方发达国家，福利国家的收缩似乎成为大趋势。在发展中国家，社会政策的发展障碍重重。在这样的背景下，国际社会政策学术界兴起了从发展主义角度来研究社会政策的新思潮，主张社会政策绝非仅仅涉及财富的再分配，而且也可能通过各种方式来推动经济社会的发展。这种所谓的"发展型社会政策"着重于个人（尤其是社会弱势群体中的成员）、家庭、社区、民间组织和政府机构的能力建设，从而实现经济社会的协调发展。[①] 进而，关于发展型社会政策的研究成果逐渐转化为关于福利发展主义或发展型福利国家的论述。这一论述兴起的更大学术背景，在于发展政治学和发展社会学中的基础性思维方式从以往国家与市场、国家与社会的二元对立、零和博弈转变为相互增权、[②] 协同发展，[③] 并在此基础上兴起了发展主义或发展型政府的理论。

关于发展型社会政策，最早的论述可追溯到美国加利福尼亚大学伯克利分校梅志里（James Midgley）教授 1975 年出版的《社会发展：社会福利的发展型思路》一书。在此之前，社会政策文献中的经典性话题是所谓"剩余型"和"制度型"福利国家之争，而梅志里在此书中则提出发展主义的新思路，主张超越这一争论，把家庭、社区、民间组织甚至市场力量（即营利性组织）、国家的努力，整合到一个协同推进社会福利的新制度框

[①] Huck‐Ju Kwon, *Transforming the Developmental Welfare State in East Asia*, United Nations Research Institute for Social Development, 2005.

[②] Xu Wang, "Mutual Empowerment of State and Society: Its Nature, Conditions, Mechanism, and Limits", *Comparative Politics*, 31 (2), 1999.

[③] Peter Evans (ed.), *State‐society Synergy: Government and Social Capital in Development*, International and Area Studies, University of California at Berkeley, 1997.

第五章 从经济发展主义到社会发展主义：社会政策变革与中国发展模式转型

架之中，从而使社会政策与经济发展协调起来。[①] 1996 年，梅志里在一篇论文中正式提出了"发展型社会政策"的概念。[②]

2005 年，梅志里和哈尔（Anthony Hall）合著了《为了发展的社会政策》一书，系统总结了发展型社会政策的理念，即社会政策可以通过促进人的发展能力，提升人力资本，推动社会发展与经济发展的协同。[③] 2006 年，梅志里又发表了一篇论文，回顾了社会政策发展型模式（the developmental model of social policy）的学术史，并扼要阐述了发展型社会政策的理论和实践。[④]

《为了发展的社会政策》的中译本由笔者组织翻译并审校，在 2006 年出版时将书名意译为《发展型社会政策》，[⑤] 对发展型社会政策成为中国社会政策学界的热点起到了助推的作用。[⑥] 2011 年，梅志里教授在一次国际会议中也曾向笔者表示，将此书书名翻译成与 developmental social policy 同义的"发展型社会政策"，正合其意。

值得注意的是，梅志里等学者所提出的发展型社会政策的思路，主要针对的是发展中国家。在他们看来，经济发展水平尚不高、政府财力比较薄弱的发展中国家，不能盲目追寻发达国家福利国家建设的既有道路，而是必须探寻将经济发展与社会发展协调发展之路；甚至在某种意义上，社会政策固然不必为经济发展让路，但必须有助于经济发展。唯有如此，社会发展才能具有可持续性。这一点对中国来说自然意义重大，笔者在上述《发展型社会政策》一书中的"译者后记"中对此做出了如下评价：

> 社会发展或发展型社会政策的思路，超越了从扶危济贫甚至社会保护来看待社会政策的传统思路，着力探讨社会政策的发展型功能，

[①] James Midgley, *Social Development: The Developmental Perspective in Social Welfare*, Sage Publications, 1995.

[②] James Midgley, "Toward a Developmental Model of Social Policy: Relevance of the Third World Experience", *Journal of Sociology and Social Welfare*, 23 (1), 1996.

[③] Anthony Hall, James Midgley, *Social Policy for Development*, Sage Publications, 2005.

[④] James Midgley, "Developmental Social Policy: Theory and Practice", *Asian Journal of Social Policy*, 2 (1), 2006.

[⑤] 〔美〕安东尼·哈尔、詹姆斯·梅志里：《发展型社会政策》，罗敏、范西庆等译，顾昕审校，社会科学文献出版社，2006。

[⑥] 郁建兴、何子英：《走向社会政策时代：从发展主义到发展型社会政策体系建设》，《社会科学》2010 年第 7 期。

亦即社会政策如何能够为改善民众的可持续性生计做出积极的贡献，从而直接推动社会经济的协调发展。……本译著无论是其有关发展中国家社会政策的丰富内容，还是其内含的"发展型社会政策"的思路，都是当今中国所迫切需要了解和掌握的新知。①

但是，发展型社会政策的适用性绝不限于发展中国家，而是同样适用于发达国家，具有普适性。即便是在发达国家的福利国家建设中，也有发展型社会政策的要素，而且社会政策的发展主义传统是值得加以关注的宝贵经验。② 笔者在《发展型社会政策》一书的"译者后记"中也指出了这一点。实际上，就在梅志里致力于以发展中国家为背景构建发展型社会政策的理论框架的同时，国际社会政策学术界呈现了百花齐放的态势，多种理论同时孕育成长，为发展型社会政策的发展提供了肥沃的土壤。

这些理论如下。

◇ "社会投资"理论，把国家与社会的福利开支视为社会投资而非社会消费，不仅重视社会政策对于推进社会公平的作用，而且强调社会政策对于推进经济社会协调发展的作用。③

◇ 工作福利理论，强调以促进就业为中心的社会福利政策，推动福利的受益者参与劳动力市场。④

◇ 福利混合经济或福利多元主义理论，高度强调国家、社区、市场、家庭协同发挥作用。⑤

◇ 能促型国家（the enabling state）的理念，探讨了国家如何通过推动社区和非营利组织的能力建设，来实现发达国家福利国家的转型，从而一方面完善社会保护，另一方面可以推动社会经济的发展。⑥

---

① 〔美〕安东尼·哈尔、詹姆斯·梅志里：《发展型社会政策》，罗敏、范西庆等译，顾昕审校，社会科学文献出版社，2006，第402页。
② Espen Dahl, Jon Anders Drøpping, Ivar Løemel, "Norway: Relevance of the Social Development Model for Post-War Welfare Policy," *International Journal of Social Welfare*, 10 (4), 2001.
③ Ruth Lister, "The Third Way's Social Investment State," in Jane Lewis and Rebecca Surender (eds.), *Welfare State Change Towards a Third Way?*, Oxford University Press, pp. 157–181.
④ Desmond King, *Actively Seeking Work? The Politics of Unemployment and Welfare Policy in the United States and Great Britain*, The University of Chicago Press, 1995.
⑤ 〔英〕马丁·鲍威尔主编《理解福利混合经济》，钟晓慧译，北京大学出版社，2011。
⑥ Neil Gilbert, Barbara Gilbert, *The Enabling State: Modern Welfare Capitalism in America*, Oxford University Press, 1989.

第五章　从经济发展主义到社会发展主义：社会政策变革与中国发展模式转型

在以上的理论中，相当一部分发源于对西方发达国家福利改革的研究。其中最为显著的当属"社会投资"（social investment）理论，把国家与社会的福利开支视为社会投资而非社会消费，[①] 不仅重视社会政策对于推进社会公平的作用，而且强调社会政策对于推进经济社会协调发展的积极作用。[②] 按照这一理解，运转良好的福利国家是一种社会性基础设施（social infrastructure），同实体性基础设施（physical infrastructure）一样，都是一个国家和地区经济健康与可持续发展的保障。[③] 这一理论的兴起，超越了前述将福利国家视为纯粹社会消费和再分配的传统观点。

所有这一切都提示我们，福利国家建设的问题，对于中国来说，绝不应该成为一个可以回避的问题。事实上，中国正在建设一个福利国家。[④] 只不过，中国的福利国家建设，一方面与经济发展水平的提高不相适应，呈现为福利水平普遍较低的境况；另一方面在制度变革和制度建设方面进展缓慢，导致国家、市场和社会在福利筹资、福利提供和福利监管各领域的边界不清和职能错位，既损害了公平也不利于效率。因此，中国福利国家的改革与发展理应成为中国发展模式转型的题中应有之义。中国的福利国家建设，亟待摆脱既有的行政化藩篱，亟待创新治理模式，亟待走上一条让行政机制、市场机制和社群机制相互融合、相得益彰的新路。走向发展型福利国家（the developmental welfare state），是可行的选择。

五　走向社会发展主义：发展型福利国家的多元理论探讨

发展型福利国家的理念是由联合国社会发展研究所（United Nations

[①] James Midgley, "Growth, Redistribution, and Welfare: Toward Social Investment", *Social Service Review*, 73 (1), 1999.

[②] Ruth Lister, "The Third Way's Social Investment State," in Jane Lewis and Rebecca Surender (eds.), *Welfare State Change Towards a Third Way?* Oxford University Press, pp. 157–181.

[③] 〔英〕安东尼·吉登斯：《第三条道路——社会民主主义的复兴》，郑戈译，北京大学出版社，2000。

[④] 岳经纶、刘璐：《中国正在走向福利国家吗——国家意图、政策能力、社会压力三维分析》，《探索与争鸣》2016年第6期。

Research Institute for Social Development，UNRISD）组织的一个有关东亚社会政策的研究项目首先加以界定的。① 后来，这个项目的研究报告发展成为一部有影响力的论文集。②

发展型福利国家或福利发展主义（welfare developmentalism）的理念，植根于有关发展型国家或发展主义的文献中。在这里，发展主义是一种以促进经济发展为导向的政府施政理念和行动，其中产业政策的实施成为发展型国家的核心。③ 可是，发展型国家的发展政策不仅包括产业政策，而且包括社会政策，其社会政策的取向是强调福利的民间性来源、降低民众对国家的依赖、将社会公正的追求从属于经济效率的考量。④

简而言之，发展型福利国家的最大特色是将社会政策从属于经济发展的目标。具体来说，除了注重教育、医疗之外，东亚发展型福利国家在社会保护方面注重对产业工人的社会保险，同时将社会救助局限于剩余主义的框架之中，而对普惠性的社会福利敬而远之。但随着经济发展水平的提高以及经济全球化给民众带来的社会风险加深，东亚各个国家和地区在福利国家制度建设方面迈出了新的步伐，覆盖全体民众的新公共福利项目相继应运而生，尤其是全民健康保险和最低生活保障制度。

从一开始，社会政策学者是在贬义的基础上使用"发展型福利国家"或"福利发展主义"等字眼的，视之为社会政策发展滞后的集中体现。但是，随着福利体制中出现的新变化，东亚是否走出了福利发展主义，成为一个值得探索的课题。相关学者注意到，在欧美福利国家的发展中，有两个福利发展主义的主线特别值得关注：一是俾斯麦式福利国家理念，其本身就通过强调基于就业的社会保险而从属于工业化的发展

---

① Huck‑Ju Kwon, *Transforming the Developmental Welfare State in East Asia*, United Nations Research Institute for Social Development, 2005.
② Huck‑Ju Kwon (ed.), *Transforming the Developmental Welfare State in East Asia*, Palgrave Macmillan, 2005.
③ 顾昕：《发展主义的发展：政府主导型发展模式的理论探索》，《河北学刊》2014年第3期。
④ Roger Goodman, Gordon White, "Welfare Orientalism and the Search for an East Asian Welfare Model," in Roger Goodman, Gordon White and Huck‑Ju Kwon (eds.), *The East Asian Welfare Model: Welfare Orientalism and the State*, Routledge, 1998, p. 17.

第五章 从经济发展主义到社会发展主义：社会政策变革与中国发展模式转型

战略；二是自 20 世纪 30 年代就在斯堪的纳维亚半岛出现的积极劳动力市场政策，其宗旨是帮助民众提升参与劳动力市场的技能。前者在社会政策学界是众所周知的，而后者则是联合国的相关组织早在 20 世纪60~70 年代就加以推动的，而哈耶克主义的极力反对者、1974 年与哈耶克同获诺贝尔经济学奖的冈纳·缪尔达尔（Gunnar Myrdal）在此过程中发挥了举足轻重的作用。两种福利发展主义既有共同点也有相异点：共同点在于都具有生产主义取向，注重让社会政策发挥对经济发展的积极影响；相异点在于，俾斯麦式福利发展主义在社会投资上具有选择性，在福利提供上依赖于威权治理，而北欧福利发展主义在社会投资上具有普惠性，在福利提供上建基于民主治理。①

在发现福利发展主义实际上贯穿着福利国家的整个历史发展过程之后，国际文献对发展型福利国家的取向发生了微妙的变化。以往，北欧福利国家都作为福利体制的典范出现在众多崇尚社会民主主义的社会政策文献之中，其核心特征就是艾斯平-安德森所说的高水平的"劳动力去商品化"，即劳动力不依赖劳动力市场参与而获得收入的程度。但进入 21 世纪，北欧国家摇身一变，在社会政策文献中成为发展型福利国家的典范。2004 年，联合国社会发展研究所发表长篇报告，对斯堪的纳维亚福利国家中发展主义经验进行了总结，并推荐给发展中国家。简言之，作为北欧福利国家的核心特征，普惠主义不仅能为各种各样的个人和家庭提供平等且较为体面的生活条件，而且也能为民众参与社会经济生活创造有利的条件。② 当一个社会的成员不再为衣、食、住、行以及教育、医疗等基本需要而焦虑、狂躁的时候，他们的追求自然转向了社会经济生活的高效、丰富、多彩。

在有关社会政策的国际文献中，探究所谓"发展型福利国家"，或积极福利国家（active welfare state）③、"发展型社会政策"、"积极社会政策"

---

① Huck-Ju Kwon, "An Overview of the Study: The Developmental Welfare State and Policy Reforms in East Asia," in Huck-Ju Kwon (ed.), *Transforming the Developmental Welfare State in East Asia*, p. 7.
② Stein Kuhnle, Sven E. O. Hort, *The Developmental Welfare State in Scandinavia: Lessons for the Developing World*, United Nations Research Institute for Social Development (UNRISD), 2004.
③ Rik Van Berkel, Willibrord de Graaf, Tonás Sirovátka, *The Governance of Active Welfare States in Europe*, Palgrave Macmillan, 2011.

(active social policy)① 等，是近 30 年来的一个热点，正试图解决经济发展与社会发展如何相得益彰这一老问题。在这些理论中，相当一部分发源于对西方发达国家福利改革的研究。福利发展主义也吸纳了一些传统上一直被视为具有强烈新自由主义取向的社会政策理论，如工作福利（workfare）理论，强调以促进就业为中心的社会福利政策，推动福利的受益者参与劳动力市场；② 如福利混合经济（mix welfare economy）或福利多元主义（welfare pluralism）理论，高度强调国家、社区、市场、家庭协同发挥作用。③ 值得注意的是，发展型社会政策的研究依然方兴未艾，上述的理论迄今并没有得到充分的整合。这就为中国社会政策学者在中国福利国家改革与发展的实践中建立新的、完整的福利发展主义理论，开辟了空间。

在发达国家中，尽管各国政府的施政理念有所不同，但其共同点是将福利国家治理模式的改革纳入"积极社会政策"的框架。近年来，经济合作与发展组织着力推动这一治理创新。所谓"积极社会政策"，是指一种全新的政策理念，即将各种社会项目的重心，从保障民众免受风险转向其能力建设，并且以更好的方式利用其能力。将积极社会政策作为施政主轴的福利国家自然被称为"积极福利国家"，而那些将过去的消极社会政策转变为积极社会政策的改革举措，被称为"社会激活政策"（social activation policy）或"社会激活项目"（social activation programmes）。福利国家的这一改革取向，最终目标是召集并塑造"积极的公民"（the active citizenship），强化公民的责任感，通过积极参与和选择，将"消极的社会"改造为"积极的社会"。具体而言，在积极的福利国家中，福利体系应该重新定位，申领资格不能过于宽松，待遇不能过于慷慨，而且用旨在促进人们工作的积极措施替代消极的收入援助措施。④

理念的转变具有巨大的威力。随着发展型举措的不断增加和改善，社

---

① Thandika Mkandawire, *Social Policy in a Development Context*, Social Policy and Development Programme Paper No. 7, United Nations Research Institute for Social Development, June 2001.

② Desmond King, *Actively Seeking Work? The Politics of Unemployment and Welfare Policy in the United States and Great Britain*, The University of Chicago Press, 1995.

③ 〔英〕马丁·鲍威尔主编《理解福利混合经济》，钟晓慧译，北京大学出版社，2011。

④ OECD, *The Path to Full Employment: Structural Adjustments for an Active Society*, Organisation for Economic Co-operation and Development, 1989.

第五章 从经济发展主义到社会发展主义：社会政策变革与中国发展模式转型

会政策不再是消极的、保护型的措施，而成为推进社会公平和经济发展的一种积极的手段。较之传统的社会公正取向，福利国家的重建有了更加广泛的理论基础。至于积极的、发展型的社会政策林林总总，但归纳起来，主要有两方面：其一是加强医疗、教育和社会救助，从而强化福利领取者的人力资本，提高其参与劳动力市场和社会生活的能力；其二是通过鼓励性或者惩戒性措施，要求福利领取者接受工作培训、参加社区公益活动、参加非社区性志愿服务、为其创业提供财务和非财务支持（咨询、信息提供等）、为他们提供法律援助等。

积极社会政策其实并非全新的理念。前文已述，在此概念提出之前，有关积极劳动力市场政策（active labour market policy）的研究和实践早已行之有年，其宗旨是将劳动政策的重心从失业保护转为就业促进,[①] 而积极社会政策无非是积极劳动力市场的一种拓展，其宗旨是将社会福利政策从收入支持的提供转为工作能力的培养。积极社会政策的框架将原来两个略有不同但颇多重叠的研究与政策领域整合起来，从而形成了社会激活的努力不再限于有工作能力的失业者和就业政策，而是从就业政策扩展到儿童政策、弱势人群政策、老年人政策等。

福利发展主义也好，积极社会政策也罢，其兴起的制度性前提条件是政府转型，即国家治理模式的创新。福利国家本质上是一种对社会经济生活实施广泛干预的政府形态。为了达成社会经济生活的协调与发展，治理机制无非有三：行政机制、市场机制、社群机制。在发展政治学和发展社会学中，我们常常用国家—市场—社会的三角关系来概述这三种治理机制的关系。在新自由主义和新保守主义所批评的福利国家之中，行政机制无疑发挥着举足轻重甚至压倒性的作用，而国家对社会福利和公共服务从筹资、递送、评估到监管等各方面都大包大揽，自然会导致公共部门的日益膨胀和行政化，从而一方面对民间的社会经济生活空间形成挤压，另一方面对社会经济生活的高效、多样构成不利的影响。

有鉴于此，早在20世纪80年代，社会政策学界就兴起了能促型国家（the enabling state）的理念，探讨了国家如何通过推动社区和非营利组织

---

① 〔德〕冈特·施密德、杰奎琳·奥赖利、克劳斯·朔曼等：《劳动力市场政策国际评估手册》，杨伟国、陈华娟等译，中国人民大学出版社，2014。

的能力建设，来实现发达国家中福利国家的转型和治理创新，从而一方面完善社会保护，另一方面可以推动社会经济的发展。① 能促型国家的理念很快就进入了美国智库的视野。美国民主党智库进步政策研究院（Progressive Policy Institute）在为克林顿政府出谋划策时提出：

> 新任政府必须以一种崭新的能促型策略取代社会福利。尽管福利国家的建立是以收入保障为目标，但一个能促型政府的建立则要以工作和个人增权为目标。首先，它应该帮助美国穷人发展挣脱贫困和依赖的能力，而且应该直截了当，一有可能就要避开政府官僚机构和服务提供者，将责任和资源直接交到我们要帮助的人的手中。②

能促型国家的理念旨在颠覆传统的行政化福利国家理念，其具体内容包括三大理念性变革。

第一，社会福利或公共服务的供给侧从政府转向民间。在行政化的福利国家模式中，福利提供者大多是公立组织。支撑这一做法的观念来源于某种对公共物品理论的僵化理解，即认为社会公益事业属于公共物品，而市场在提供公共物品方面会产生失灵，因此公共物品应该由政府提供。在社会主义国家的福利模式中，民间的福利组织甚至根本不存在。一旦政府决定为全社会提供某种社会福利，那么接下来的做法一定是铺摊子、设编制、建事业单位。

同行政化的福利国家相比，能促型国家采取某种市场化的路径从事社会福利。最为显著的区别在于，能促型国家拥抱"民间提供服务而国家出钱买单"的理念。事实上，自20世纪70年代之后，在发达国家，出现了社会服务和福利民营化的新趋势，学者们把这一趋势称为"公共产品的民间提供"（private provision of public goods），从而打破了由于市场失灵公共物品只能由国家来提供的传统观念。③

第二，从国家直接拨款支持向国家间接支出转型。在能促型国家的实

---

① Neil Gilbert, Barbara Gilbert, *The Enabling State: Modern Welfare Capitalism in America*, Oxford University Press, 1989.
② Will Marshall, Martin Schram, *Mandate for Change*, Berkley Books, 1993, p. 228.
③ Roger L. Kemp (ed.), *Privatization: The Provision of Public Services by the Private Sector*, McFarland & Company, Inc., Publishers, 1991.

第五章　从经济发展主义到社会发展主义：社会政策变革与中国发展模式转型

践中，国家的职能不再是直接为公众提供社会福利的服务，但也并非撒手不管，而是通过各种直接或间接的方式，为提供这种服务的民间组织提供支持，其中主要是财政支持。支持的方式多种多样，最为常见的方式包括：通过竞标把福利服务的合同外包给民间组织；直接向救济领取者发放现金或者代金券，让他们自行选择心仪的服务提供者；为购买社会福利服务的个人和家庭提供税务优惠。

国家退出社会福利提供领域但又致力于促进民间非营利服务提供者的能力建设，其主要政策考量是为了增强社会福利服务的竞争性和多样性，减少原来公共机构提供所带来的垄断性和官僚化的弊病，从而更好地为福利的受益人服务。[1]

第三，从保护劳工向保护工作转型。国家逐渐减少普惠性的社会福利，而是采取种种目标定位的方法，把福利递送给最有需要的人，[2] 或者在普惠主义模式中增加福利给付的条件，附设激励劳动力市场参与的奖惩条件。总而言之，劳动力非商品化的趋势逆转，出现了所谓的"劳动力再商品化"。[3]

除此之外，能促型福利国家（enabling welfare state）还在其他若干方面与传统的行政化福利国家（bureaucratic welfare state）有所差别（见表5-2）。限于篇幅，本章不再详述。从表5-2可见，除了理念转型和政策变化之外，政策工具的更新也是福利国家治理变革的一环，更多的可以引入选择与竞争因素的市场化政策工具，如代金券，得以发展起来。不仅如此，有关社会政策治理的研究还将重点从政策项目的设立转移到政策工具的选择，不同政策工具的选择体现了治理方式的不同。从这个角度来看，即便确定了项目，采用何种政策工具来实施项目也并非无关宏旨。关于政策工具的研究，也已经从传统的政策执行研究领域提升到治理转型的新研究领域。[4]

---

[1] Neil Gilbert, *Transformation of the Welfare State: The Silent Surrender of Public Responsibility*, Oxford University Press, 2002, pp.44-45.

[2] 〔美〕尼尔·吉尔伯特编《社会福利的目标定位——全球发展趋势与展望》，郑秉文译，中国劳动社会保障出版社，2004。

[3] Neil Gilbert, *Transformation of the Welfare State: The Silent Surrender of Public Responsibility*, Oxford University Press, 2002, pp.44, 46, 86-89.

[4] 〔美〕莱斯特·M.萨拉蒙：《政府工具：新治理指南》，肖娜译，北京大学出版社，2016。

表5-2 行政化福利国家与能促型福利国家的比较

行政化福利国家	能促型福利国家
扩大社会权利	权利与义务相结合
直接支出为主	提高间接支出的比重
福利品以服务为主要形式	福利品以现金或代金券为主要形式
由政府机构提供	由私人或非政府机构提供
政策侧重个人	政策注重家庭
福利津贴用于消费	福利津贴用于投资
减少经济不平等	恢复社会公平

资料来源：Neil Gilbert, *Welfare Justice*: *Restoring Social Equity*, New Haven: Yale University Press, 1995, p.52。

六 结语：福利国家的治理创新

中国正进入一个新的发展时期。以经济发展主义为导向的政府主导型发展模式，已经不可持续，中国经济发展模式的转型势在必行，供给侧改革的重要性日益凸显。然而，供给侧改革不可能包打天下，中国的发展也需要需求侧改革，即重建福利国家。作为社会性基础设施，福利国家是市场经济体系正常运转的制度性保障。就中国而言，社会政策的变革，对于中国经济的"稳增长"和发展模式的转型来说，并不一定都是远水。关键在于如何选择社会政策变革的路径，使之一方面能有效地帮助民众分散社会风险，另一方面又能同市场机制的运行并行不悖。

在当今中国社会经济发展模式大转型的时代，福利国家在很多人的心目中依然是一个忌讳，这一方面是出于对福利国家的误解，另一方面是忌惮于行政化、官僚化福利国家对社会经济生活所产生的负激励。但是，行政化并非福利国家的本质特征，市场机制和社群机制也可以在福利国家的建设中发挥积极作用。福利国家建设并不一定与市场化建设相悖，也不一定会有损于市场运行的效率，这一点同样适用于社会。正如市场机制本身有多样性一样，福利国家的制度结构也有多样性。实施"积极的社会政策"，建设一个发展型福利国家，使之成为市场机制运行的社会性基础设施，是中国经济发展模式转型的社会基础。

第五章　从经济发展主义到社会发展主义：社会政策变革与中国发展模式转型

"积极社会政策"有很多形式，"发展型福利国家"也有很多发展模式。中国经济发展模式的转型能否成功，关键在于我们能否在福利国家建设上抛弃陈腐的理念，从社会发展主义的新视角，重新探索社会经济协调发展的新路径。

长期以来，中国在社会政策的变革与发展方面始终陷入一种零敲碎打的局面，缺乏一个持续有力的、一以贯之的、协调平衡的福利国家发展战略，这也是中国经济发展模式转型不力的一个重要原因。[①] 唯有清醒地认识到这一点，才能有效地推进必要的社会经济改革。简言之，如果能将增进市场、激活社会、创新政府，亦即在市场机制、社群机制和行政机制如何相得益彰上做文章，福利国家的建设才能走上健康发展之路。正是在这一点上，中国的社会政策学者任重而道远。

[①] 吴木銮、计巍巍：《中国有没有可能实现发展转型？》，《二十一世纪》总第 139 期（2013 年 10 月）。

第六章 中国社会政策支出的增长与公共财政的结构性转型[*]

一 引言：市场转型与社会政策支出

改革开放以来，伴随着市场转型的逐步深入，中国在经济发展上取得了巨大成就，但社会发展则相对滞后。进入 21 世纪，中国政府的发展战略逐渐从以经济建设为中心的一元模式转变为推进社会与经济协调发展的二元模式。[①] 随着新发展战略的确定，中国公共财政的运行在结构上发生了一定的转型，其突出表现之一就是公共财政在民生领域或国际上通称的社会领域（social sectors）中增加了投入，从而对社会发展的推进发挥了积极而有效的作用。

在国际学术界，无论是在公共财政还是在社会政策研究中，在民生或社会领域的公共支出属于所谓 "社会支出"（social spending or social expenditure）。在国际比较语境中，本章沿用 "社会支出" 这一术语，而在中国政策语境中，改称 "社会政策支出"。20 世纪中后期，世界各国公共支出的绝对水平及其占国内生产总值（GDP）的比重都提高了，其主要根

---

[*] 本章的较早版本，参见顾昕、孟天广《中国社会政策支出增长与公共财政结构性转型》，《广东社会科学》2015 年第 6 期。收入本书后，数据有所更新，论述有所充实。

[①] 参见 Edward Gu, David Kelly, "Balancing Economic and Social Development: China's New Policy Initiatives for Combating Social Injustice," in Samir Radwan and Manuel Riesco (eds.), *The Changing Role of the State*, The Economic Research Forum, 2007, pp. 201–224.

第六章 中国社会政策支出的增长与公共财政的结构性转型

源在于社会支出的总量和比重都大幅度提高。[①]

然而，长期以来，中国公共财政（尤其是其中的政府财政预算）支出的结构偏向于经济建设和行政管理，而在社会领域中的支出总量比较小，比重也比较低。根据经济合作与发展组织（OECD）的一份研究报告，中国财政支出在2004年以前的主要流向是有形资本而不是人力资本和社会发展项目。[②] 实际上，在2004年以后的10年间，这种局面已经有所改变，用于经济事务的支出比重大幅度下降，用于社会与公共服务的支出有所增加，但用于行政管理和其他事务的支出依然有较快的增长。总体来说，中国的政府财政正在发生转型，但是与一个以支持社会发展与公共服务为主的公共财政还有一定的距离。[③] 正是由于公共财政在社会领域的支出比重不高，在中国公共财政和统计的文献中，几乎没有"社会支出"这个概念，而不少学者为了翻译国际文献中 social spending 这个非常常用的词时，不得已还使用了诸如"社会政策支出"或"社会事业支出"这样的概念。[④]

公共财政的转型，尤其是公共财政在诸如教育、医疗卫生、社会保障等社会领域中发挥积极而有效的作用，对于中国市场经济的可持续发展，具有重大的意义。20世纪最杰出的经济史学家卡尔·波兰尼曾经指出，市场经济制度的构建是由两大截然相反的力量所推动的：其一当然是市场力量的释放；其二则是社会保护体系的构建。[⑤] 市场经济体系与社会保护体系的双向发展，正是西方发达国家社会经济可持续发展的秘密。在这里，我们可以把波兰尼笔下的"社会保护"拓展为"社会发展事业"，从而不限于社会保障，而是把教育、医疗、住房等促进民生的各种社会领域都包括进来。简言之，社会政策的目的是促进社会经济的协调发展，社会政策也是社会经济协调发展所不可或

---

① 〔美〕维托·坦齐、〔德〕卢德格尔·舒克内希特：《20世纪的公共支出》，胡家勇译，商务印书馆，2005，第24~58页。
② OECD：《中国公共支出面临的挑战：通向更有效和公平之路》，清华大学出版社，2006，第32页。
③ 参见吕炜《我们离公共财政有多远》，经济科学出版社，2005。
④ 例如，中国发展研究基金会：《公共预算读本》，中国发展出版社，2008，第141~152页。
⑤ Karl Polanyi, *The Great Transformation: The Political and Economic Origins of Our Time*, Beacon Press, 1965.

缺的。[1]

　　社会发展离不开政府承担积极责任，尤其在筹资上承担主要责任。公共财政中的社会支出是推进社会政策、提供基本公共服务的支柱，因此在西方国家，社会支出成为福利国家和社会政策学者的主要研究对象。社会支出被认为具有重要的社会经济和政治功能：一方面，社会支出的规模和流向本身是国家和社会解决社会问题的核心制度；另一方面，社会支出也在维护社会稳定、保障公民权利、促进社会公平和经济发展上发挥了重要功能。可是，关于社会支出的研究在中国尚未得到充分关注。为了推进这一研究领域的拓展，本章试图考察一个最为基本的问题，即通过共时态的国际比较来确定中国社会政策支出的水平和结构，并通过历时态的数据呈现出其演变趋势。第七章将分析中国社会政策支出的筹资模式及其公平性和激励效应，第八章将分析中国社会政策支出的配置机制与流向结构。至于很多更加深层的问题，例如中国社会政策支出增长的社会经济政治动力、其地区不均等性的格局[2]、其地区非均等化的影响因素[3]、其对社会经济发展的影响以及分部类（例如医疗、教育、养老、失业保障与就业促进、社会救助等）的情况，暂不在本书的考察范围之内。

二 "社会政策支出"的界定及其国际可比较性问题

　　然而，即便是本章所试图开展的基础性考察也并非看起来那样简单。困难的来源有二：一是国际性的，即国际学术界对社会支出的定义存在分歧，因此造成国际比较的困难；二是国内性的，即由于公共财政透明性不

---

[1] 关于这一点的详细论述，参见〔美〕安东尼·哈尔、詹姆斯·梅志里《发展型社会政策》，罗敏等译，社会科学文献出版社，2006；〔美〕詹姆斯·米奇利（James Midgley）《社会发展：社会福利视角下的发展观》，苗正民译，格致出版社，2009。梅志里是詹姆斯·米奇利的汉名。

[2] 孟天广、顾昕：《转型期中国社会政策支出的省际均等化：1998—2008 年》，《行政论坛》2012 年第 3 期。

[3] 孟天广、孔令英、顾昕：《地级市财政性社会政策支出的不均等及其分解》，《中国行政管理》2013 年第 1 期。

第六章 中国社会政策支出的增长与公共财政的结构性转型

足等因素,中国公开的财政统计数据缺乏必要的细类划分,很多社会支出类的数据与非社会支出类数据加总在一起,无法单独加以分析。

首先,我们讨论社会支出的定义以及国际比较的问题。

在国际上,尽管关于社会支出的研究已成为显学,但对这一术语的界定仍然存在一定的争议。一般来说,所有福利国家的支出都属于社会支出。依照巴尔(Nicholas Barr)的界定,福利国家的支出范围应包括现金给付(例如养老金、失业给付和社会救助等)和非现金给付(例如医疗保健、教育及住房)。[1] 因此,绝大多数学者将公共财政花费在教育、医疗、养老金、失业津贴和包括残疾人、病人、孕妇、提前退休、工伤和职业病、家庭津贴、公共住房和个人社会服务(例如儿童照顾、老年看护等)等社会政策项目上的支出,都称作为社会支出。[2]

上述定义看起来简单明了,但事情并不是如此简单。有些学者认为上述界定太泛,倾向于收窄社会支出的范围,而另一些学者则恰恰相反,认为社会支出的外延还应该扩大。前一类学者中的代表人物是美国社会经济史学家林德特(Peter H. Lindert),他关于社会支出的两卷本巨著《增长中的公共部门》曾获得美国社会科学史协会(Social Science History Association)2005 年最佳社会科学史专著艾兰·沙林(Allan Sharlin)奖,以及美国经济史协会(Economic History Association)2003~2004 年度欧洲经济史研究最佳专著捷尔吉·兰基(Gyorgy Ranki)奖,[3] 可谓声名显赫。同以往人们将社会支出视为纯粹消费的观念有所不同,这部鸿篇巨作试图用数据证明一个具有冲击性的观点,即一个国家社会支出的水平(用其占 GDP 的比重来度量),对该国整体的经济发展水平有极大的促进作用。然而,林德特所界定的"社会政策支出",仅由基于税收的政府支出(tax-based government spending)组成,不包括通过受益者

---

[1] 〔英〕尼古拉斯·巴尔:《福利国家经济学》,邹明珊等译,中国劳动社会保障出版社,2003,第 117 页。

[2] Howard Glennerster, John Hills (eds.), *The State of Welfare: The Economics of Social Spending*, 2nd edition, Oxford University Press, 1998;〔美〕维托·坦齐、〔德〕卢德格尔·舒克内希特:《20 世纪的公共支出》,胡家勇译,商务印书馆,2005,第 42~58 页。

[3] Peter H. Lindert, *Growing Public: Social Spending and Economic Growth since the Eighteenth Century*, Vol. Ⅰ-Ⅱ, Cambridge University Press, 2004.

本人及其雇主缴费而形成的支出。① 简言之，社会保险支出并不包含在林德特界定的"社会政策支出"范畴之中。实际上，这种情形在中国也存在，例如在医疗卫生领域，当人们在谈论政府是否应该增加投入时，大多有意无意地将所谓"政府投入"理解为政府财政预算投入，而忽略社会医疗保险的支出。②

然而，这种狭义界定在学术上不利于对不同类型的福利国家进行比较。著名的社会政策学者艾斯平－安德森在其享誉士林的《福利资本主义的三个世界》一书中提出了福利制度的三种类型，即英美的自由主义模式、德法的法团主义模式（或社会市场模式）和北欧的社会民主主义模式。③ 任何一种类型福利体制中都存在社会保险，其中法团主义模式更以社会保险作为福利体制的主要支柱。如果不将社会保险支出纳入"社会政策支出"，那么在国际比较中无疑会极大地低估法团主义型福利国家中社会支出的水平及其影响。从另一个角度来看，在国际学术界，所谓"公共财政"包括公共部门的所有支出，既包括政府财政预算支出，也包括社会保险支出。由于社会保险具有强制性并且多由公共部门负责筹资和服务递送，因此，社会保险开支普遍被视为公共开支的一个组成部分。关于这一点，不必举出更多例证，只须参考任何一部公共财政或公共经济学的教科书即可。④ "社会政策支出"既然是"公共开支"或"公共财政"的一个组成部分，那就应该包括社会保险支出。事实上，学术界关于福利国家及其社会支出的国际比较研究，尤其是涉及西欧国家时，大多将社会保险纳入分析的范围，因为在这些国家社会保险都相当发达。⑤

在上述后一类倾向于扩大"社会政策支出"界定范围的国际学者当中，还存在两种论述。

---

① Peter H. Lindert, *Growing Public: Social Spending and Economic Growth since the Eighteenth Century*, Vol. I, Cambridge University Press, 2004, pp. 6 – 7.
② 顾昕：《公共财政转型与政府卫生筹资责任的回归》，《中国社会科学》2010 年第 2 期。
③ Gøsta Esping – Anderson, *The Three Worlds of Welfare Capitalism*, Princeton University Press, 1990, pp. 26 – 29.
④ 〔美〕哈维·S. 罗森：《财政学》（第六版），郭庆旺、赵志耘译，中国人民大学出版社，2003。
⑤ 例如，Pierre Pestieau, *Welfare State in the European Union: Economic and Social Perspectives*, Oxford University Press, 2006。

其一是将政府对社会项目（social programs）的税务优惠或减免包括进来。美国学者霍华德（Christopher Howard）于1999年出版了《隐藏的福利国家》一书，将这些税务优惠称为"税务支出"（tax expenditures），并且发现税务支出在美国的福利筹资中扮演着举足轻重的角色。[1] 这本论著纠正了国际社会政策学界对美国福利国家不发达的刻板印象，因此成为社会支出研究领域的名作。此后，税务支出作为"社会支出"的一个组成部分，成为国际社会政策学者的研究对象之一。[2] 进入21世纪，世界银行一直致力于搜集各国的数据，将税务支出纳入政府支出。[3] 当然，由于不少国家的税务减免的数据难以获得，也由于不同国家税收制度不同，因此将税务支出纳入国际比较研究的范围存在一定的难度。值得注意的是，税务支出在中国一向不发达，但自2019年开始，纳税人在报税时可以选择申报免税或减税项目，因此，可以预计，税务支出将在此后逐年增多。目前来看，税务支出对于中国的社会政策来说作用并不明显，而且有关税务支出的数据也没有系统性的搜集和公开。

其二是认为上述所有对"社会支出"的界定没有把私人部门和慈善机构在社会发展或民生领域中的贡献包括进来，忽视了公民社会的作用，因此不是完整意义的"社会支出"。其代表人物是美国经济学家兰普曼（Robert J. Lampman），他早在1984年就提出以所谓"次级消费者收入"（secondary consumer income, SCI）的概念来替代所谓"社会福利支出"（social welfare spending）。"次级消费者收入"有两层含义：一是不同于由市场原则支配的初级（primary）和生产者（producer）收入，次级消费者收入来自"给予"而不是商品或服务的互惠性交易；二是这种收入用于促进家庭内消费而不是企业部门的生产，也不同于国防、法律和秩序等公共产品。在这里，"次级消费者收入"不只限于政府财政支出和社会保

---

[1] Christopher Howard, *The Hidden Welfare State: Tax Expenditures and Social Policy in the United States*, Princeton University Press, 1999.

[2] Rune Ervik, *The Hidden Welfare State in Comparative: Tax Expenditures and Social Policy in Different Welfare Models*, VDM Verlag, 2009.

[3] Hana Polackova Brixi, Christian Valenduc, Zhicheng Li Swift (eds.), *Tax Expenditures—Shedding Light on Government Spending Through the Tax System: Lessons from Developed and Transition Economies*, The World Bank, 2004.

险支出，还包括民间慈善支出和家庭间馈赠。① 值得注意的是，兰普曼关注的是国家与社会在社会领域中的全部支出，这同现有"社会支出"概念下对公共财政在社会领域的支出有所不同。尽管公民社会和家庭在社会领域的支出愈来愈受到社会政策学界的重视，而且公共支出与民间支出在现实中已有边界模糊之处，但出于分析的目的，区分公共支出与民间支出还是有必要的。因此，全扩性的"社会福利支出"概念后来在学界并未流行开来，也并未同作为公共支出组成部分之一的"社会支出"概念等同起来。

出于对国际比较便利性的考虑，并沿袭大多数国际文献的考察方式，本章并不采纳扩大"社会支出"界定范围的研究思路，而是将公共财政意义中的"中国社会政策支出"界定为政府财政在教育、医疗卫生、社会保障和就业、保障性住房的预算内和预算外开支的总和，再加上各类社会保险基金的支出。这样做也是出于数据可得性的考虑。政府财政在教育领域中的预算内和预算外支出，在中国的教育经费统计体系中被称为"国家财政性教育经费"，载于历年的《中国统计年鉴》中。关于医疗卫生、各类社会福利服务（即民政工作）、社会保障和就业促进的预算内开支数据，以及各类社会保险基金收入与支出的数据，均可在《中国统计年鉴》、《中国卫生健康统计年鉴》、《中国劳动统计年鉴》、《中国教育经费统计年鉴》和《中国民政统计年鉴》中找到。至于不属于公共支出范畴的"社会福利范畴"，包括个人慈善、公司慈善以及民营非营利组织的项目支出等，相关的数据既不齐整也不具有公开性。

值得注意的是，这里给出的"中国社会政策支出"界定仅仅是一个"工作定义"，目的是在现有数据可获得性的基础上方便有关研究的起步。如此界定的"中国社会政策支出"存在低估，低估的来源有二：一是住房领域的公共支出并没有全部包括进来，在这一领域，国家行政机构和国有企事业单位在住房福利中的潜藏支出规模巨大，但由于缺乏可靠的、系统性的数据，本章无法加以分析；二是城镇居民基本医疗保险和新型农村合作医疗是两个重要的公共医疗保险项目，其筹资来源由居民缴费和财政补

---

① Robert J. Lampman, *Social Welfare Spending: Accounting for Changes from 1950 to 1978*, Academic Press, 1984, pp. 10 – 11.

贴组成，其中财政补贴部分已经计入医疗卫生的财政支出之中，但居民缴费未能纳入本章工作定义的范围，这主要是因为这部分数据一来尚不可获得，二来其比重极低，即便忽略不计，对整体社会支出估算所得出的定性结论也不会产生实质性影响。

如果公共预算和社会保险数据的透明性能够在政务公开的改革中进一步增强，那么关于中国社会政策支出的研究将获得进一步的发展。这对于中国政府以科学有效的方式制定恰当的社会政策，从而促进经济与社会的协调发展，无疑是有益的。当然，这是本章的一句题外话。

三 中国社会政策支出总水平的历史变迁

依照上文给出的工作定义，我们首先对中国社会政策支出的总规模进行历时态分析。由于在1990年前有关教育、医疗卫生等类别的财政支出同其他类别（例如科技）混在一起（归总为"教科文卫"这一大类别），"社会政策支出"的系统性数据难以拆分出来，因此本章以1990年为起点，对中国社会政策支出的总水平及其变化进行分析。在表6-1中，我们给出1990~2018年中国社会政策支出的分项金额和总金额。数据显示，在这近30年间，中国社会政策支出的总水平大幅度提高，从1990年的984.1亿元猛增至2018年的150177.7亿元，是1990年水平的152.6倍。与之相对照，中国的国内生产总值（GDP）在1990年和2018年分别为18872.9亿元和900309.5亿元，[①] 后者是前者的47.7倍。

图6-1将中国社会政策支出总额同GDP的水平进行比较。由此可以看出，自1995年以来，中国社会政策支出的绝对水平和相对水平都有了大幅度的提高。中国社会政策支出，自可拆分数据可获得的1990年开始，呈现出四个阶段的不同变化趋势。

第一阶段，自1990年大踏步进入市场转型以来，中国社会政策支出的相对水平（以其占GDP的比重来衡量）首先出现了下降，从1990年占GDP的

---

① 国家统计局编《中国统计年鉴2019》，中国统计出版社，2019，第56页。

表6-1 1990~2018年中国社会政策支出的总水平

单位：亿元

年份	社会政策支出总额	财政性教育支出	财政医疗卫生支出	财政社会保障与就业支出	财政住房保障支出	财政民政事业费支出	城镇养老保险	城镇失业保险	城镇基本医疗保险	城镇工伤保险	城镇生育保险
1990	984.1	590.0	187.3	55.0	—	51.9	149.3	2.5	—	—	—
1991	1065.5	618.0	204.1	67.3	—	62.5	173.1	3.0	—	—	—
1992	1187.0	564.9	228.6	66.5	—	63.7	321.9	5.1	—	—	—
1993	1506.0	676.6	272.1	75.3	—	69.9	470.6	9.3	1.3	0.4	0.5
1994	2048.5	931.1	342.3	95.1	—	87.0	661.1	14.2	2.9	0.9	0.8
1995	2472.9	1092.9	387.3	115.5	—	103.5	847.6	18.9	7.3	1.8	1.6
1996	3014.8	1288.1	461.6	182.7	—	121.2	1031.9	27.3	16.2	3.7	3.3
1997	3632.4	1441.3	523.6	328.4	—	133.5	1251.3	36.3	40.5	6.1	4.9
1998	4476.5	1654.0	590.1	595.6	—	161.8	1511.6	56.1	53.3	9.0	6.8
1999	5857.9	1911.4	641.0	1197.4	—	194.7	1924.9	91.6	69.1	15.4	7.1
2000	6804.4	2191.8	709.5	1517.6	—	229.7	2115.5	123.4	124.5	13.8	8.3
2001	8241.8	2705.7	800.6	1987.4	—	284.8	2321.3	156.6	244.1	16.5	9.6
2002	10271.3	3254.9	908.5	2636.2	—	392.3	2842.9	186.6	409.4	19.9	12.8
2003	11408.4	3619.1	1116.9	2655.9	—	498.9	3122.1	199.8	653.9	27.1	13.5
2004	13281.4	4244.4	1293.6	3116.1	—	577.4	3502.1	211.0	862.1	33.3	18.8
2005	15598.2	4946.0	1552.5	3698.9	—	718.4	4040.3	206.9	1078.7	47.5	27.4

第六章　中国社会政策支出的增长与公共财政的结构性转型

续表

年份	社会政策支出总额	财政性教育支出	财政医疗卫生支出	财政社会保障与就业支出	财政住房保障支出	财政民政事业费支出	城镇养老保险	城镇失业保险	城镇基本医疗保险	城镇工伤保险	城镇生育保险
2006	18753.4	6135.4	1778.9	4361.8	—	915.4	4896.7	198.0	1276.7	68.5	37.5
2007	24011.0	8094.3	2581.6	5447.2	—	1215.5	5964.9	217.7	1561.8	87.9	55.6
2008	30536.3	10213.0	3593.9	6804.3	—	2146.5	7389.6	253.5	2083.6	126.9	71.5
2009	37426.5	4816.3	7606.7	726.0	2181.9	37426.5	8894.4	366.8	2797.4	155.7	88.3
2010	46422.9	5732.5	9130.6	2376.9	2697.5	46422.9	10755.3	423.3	3538.1	192.4	109.9
2011	58869.0	7464.2	11109.4	3820.7	3229.1	58869.0	13363.2	432.8	4431.4	286.4	139.2
2012	69142.6	8432.0	12585.5	4479.6	3683.7	69142.6	16711.5	450.6	5543.6	406.3	219.3
2013	78434.9	9545.8	14490.5	4480.6	4276.5	78434.9	19818.7	531.6	6801.0	482.1	282.8
2014	87636.2	10579.2	15968.9	5043.7	4414.1	87636.2	23325.8	614.7	8133.6	560.5	368.1
2015	102551.0	12475.3	19018.7	5797.0	4926.4	102551.0	27929.4	736.4	9312.1	598.7	411.5
2016	117239.2	13910.3	21591.5	6776.2	5540.2	117239.2	34004.3	976.1	10767.1	610.3	530.6
2017	133668.3	15205.9	24611.7	6552.5	5932.7	133668.3	40423.8	893.8	14421.7	662.3	743.5
2018	150177.7	16399.1	27012.1	6806.4	4076.9	150177.7	47550.4	915.3	17822.5	742.0	762.4

资料来源：国家统计局编《2009 中国统计年鉴》，中国统计出版社，2009，第 818 页；《2010 中国统计年鉴》，第 290 页；《2011 中国统计年鉴》，第 280、865 页；《2012 中国统计年鉴》，第 293、943 页；《2013 中国统计年鉴》，第 330、850 页；《2014 中国统计年鉴》，第 787、789、791～793 页；《2019 中国统计年鉴》，第 211、785 页；国家卫生健康委员会编《2019 中国卫生健康统计年鉴》，中国协和医科大学出版社，2019，第 95 页；国家统计局人口和就业司、人力资源和社会保障部规划财务司编《2019 中国劳动统计年鉴》，中国统计出版社，2019，第 349 页；国家统计局社会科技和文化产业司编《2019 中国教育经费统计年鉴》，中国统计出版社，2019，第 4 页；中华人民共和国民政部编《2019 中国民政统计年鉴》，中国统计出版社，2019，第 113 页。

133

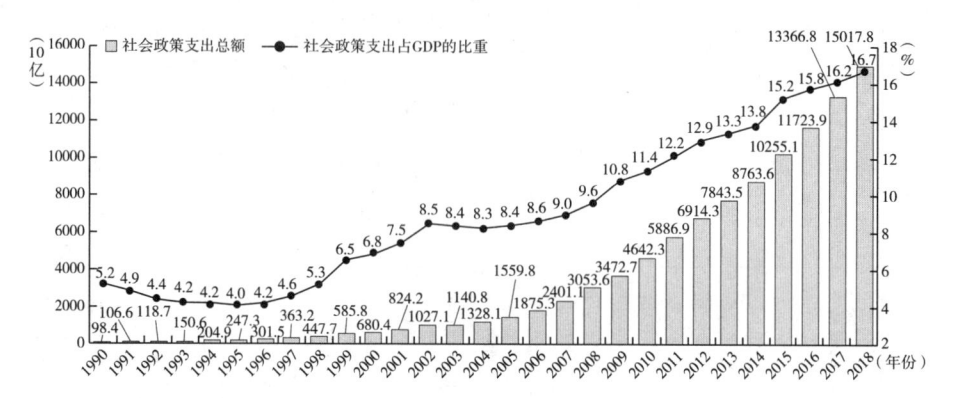

图 6-1 1990~2018 年中国社会政策支出及其占国内生产总值的比重

资料来源：中国社会政策支出数据同表 6-1；中国 GDP 数据来自国家统计局编《2019 中国统计年鉴》，中国统计出版社，2019，第 56 页。

5.2% 跌到 1995 年的谷底，仅为 GDP 的 4.0%。这同绝大多数转型国家在市场转型初期社会安全网出现破裂、社会保护体系收缩的情形别无二致。①然而，如同发展顺利的东欧和中欧转型国家一样，中国政府很快就对市场化引致的社会保护需要做出了回应。

第二阶段，1995~2002 年，中国社会政策支出的水平出现了第一轮快速提升，从 1995 年占 GDP 的 4.0% 攀升到 2002 年的 8.5%。

第三阶段，2003~2005 年，中国社会政策支出经过 3 年的徘徊期。

第四阶段，自 2006 年以来，中国社会政策支出水平重拾升势，并且在 2013 年中国进入社会经济发展新时代之后升势加强，到 2018 年达到 16.7%，已经超过某些发达国家的水平。

接下来，我们考察中国社会政策支出在公共支出中的占比，从中可以看出中国公共财政支出向民生领域倾斜的变化趋势。前文已述，公共支出由财政预算支出和社会保险支出两部分组成。在表 6-2 中，我们分别给出了财政预算支出和社会保险支出的历年统计数据，以此为公共支出，再基于表 6-1 中第一栏的数据，计算出社会政策支出在整个公共支出中的占比。从表 6-2 可以看出，1990 年，中国社会政策支出占公共支出的比重仅为 30.4%，到 2018 年，这一指标达到了 52.0% 的高水平。这一指标自

---

① Ethan B. Kapstein, Michael Mandelbaum, *Sustaining the Transition*: *The Social Safety Net in Postcommunist Europe*, The Council on Foreign Relations, 1997.

2005年以来就逐年增长，不曾有过波动，这是不同寻常的。这显示，尽管曾有小幅波动，但中国政府从20世纪90年代末开始，就逐步将公共财政或公共支出的更大份额投入民生领域，而这种结构性转型之势在2005年之后更加明显。2016年是一个新的里程碑，在这一年，中国社会政策支出在公共支出中的占比首次超过了50%。这正是中国民生领域在2013年以来进入"人民中心主义"新时代之后在社会政策支出上的反映，① 也显示出中国的公共财政正走出既往的经济发展主义取向，开始纳入社会发展主义的要素，以寻求社会经济的协同发展（参见第五章）。

表6-2 1990~2018年中国社会政策支出占公共支出的比重

单位：亿元，%

年份	公共支出 总额	财政预算支出	社会保险支出	社会政策支出 总额	在公共支出中的占比
1990	3235.4	3083.6	151.8	984.1	30.4
1991	3562.7	3386.6	176.1	1065.5	29.9
1992	4069.2	3742.2	327.0	1187.0	29.2
1993	5124.4	4642.3	482.1	1506.0	29.4
1994	6472.5	5792.6	679.9	2048.5	31.6
1995	7700.9	6823.7	877.2	2472.9	32.1
1996	9020.0	7937.6	1082.4	3014.8	33.4
1997	10572.7	9233.6	1339.1	3632.4	34.4
1998	12435.0	10798.2	1636.8	4476.5	36.0
1999	15295.8	13187.7	2108.1	5857.9	38.3
2000	18272.0	15886.5	2385.5	6804.4	37.2
2001	21650.7	18902.6	2748.1	8241.8	38.1
2002	25524.8	22053.2	3471.6	10271.3	40.2
2003	28666.4	24650.0	4016.4	11408.4	39.8
2004	33114.2	28486.9	4627.3	13281.4	40.1
2005	39331.1	33930.3	5400.8	15598.2	39.7
2006	46900.1	40422.7	6477.4	18753.4	40.0
2007	57669.3	49781.4	7887.9	24011.0	41.6

---

① 岳经纶：《中国社会政策改革发展四十年的回望与前瞻》，《中国公共政策评论》2018年第2期。

续表

年份	公共支出 总额	公共支出 财政预算支出	公共支出 社会保险支出	社会政策支出 总额	社会政策支出 在公共支出中的占比
2008	72517.8	62592.7	9925.1	30536.3	42.1
2009	88602.5	76299.9	12302.6	37426.5	42.2
2010	104594.4	89575.4	15019.0	46422.9	44.4
2011	127900.8	109247.8	18653.0	58869.0	46.0
2012	149284.3	125953.0	23331.3	69142.6	46.3
2013	168128.3	140212.1	27916.2	78434.9	46.7
2014	184788.3	151785.6	33002.7	87636.2	47.4
2015	214865.9	175877.8	38988.1	102551.0	47.7
2016	234643.6	187755.2	46888.4	117239.2	50.0
2017	260475.1	203330.0	57145.1	133668.3	51.3
2018	288698.7	220906.1	67792.6	150177.7	52.0

资料来源：社会支出以及社会保险基金支出的数据参见表 6-1，财政预算支出的数据来自国家统计局编《2019 中国统计年鉴》，中国统计出版社，2019，第 209 页。

四 中国社会政策支出的共时态分析：国际比较的结果

社会支出或社会政策支出在现代国家是经常性的公共开支，自 20 世纪中叶以来，在很多国家开始占据公共支出的最大份额，这表明在发达国家，政府减少了对经济事务的干预，转而关注社会发展。[1] 这也是福利国家建设和发展的必然。即便是在福利国家面临治理危机而逐渐进入缩减期和改革期之后，社会政策支出水平在发达国家也没有出现较大幅度的下降。

那么，中国社会政策支出水平在国际上处于何种位置，其在中国公共支出中的占比究竟在国际上达到何种水平？鉴于社会支出数据可得性在国际上也是一个大问题，很多发展中国家的相关数据在各种国际组织（如世界银行、国际货币基金组织、国际劳工组织、世界卫生组织）数据库中的记载，既不系统也不一致，参考性较弱。因此，基于记载完整性较

---

[1] 〔美〕维托·坦齐：《政府与市场：变革中的政府职能》，王宇译，商务印书馆，2014，第 8~12 页。

好的 OECD 数据库，本节只选择列举一些 OECD 成员国，与中国进行比较。表6-3列举了世界主要发达国家在进入21世纪之后的社会支出水平，这些国家涉及一些主要的福利制度类型。其中，芬兰和瑞典属于社会民主主义模式，法国和德国属于法团主义模式，英国和美国属于新自由主义模式，而日本和韩国属于所谓"东亚福利体制"[①]，捷克、斯洛伐克、匈牙利、波兰则是中东欧转型国家（属于转型国家中的发达国家）。由于经济发展水平、社会文化背景和福利制度的差异，这些国家在社会支出上的表现不仅差异甚大也有波动，因而将中国与这些国家进行比较，具有一定的借鉴意义。

表6-3 中国和世界主要发达国家的社会支出水平

单位：%

国家组别	国家	社会支出占GDP的比重					社会支出在公共支出中的占比				
		2000年	2005年	2010年	2015年	2018年	2000年	2005年	2010年	2015年	2018年
欧美先进工业化国家	瑞典	34.0	35.0	33.4	33.4	33.5	64.1	67.0	66.3	67.6	67.1
	芬兰	31.1	32.8	36.5	38.8	36.7	64.9	67.0	67.6	68.6	69.0
	法国	33.0	34.5	37.3	37.9	37.0	63.8	64.8	65.6	66.7	69.2
	德国	30.7	29.8	29.5	30.4	30.8	64.3	63.5	61.2	69.1	64.3
	英国	23.1	26.3	36.3	29.5	27.3	65.2	63.9	76.7	69.8	66.7
	美国	18.6	20.2	24.9	24.2	22.8	54.1	54.7	57.8	63.9	60.3
中东欧转型国家	捷克	23.6	23.4	26.1	25.0	24.3	57.7	55.4	59.9	60.0	59.7
	斯洛伐克	23.5	24.5	27.0	26.0	25.7	44.6	61.8	63.9	56.9	61.3
	匈牙利	25.1	28.3	27.9	25.0	23.2	53.1	57.3	56.7	49.5	49.6
	波兰	27.2	27.6	26.8	25.7	26.0	64.7	62.3	58.6	61.6	62.6
东亚发达国家	日本	21.2	22.6	26.8	27.2	27.1	62.4	63.6	67.6	68.9	69.6
	韩国	10.8	11.7	13.5	15.4	15.8	43.2	43.5	45.5	50.7	52.1
	中国	6.8	8.4	11.4	15.2	16.7	37.2	39.7	44.4	47.7	52.0

资料来源：OECD, General Government Spending (indicators), perspectives: total; social protection; education; health, 2000 - 2019, https://data.oecd.org/gga/general - government - spending.htm#indicator - chart。

首先，我们以占GDP的比重为度量指标，对社会支出的总水平进行国

[①] Roger Goodman, Gordon White and Huck - Ju Kwon (eds.), *The East Asian Welfare Model: Welfare Orientalism and the State*, Routledge, 1998.

际比较。结果显示，中国社会政策支出的水平远远落后于欧美先进工业化国家。欧美发达国家社会支出水平最高：其中欧洲发达国家在多数年份，这一指标超过30%，只有英国偏低一些，在某些年份处在25%左右；美国总体上偏低，其2000年的社会支出不足GDP的20%，此后也从未超过GDP的25%。中东欧经济发达的转型国家也保持了相对较高的社会支出水平，占GDP的23%~27%，其社会支出的总水平比美国略高，同英国较为接近。

在亚洲国家中，日本社会支出的总水平最高，在所有年份均超过了美国的水平，而且这一指标有逐年提高之势。这显示出在老龄化的压力下，日本福利体制已经从所谓的"东亚模式"转型为"美国模式"。尽管也是OECD成员国，但韩国社会支出水平在OECD国家中属于较低之列，尽管不是最低，这显示出韩国从中高收入国家向高收入国家转型中的过渡性特征。这表明，就社会发展水平而言，韩国与欧美发达国家以及发达的转型国家并不属于同一类型，反而与中国比较接近。从表6-3可以看出，中国社会政策支出占GDP的比重在进入21世纪之后落后于韩国，但在2018年与韩国并驾齐驱。与发达国家相比，亚洲相对发达的国家保持了相对较低水平的社会支出，造成这一结果的原因，据认为是东亚国家在社会支出上采取所谓"生产主义取向"（productivist approach），使社会政策服务于经济政策,[①] 且长期强调反国家福利的"儒家价值观"，重视家庭和非正式社会保障网络的作用。[②]

其次，我们考察社会支出在公共支出（或公共财政）中的相对地位。发达国家社会支出在公共支出中的份额，大多保持较高水平，绝大多数国家在绝大多数年份保持在50%以上，亦有不少国家保持在60%甚至65%以上。这说明，发达国家的政府具有一个共同点，即政府将施政重点放在促进社会发展之上，其中政府的首要职能是为民众提供广泛的公共服务和社会福利，包括教育、卫生和社会保护。在亚洲，仅有日本政府的施政类

[①] Ian Holliday, "Productivist Welfare Capitalism: Social Policy in East Asia," *Political Studies*, 48 (4), 2000.

[②] Didier Jacobs, *Social Welfare Systems in East Asia: A Comparative Analysis Including Private Welfare*, Centre for Analysis of Social Exclusion, London School of Economics and Political Science, 1998.

型类似于欧美发达国家，其社会支出占 GDP 的 20%～27%，且社会支出在公共支出中的份额保持在 60%～70% 的高水平。这显示出经济发展水平与福利国家建设的相关性，当然其中也反映了日本社会老龄化等因素对政府施政取向的影响。[①]

无论是与欧美发达国家、日本还是发达的转型国家相比，中国社会政策支出在公共支出中的份额都相对较低。从本章显示的实际情况来看，中国政府的确从 2005 年开始大幅度增加社会政策支出，并且提高了社会政策支出在公共支出中的份额。这使中国社会政策支出的水平和结构开始与韩国趋同，并与其他亚洲发展中国家拉开了距离。

五 结语

社会政策支出的水平和结构，一方面呈现出一个国家社会民生事业的发展水平，另一方面也折射出这个国家政府的施政理念。长期以来，中国政府公共财政中用于社会民生领域的支出，无论是从水平还是从结构上看，都处于偏低的格局。但是，这一格局自 2005 年以来尤其是在 2013 年之后出现了实质性的改变，即中国社会政策支出占 GDP 的比重及其在公共支出中的份额，都出现了明显的提升。由此，中国公共财政正在发生一个具有重大意义的结构性转型，体现出中国政府的发展战略正从单方面注重经济增长向重视经济社会协调发展的方向上转变。

中国公共财政的结构性转型，在中国经济发展模式转型的大背景下，显得尤为及时且弥足珍贵。30 多年来，中国的高速经济增长已经堪称发展主义的典例。但中国的发展主义仅仅是一种经济发展主义，缺少社会发展主义的要素。中国经济发展模式转型亟待社会政策变革，其方向是重建一个适合中国经济社会发展水平的福利国家。正如不计其数国际文献所论证的，福利国家或社会保护的建设并不一定与市场化建设相悖，也不一定会有损于市场运行的效率。正如市场机制本身有多样性之外，福利国家与社

[①] Julia Lynch, *Age in the Welfare State: The Origins of Social Spending on Pensioners, Workers, and Children*, Cambridge University Press, 2006.

会保护的制度结构也有多样性。实施"积极的社会政策",建设一个发展型福利国家,完善社会保护体系,使之成为市场机制运行的社会性基础设施,是中国经济发展模式转型的制度性基础。当中国经济进入新常态之后,中国公共财政的结构性转型能否坚持下去,中国市场机制的社会性基础设施能否进一步夯实,是中国经济发展模式转型能否成功的关键影响要素之一。

第七章　中国社会政策支出的筹资模式：一般税收与社会保险的公平程度与激励效应[*]

导言：中国公共财政结构性转型的公平与激励效应

在国际公共财政和社会政策研究中，公共财政在民生或社会领域的支出总额在中文语境下可称为"社会政策支出"，即国际文献中的"社会支出"（social spending）。一个国家社会政策支出的水平，从一个侧面体现出该国社会民生事业的发展境况，而社会政策支出的结构则折射出该国政府的施政理念。长期以来，中国社会政策支出的水平一直偏低，公共财政在教育、医疗和社会保障领域的支出有所不足，成为中国财政体制中一个历史悠久的结构性缺陷。[①] 也正因如此，正如第五章所展示的，亚洲开发银行一直把中国的社会保护指数排在亚洲国家的中间偏上位置。但值得注意的是，这一格局自 2006 年以来发生了实质性的改变：如下文所展示的，中国社会政策支出占国内生产总值（GDP）的比重及其在公共财政支出中的份额都大幅度提高。事实上，中国公共财政正在发生一个前所未有的、具有重大意义的结构性转型，这是中国政府的发展战略自 2003 年以来从单方面注重经济增长转向重视经济社会协调发展

---

[*] 本章的较早版本参见顾昕《中国社会政策支出的筹资模式：收入结构的公平程度与激励效应》，《河北经贸大学学报》2016 年第 2 期。收入本书后，数据有所更新，论述有所充实，内容已经有了很大的变化。

[①] OECD：《中国公共支出面临的挑战：通向更有效和公平之路》，清华大学出版社，2006，第 32 页。

的一个实际结果。①

作为中国公共财政结构性转型的一个重要结果,一个福利国家正在中国兴起。更准确地说,中国正在重建一个福利国家,因为市场转型之前的社会主义福利体制本身也是一种类型的福利国家,而社会主义计划经济体制本身就扮演着社会安全网的角色。② 在全球化的大背景下,中国不仅发生着市场机制深化的经济大转型,而且也正在发生一场以福利体制变革为核心的社会大转型。然而,与有关经济大转型的研究相比,有关社会大转型以及社会大转型与经济大转型的关系,学术界的研究还远远不够。

需要说明的是,这里所谓的"福利国家"一词,只是刻画了政府(the state)所行使的一个重要职能,即政府在包括教育、医疗和社会保障等广义社会福利的筹资和提供方面愈加扮演举足轻重的角色,并非指一个国家(country)达到了很高的社会福利水平,即所谓的"高福利国家"。事实上,众多国际文献是从"高福利国家"这个意义上来讨论发展中国家的福利国家。③ 即便是针对发达国家的很多文献,也基本上是在同样的意义上使用"福利国家"一词。由于英文中 state 与 country 两个词的含义本身有别,因此将行使福利提供职能的国家与达成高福利水平的国家混为一谈的现象,在国际文献中不大可能出现,但在中文语境中常常有可能混淆。说明这一点并不仅仅是为了澄清词语的含义,其更加重要的意义在于,福利国家建设并不意味着国家为民众提供足够高的福利,以致对工作激励产生负面影响。对中国福利国家亟待开展的研究,与中国是否能够以及是否应该建成一个类似瑞典、德国还是希腊那样的高福利国家,没有关联。在有关中国福利国家的研究中,"福利国家养懒汉"这一极为流行的伪命题本不值得登堂入室,而真正的问题是何种福利体制会对福利申领者或受益人产生何种激励和再分配效应。对伪命题的习惯性认同妨碍了对真

---

① 参见 Edward Gu, David Kelly, "Balancing Economic and Social Development: China's New Policy Initiatives for Combating Social Injustice," in Samir Radwan and Manuel Riesco (eds.), *The Changing Role of the State*, The Economic Research Forum, 2007, pp. 201 – 224。

② Michael Mandelbaum, "Introduction," in Ethan B. Kapstein and Michael Mandelbaum, *Sustaining the Transition: The Social Safety Net in Postcommunist Europe*, The Council on Foreign Relations, 1997, pp. 2 – 3.

③ Nita Rudra, "Globalization and the Decline of the Welfare State in Less – Developed Countries", *International Organization*, 56 (2), 2002; Jungkeun Yoon, "Globalization and the Welfare State in Developing Countries," *Business and Politics*, 11 (2), 2009.

第七章 中国社会政策支出的筹资模式：一般税收与社会保险的公平程度与激励效应

正问题的深入研究。

社会政策支出水平的提高，归根结底来源于公共财政收入的提高。任何一个国家财政收入的提高，均涉及各种财政增收方式或筹资模式，而不同财政收入方式的选择，本身就是福利体制的一种制度性因素，对于相应公共政策的制定和实施都会产生深刻的影响。社会政策支出筹资模式（或收入结构）的差异，自然会影响社会政策的公平与效率，尤其是再分配和激励效应。因此，对社会政策支出收入结构的进一步分析，有助于我们了解正在兴起的中国福利国家的某些运行特征，并对中国福利国家的治理变革之道有更深入的理解。

一 社会政策支出筹资结构的公平与效率：文献回顾

一般而言，社会政策支出的筹资模式无非有四大类：（1）税收，既可以是政府总收入（即一般税收）的一部分，也可以是专用特种税收（如房地产税之类）；（2）社会保险缴费，一般由雇主和/或雇员缴纳；（3）政府投资收入；（4）非税收入，例如现金支付（即行政性收费）和其他收入（如彩票收入等）。这其中，在绝大多数国家，一般税收（主要来自个人所得税和公司所得税）和社会保险缴费是社会政策支出的两大主要收入来源。[1]

社会政策支出的筹资结构不仅仅是一个简单的收入来源问题，而且也是不同治理理念和福利体制模式的反映。其中，有关社会保险缴费在社会政策支出筹资中的重要性及其政策意涵，是相关社会政策分析和争论的重点之一。

1990 年，欧洲社会政策学者艾斯平 - 安德森（Gøsta Esping - Anderson）出版了后来享誉士林的《福利资本主义的三个世界》一书，提出了有关福利体制的三类型分类法，即自由主义模式、法团主义模式和社会民主主义模式。对这三种福利体制进行划分的依据之一，在

---

[1] 〔美〕维托·坦齐、〔德〕卢德格尔·舒克内希特：《20 世纪的公共支出》，胡家勇译，商务印书馆，2005，第 71~74 页。

于福利给付的非商品化（decommodification），即国民对福利给付的获取不依赖于其劳动力市场参与的程度。简言之，福利体制的非商品化意味着，福利受益者无须将自己的劳动力当作商品在劳动力市场上出售。这一分类法后来成为比较福利体制研究领域中得到广泛重视的基础性分析框架。[1]

福利非商品化程度最高的是社会民主主义型福利国家。在这一类型福利国家中，社会政策支出主要来源于一般税收，社会政策支出的配置机制高度遵循普惠主义原则，国民拥有广泛的社会权利，其福利给付的获取与其劳动力市场的参与度关联度较低，因此国民是否享受什么福利以及享受多少福利，与其在劳动力市场中的参与关联不大。

福利非商品化程度居中的是法团主义型福利国家，其社会政策支出主要来源于社会保险缴费。国民固然拥有一定的社会权利，但其福利给付的获取主要与其参加社会保险的年份有关，而参加社会保险又同参与劳动力市场亦即就业有关，社会保险缴费和给付水平与工作时间或劳动贡献（体现为薪酬高低）挂钩。

而在自由主义型福利国家，福利非商品化程度最低。不仅社会保险缴费在社会政策支出的收入结构中占据相当大的比重，而且即便是源于一般税收，但社会政策支出的配置原则在较大程度上依从选择主义原则，国民获取福利给付的资格，不仅取决于他们的收入水平，而且取决于他们参与劳动力市场的能力、意愿和努力。[2]

乍看起来，一般税收收入与社会保险缴费似乎没有多大差别：归根结底，两者都是经济活动的产物，且两者在很大程度上基于民众的劳动力市场参与。进而，由于不少国家的社会保险基金在一定时期有一定结余，这些结余常常被政府以各种各样的方式纳入预算进行支出。因此，在很大程度上，尤其是就强制性社会保险而言，社会保险缴费实际上可被视为另外一种形式的税收。[3]

---

[1] Allan Douglas Cochrane, John H. Clarke, Sharon Gewirtz (eds.), *Comparing Welfare States*, 2nd edition, Sage Publications, 2002, pp. 10 – 12.

[2] Gøsta Esping-Anderson, *The Three Worlds of Welfare Capitalism*, Princeton University Press, 1990.

[3] 国际劳工局：《社会保障：新共识》，中国劳动社会保障出版社，2004，第 84 页。

第七章　中国社会政策支出的筹资模式：一般税收与社会保险的公平程度与激励效应

但两相比较，实质性差别还是有的。社会保险以雇主和雇员要么单方，要么联合缴费的方式征收，可谓劳动力市场参与的直接结果，况且社会保险的缴费水平和给付结构均在一定程度上与参保者的收入水平相关联，因此劳动力商品化的特征在社会保险中体现得较为显著；而一般税收的征收对象是所有国民，纳税人当中自然包括不少并未参与劳动力市场但依然有一定收入的国民。[①] 因此，无论是从筹资模式还是从支出模式的角度来看，社会保险都被视为国民非商品化程度较低的一种社会政策制度安排，这一点应该没有多少可争议之处。

不止如此，相对于那些以一般税收为筹资机制的普惠型福利，作为公共部门设立的保险项目，社会保险还有可能产生一些社会不公平的问题。既然是保险，那么参保者与非参保者之间所获得的社会保障自然会有一定的不平等。这涉及两个问题：一是社会保险是否以强制性的方式来实施；二是即便具有强制性，但社会保险是否实现了普遍覆盖的问题，即在某些条件下社会保险的强制性有可能没有得到落实，致使一些应保者未能参保。[②] 与此同时，社会保险与劳动力市场的相关性常常导致参保者会因企业破产或自己失业而丧失社会保障。[③] 这种情形在屡次经济危机爆发时期一再出现，从而让无数勤勉努力的劳动者（无论是蓝领还是白领）由于陌生他人（甚至是远在千里之外的外国人）的决策失误（例如引发金融危机的个体或集体决策）而蒙受不应有的损失，这些损失有可能是短期，但也有可能是长期的。由于全球化，经济危机的快速传导性甚至会让社会不公平也快速传导到世界各地，引发社会政策学者们所谓的"社会倾销"（即作为商品的劳动力在市场上贬值，导致劳动者不得不把自己的劳动力廉价出售）。[④] 即便

[①] 〔瑞典〕本特·格雷夫：《福利国家的财政收入方式和分配结果》，载〔瑞典〕本特·格雷夫主编《比较福利制度——变革时期的斯堪的纳维亚模式》，许耀桐等译，重庆出版社，2006，第78页。

[②] 顾昕：《走向普遍覆盖：全民医疗保险面临的挑战》，《东岳论丛》2010年第1期；顾昕：《通向普遍主义的艰难之路：中国城镇失业保险制度的覆盖面分析》，《东岳论丛》2006年第3期。

[③] 〔瑞典〕本特·格雷夫：《福利国家的财政收入方式和分配结果》，载〔瑞典〕本特·格雷夫主编《比较福利制度——变革时期的斯堪的纳维亚模式》，许耀桐等译，重庆出版社，2006，第78页。

[④] 〔加〕米仕拉：《社会政策与福利政策：全球化的视角》，郑秉文译，中国劳动社会保障出版社，2007（特别是此书的第二章）。

在非经济危机时期,社会保险也不能在不同收入人群中进行有效的福利资源的再分配,社会公平性较弱。①

不仅仅是公平问题,社会保险还有可能通过不同的激励效应而产生一些效率问题。(1)一般认为,社会保险不会产生商业保险市场所固有的逆向选择问题,但是既有文献所未加充分考察的是,如果具体的制度安排设计不当导致激励不足,社会保险也会产生逆向选择,即由于低风险人群不愿参保或在既定的游戏规则内尽量减少参保而导致整个保险计划的风险分摊效果降低;②(2)与第一点有关,逆向选择在自愿性社会保险中会直接表现出来,而在强制性社会保险中,就会表现为因激励不足而引致的逃避缴费现象,从而导致强制性社会保险未能实现制度设计的全覆盖目标;③(3)社会保险缴费的征收基础是工资(薪酬),较高的缴费率会在雇主那里产生减少雇佣(增加资本投入)的激励效应,从而抑制劳动密集型产业或企业的发展,在宏观上增加失业,因此降低社会保险中雇员缴费率便成为增加就业的一种政策选项。

当然,凸显社会保险所引致的公平与效率问题,并不表明一般税收不会产生这两类问题。一方面,无论是税种类型还是征收方式的不同,都会产生不同的再分配效应,这都是公共经济学的重要研究课题。换言之,即便社会政策支出的主要收入来源是一般税收,也不一定表明其社会公平的程度较高。另一方面,税收负担的轻重,会对经济效率的提升产生深刻的影响,这更是公共财政和公共经济学的核心研究课题之一。暂且不涉及公平,即便是基于最优效率的最优税收理论,即便有诺贝尔经济学奖获得者莫里斯(James Mirrlees)投身其中,④迄今为止也未能得出一清二楚的共识。更为深入的是,累进制税收与社会保险所产生的再分配效应是基于不同的情形:税收是在产出率不同的个人或家庭之间进行收入再分配,而社

---

① Juan Le Grand, *The Strategy of Equality*, *Redistribution and the Social Services*, George Allen and Unwin, 1982.
② 张欢:《中国社会保险逆向选择问题的理论分析与实证研究》,《管理世界》2006 年第 2 期。
③ Clive Bailey, John Turner, "Strategies to Reduce Contribution Evasion in Social Security Financing", *World Development*, 29 (2), 2001.
④ 〔英〕詹姆斯·A. 莫里斯:《福利、政府激励与税收》,王俊译,中国人民大学出版社,2013 (特别是该书第二篇"税收理论")。

第七章　中国社会政策支出的筹资模式：一般税收与社会保险的公平程度与激励效应

会保险是在风险暴露以及风险偏好不同的个人或家庭之间进行收入再分配。因此，作为社会政策支出的筹资方式，一般税收与社会保险的结合才能产生更好的再分配效果。①

不仅如此，尽管从某种价值观（例如社会民主主义）出发，社会保险会对公平与效率产生负面影响，但若从另外一种价值观（例如社会法团主义或社会市场主义）出发，将社会福利与工作绩效相关联的社会保险制度，在社会公平和经济效率的促进上都具有普惠型福利项目所没有的优势。从理论上说，在面对逆向选择与道德风险的市场环境下，社会保险与线性税收的组合要比累进性税收能产生更公平的再分配效果。② 从社会经济发展的现实宏观效果来看，社会保险主导的西欧福利国家与普惠型福利主导的北欧福利国家，通过国家—市场—社会三者关系的不断调适，从而在维持经济增长和促进社会发展两方面都有着良好的表现，③ 而全面引入北欧式普惠主义福利国家的南欧地区（尤其是希腊）都程度不同地出现了福利国家的危机。④

社会保险最兴旺发达的国家，都处在深受基督教影响的西欧地区，主要包括德国、荷兰、奥地利等，而西欧的基督教社会民主主义与北欧的社会民主主义有一定的差别。其中的差别在社会政策学术上的反应就是俾斯麦型福利国家与贝弗里奇型福利国家孰优孰劣之争，⑤ 尽管后者的命名是来源于英国人而不是北欧人。在社会政策理念上，基督教社会民主主义体现了"保守主义"或"社会资本主义"的特征，即强调社会福利的首要来源在于工作以及劳动者所支撑的家庭，同时强调阶级协调和社会团结，即隶属于不同阶级的劳动者及其雇主以协会的方式参与到集体谈判之中，以

---

① Jean – Charles Rochet, "Incentives, Redistribution and Social Insurance", *Geneva Papers of Risk and Insurance*, 16 (2), 1991; Helmuth Cremer, Pierre Pestieau, "Redistributive Taxation and Social Insurance", *International Tax and Public Finance*, 3 (3), 1996.
② Robin Boadway, Manuel Leite – Monteiro, Maurice Marchand, Pierre Pestieau, "Social Insurance and Redistribution with Moral Hazard and Adverse Selection", *Scandinavian Journal of Economics*, 108 (2), 2006.
③ Frans van Waarden, Gerhard Lehmbruch (eds.), *Renegotiating the Welfare State: Flexible Adjustment through Corporatist Concertation*, Routledge, 2001.
④ Manos Matsaganis, "The Welfare State and the Crisis: The Case of Greece", *Journal of European Social Policy*, 21 (5), 2011.
⑤ Steffen Mau, *The Moral Economy of Welfare States: Britain and Germany Compared*, Routledge, 2003, pp. 55 – 58.

获取经济收入和社会福利。① 当然，国家在推进社会团结的过程中也扮演着不可或缺的积极角色，一方面，国家在社会法团主义的制度架构中成为雇主与雇员之外的第三方，在制度建设和制度执行中发挥主导作用；② 另一方面，国家还致力于发挥补缺性角色，建立面向低收入者的社会救助制度，编织基本的社会安全网。与此同时，俾斯麦型福利体制也在不断地改革，其中最为重要的是在社会保险体系中不断注入普惠主义的制度要素，从而使法团主义福利体制更具有公平性。③ 实际上，就西欧法团主义福利体制和北欧社会民主主义福利体制而言，在公平性上已经不分伯仲了。

二　中国社会政策支出的筹资构成：一般税收与社会保险

事实上，在发达国家中，福利国家在制度模式和支出水平上也有很大的差别，因此有高支出福利资本主义（high spending welfare capitalism）和低支出福利资本主义（low spending welfare capitalism）之分。④ 在经济合作与发展组织成员国当中，欧洲国家以及近十年来的日本都属于高支出福利国家，英国、美国以及东欧发达的转型国家属于中支出福利国家。而韩国福利国家的支出水平相对较低，其社会政策支出占 GDP 的比重在 2010 年只有 13.5%，到 2018 年也仅仅提高到 15.8%，比中国低（参见第六章表6－3）。因此，如何以恰当的方式增加社会政策支出以降低不平等和贫困，同时也不损害经济增长，这是当今韩国社会经济政策所面临的一项严峻挑战。⑤ 尽管政治经济体制有别，尽管经济发展水平的阶段有别，但中国社

---

① Kees van Kersbergen, *Social Capitalism: A Study of Christian Democracy and the Welfare State*, Routledge, 1995.

② M. L. Harrison (ed.), *Corporatism and the Welfare State*, Gower Publishing Co., 1984; Peter James Williamson, *The State, Corporatism and Welfare*, Sage Publications., 1999.

③ Bruno Palier, Claude Martin (eds.), *Reforming the Bismarckian Welfare Systems*, Blackwell Publishing Ltd., 2008.

④ Catherine M. Jones, *Patterns of Social Policy: An Introduction to Comparative Analysis*, Tavistock Publications, 1985.

⑤ OECD, *Strengthening Social Cohesion in Korea*, Organisation for Economic Co-operation and Development, 2014.

会政策支出的水平开始超过经济发达国家当中的低支出福利国家（如韩国）的水平，并开始向某些中支出福利国家（如匈牙利）靠近。中国同这些国家一样，都面临协调经济增长与社会发展的共同挑战。

除了考察总水平之外，对于社会政策支出的结构性分析至关重要。有关支出面的结构性分析，即社会政策支出的配置机制和配置流向的分析，将在第八章详论。[①] 本章仅进行收入面的结构性分析。

同绝大多数国家一样，中国社会政策支出主要收入来源是一般税收和社保缴费。当然，中国社会政策支出中自然包括一些政府投资收入和非税收入，但有些政府投资收入和非税收入已被纳入财政性支出（如公立学校校办产业的收入、国有企事业单位办学的拨款、公立学校的收费以及国家对企业征收的教育费附加等已被纳入"财政性教育支出"），而另外一些非税收入则由于份额较少且基于国际可比性的考量，未被纳入本章的计算（如中国的"彩票公益金"绝大部分用于社会政策项目，但由于支出总额微不足道，且由于下文论及的国际数据均未纳入，因此本章对此忽略不计）。无论出于何种考虑，仅仅考察一般税收和社保缴费并不会对本章达成的定性结论产生影响。表7-1给出了中国社会政策支出中财政预算支出和社会保险支出的总金额及其分项金额。可以看到，源自社会保险缴费的支出经过波动式增长，从1990年的151.8亿元增加到2018年的6.8万亿元，占中国社会政策支出总额的比重从区区15.4%提高到45.1%。由此可见，社会保险在1990年之后的近30年中取得了实质性发展，在中国社会政策支出中的地位从无足轻重变成了举足轻重。

表7-1　1990~2018年中国社会政策支出中财政预算与社会保险筹资来源的金额与占比

单位：亿元，%

年份	社会政策支出总额	源自财政预算	占比	源自社会保险来源	占比
1990	984.1	832.3	84.6	151.8	15.4
1991	1065.5	889.4	83.5	176.1	16.5
1992	1187.0	860.0	72.5	327.0	27.5

---

① 顾昕、孟天广：《中国社会政策支出的配置机制和流向结构》，《广东社会科学》2016年第2期。

续表

年份	社会政策支出总额	源自财政预算	占比	源自社会保险来源	占比
1993	1506.0	1023.9	68.0	482.1	32.0
1994	2048.5	1368.6	66.8	679.9	33.2
1995	2472.9	1595.7	64.5	877.2	35.5
1996	3014.8	1932.4	64.1	1082.4	35.9
1997	3632.4	2293.3	63.1	1339.1	36.9
1998	4476.5	2839.7	63.4	1636.8	36.6
1999	5857.9	3749.8	64.0	2108.1	36.0
2000	6804.4	4418.9	64.9	2385.5	35.1
2001	8241.8	5493.7	66.7	2748.1	33.3
2002	10271.3	6799.7	66.2	3471.6	33.8
2003	11408.4	7392.0	64.8	4016.4	35.2
2004	13281.4	8654.1	65.2	4627.3	34.8
2005	15598.2	10197.4	65.4	5400.8	34.6
2006	18753.4	12276.0	65.5	6477.4	34.5
2007	24011.0	16123.1	67.1	7887.9	32.9
2008	30536.3	20611.2	67.5	9925.1	32.5
2009	37426.5	25123.9	67.1	12302.6	32.9
2010	46422.9	31403.9	67.6	15019.0	32.4
2011	58869.0	40216.0	68.3	18653.0	31.7
2012	69142.6	45811.3	66.3	23331.3	33.7
2013	78434.9	50518.7	64.4	27916.2	35.6
2014	87636.2	54633.5	62.3	33002.7	37.7
2015	102551.0	63562.9	62.0	38988.1	38.0
2016	117239.2	70350.8	60.0	46888.4	40.0
2017	133668.3	76523.2	57.2	57145.1	42.8
2018	150177.7	82385.1	54.9	67792.6	45.1

资料来源：国家统计局编《2009 中国统计年鉴》，中国统计出版社，2009，第 818 页；《2010 中国统计年鉴》，第 290 页；《2011 中国统计年鉴》，第 280、865 页；《2012 中国统计年鉴》，第 293、943 页；《2013 中国统计年鉴》，第 330、850 页；《2014 中国统计年鉴》，第 787、789、791~793 页；《2019 中国统计年鉴》，第 209、785 页；国家卫生健康委员会编《2019 中国卫生健康统计年鉴》，中国协和医科大学出版社，2019，第 95 页；国家统计局人口和就业司、人力资源和社会保障部规划财务司编《2019 中国劳动统计年鉴》，中国统计出版社，2019，第 349 页；教育部财务司、国家统计局社会科技和文化产业司编《2019 中国教育经费统计年鉴》，中国统计出版社，2019，第 4 页；中华人民共和国民政部编《2019 中国民政统计年鉴》，中国统计出版社，2019，第 113 页。

第七章 中国社会政策支出的筹资模式：一般税收与社会保险的公平程度与激励效应

显而易见，在不同的社会领域，源自一般税收的财政性支出和源自社保缴费的社会保险支出，在提升社会政策支出总水平上发挥着不同的作用。有关福利国家的国际文献也大多将社会政策支出领域分为三个部分，即教育、医疗和社会保障，以考察福利国家的运行。[①] 在教育领域，财政性支出是唯一的，而在医疗卫生和社会保障与就业这两个领域，社会保险都发挥着举足轻重的作用。全世界公共教育的支出都来源于一般税收，社会保险在这个领域不起作用，这主要是由于教育费用尽管随教育层级和质量而有高低但对绝大多数求学者来说具有很大程度的可预测性，因此保险机制并不适用。或许出于这一考虑，经济合作与发展组织在进行社会政策支出（social expenditure）的统计和分析时，均把教育经费排除。在医疗和社会保障领域，一般税收（通过政府财政预算）和社保缴费均在社会政策支出中发挥一定的作用。因此，为了便于进行国际比较，本章沿用OECD的口径，将"财政性教育经费"剔除，然后计算一般税收和社保缴费在"狭义中国社会政策支出"中历年的份额（参见图7-1）。

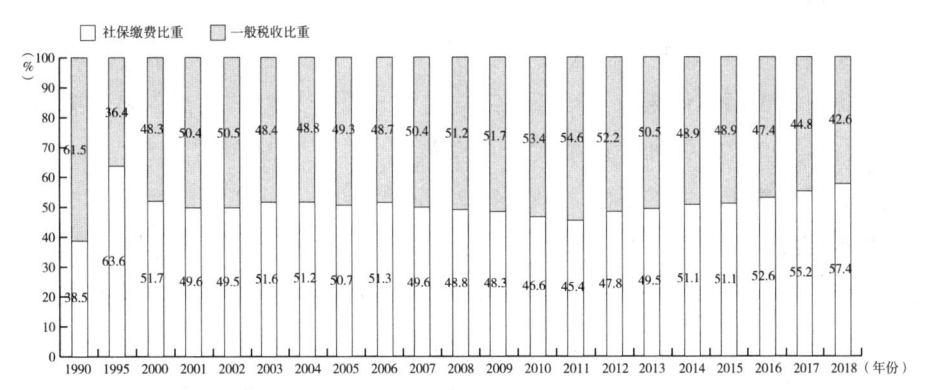

图7-1　1990~2018年狭义中国社会政策支出中一般税收与社保缴费的比重
资料来源：同表7-1。

从图7-1可以看出，狭义中国社会政策支出的收入结构发生了三个阶段变化。第一阶段，在1990年一般税收占据主导性，致使61.5%的社会政策支出来自政府财政预算，社保支出份额仅占38.5%，但此后，

[①] Stephan Haggard, Robert R. Kaufman, *Development, Democracy and Welfare States: Latin America, East Asia, and Eastern Europe*, Princeton University Press, 2008.

社保缴费的份额有所提高，到 1995 年，由于医疗卫生财政支出增长乏力，其份额达到 63.6% 的历史高点。第二阶段，从 1996 年到 2002 年，社保缴费在社会政策支出中的份额逐渐回落，下降到 2002 年的 49.5%。从 2003 年到 2013 年是第三阶段，一般税收和社保缴费各自的份额尽管有波动，但大体保持稳定，其中社保缴费的份额基本稳定在 45%~50% 的区间；2013 年之后是第四阶段，社保缴费的份额又开始进入缓慢但逐年上升的阶段。

三 社会政策支出收入结构的国际比较

本节从国际比较的角度对中国社会政策支出的收入结构进一步加以考察。限于数据的可获得性，我们这里仅就中国与若干发达国家截至 2013 年的情形进行比较，以资借鉴。至于中国与发达国家在 2015 年之后的比较，以及中国与发展中国家的比较，还有待国际组织汇聚更新、更系统、更完整的数据。

从表 7-2 可以看出，从收入结构上看，在欧美发达国家中，北欧国家、英国和美国社保缴费在社会政策支出中的比重相对来说都不高。美国在 20 世纪 90 年代初社保缴费在社会政策支出中的份额曾高达 50% 左右，但此后就出现了显著的下降之势，在 21 世纪的第二个 10 年已经降到三成强的水平。瑞典和芬兰社保缴费在社会政策支出中的份额偏低，均在 50% 以下，而且进入 21 世纪之后更有下降之势。当然，尽管美国和北欧国家在社会政策支出的收入结构中都出现了一般税收压过社保缴费之势，但两者在支出模式上呈现不同的福利国家施政理念：美国依然属于典型的自由主义型福利国家，即遵循选择主义的家计调查型福利项目比重较高；北欧的福利国家则属于社会民主主义类型，即普惠主义原则主导着福利项目类型的选择。无论是选择主义还是普惠主义项目，均采用一般税收筹资。英国福利国家介于自由主义与社会民主主义类型之间，其在医疗卫生领域中实施的国民健康服务（NHS，即全民公费医疗）全部由一般税收来筹资，且由于医疗费用随着老龄化在社会政策支出中的份额越来越高，因此其社保

第七章 中国社会政策支出的筹资模式：一般税收与社会保险的公平程度与激励效应

缴费在社会政策支出总额中的份额自然也就有降低之势。[1]

表7-2 1990~2013年世界诸国社会政策支出中一般税收和社保缴费所占的份额

单位：%

国家组别	国家	1990年 税收	1990年 社保	1995年 税收	1995年 社保	2000年 税收	2000年 社保	2005年 税收	2005年 社保	2010年 税收	2010年 社保	2013年 税收	2013年 社保
欧美经济发达国家	瑞典	52.7	47.3	60.3	39.7	54.3	45.7	56.6	43.4	61.4	38.6	65.2	34.8
	芬兰	53.8	46.2	53.8	46.2	50.4	49.6	54.1	45.9	57.8	42.2	58.4	41.6
	法国	27.5	72.5	38.0	62.0	45.4	54.6	46.5	53.5	49.2	50.8	47.7	52.3
	德国	39.0	61.0	45.5	54.5	45.9	54.1	49.8	50.2	48.8	51.2	45.4	54.6
	英国	64.6	35.4	70.3	29.7	68.0	32.0	68.5	31.5	72.6	27.4	72.3	27.7
	美国	49.3	50.7	55.6	44.4	53.2	46.8	59.0	41.0	68.2	31.8	66.9	33.1
中东欧转型国家	捷克	NA	NA	13.1	86.9	23.4	76.6	20.1	79.9	26.8	73.2	28.0	72.0
	斯洛伐克	NA	NA	21.6	78.4	21.6	78.4	23.1	76.9	34.6	65.4	28.9	71.1
	匈牙利	NA	NA	NA	NA	44.7	55.3	48.4	51.6	49.8	50.2	41.8	58.2
	波兰	NA	NA	50.7	49.3	36.4	63.6	40.6	59.4	47.2	52.8	NA	NA
亚洲国家	日本	32.0	68.0	37.3	62.7	42.5	57.5	45.3	54.7	48.7	51.3	NA	NA
	韩国	33.4	66.6	28.2	71.8	25.4	74.6	26.6	73.4	41.1	58.9	37.2	62.8
	中国	61.5	38.5	63.6	36.4	48.3	51.7	49.3	50.7	53.8	46.2	51.6	48.4

资料来源：OECD, Social Security Contributions (indicator), 2015; OECD Social Expenditure Database (SOCX)。

尽管福利水平差距巨大，但中国新兴的福利国家在收入结构上与德国和法国的情形比较相似，尤其是进入21世纪之后更是如此，即源于社保缴费的社会保险支出占社会政策支出中的比重，在多数时期均保持在50%~60%这个区间。将中国与欧洲转型国家相比较，可以发现，不仅中国与匈牙利在总体情形上最为接近，而且中国在20世纪90年代初中期社会政策支出筹资的情形与其他欧洲转型国家相似，即俾斯麦式社会保险在转型初期的福利国家重建当中发挥了巨大作用。[2] 实际上，在转型之前的社会主义福利体制中，国有单位及其工会在很大程度上承担着社会保险的职能，

---

[1] Allan Cochrane, John Clarke, Sharon Gewirtz (eds.), *Comparing Welfare States*, Sage Publications, 2001, pp. 10–12.

[2] Nicholas Barr, *Labor Markets and Social Policy in Central and Eastern Europe: The Transition and Beyond*, Oxford University Press, 1993.

因此在推进市场机制的过程中，所有转型国家都无一例外地面临着将社会保险职能从国有单位转移到政府的变革过程，这一过程在中国被称为"福利社会化"。① 当然，转型国家在市场转型初期社会保险的发展，与法团主义模式福利国家中社会保险的成熟，是不可同日而语的。事实上，在转型国家转型初期，社保缴费在社会政策支出中的份额较高，与社会政策支出的总水平不高有关，即来自一般税收的社会政策支出水平太低。随着转型国家经济发展水平的提高，不仅社会政策支出的总水平会提高，而且其一般税收在收入结构中的比重也会有所提高，这在表7-2包括中国在内的诸多转型国家的数据中都得以体现。

在亚洲两大经济社会发展水平较高的国家——日本和韩国，社保缴费在社会政策支出中的份额都较高，一般超过同期的德国和法国。事实上，尽管有文献强调所谓"东亚福利国家模式"的存在，② 强调重视家庭、社群与公司承担福利提供责任的"福利社会"模式，但日本在福利国家建设中很明显地采纳了俾斯麦模式，即社会保险主导的模式，这也是日本在整体上青睐德国现代化模式的一种反映。韩国现代化在整体上又深受日本模式的影响，因此社会保险在韩国福利体制中举足轻重，也就顺理成章了。

当然，从福利体制类型学的视角发现中国与德国、日本及匈牙利等国的相似性，并不表明这些国家福利体制没有差异。从方法论上看，类型学（typology）的功用并非展示细节的差异性和多样性，而是为了探究共性，并在相对较高可比性的基础上通过比较以增进相互的借鉴。由此来看，将中国、德国、日本及匈牙利等国社会保险发挥重要作用的福利体制进行比较，依然是一个尚未充分开展的学术领域。限于篇幅，本章对此无法展开讨论，下文只能择其要者，就社会保险在中国引致的公平和效率问题，在比较的基础上论及若干尚未得到足够重视的制度细节。

---

① Edward X. Gu, "Dismantling the Chinese Mini-Welfare State: Marketization and the Politics of Institutional Transformation", *Communist and Post-communist Studies*, 34 (1), 2001.

② Roger Goodman, Ito Peng, *The East Asian Welfare State: Peripatetic Learning, Adaptive Change, and Nation-building*, Sage Publication, 1996; Huck-ju Kwon, "Beyond European Welfare Regimes: Comparative Perspectives on East Asian Welfare Systems", *Journal of Social Policy*, 26 (4), 1997; Roger Goodman, Gordon White, Huck-ju Kwon (eds.), *The East Asian Welfare Model: Welfare Orientalism and the State*, Routledge, 1998.

第七章　中国社会政策支出的筹资模式：一般税收与社会保险的公平程度与激励效应

第一，前文提及，社会保险在所有国家都会引致参保者与非参保者社会保障水平不平等的公平问题。这一点在中国不仅不例外，而且更加突出。在俾斯麦式体系中，社会保险给付的覆盖面不仅包括参保者本人，而且也包括其家人（dependents），这一制度安排使社会保险的普惠性大大增强。但在中国，社会保险的直接受益人并不含参保者家人，除非是社会保险个人账户的资金产生继承关系。这使中国社会保险制度的普惠性大打折扣，尤其是未成年人，无法从社会保险中获得应有的社会保护。

当然，中国社会保险的这一公平性问题由于城市中女劳动力市场参与率的高水平而得到部分的缓解。与此同时，中国政府自2003年尤其是2008年以来，大力推进城乡居民基本医疗保险和养老保险制度的建设，从而使职工医疗保险和养老保险参保者之外的城乡居民均被纳入公共社会保障的体系之中，从而在更大程度上缓解了这一问题。但是，新制度的建设又引发了新问题，如各种不同的保险之间如何衔接，以及现行碎片化的社会保险制度如何整合并达成更高的公平性（参见第十二章），等等。

第二，前文提及，社会保险基金如果出现结余，那么很有可能被纳入政府预算。这一现象在世界各国程度不等地存在，而在中国更是长期存在的一种扭曲性常态。事实上，中国五大社会保险基金都存在高额累计结余。养老保险由于需要跨期支付，因此理应留有结余，而且结余越多越好，且结余还有保值增值的问题。但医疗保险、失业保险、工伤保险和生育报销保留高额结余不仅在必要性上存疑，而且是很不经济的；尤其是社会医疗保险基金出现巨额结余，更是不经济，因为医疗通货膨胀（即医疗服务费用的上涨幅度）众所周知会高于一般的物价上涨幅度，医保基金结余每一年都会出现相当大幅度的贬值。[①] 表7-3显示，如果把养老保险排除在外，各种非养老类社会保险基金的累计结余水平更高。这一方面显示，中国基本养老保险的累积结余率较低，在未来存在支付风险；[②] 另一方面也显示非养老类社会保险基金均保持较高的累计结余率，凸显其运作效率的低下。

---

① 顾昕：《全民医保的新探索》，社会科学文献出版社，2010（尤其是第四章"城乡公立医疗保险的基金结余水平"）。
② 岳公正、王俊停：《我国社会养老保险基金支付风险及新型补偿制度改革》，《经济学家》2016年第12期。

表 7-3　1990~2018 年中国社会保险基金的累计结余水平

单位：亿元

年份	所有社会保险基金 基金支出总计	所有社会保险基金 累计结余总计	所有社会保险基金 累计结余与当年支出之比	非养老类社会保险基金 支出总计	非养老类社会保险基金 累计结余	非养老类社会保险基金 累计结余与当年支出之比
1990	151.8	117.4	0.8	2.5	19.5	7.8
1995	877.2	516.4	0.6	29.6	86.9	2.9
2000	2385.5	1327.5	0.6	270.0	380.4	1.4
2001	2748.1	1622.8	0.6	426.8	568.7	1.3
2002	3471.6	2423.3	0.7	628.7	815.3	1.3
2003	4016.4	3313.5	0.8	894.3	1107.3	1.2
2004	4627.3	4493.2	1.0	1125.2	1518.2	1.3
2005	5400.8	6073.7	1.1	1360.5	2032.7	1.5
2006	6477.4	8255.9	1.3	1580.7	2767.0	1.8
2007	7887.9	11236.6	1.4	1923.0	3845.2	2.0
2008	9925.1	15225.6	1.5	2535.5	5294.6	2.1
2009	12302.6	19006.5	1.5	3408.2	6480.4	1.9
2010	15019	23407.5	1.6	4263.7	7619.7	1.8
2011	18653	30233.1	1.6	5289.8	9505.3	1.8
2012	23331.3	38106.5	1.6	6619.8	11863.0	1.8
2013	27916.2	45588.1	1.6	8097.5	14313.3	1.8
2014	33002.7	52462.3	1.6	9676.9	16817.8	1.7
2015	38988.1	59532.6	1.5	11058.7	19595.5	1.8
2016	46888.4	66349.6	1.4	12884.1	22384.4	1.7
2017	57145.1	77311.6	1.4	16721.3	27109.4	1.6
2018	67792.6	89775.1	1.3	20242.2	31623.5	1.6

资料来源：国家统计局人口和就业司、人力资源和社会保障部规划财务司编《2019 中国劳动统计年鉴》，中国统计出版社，2019，第 350 页。

第三，前文提及，社会保险有可能会在雇主和雇员那里产生一些不当的激励，而这个全球性的问题在中国因一些细节性的制度性因素而显得更加严重。首先，中国社会保险的给付水平并不高，但缴费率在世界上名列前茅，从而给企业及其投资者带来很大的负担，从而导致企业创办者有可能以压低雇员的薪酬水平来加以应对；其次，中国社会保险缴费以基本工资为基数，而不是如德国等国家以带有封顶线的实际薪酬为基数，这导致中国高收入工薪阶层的社会保险缴费基数其实不高，而低收入工薪阶层的缴费基数其实不低并成为社会保险缴费的主要负担者，从而导致了累退性再分配效应，不利于社会公平；再次，中国社会保险中个人账户和统筹资金结余一般以国有银行一年定存利率计息，在通货膨胀成为经济生活常态的背景下，社会保险基金结余贬值情况严重，激励参保者尽可能减少甚至退出参保。事实上，社会保险基金的主管部门承认基金贬值的问题，尤其是中国社会保险基金的贬值问题已经引起了广泛的社会关注。在此背景下，政府在 2015 年中期确定了社会保险基金进入证券市场投资的新举措，并落实制度细节。① 众所周知，社会保险基金进入证券市场将面临很大的不确定性，这将为中国社会保险的治理带来前所未有的新挑战。

结　语

自 2005 年以来，中国的公共财政正在发生具有重大意义的结构性转型，即社会政策支出的水平大幅度提高。在很多国家，社会政策支出的资金主要来源于一般税收和社会保险缴费，社会政策支出收入结构的不同在一定程度上反映了福利体制的差异。在中国的社会政策支出中，源自社会保险缴费的社保支出一直占据着相当大的份额，曾经常年保持在 50% 以上，只是 2007~2013 年才微幅下降到 50% 以下，2013 年之后，又重新出现微幅逐年上升之势，重新回到了 50% 以上。仅从收入结构或筹资模式上看，中国新兴的福利国家接近于西欧福利国家的"法团主义模式"，即社会保险缴费在社会政策支出中的比重相对较高，也同东欧和中欧的转型国家以及日韩有诸多共同之处。

作为福利筹资与给付的一种重要模式，社会保险本身有一些公平与效率问题，例如，参保者与非参保者之间有可能出现社会保障的不平等，企业破产或工人失业都会导致参保者丧失充足的社会保障，社会保险的风险

---

① 参见人民网 - 财经频道的有关报道《尹蔚民：养老保险基金收益率低于 CPI 处于贬值状态》，http://finance.people.com.cn/n/2015/0310/c1004 - 26668700.html。

分摊机制难以在不同收入的人群中发挥作用，企业社会保险缴费的负担沉重会引致劳动力密集型产业的萎缩，经济危机的全球性扩散会引致社会保险缴费下降的"社会倾销"（social dumping）[①]，等等。在中国，无一例外，这些问题都存在。

而且，由于制度细节设计不当，中国的社会保险制度还存在不少具有中国特色的不公平与负激励问题，使之未能产生良好的再分配与风险分摊效应。与德日等国的社会保险制度不同，中国社会保险的覆盖对象未能包括劳动者的家人，这使社会保险参保者与非参保者的社会保障不平等加剧。中国诸多非养老类社会保险基金的结余过多，出现资金沉淀现象。中国社会保险缴费制度安排不仅引致了累退性再分配效应，即低收入工薪阶层的相对缴费率较高，而且还引致了负激励效应，即社会保险基金的贬值导致劳动者参保或持续参保的积极性下降。

无论从何种意义上看，也无论有多少基于各种意识形态而产生的非议，一个福利国家正在中国兴起，是一个基本的事实。然而，福利国家的兴起本身，并不一定如很多偏左翼学者欣喜甚至欢呼那样带来社会公平，也不一定如很多偏右翼学者忧虑甚至抨击的那样损害经济效率。福利国家在中国究竟会带来什么经济社会后果，取决于中国福利国家的制度建设本身是否公正有效，在这方面，制度设计的细节发挥着重要作用。中国福利国家的治理变革，亟待学界针对诸多福利体制的制度性问题展开深入的研究，而不是对福利体制进行缺乏实证研究基础且意识形态色彩浓厚的价值判断。

[①] Magdalena Bernaciak, *Market Expansion and Social Dumping in Europe*, Routledge, 2015, pp. 2, 46, 90, 181, 232.

第八章 中国社会政策支出的配置机制和流向结构[*]

中国公共财政长期被诟病的一大结构性问题是社会政策诸领域中的政府支出,即国际文献通称的"社会支出"(social spending),或在中文语境中可称之为"社会政策支出",占公共支出总额的比重偏低。① 然而,这种现象自 2005 年以来有了实质性的改变;尤其是在 2013 年以后,中国的改革开放事业进入了新时代,其国内生产总值(GDP)中用于社会政策支出的份额,到 2018 年达到 16.7%,比 2004 年的 8.3% 翻了一番。从社会政策支出的总体规模上看,中国尽管依然不能与发达国家相比,但已经超过了韩国的水平,而且远远超过了亚洲绝大多数发展中国家的水平(参见第五章和第六章)。

除了总体规模,社会政策支出的结构也值得进一步加以考察,这涉及两个基本问题:一是配置机制(the mechanisms of allocation),即以何种方式将社会支出递送给受益者;二是配置结构(the structure of allocation),即社会支出花在了哪些社会项目(social programs)或社会部门(social sectors)。配置机制与配置结构的不同,一方面呈现出社会发展的不同治理模式,另一方面也反映了政府对于社会发展的不同施政理念。毫无疑问,

---

* 本章的较早版本参见顾昕、孟天广《中国社会政策支出的配置机制和流向结构》,《广东社会科学》2016 年第 2 期。收入本书后,数据有所更新,论述有所充实,内容已经有了很大的变化。

① OECD:《中国公共支出面临的挑战:通往更有效和公平之路》,清华大学出版社,2006,第 33~43 页。

对社会政策支出的配置情况进行深入分析,不仅关涉社会政策研究中的许多学术性问题,而且对于国家治理体系在社会发展领域中的改革和创新,具有重要的现实意义。

一 社会政策支出的结构性分析：配置机制和配置结构

社会政策支出结构性分析的第一个方面是考察配置机制。对配置机制的分析有很多种,这取决于如何对社会政策支出的对象进行分类。依照一种国际文献中通行的分类方式,社会政策支出的配置方式以及相应的社会项目可分为三种：(1)普惠型(universal programs);(2)家计调查型(means-tested programs);(3)社会保险(social insurance programs)。在这三种配置机制中,社会政策支出的受益人分别通过三种不同的路径获得给付：(1)公民权路径,即公民均有平等的权利获取相应的国家福利,有时这种路径也向外籍合法居民开放;(2)家计调查型路径,即符合特定资格审查标准(一般是家庭收入和资产)的公民或居民才有权获取相应的公共救助;(3)保险参保路径,即只有参保者才能在满足既定给付条件的情况下获取相应的保险给付。[1]

"普惠型社会项目",例如国民养老金、公共教育、全民公费医疗、儿童抚养金或抚养金等,旨在为所有国民提供一种平等的福利,无关乎受益者的收入水平。有学者将这类项目形象地称为"地板型福利"。[2] 这类社会项目的实施自然需要普惠型社会政策支出来支撑。需要注意的是,这里是从施政目标的角度来确定具体的社会项目是否具有普惠性,并不意味着这类项目的实施结果必然达到普惠性。普惠型社会项目是否达成了普惠性,或如何确保普惠型社会支出能促进普惠主义社会公平,这都是另一个需要进一步加以研究的重要社会政策课题。

---

[1] Robert Walker, *Social Security and Welfare: Concepts and Comparisons*, Open University Press, 2005, pp. 88-91.

[2] Irwin Garfinkel, Lee Rainwater, Timothy Smeeding, *Wealth and Welfare States: Is America a Laggard or Leader?* Oxford University Press, 2010, pp. 51-53.

"家计调查型社会支出"为"家计调查型社会项目"提供资金支持。[①] "家计调查型社会项目",在美国又通称为"公共救助",而在其他各国常被称为"社会救助"。[②] 这类项目旨在为那些有特定需要的人提供财务援助,其运行特征是必须对受益者的资格进行审查。所有的社会救助项目以及面向低收入者、贫困者、"脆弱群体"(vulnerable groups)或"弱势群体"(disadvantage groups)的社会服务,例如最低生活保障金、医疗救助、教育救助、交通救助、住房保障、孤儿福利项目、残障人士福利项目、设立最高收入线作为进入资格的公办养老院等,都属于这一类别。在世界银行的很多文献中,"家计调查型社会项目"常被称为"安全网项目"。[③]

社会保险旨在为参保者提供风险分担,其给付金额在一定程度上基于参保者的缴费水平和时间。当然,如果给付水平和结构划一,那么社会保险也就体现出普惠主义。例如,在日本的社会医疗保险体系中,参保者缴费水平不一,但给付水平(即报销率)自2003年以来实施"一刀切"政策,均设定为医疗费用的70%;[④] 在德国,社会医疗保险的参保缴费水平不一样,但联邦政府面向所有参保者设定了全国统一的给付包。[⑤] 与德国和日本高水平的普惠主义相比,在中国社会医疗保险体系中,城镇职工基本医疗保险的给付水平要明显高于城镇居民基本医疗保险和新型农村合作医疗,基本谈不上普惠主义。

社会政策支出的不同配置机制体现了社会政策的不同导向及其背后的价值观。关于普惠型与家计调查型配置机制及其价值观基础,在社会政策学术领域形成了一个历史悠久的争论话题,即普惠性(universality)与选

[①] Robert A. Moffitt (ed.), *Means - tested Transfer Programs in the United States*, University of Chicago Press, 2003.
[②] Tony Eardley, Jonathan Bradshaw, John Ditch, Ian Gough, Peter Whiteford, *Social Assistance in OECD Countries: Synthesis Report*, HMSO, 1996.
[③] World Bank, *Safety Net Programs and Poverty Reduction: Lessons from Cross - Country Experience*, World Bank, 1997.
[④] Kozo Tatara, Etsuji Okamoto, "Japan: Health System Review," *Health Systems in Transition*, 11 (5), 2009.
[⑤] Reinhard Busse, Annette Riesberg, *Health Care Systems in Transition: Germany*, WHO Regional Office for Europe on behalf of the European Observatory on Health Systems and Policies, 2004, p. 207.

择性（selectivity）原则孰优孰劣。[1] 普惠性原则是指社会福利作为一项基本权利，所有具有公民资格的人均应享有。普惠主义者的价值观，在于强调社会权利、社会平等、社会团结。选择性原则是指政府根据公民的真实需要来确定受益资格。选择主义者的价值观在于强调社会有效性和公民的社会责任。在他们看来，维系并提升自己和家人的福祉水平是公民的社会责任。如果一个社会要想真正推进公平，就应该将有限的公共福利资源有效地投给真正有需要的人，而不是人人共享。一般认为，贫困者、脆弱人群和意外蒙受者理应是社会福利的真正需要者，他们或许由于种种不幸而无力自行承担公民的社会责任。由于上述几类人群的共同特征是收入微薄，因此选择性原则的落实往往通过家计调查来实现。[2]

从社会福利的发展史来看，最先得到采纳的是选择性原则，即国家对社会福利的提供首先从家计调查型社会项目开始。1597年，伊丽莎白王朝统治下的英国议会通过了《济贫法》（The Poor Law），从而正式建立了公共财政支持下的贫困救助体系，并且确立了一整套行政框架，后被称为"济贫法传统"。[3] 基本上，"济贫法传统"把公共救助的对象限定在"老弱病残"，即完全无法通过自身的努力而生存的社会成员，因此又被社会政策学者以略显贬义的口吻称为"剩余型模式"（residual model，又译"补缺型模式"）。"剩余型模式"是指福利的提供主要由民众的工作单位、家庭和社会支持网络来承担，而国家在福利提供方面仅仅扮演拾遗补阙的角色。在社会政策研究领域的先驱者看来，福利国家的兴起终结了济贫法传统，即用"制度型模式"（institutional model）取代了"剩余型模式"。[4] "制度型模式"意指国家根据既定的游戏规则（制度），明确赋予公民获得福利的权利（rights or entitlements），而不考虑民众是否有能力或者有可能从其他渠道获得这些福利或者社会保护。[5]

1990年，丹麦学者古斯塔·艾斯平-安德森（Gøsta Esping–Ander-

---

[1] Elizabeth Segal, *Social Welfare Policy and Social Programs: A Values Perspective*, Cengage Learning, 2009.
[2] Neil Gilbert, Paul Terrell, *Dimensions of Social Welfare Policy*, 8th edition, Allyn & Bacon, 2012, pp. 92–96.
[3] Anthony Brundage, *The English Poor Laws, 1700–1930*, Palgrave, 2002.
[4] Harold Wilensky, Charles Lebeaux, *Industrial Society and Social Welfare*, Free Press, 1965.
[5] Richard M. Titmuss, *Social Policy: An Introduction*, Allen and Unwin, 1974.

son）出版了《福利资本主义的三个世界》一书。在此书中，他依据各种福利的"非商品化指数"，即从非市场化途径获取相关福利的程度，把发达国家的福利体制分为三大类：自由主义模式（liberal model）；法团主义模式（corporatistic model）；社会民主主义模式（social democratic model）。①

尽管引发不少争议以及促发了若干拓展，这一福利体制的三分法还是得到了国际社会政策学界的广泛认可。由于艾斯平-安德森构造非商品化指数的方式相当复杂且具有一定的人为性，因此他使用的简化分类法得到广泛援引，即以三类社会项目（或配置机制）的不同比重来体现三种福利体制的差异。

◇ 在自由主义模式中，家计调查型社会项目较多，社会保险项目具有一定规模，而普惠型项目的规模相对较小。

◇ 在法团主义模式中，缴费型社会保险居主导地位，家计调查型和普惠型项目扮演补充性角色。

◇ 在社会民主主义模式中，普惠型项目发挥主导作用，社会保险和家计调查型项目具有补充性。②

自由主义模式相当重视选择性原则，社会权利的制度化以需要为基础；法团主义模式固然也重视普惠性原则，但强调社会权利的保障必须以工作为基础；社会民主主义模式最大限度地弘扬了普惠性原则，把社会权利的落实建立在普遍的公民权的基础之上。③

一般公认，美国、加拿大、澳大利亚的福利体制属于自由主义类别；西欧多数国家属于法团主义类别；北欧国家则属于社会民主主义类别。当然，将这一分类法为国家贴上标签是静态的做法，而且并不能就单个国家的福利体制给出一清二楚的归类。例如，英国整体上属于自由主义类别，但其全民公费医疗（即国民健康服务，National Health Service，NHS）则属

---

① Gøsta Esping-Anderson, *The Three Worlds of Welfare Capitalism*, Princeton University Press, 1990.
② Robert E. Goodin, Bruce Headey, Ruud MuVels, Henk-Jan Dirven, *The Real Worlds of Welfare Capitalism*, Cambridge University Press, 1999, pp. 37-55.
③ Bernhard Ebbinghaus, Philip Manow, "Introduction: Studying Varieties of Welfare Capitalism," in Bernhard Ebbinghaus, Philip Manow (eds.), *Comparing Welfare Capitalism: Social policy and political economy in Europe, Japan and the USA*, Routledge, 2001, pp. 1-24 (p. 9).

于社会民主主义类别。再如，相当一部分南欧国家的医疗保障体系也在 20 世纪末和 21 世纪初从社会医疗保险转变为国民健康服务，即从法团主义类别转型为社会民主主义类别。①

值得注意的是，由于普惠型项目和社会保险项目在福利国家的发展中发挥着越来越大的作用，即使在自由主义型福利国家，剩余主义家计调查型项目在社会支出中占据的份额并非最大，有时甚至都不到 1/3，只是与其他两种类型的福利国家相比，其份额相对较高而已。例如，在美国的公共价值观中，对普惠性原则的重视相对较弱，而对选择性原则的重视相对较强，无论是保守主义者还是进步主义者都重视公共救助体系，这是美国不同意识形态立场持有者罕见的共识，②但普惠型社会支出在美国社会支出中的份额依然是最高的，只是与瑞典相比相对较低而已（参见表 8-2）。

社会政策支出结构性分析的第二个方面是对其配置结构进行分析。由于社会政策涉及的领域很多，要分析社会支出的配置结构，最直接的方法是针对社会支出的主要流向，例如养老、医疗、教育、社会救助、失业保护和就业促进等，一一进行分解。③这种"分解性分析法"所展示的社会支出配置结构详尽而具体，但不利于有关社会政策支出或福利体制的比较分析，尤其是国际比较分析。为了便于比较分析，国际学术界常见的做法是把社会部门分为三大部类，即教育、医疗卫生和社会保护（或社会保障）。④更进一步，在教育和医疗卫生部类的社会政策支出还被归为"人力资本支出"，以区别于由各类社会保护项目组成的"福利性支出"。⑤

"社会保护"（social protection）一词泛指所有旨在帮助人们减少贫困、克服脆弱性以及防范社会风险的政策与项目。由于卡尔·波兰尼提出社会

---

① Allan Cochrane, John Clarke, Sharon Gewirtz (eds.), *Comparing Welfare States*, Sage Publications, 2001, pp. 10 – 12.

② Neil Gilbert, Paul Terrell, *Dimensions of Social Welfare Policy*, 8th edition, Allyn & Bacon, 2012, pp. 80 – 86.

③ Matti Alestalo, Hannu Uusitalo, "Social Expenditure: A Decompositional Approach," in Jon Eivind Kolberg (ed.), *The Study of Welfare State Regimes*, M. E. Sharpe, Inc., 1992, pp. 37 – 68.

④ Stephan Haggard, Robert R. Kaufman, *Development, Democracy and Welfare States: Latin America, East Asia, and Eastern Europe*, Princeton University Press, 2008, p. 387.

⑤ Alex Segura-Ubiergo, *The Political Economy of the Welfare State in Latin America: Globalization, Democracy, and Development*, Cambridge University Press, 2007, p. 108.

保护构成市场化的反向运动这一著名命题,且近30年来随着波兰尼对市场原教旨主义的批判在新自由主义的不以为然者当中产生越来越大的影响,"社会保护"一词从20世纪90年代开始更多地出现在国际社会政策文献之中,[1] 有日渐取代人们过去常用的"社会保障"(social security)一词之势。随着一向被视为新自由主义桥头堡的世界银行在2000年正式制定了"社会保护部门战略",并推出了"社会风险管理"的全新公共政策思路,[2] "社会保护"就不再是全球反新自由主义者独享的话语和论题了。

无论是从内涵还是从外延来看,"社会保护"所涵盖的内容要比"社会保障"更多更广。依照亚洲开发银行的一个界定,社会保护至少包含五大组成部分:(1)劳动力市场政策与项目:旨在促进就业与推动劳动力市场的有效运行;(2)社会保险项目:旨在为人们减缓因失业、疾病、残疾、工伤和老年所带来的风险;(3)社会救助与其他福利项目:旨在为缺乏足够生活支持的最弱势群体提供援助;(4)微型与区域性项目:旨在通过社区帮助人们应对风险及降低脆弱性(因此,这类项目亦可称"社区型项目"),例如微型贷款(小额贷款)、社区保险等;(5)儿童保护项目:诸多确保儿童健康成长的福利项目,旨在确保未来的劳动力处在一个具有生产力的状态。[3] 在这里,第一项和第四项,也就是"劳动力市场政策"和"社区型发展项目",均不属于传统意义上"社会保障"的范畴。由此可见,"社会保护"这个概念较之"社会保障",将就业保障和生活保障纳入,具有涵盖面更广的优点。

二 中国社会政策支出的配置机制

本节考察中国社会政策支出在普惠型、家计调查型和社会保险型项目的配置情况,并依据有限的国际比较,对中国福利体制的类型进行初步的思考。

---

[1] Julie L. Drolet, *Social Protection and Social Development: International Initiatives*, Springer, 2014.
[2] World Bank, *Social Protection Sector Strategy: From Safety Net to Springboard*, World Bank, 2001; Robert Holzmann(ed.), *Social Protection and Labor at the World Bank, 2000-08*, World Bank, 2009.
[3] Isabel Ortiz, "Introduction" to Isabel Ortiz(ed.), *Social Protection in Asia and the Pacific*, Asian Development Bank, 2001, p.41.

在中国的社会政策支出中，我们把社会保险基金的支出归总为社会保险型支出，把民政事业费和住房保障费归为家计调查型支出，把财政社会保障与就业支出、财政性教育支出和财政性医疗卫生支出归为普惠型支出。当然，这只是一个框架性的拆分，对家计调查型支出有所低估，因为在普惠型支出中有一小部分实际上以弱势人群为受益对象。从表8-1可以看出，20世纪90年代初期，中国社会政策支出中普惠型配置机制占据主宰性地位，社会保险的地位很低，而家计调查型微不足道。这体现了经典社会主义福利体制的结构性特征。但在此之后，这种格局发生了两大变化。其一，社会保险很快发展起来，自1995年开始，社会保险在整个社会政策支出中的占比长期稳定在31%～38%的区间，并且自2016年以来，提高到40%以上；其二，家计调查型支出从2008年开始，在社会政策支出中呈微幅上升之势，在2011年达到一个高点，之后又开始下降。到2018年，中国社会政策支出的配置基本上形成了普惠型为主导、以社会保险为中坚、以家计调查型为补充的格局。

表8-1 1990～2018年中国社会政策支出的三种配置机制

单位：亿元，%

年份	社会政策支出总额	普惠型福利项目 金额	普惠型福利项目 占比	家计调查型福利项目 金额	家计调查型福利项目 占比	社会保险项目 金额	社会保险项目 占比
1990	984.1	780.4	79.3	51.9	5.3	151.8	15.4
1995	2472.9	1492.3	60.3	103.5	4.2	877.2	35.5
2000	6804.4	4189.2	61.6	229.7	3.4	2385.5	35.1
2001	8241.8	5208.9	63.2	284.8	3.5	2748.1	33.3
2002	10271.3	6407.4	62.4	392.3	3.8	3471.6	33.8
2003	11408.4	6893.0	60.4	498.9	4.4	4016.4	35.2
2004	13281.4	8076.7	60.8	577.4	4.3	4627.3	34.8
2005	15598.2	9479.0	60.8	718.4	4.6	5400.8	34.6
2006	18753.4	11360.6	60.6	915.4	4.9	6477.4	34.5
2007	24011.0	14907.6	62.1	1215.5	5.1	7887.9	32.9
2008	30536.3	18464.8	60.5	2146.5	7.0	9925.1	32.5
2009	37426.5	22216.0	59.4	2907.9	7.8	12302.6	32.9
2010	46422.9	26329.5	56.7	5074.4	10.9	15019.0	32.4

续表

年份	社会政策支出总额	普惠型福利项目 金额	占比	家计调查型福利项目 金额	占比	社会保险项目 金额	占比
2011	58869.0	33166.2	56.3	7049.8	12.0	18653.0	31.7
2012	69142.6	37648.0	54.4	8163.3	11.8	23331.3	33.7
2013	78434.9	41761.6	53.2	8757.1	11.2	27916.2	35.6
2014	87636.2	45175.7	51.5	9457.8	10.8	33002.7	37.7
2015	102551.0	52839.5	51.5	10723.4	10.5	38988.1	38.0
2016	117239.2	58034.4	49.5	12316.4	10.5	46888.4	40.0
2017	133668.3	64038.1	47.9	12485.2	9.3	57145.1	42.8
2018	150177.7	71501.8	47.6	10883.3	7.2	67792.6	45.1

资料来源：国家统计局编《2009 中国统计年鉴》，中国统计出版社，2009，第 818 页；《2010 中国统计年鉴》，第 290 页；《2011 中国统计年鉴》，第 280、865 页；《2012 中国统计年鉴》，第 293、943 页；《2013 中国统计年鉴》，第 330、850 页；《2014 中国统计年鉴》，第 787、789、791~793 页；《2019 中国统计年鉴》，第 209、785 页。

在这里，我们参照国际社会政策学界的共识，将美国、德国和瑞典分别确认为自由主义、法团主义和社会民主主义福利体制的典型代表，并以这三个国家 2000 年的数据为参照标杆，通过分析中国社会政策支出三种配置方式的跨期变化，初步考察一下中国福利体制类型在近 20 年来的变迁（参见表 8-2）。选择三个发达国家 2000 年而不是更晚近的数据作为参照系，原因在于晚近数据的可获得性较差。但是，选择 2000 年作为标杆是不无借鉴意义的，因为这三个国家的福利体制在世纪之交进入了稳定期，其社会支出的配置在不同的年份尽管存在变动，但格局基本上保持不变。当然，有关比较福利体制的研究，还有许多专门的问题有待细致分析，这需要另文展开。本章限于篇幅，只能进行简单比较，旨在凸显配置机制分析的意涵。

表 8-2 社会支出三种配置机制构成的四国比较

单位：%

国家（年份）	社会支出占 GDP 比重	普惠型支出 占 GDP 比重	在社会支出中的占比	家计调查型支出 占 GDP 比重	在社会支出中的占比	社会保险支出 占 GDP 比重	在社会支出中的占比
美国（2000）	19.8	11.6	58.4	3.5	17.7	4.7	23.9
德国（2000）	30.8	12.7	41.2	2.1	6.8	16.0	51.9

续表

国家 （年份）	社会支出 占 GDP 比重	普惠型支出		家计调查型支出		社会保险支出	
		占 GDP 比重	在社会支出 中的占比	占 GDP 比重	在社会支出 中的占比	占 GDP 比重	在社会支出 中的占比
瑞典（2000）	35.5	31.0	87.3	2.0	5.6	2.5	7.0
中国（1990）	5.2	4.2	79.3	0.3	5.3	0.8	15.4
中国（2000）	6.8	4.2	61.6	0.2	3.4	2.4	35.1
中国（2010）	11.3	6.4	56.7	1.2	10.9	3.7	32.4
中国（2018）	16.7	7.9	47.6	1.2	7.2	7.5	45.1

资料来源：OECD, *OECD Economic Surveys*: *Sweden* 2002, Paris: Organisation for Economic Co-operation and Development, 2002, p. 90; Willem Adema, Donald Gray and Sigrun Kahl, "Social Assistance in Germany", OECD Labour Market and Social Policy Occasional Papers, No. 58, OECD Publishing, 2003; Robert A. Moffitt (ed.), *Means-tested transfer programs in the United States*, The University of Chicago Press, 2003, p. 5。

从表 8-2 可以看出，1990 年，当时中国的社会支出水平极低，但其配置机制的构成非常接近瑞典模式，即普惠型支出具主导性，社会保险支出相对较弱，而家计调查型支出微不足道。实际上，这种格局呈现了社会主义福利体制的特征。当时，中国的市场转型刚刚启动不久，而这一转型所承继的社会主义计划经济与社会体制，本身就是一种社会保护体系或福利国家。尽管在发展水平以及在许多制度安排上无法与瑞典等北欧国家相提并论，但仅就配置机制而言，社会主义与社会民主主义的福利体制却有相似之处：义务教育（甚至包括高等教育）与医疗卫生成为普惠型福利，国家为劳动者提供了广泛的社会保险（即"劳动保险"），而国家也为弱势群体（如残障人士、鳏寡孤独人士、失依人士等）和生活极端困难者提供补充性的福利。①

中国进入市场转型时期之后，在初期阶段，原来以单位为基础的劳动保险很快转型为社会保险，② 从而使社会保险支出在社会支出中的占比很快就从 1990 年的 15.4% 提升到 1994 年的 33.2%，并在此后长期稳定地保持在 33% 左右的水平。可是，家计调查型支出在社会支出中的占比不升反

---

① John Dixon and David Macarov (eds.), *Social Welfare in Socialist Countries*, Routledge, 1992; Bob Deacon, *The New Eastern European Social Policy*: *Past*, *Present and Future*, Sage Publications, 1992.

② Edward X. Gu, "Dismantling the Chinese Mini-Welfare State: Marketization and the Politics of Institutional Transformation," *Communist and Post-communist Studies*, 34 (1), 2001.

降,从 1990 年的 5.3% 降到了 2000 年 3.4% 的最低水平。这同其他转型国家的情形非常相似。无一例外,社会主义国家进入市场转型之后,尽管社会保险的重要性有所提升,但在一段时期内由于家计调查型社会项目受到损害或未受重视而出现了社会保护体系漏洞百出的状况。[①] 可以说,在向市场转型的过程中,中国福利体制从配置机制上看,有走向德国模式之势。

可是,进入 21 世纪之后,社会救助体系的壮大使中国福利体制的转型方向发生改变,即从走向德国模式转为走向美国模式。[②] 随着城乡最低生活保障制度以及医疗救助制度、教育救助制度和法律援助制度等综合性社会救助体系的建立,家计调查型支出在中国社会支出中的占比大幅度提升,从 2000 年的 3.4% 跃升到 2011～2013 年 12% 左右的水平。尽管家计调查型支出在中国社会支出中的重要性依然达不到美国的水平,但考虑到参见表 8-1 和表 8-2 对中国家计调查型支出的计算有低估的问题(即教育救助和法律援助等由于数据可得性问题均未纳入计算),我们依然可以辨识出中国福利体制从准德国模式向准美国模式的转变轨迹。

三 中国社会政策支出的流向：投资于人力资本还是社会保护

接下来,我们开展中国社会政策支出结构性分析的第二项重要内容,即考察社会政策支出在不同社会领域的配置结果,从中透视中国社会政策支出在不同时期的优先重点安排。根据国际比较的便利性,本章将社会领域分为三大类：教育、卫生和社会保护。在过去的 20 余年间,究竟在哪些社会领域,社会政策支出的增长幅度较快呢？为探究这一问题,我们把中国社会政策支出中的"财政性教育支出"确定为"教育支出";把"财政

[①] Guy Standing, "Social Protection in Central and Eastern Europe: A Tale of Slipping Anchors and Torn Safety Nets," in Gøsta Esping-Andersen (ed.), *Welfare States in Transition: National Adaptations in Global Economies*, Sage Publications, 1996, pp. 225-255.

[②] Edward Gu, "From Social Insurance to Social Assistance: Welfare Policy Change", in John Wong, Lai Hongyi (eds.), *China into the Hu-Wen Era: Policy Initiatives and Challenge*, World Scientific, 2004, pp. 405-436.

医疗卫生支出""基本医疗保险支出""工伤保险支出""生育保险支出"归总为"卫生支出";将其他社会政策支出都归总为"社会保护支出"。表8-3给出了历年"教育支出"、"卫生支出"和"社会保护支出"的金额及其在社会政策支出中的份额。在前两个领域,社会政策支出通过投资于人力资本以促进社会发展,因此支出流向的变化,呈现出社会政策在社会发展与社会保护之间的权衡。

表8-3 1990~2018年中国社会政策支出的配置结果

单位:亿元,%

年份	社会政策支出总额	教育支出 金额	教育支出 占比	卫生支出 金额	卫生支出 占比	社会保护支出 金额	社会保护支出 占比
1990	984.1	590.0	60.0	187.3	19.0	206.8	21.0
1995	2472.9	1092.9	44.2	398.0	16.1	982.0	39.7
2000	6804.4	2191.8	32.2	856.1	12.6	3756.5	55.2
2001	8241.8	2705.7	32.8	1070.8	13.0	4465.3	54.2
2002	10271.3	3254.9	31.7	1350.6	13.1	5665.7	55.2
2003	11408.4	3619.1	31.7	1811.4	15.9	5977.8	52.4
2004	13281.4	4244.4	32.0	2207.8	16.6	6829.2	51.4
2005	15598.2	4946.0	31.7	2706.1	17.3	7946.1	50.9
2006	18753.4	6135.4	32.7	3161.6	16.9	9456.5	50.4
2007	24011.0	8094.3	33.7	4286.9	17.9	11629.8	48.4
2008	30536.3	10213.0	33.4	5875.9	19.2	14447.4	47.3
2009	37426.5	11975.0	32.0	7857.7	21.0	17593.9	47.0
2010	46422.9	14163.9	30.5	9572.9	20.6	22686.1	48.9
2011	58869.0	17821.7	30.3	12321.2	20.9	28726.1	48.8
2012	69142.6	20314.2	29.4	14601.2	21.1	34227.2	49.5
2013	78434.9	22001.8	28.1	17111.7	21.8	39321.4	50.1
2014	87636.2	23041.7	26.3	19641.4	22.4	44953.1	51.3
2015	102551.0	26271.9	25.6	22797.6	22.2	53481.5	52.2
2016	117239.2	28072.6	23.9	25818.3	22.0	63348.1	54.0
2017	133668.3	30153.2	22.6	31033.4	23.2	72481.8	54.2
2018	150177.7	32167.5	21.4	35726.0	23.8	82284.2	54.8

资料来源:同表8-1。

第八章 中国社会政策支出的配置机制和流向结构

从表8-3可以看出，1990年，中国社会政策支出的六成用于教育，而卫生与社会保护大体上平分剩余的四成。但到了2013年，教育支出的份额从1990年的六成下降到了三成弱，卫生与1990年相比没有多大变化，而社会保护的份额则从二成强上升到了五成强，并呈现增长之势。由此可见，随着市场转型的深入，社会保护体系的建设逐渐成为中国社会政策施政的新中心。这为波兰尼著名的双向运动理论，即市场力量的释放必然引发社会保护发育的反向运动，[1] 提供了鲜活的中国例证。这说明，在社会政策的优先安排上，中国在21世纪初叶开始在社会保护和社会发展上齐头并进。

为了在市场转型的背景下清晰地透视各社会领域在中国的发展轨迹，我们需要进一步考察教育、医疗卫生和社会保护这三个社会领域中社会政策支出的增长幅度。我们采用指数增长为分析指标，即分别以1990年的支出水平为1，计算出各领域社会政策支出水平的增长指数。图8-1显示，在社会保护领域中的社会支出水平增长幅度较大，其2013年的支出水平是1990年的190.1倍；医疗卫生领域次之，为91.4倍；教育领域最慢，为37.3倍；2013年之后，社会保护支出增长速度进一步加快。具体考察三大领域社会支出的历时态变化，可以看出，中国社会保护支出的增长幅度与卫生支出和教育支出拉开距离，始于1996~1997年，而当时恰逢国有企业职工的下岗浪潮，[2] 各种社会保障制度（包括社会保险和社会救助）的建设[3]以及劳动力市场政策（失业保险和就业促进）的出台，[4] 保证了中国市场转型的顺利进行。

我们选择一些代表性国家在若干年份的相关指标作为参照标杆，简要进行一下国际比较，以更清晰地展示中国社会政策支出的配置结果。从表

---

[1] Fred Block, "Polanyi's Double Movement and the Reconstruction of Critical Theory", *Revue Interventions Économiques*, Vol. 38 (2008), pp. 2-14.

[2] Edward X. Gu, "From Permanent Employment to Massive Lay-offs: The Political Economy of 'Transitional Unemployment' in Urban China (1993-8)", *Economy and Society*, 28 (2), 1999.

[3] Edward X. Gu, "Beyond the Property Rights Approach: Welfare Policy and the Reform of State-owned Enterprises in China, 1978-1998," *Development and Change*, 32 (1), 2001.

[4] Gu Xin, "Employment Service and Unemployment Insurance," in John Wong, Zheng Yongnian (eds.), *The Nanxun Legacy and China's Development in the Post-Deng Era*, Singapore University Press, 2001, pp. 143-169.

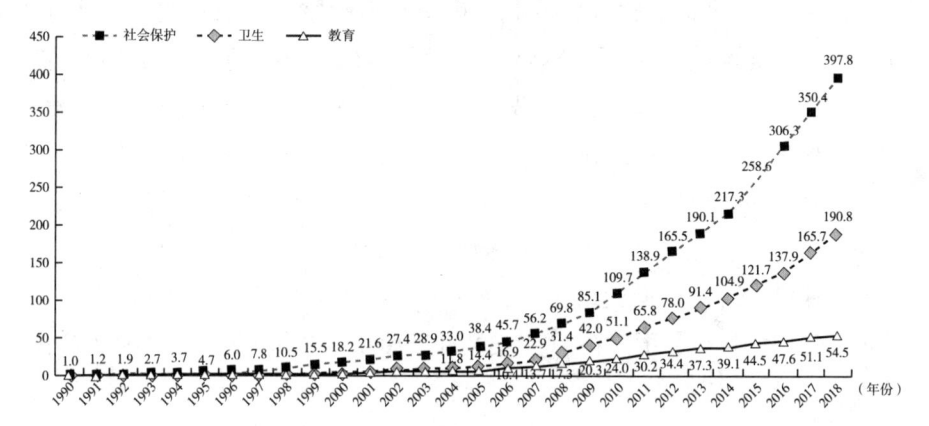

图 8-1 1990~2018年中国社会政策支出在不同社会领域的增长幅度
资料来源：同表8-1。

8-4可以看出，在欧美发达国家和中东欧转型国家，社会保护支出在整个社会支出中所占份额最多，在50%~69%这个区间，唯有美国是一个例外，在33%~38%；多数国家在多数时间的卫生支出占比高于教育支出，这在德国、英国和美国尤为明显。在亚洲，日本社会支出的结构与欧美发达国家和中东欧转型国家类似。实际上，在这些经济发展水平较高的国家，社会福利水平较高，且老龄化程度较高，因此其福利国家的开支重点自然会放在社会保护和医疗卫生领域。相对来说，这些国家的教育部门已经发育成熟，且经济增长和老龄化对教育支出的拉动作用远低于社会保护和医疗卫生，因此教育支出在社会支出中的份额下降，也是顺理成章的。

在亚洲国家当中，毫不奇怪，只有日本总体上类似于发达国家，且日本在卫生领域和社会保护领域的相对支出水平较高，这显然与日本的老龄化程度有关。韩国尽管已经成为OECD成员国，但其社会政策支出结构与OECD老牌成员国相比有较大的差距。中国与韩国在社会支出的水平和结构上比较相似，但值得注意的是，中国在社会保护上的绝对和相对支出水平在2005年、2010年和2015年都超过了韩国，这与中国老龄化程度高于韩国有关（参见表8-4）。日本和韩国福利体制发展的历史轨迹，均呈现出社会保护体制在初期滞后，后来随着社会经济人口情况的变化而有所改变。注重人力资本投资或社会发展的福利体制被称为

"生产主义模式",又称"东亚模式"。① 当然,东亚福利体制正处在转型之中,生产主义究竟向何处去倒是值得深究的一个研究课题。②

表8-4 若干国家教育、卫生和社会保护领域的公共支出

单位:%

国家组别	国家	2005年 教育	2005年 卫生	2005年 社会保护	2010年 教育	2010年 卫生	2010年 社会保护	2015年 教育	2015年 卫生	2015年 社会保护
欧美发达国家	瑞典	6.6 (19.0)	6.5 (18.4)	21.9 (62.6)	6.4 (19.2)	6.7 (20.0)	20.3 (60.8)	6.4 (19.2)	6.8 (20.5)	20.1 (60.3)
	芬兰	6.1 (18.6)	5.7 (20.3)	19.3 (61.1)	6.5 (17.9)	6.8 (20.1)	21.5 (62.0)	6.2 (16.0)	7.3 (18.8)	25.3 (65.2)
	法国	5.5 (16.0)	7.7 (22.2)	21.6 (61.8)	5.6 (15.1)	8.0 (21.4)	22.5 (63.5)	5.4 (14.4)	8.1 (21.3)	24.3 (64.3)
	德国	4.1 (13.8)	5.7 (19.2)	18.2 (67.0)	4.4 (14.9)	5.0 (17.0)	16.8 (68.1)	4.2 (13.8)	7.2 (23.6)	19.1 (62.6)
	英国	5.5 (21.0)	6.3 (23.9)	14.5 (55.1)	6.3 (17.3)	7.6 (21.0)	22.4 (61.7)	5.2 (17.7)	7.5 (25.5)	16.8 (56.8)
	美国	6.2 (30.5)	7.3 (35.9)	6.8 (33.6)	6.7 (26.9)	8.9 (35.5)	9.4 (37.6)	6.1 (25.1)	9.1 (37.7)	9.0 (37.2)
中东欧转型国家	捷克	4.8 (20.4)	6.9 (29.5)	11.7 (50.1)	5.1 (19.4)	7.8 (29.9)	13.2 (50.7)	4.9 (19.7)	7.6 (30.2)	12.5 (50.1)
	斯洛伐克	3.9 (15.8)	6.4 (26.0)	14.3 (58.2)	4.5 (16.5)	7.4 (27.4)	15.1 (56.1)	4.2 (16.0)	7.1 (27.5)	14.7 (56.5)
	匈牙利	6.0 (21.2)	5.7 (20.1)	16.6 (58.7)	5.5 (19.8)	5.0 (18.0)	17.4 (62.2)	5.2 (20.9)	5.2 (20.6)	14.6 (58.5)
	波兰	6.1 (22.0)	4.4 (16.0)	17.1 (62.0)	5.5 (20.7)	5.0 (18.5)	16.3 (60.8)	5.3 (20.6)	4.7 (18.2)	15.7 (61.2)

---

① Ian Holliday, "Productivist Welfare Capitalism: Social Policy in East Asia", *Political Studies*, Vol. 48, Issue 4 (2000), pp. 706-723.

② Young Jun Choi, "End of the Era of Productivist Welfare Capitalism? Diverging Welfare Regimes in East Asia", *Asian Journal of Social Science*, Vol. 40, Issue 3 (2012), pp. 275-294.

续表

国家组别	国家	2005 年 教育	2005 年 卫生	2005 年 社会保护	2010 年 教育	2010 年 卫生	2010 年 社会保护	2015 年 教育	2015 年 卫生	2015 年 社会保护
亚洲国家	日本	3.4 (15.2)	6.1 (27.1)	13.0 (57.7)	3.6 (14.1)	7.2 (29.0)	16.0 (56.9)	3.4 (12.7)	7.7 (28.2)	16.1 (59.1)
	韩国	4.3 (36.5)	3.0 (25.2)	4.5 (38.3)	4.4 (33.0)	3.8 (27.9)	5.3 (39.1)	4.7 (30.5)	4.0 (26.0)	6.7 (43.5)
	中国	2.7 (31.7)	1.5 (17.3)	4.2 (50.9)	3.8 (30.5)	2.6 (20.6)	5.9 (48.9)	3.9 (25.6)	3.4 (22.2)	7.9 (52.2)

注：本表中各栏数据为相关社会政策支出占 GDP 的比重，而括号内数据则为相关领域社会政策支出在整个社会政策支出中的占比。因四舍五入，有些数据加总不为 100%。

资料来源：OECD, General Government Spending (indicators), perspectives: total; social protection; education; health, 2000 – 2019, https://data.oecd.org/gga/general-government-spending.htm#indicator-chart。中国数据源自本章的计算，参见表 8 – 3。

从国际比较的视野来看，中国社会政策支出的现有结构似乎也呈现着与其经济社会发展水平阶段不相适应的一些特征。其一，中国长期以来在教育领域社会政策支出的绝对水平较低，但保持了较高的相对支出水平，而发达国家在教育领域一般呈现高绝对水平 - 低相对水平的格局。其二，尽管中国在医疗卫生领域的公共政策支出近年来有所增长，但其绝对支出和相对支出水平，截至 2016 年，在三大社会政策支出类别中都最低，这同大多数亚洲发展中国家的情形十分相似，而同发达国家有所不同。如果中国进一步提高医疗卫生领域公共支出的水平，那么在社会政策支出中投入医疗卫生领域的份额必定能提高，这样中国社会政策支出结构的平衡性就有可能向发达国家靠拢。值得注意的是，这一变化趋势已经从 2017 年开始显现了。

相对来说，中国在社会保护上的支出近年来增长很快，标志着中国的社会福利事业（包括社会救助、扶贫助残、社会服务以及就业保障等）取得了长足的发展。到 2018 年，中国社会保护支出为 82284.2 亿元（参见表 8 – 3），占当年 GDP（919281 亿元）的比重为 9.0%，尽管不能同世界上众多发达国家相比，但已经超过了 OECD 的新成员国墨西哥（参见图 8 – 2）。

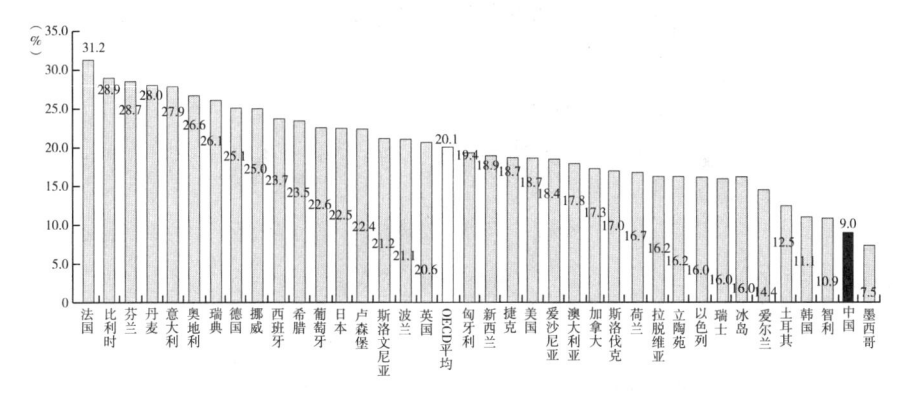

图 8-2 2018 年中国与 OECD 成员国社会保护支出占 GDP 的比重

资料来源：OECD 国家，来自其社会保护支出数据库，参见其官网：https://data.oecd.org/socialexp/social-spending.htm；中国社会保护支出数据参见表 8-3，GDP 数据来自国家统计编《2019 中国统计年鉴》，中国统计出版社，2019，第 56 页。

结 语

随着总体水平的逐渐提高，中国社会政策支出的配置机制和配置结构也逐渐发生了改变。从配置机制上看，中国社会政策支出的结构性转变有两个阶段：第一，社会保险在 20 世纪 90 年代发展起来，但社会救助体系停滞不前，使社会安全网出现了漏洞；第二，进入 21 世纪之后，社会救助体系的完善受到重视，这使家计调查型支出在社会政策支出中的份额有所上升。从国际比较的视野来看，中国福利体制在第一阶段发生了从社会主义模式向法团主义模式的转型，而在第二阶段又有从法团主义模式向自由主义模式的转变之势。

从配置结果来看，中国社会政策支出结构性转变的最显著之处，是社会保护支出增长迅猛，从而在一定程度上印证了波兰尼关于市场化激发社会保护发展的论断。只不过中国的经验更多地证明社会保护并非与市场机制相对立，而是一种同释放市场力量相辅相成的国家行动而已，这与波兰尼把市场机制的成熟与社会保护的发展完全对立起来的观点相左。中国的经验同样表明，以忽视社会保护为主要特征的东亚生产主义福利模式，同样处在转型之中。社会保护在全球性市场化的进程中有所发展，是不可避免的。只不过中国同亚洲发展中国家的共同之处，在于医疗卫生领域中公共支出的比重偏低，这对于正在快速走向老龄化的中国来说尤其是一个不容忽视的结构性缺陷。但这一缺陷的矫正自 2017 年已经起步了。由此，中国新兴的福利国家将走向社会发展与社会保护并重的新阶段。

第三部分
公共财政转型与医疗卫生健康事业发展

第九章　公共财政转型与政府卫生筹资责任的回归：新医改实施前的变化[*]

导言：卫生筹资的政府责任

2009年4月6日，《中共中央　国务院关于深化医药卫生体制改革的意见》（以下简称"新医改方案"）公布，正式拉开了新一轮医药卫生体制改革（以下简称"新医改"）的序幕。[①] 毋庸赘言，新医改的推进是中国社会经济发展史上的一件大事。"新医改方案"提出了一些新的战略构想，为中国医疗卫生事业的改革与发展指出了新的方向，其中之一在于明确了医疗卫生领域中公共财政的若干基本准则，也明确了卫生筹资中政府的责任。

"新医改方案"的第十条提出要"建立政府主导的多元卫生投入机制"，预示着政府投入在卫生筹资责任上的回归。对此，"新医改方案"第十条明确了政府卫生投入增加的三点规范。

其一，强化政府的卫生筹资功能，即"逐步提高政府卫生投入占卫生总费用的比重，使居民个人基本医疗卫生费用负担明显减轻"。

其二，增加政府的卫生投入，即"政府卫生投入增长幅度要高于经常性财政支出的增长幅度，使政府卫生投入占经常性财政支出的比重逐步提高"。

---

[*] 本章的较早版本参见顾昕《公共财政转型与政府卫生筹资责任的回归》，《中国社会科学》2010年第2期。收入本书后，数据有所更新，内容有所调整。

[①] 参见卫生部网站，http://www.moh.gov.cn/publicfiles/business/htmlfiles/mohzcfgs/s7846/200904/39847.htm。本章中引用"新医改方案"中的内容，不再另写出处。

其三，调整政府卫生投入的流向，即"新增政府卫生投入重点用于支持公共卫生、农村卫生、城市社区卫生和基本医疗保障"。

值得注意的是，"新医改方案"中关于公共财政原则、规范和措施的所有论述，具有坚实的现实基础，因此具有明确的针对性和可操作性。换言之，新医改并不是一项未来即将展开的工作，而是在新医改方案发布之时业已开展并正在进行的一项工作，其中公共财政在医疗卫生领域中的转型，早在新医改方案发布之前就已开始，并顺理成章成为新医改的一个内在组成部分。本章致力于考察在新医改正式实施之前公共财政的转型及其对卫生筹资的影响。

自 20 世纪 90 年代以来，中国医疗卫生领域的一个突出问题就是政府的公共筹资责任虚化和弱化，从而引发了一系列弊端，尤其是导致了严重的医疗卫生健康不公平现象。[①] 然而，自 2003 年以来，中国政府确立了经济社会和谐发展的全新发展战略，[②] 公共财政的运行在结构上发生了一定的转型，其突出表现就是公共财政在民生领域或国际上通称的社会领域（social sectors）中发挥积极而有效的作用。详细分析我国政府预算财政支出的结构，并不是本章的目的。可以指出的是，在新医改开始之前，政府财政预算支出结构的基本情况是，用于经济事务的支出占比大幅度下降，用于社会与公共服务的支出有所增加，用于行政管理和其他事务的支出增加较多。总体来说，中国的政府财政正在发生转型，但是距离一个以支持社会与公共服务为主的公共财政还有一定的道路要走。[③]

公共财政的转型体现了政府转型的某些新趋势，即从注重经济转向注重民生、从政府大包大揽的施政模式转向政府承担有限责任、从依赖行政化等级体系转向运用市场机制；当然，这三大转型是一个渐进的过程，而且即便在转型成熟之后，前后两者模式都将并存。[④] 在医疗卫生领域，公共财政转型的具体体现有三，即：（1）公共财政的卫生筹资功能强化，从而体现了公共服务型政府在社会领域（而不是经济领域）承担主要筹资责任的核

[①] 王绍光：《政策导向、汲取能力与卫生公平》，《中国社会科学》2005 年第 6 期。
[②] Edward Gu, David Kelly, "Balancing Economic and Social Development: China's New Policy Initiatives for Combating Social Injustice," in Samir Radwan, Manuel Riesco (eds.), *The Changing Role of the State*, The Economic Research Forum, 2007, pp. 201–224.
[③] 参见吕炜《我们离公共财政有多远》，经济科学出版社，2005。
[④] 燕继荣：《服务型政府的研究路向——近十年来国内服务型政府研究综述》，《学海》2009 年第 1 期。

第九章 公共财政转型与政府卫生筹资责任的回归：新医改实施前的变化

心职能；(2) 政府在增加卫生投入的同时，充分意识到责任的有限性，放弃大包大揽（即独揽筹资和服务提供）的传统模式，更加注重动员民间资本进入医疗卫生领域；(3) 新增政府卫生支出更多地投入医疗保障体系之中，从而推动医疗领域形成一种新的市场机制，即公立医疗保险购买医药服务。

公共财政的转型，尤其是公共财政在诸如医疗卫生这样的社会领域中发挥积极而有效的作用，对于中国市场经济的可持续发展，具有重大的意义。20世纪最伟大的经济史学家卡尔·波兰尼曾经指出，市场经济制度的构建是由两大截然相反的力量所推动的：一是市场力量的释放；二是社会保护体系的构建。[①] 市场经济体系与社会保护体系的二元发展，正是西方发达国家社会经济可持续发展的秘密。自1978年以来，中国经历了翻天覆地的市场转型。从1978年至2000年这一期间，中国市场转型的主轴是市场力量的释放。正是借助于市场力量的释放，中国经济取得了飞速的发展。但是，与此同时，无论城市还是农村，相当一部分民众陷入极大的不确定之中。进入21世纪之后，中国的市场转型进程也进入了一个新的历史时期。市场转型和经济增长不再单兵突进，社会发展开始受到了广泛的关注。值得注意的是，无论是市场力量的释放还是社会保护体系的建设，都需要政府施为。经济社会协调发展的新理念，开始成为新历史时期指导中国发展的新原则，也成为中国政府施政的新方向。

经济社会协调发展的理念无疑包含着丰富的内容，但无论如何，社会保护体系的完善是这一新发展理念的中心内容之一。[②] 在经济生活日益市

[①] Karl Polanyi, *The Great Transformation: The Political and Economic Origins of Our Time*, Beacon Press, 1965.

[②] 在国际上，"社会保护"一词已经在过去的十多年里取代了"社会保障"（social security）一词，作为各种防范社会风险举措的泛称（参见 Isabel Ortiz, "Introduction" to Isabel Ortiz (ed.), *Social Protection in Asia and the Pacific.* Manila: Asian Development Bank, 2001, p.41）。"社会保障"一词被取代乃是因为这一词语在不同的国家有不同的用法。在美国，这一词语被用来特指"社会安全税"体系，而且在使用时第一个字母要大写。在很多其他国家，社会保障意指社会保险和社会救助的综合，基本上属于公共性社会保护项目。在中国，任何有关社会保障的教科书都会告诉读者，"社会保障"一词有广义和狭义之分；广义的"社会保障"就是一切保障民众防范社会风险的措施，而狭义的"社会保障"指的是"社会保险"，亦即由人力资源和社会保障部主管的社会保险项目。一般来说，在中国的语境中，提及"社会保障"大多会与某个特定政府部门联系起来。既然如此纠缠不清，那么我们为什么不能同国际接轨，放弃所谓广义的社会保障的概念，代之以国际上通行的"社会保护"这一便于沟通的词语。

场化和全球化的时代，社会保护体系在帮助民众防范与应对负面风险从而推进财富创造上的重要性日渐凸显。只有在完善市场运行规则的同时建立健全社会保护体系，市场经济体制才能真正构建起来。

社会保护体系的发展，离不开政府责任，尤其是政府在筹资上承担积极的责任。在整个20世纪，西方国家政府预算中所谓"社会支出"（social spending）或"社会政策开支"的比重始终在加大，于是，在西方出现了一个看起来矛盾但意涵深刻的现象，即全球性的福利国家收缩的确导致公共部门规模缩小，也引发了福利国家治理的转型，但各国用于民生的社会政策支出水平没有降低。[1] 更为重要的是，同以往人们将社会政策支出视为纯粹消费的观念有所不同，当代社会经济史学家已经证明，一个国家社会支出的多少，尤其是其占GDP的比重，对该国整体的经济发展水平都有极大的促进作用。[2] 社会政策支出的扩大，或者说社会政策的发展，不再是只花钱、无效果的社会消费，而是一种"社会投资"；社会政策支出所投资的领域，就是"社会基础设施"（social infrastructure），其重要性不亚于实体性基础设施（physical infrastructure）的建设。[3] 一句话，社会福利国家（the social welfare state）已经并且应该转型为社会投资国家（the social investment state）。[4]

当然，政府在社会政策支出上有积极的表现是不够的。公共支出如何产生其应有的效果，才是公共财政转型的关键。传统上，一旦政府决定增加对社会事业的投入，那么一般都会设立公立机构直接为民众提供相应的公共服务。这种"直接提供"的模式不仅在实施计划经济体制的国家中占据绝对主宰的地位，而且在实行市场经济体制的西方福利国家中也一度非常盛行。西方发达国家在经历了二战后二十多年福利国家的大扩张之后，从20世纪80年代开始改弦更张，大力裁撤那些提供社会福利和社会服务的公共部门组织。然而，正如前文所述，在福利国家收缩的大潮中，政府的社会支出并没

---

[1] 关于这一点，参见〔美〕保罗·皮尔逊《福利制度的新政治学》，汪淳波译，商务印书馆，2004。

[2] Peter H. Lindert, *Growing Public: Social Spending and Economic Growth since the Eighteenth Century*, Vol. I - II, Cambridge University Press, 2004.

[3] 这是所谓"新社会民主主义"的核心理念，参见〔英〕安东尼·吉登斯《第三条道路——社会民主主义的复兴》，郑戈译，北京大学出版社，2000。这一理念影响了英国新工党的社会政策。

[4] 目前，向社会投资国家转型已经成为世界各国社会政策专家们的热门话题，有关讨论的内容在互联网上可以搜索到很多。

第九章　公共财政转型与政府卫生筹资责任的回归：新医改实施前的变化

有相应消减，而是通过各种方式流入了民营非营利组织，甚至流入了营利性组织。由此，西方福利国家的治理模式发生了深刻的转型，走上了所谓的"公私合办福利"（public – private mix of welfare provisions）的道路，[①] 民营部门提供公共服务的全新模式应运而生并且得到了很大的发展，[②] 各种各样的公私伙伴关系（public – private partnerships，PPPs）应运而生。[③]

全球性福利国家改革，是全球性公共管理变革的主战场。在这一改革浪潮中，社会福利或公共服务的提供者日益走向多元化，民间组织（尤其是民间非营利组织）愈来愈多地参与到公共服务领域，但是国家并没有退出，而是扮演社会服务出资者、推动者和监管者的角色。对此，美国加利福尼亚大学伯克利分校社会政策专家内尔·吉尔伯特（Neil Gilbert）教授在20世纪80年代后期提出了能促型国家（the enabling state）的理念。[④] 这一理念旨在颠覆传统的福利国家观念，具体体现为如下三大观念性变革：第一，公共服务从政府直接提供向民间提供转型；第二，从国家直接拨款支持向国家间接支出公共服务转型；第三，从国家大包大揽公共服务的所有责任向"公共支持私人责任"（public support for private responsibility）的理念转型，也就是国家通过各种方式来支持民间，即个人、家庭、社区和非营利组织，来承担更多的社会责任。[⑤] 简而言之，通过市场化或民间非营利性的组织和行动来推进社会公益，已经成为政治学、社会学和公共管理领域中一个新的学术领域。[⑥]

[①] Ugo Ascoli, Costanzo Ranci (eds.), *Dilemmas of the Welfare Mix: The New Structure of Welfare in an Era of Privatization*, Kluwer Academic Publisher, 2002.

[②] Roger L. Kemp (ed.), *Privatization: The Provision of Public Services by the Private Sector*, 2nd edition, McFarland & Company, 2007.

[③] Stephen P. Osborne, *Public – Private Partnership: Theory and Practice in International Perspective*, Routeledge, 2000.

[④] Neil Gilbert, Barbara Gilbert, *The Enabling State: Modern Welfare Capitalism in America*, Oxford University Press, 1989.

[⑤] Neil Gilbert, *Transformation of the Welfare State: The Silent Surrender of Public Responsibility*, Oxford University Press, 2002, pp. 163 – 189.

[⑥] Walter W. Powell, Elisabeth S. Clemens (eds.), *Private Action and the Public Good*, Yale University Press, 1998; Penelope J. Brook, Timothy C. Irwin (eds.), *Infrastructure for Poor People: Public Policy for Private Provision*, World Bank, 2003; Daniel Béland, Brian Gran (eds.), *Public and Private Social Policy: Health and Pension Policies in a New Era*, Palgrave Macmillan, 2008.

在世界各国，医疗保障体系和医疗服务体系都是公共服务的组成部分，也是福利国家的组成部分。与福利国家的转型同步，医疗卫生体制的改革也是一个全球性的现象。虽然各国的改革存在诸多差异，但两大共同趋势依然可辨：第一，医疗保障体系走向全民覆盖，亦即走向全民医保，其中政府在医疗保障筹资中扮演积极而有效的角色；第二，医疗服务递送体系走向"有管理的市场化"，其中政府以购买者（通过医保机构）、监管者和推动者的角色参与到医疗服务的市场之中。[①] 在过去的若干年，中国医疗保障领域以及公共财政在医疗卫生领域的变化，恰恰同全球性医疗卫生体制改革的大趋势相吻合。在某种程度上，"新医改方案"在医疗保障和公共财政的改革上，指出了与全球性大趋势趋同的新方向。[②]

本章以上述公共财政与公共服务转型为大的背景，通过对历年统计数据的分析，展示中国医疗卫生领域中在新医改之前的公共财政境况，在此基础上对新医改的新方向以及公共财政所面临的挑战进行探讨。

一 中国公共财政卫生筹资功能的强化

无论是就更加广泛的社会发展领域而言，还是在具体的医疗卫生领域，中国政府转型的第一大特征和方向，就是公共财政卫生筹资功能的强化。

要考察公共财政的卫生筹资功能，关键在于分析卫生总费用的构成。卫生总费用以货币量的形式反映了一个国家用于医疗卫生健康领域的资源总量，其中既包括公共部门动员的资源，也包括民营部门（或私人）在医疗卫生健康领域的支出，其总水平在一定程度上反映了一个国家的政府、社会和民众对卫生、健康和医疗的关注程度。世界卫生组织（WHO）、世

[①] 顾昕：《全球性医疗体制改革的大趋势》，《中国社会科学》2005年第6期。

[②] 必须说明的是，中国在医疗服务递送领域（即医疗供给侧）的改革长期以来摇摆不定，至今依然处在摸索的阶段。限于主题，本章对此不拟详述。关于这一点，可参见顾昕《论公立医院去行政化：治理模式创新与中国医疗供给侧改革》，《武汉科技大学学报》（社会科学版）2017年第5期；顾昕《走向协同治理：公立医院治理变革中的国家、市场与社会》，《苏州大学学报》（哲学社会科学版）2017年第5期；顾昕《建立新机制：去行政化与县医院的改革》，《学海》2012年第1期；顾昕《行政型市场化与中国公立医院的改革》，《公共行政评论》2011年第3期。

第九章 公共财政转型与政府卫生筹资责任的回归：新医改实施前的变化

界银行、经济合作与发展组织（OECD）、欧盟以及各国的社会政策专家，均通过对卫生总费用的分析，揭示各国卫生资源的总量和配置，从而透视公共财政支出的变化以及社会政策的总体变化。

很显然，在任何一个国家中，卫生总费用的来源是多元的，支出流向也是多元的。为了推进国际卫生政策的比较及改善，一些国际组织尤其是WHO和OECD发展了国家卫生账户（national health accounts）数据收集和核算的办法，向成员国推荐。[①] 从20世纪90年代初开始，中国卫生部委托卫生部卫生经济研究所承担卫生费用核算研究工作，到2003年建立了中国国家卫生账户的核算体系。该体系采用了三种核算卫生总费用的方法，即来源法（即筹资法）、机构法和功能法。第一种方法从筹资来源汇总卫生总费用，第二种方法根据所有卫生服务机构的支出汇总卫生总费用，第三种方法根据所有卫生功能（如医疗、公共卫生、卫生发展、卫生管理等）的支出汇总卫生总费用。[②] 可是，令人遗憾的是，卫生总费用的信息披露情况很不理想。有关卫生筹资的数据（根据来源法核定）在历年《中国卫生统计年鉴》中有所披露，而有关卫生支出的数据（无论是按照机构法还是功能法核定）则很少有系统性的披露。信息公开是一个政府走向服务型政府的重要一环，也是促进公共管理变革的重要手段。如果有关卫生总费用筹资和支出的数据能够全部公开，这对于卫生政策的研究和改善无疑会有巨大的推进作用。

从图9-1可以看出，自1980年以来，中国的卫生总费用可谓节节攀升，但是卫生总费用占GDP的比重则有起有落，在2002~2003年达到顶点的4.8%，之后就逐步回落，到2007年下降到4.4%，但在新医改正式实施的前夜2008年，这一指标又重新进入了升势。从国际比较的角度来看，中国卫生总费用占GDP的比重其实并不高。2006年，全球卫生总费用占GDP的比重平均为8.7%；在具有经济可比性的中低收入国家中，这

[①] 针对低收入和中低收入国家，世界卫生组织在2003年出版了一份长达330页的国家卫生账户核算指南，这份指南可以在WHO的官方网站上免费下载，参见WHO, *Guide to Producing National Health Accounts*, World Health Organization, 2003。OECD的指南也可以免费下载，参见OECD, *A System of Health Accounts*, Organisation of Economic Cooperation and Development, 2000。

[②] 关于中国卫生总费用核算的组织历史、沿革与现状，参见张振忠主编《中国卫生费用核算研究报告》，社会科学文献出版社，2009，第11~32页。

一比重平均为4.5%，中国不过在这一平均水平线上下波动而已。看一看中国周边的邻居，不少国家的这一指标大大高于中国，例如在2006年，越南卫生总费用占GDP的比重为6.6%，柬埔寨为5.9%，蒙古国为5.7%，尼泊尔为5.9%。[1] 这些国家的经济发展水平均落后于中国，甚至远远落后于中国某些经济发达的省份。

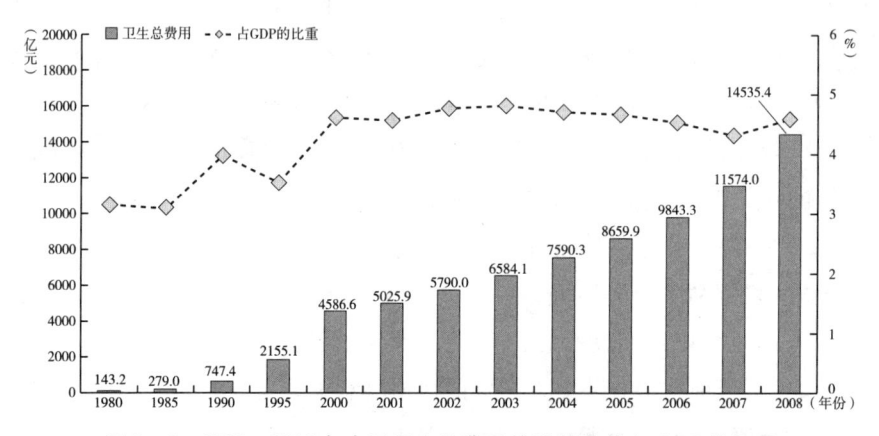

图9-1　1980~2008年中国卫生总费用的增长及其占GDP的比重

注：本图所展示的占GDP的比重，系笔者根据《中国卫生统计年鉴》中给出的原始数据重新进行计算，其中某些年份（例如2007年）的占比数据与《中国卫生统计年鉴》中展示的计算结果有微小的出入。

资料来源：中华人民共和国卫生部编《2009中国卫生统计年鉴》，中国协和医科大学出版社，2009，第81、367页。

依照中国的统计口径，卫生总费用的筹资构成分为三类：政府卫生支出，即各级政府用于医疗卫生服务、医疗保障补助、卫生与医保行政管理事务、人口与计划生育等事业的财政预算拨款；社会卫生支出，即政府预算外以及各类机构对于医疗卫生事业的支出，其中包括社会医疗保险的筹资、商业健康保险保费、社会办医支出、社会医疗慈善、行政事业性收费等；个人卫生支出，即城乡居民自付的各种医疗费用。[2] 最后一项反映了城乡居民医药费用的实际负担。

从图9-2可以看出，自1990年以来，政府卫生支出在卫生总费用中

---

[1] 参见中华人民共和国卫生部编《2009中国卫生统计年鉴》，中国协和医科大学出版社，2009，第408~416页。

[2] 有关统计口径的解释，参见中华人民共和国卫生部编《2009中国卫生统计年鉴》，中国协和医科大学出版社，2009，第79页。

第九章 公共财政转型与政府卫生筹资责任的回归：新医改实施前的变化

的比重有所下降，到 2000 年下降到谷底的 15.5%。由此来看，卫生政策领域关于政府卫生筹资责任在 20 世纪 90 年代下降的批评，有充分的事实根据。然而，自 2000 年以来，政府卫生支出在卫生总费用中的比重开始稳步上升，到 2008 年已经回升到 24.7% 的水平，但是距离 1990 年的 25.1%，还有一定的上升空间。社会卫生支出的变化与政府卫生支出类似。与此相对照，个人卫生开支占卫生总费用的比重从 1990 年 35.7% 的水平一路攀升到 2001 年 60.0% 的高位，导致人民群众医药费用的负担日益沉重，"看病贵"成为头号社会问题。自 2002 年起，个人卫生支出的比重开始下降，而且下降的幅度在过去的若干年内有加快的趋势，到 2008 年已经下降到 40.4% 的水平。由于政府与社会卫生支出的增长，民众个人和家庭的实际医药费用负担有了实质性的减轻。

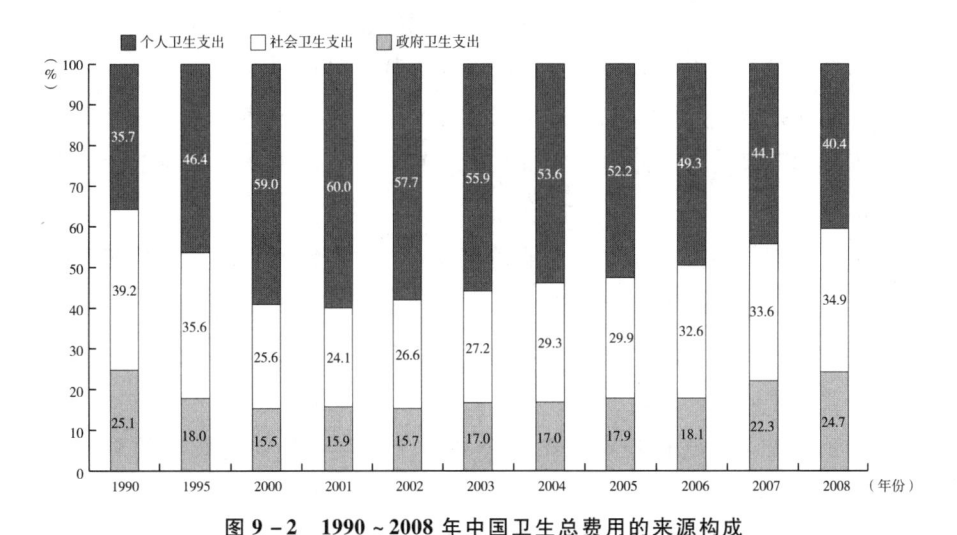

图 9-2 1990~2008 年中国卫生总费用的来源构成

资料来源：中华人民共和国卫生部编《2008 中国卫生统计年鉴》，中国协和医科大学出版社，2008，第 81 页。

依照国际惯例，卫生费用一般分为公共支出（public expenditure or public spending）与私人支出（private expenditure or private spending）或者公共筹资（public financing）与私人筹资（private financing）两类，其中公立医疗保险基金收入列入公共开支或公共筹资，[①] 而中国则把公立医疗保

---

① World Health Organization, *The World Health Report* 2000: *Health Systems, Improving Performance*, World Health Organization, 2000, pp. 192-195.

险基金收入列入所谓的"社会卫生费用"之中。自2002年起，WHO在其每年一度发表的《世界卫生报告》中，把"公共支出"的说法改为"广义政府卫生支出"（general government expenditure on health），而"私人支出"的提法依然如故。① 卫生部卫生经济研究所在发布有关卫生总费用的数据时，也采用了"广义政府卫生支出"与"私人支出"这一组概念。②

特别值得注意的是，这里是把公立医疗保险基金的收入而不是支出列为卫生总费用中的公共支出部分。其实，从逻辑上看，支出和筹资是不同的概念，筹来的资金不一定都支出。但是，在世界上的大多数国家，公立医疗保险的筹资与支出相差不多，在很多情况下公立医疗保险基金甚至处于赤字状态，需要政府财政予以补贴。因此，在国际上，把卫生筹资与卫生支出区分开来，意义不大。但是在中国，情况相当特殊，即公立医疗保险的基金结余率相当高，因此卫生筹资与卫生支出理应分开加以讨论。正是在这个意义上，中国有关卫生总费用的测算才采纳了前文所提及的三种办法，从而把卫生筹资与卫生支出区分开来了。前文已述，由于卫生支出的数据披露不系统，因此本章的研究（尤其是本节）主要基于对卫生筹资情况的分析。

另一个值得注意的事项是，在国际上，"公共财政"包括公共部门的所有支出，既包括政府财政预算支出，也包括社会保险支出。这一点举世皆然。③ 在中国，有很多医疗政策论者（尤其是来自医院的著名专业人士）大力主张加强政府在医疗卫生事业上的投入，但是把政府投入简单地等同于政府预算投入。这种观点忽略了公立医疗保险在公共财政中的重要地位。因此，唯有采纳国际惯例，比较卫生的公共支出与私人支出，将政府预算支出与公立医疗保险筹资放在一起考察，方能准确地了解公共财政在中国医疗卫生筹资体系的功能。

在中国，公立医疗保险主要有三个：（1）城镇职工基本医疗保险

---

① World Health Organization, *The World Health Report* 2002: *Reducing Risks*, *Promoting Healthy Life*, World Health Organization, 2000, pp. 202 – 209.
② 卫生部卫生经济研究所编《中国卫生总费用研究报告 2007》，卫生部卫生经济研究所，2007。
③ 关于这一点，不必举出更多例证，只须参考任何一本英文公共财政教科书的中译本即可，例如〔美〕哈维·S. 罗森《财政学》（第六版），赵志耘译，中国人民大学出版社，2003。

第九章 公共财政转型与政府卫生筹资责任的回归：新医改实施前的变化

(以下简称"城镇职工医保")；(2) 城镇居民基本医疗保险（以下简称"城镇居民医保"）；(3) 新型农村合作医疗（以下简称"新农合"）。为了进行国际比较，我们把上述三个公立医疗保险的基金收入和政府预算卫生开支两项加总，得出卫生总费用中公共筹资（或称"广义政府卫生支出"）的总量，然后从卫生总费用减去公共筹资总量就可得出私人筹资总量。

值得特别指出的是，本章计算出来的卫生公共筹资总量存在低估的情况。低估的主要来源有四。

第一，中国国家统计口径中原来列入"社会卫生支出"一栏中的"非卫生部门行政事业单位卫生支出"理应列入"公共筹资"，但这一类别的具体数据从来没有公布出来，因此在本章关于公共筹资总量与占比的计算中无法加以列入。

第二，自2001年起，卫生总费用中不再包括"高等医学教育经费"，但其中的大部分理应列入"公共筹资"。

第三，除了上述三项公立医疗保险之外，我国还有公立的生育保险和工伤保险，这两项公立社会保险基金中的一部分用于参保人的收入补偿，而另一部分用于为医疗机构支付生育与伤病治疗的费用，这后一部分理应属于卫生总费用中公共筹资的一部分。但是，由于如此拆分后更加详细的数据不可获得，本章无法将它们纳入卫生总费用中"公共筹资"的计算之中。此外，这两部分筹资在卫生总费用中微不足道，其占比低于统计误差，因此暂且不计。

第四，在卫生部卫生经济研究所的计算中，"企业职工医疗卫生费用"被视为"社会保障卫生支出"，因此列入了"公共筹资"或"广义政府卫生支出"的类别。这一点或许是可商榷的。在国际上，这笔费用一般被视为员工福利，在统计上被列入"私人筹资"的类别。在中国，"企业职工医疗卫生费用"是改革前国有企业"劳保医疗"的遗留物，而"劳保医疗"一般被视为传统的单位制社会福利体系的一部分。当然，在转型过程中，"企业职工医疗卫生费用"中很大一部分是垄断性国有企业给予自己职工的福利，其高水平在一定程度上可以被视为国企管理层和职工合谋侵蚀国有资产，因此列为"公共筹资"更为合理，而不能像完善的市场经济国家那样归于"私人筹资"范畴。由于单位制社会福利是否属于社会保障

189

体系尚可商榷，更何况这一制度正转型为规范化的员工福利，因此将其费用列为公共筹资意义不大。

因此，主要由于上列第一项、第四项因素，本章给出的公共筹资及其占卫生总费用的比重，与卫生部卫生经济研究所计算出来的数据相比，都稍微偏低一些。例如2007年，本章计算出来的公共筹资占卫生总费用的比重为44.1%，而卫生部卫生经济研究所给出的数字是45.3%。[①] 但总体来说，这些出入从统计分析的角度来看微不足道，既不表明本章与卫生部卫生经济研究所的计算谁对谁错，也不影响本章做出的宏观定性判断。

图9-3给出了中国卫生总费用中公共筹资（公共支出）与私人筹资（私人支出）之比的历年变化数据。从中可以看出，公共筹资占卫生总费用的比重在1995年处于谷底，仅在18.6%的水平，与同期印度的情形类似。[②] 在这里，有必要再次指出，1990~1999年"公共筹资"的比重有可能存在严重的低估。其中一个重要原因是，传统的劳保医疗有很大的比例尚没有转型为城镇职工医保。本章把传统国有企业劳保医疗排除在"公共筹资"之外，仅仅把少部分刚刚转型的城镇职工医保作为"公共筹资"，明显低估了公共筹资比重。实际上，关于中国单位福利制究竟应该属于"员工福利"还是"国家福利"的问题，这是值得探究的。有学者归之为前者[③]，而笔者曾经在一篇英文论文中明确认为是"后者"，单位福利制正在从"国家福利"转型为"员工福利"，因此劳保医疗费用在卫生总费用中归类，理论上应该从"公共筹资"转变为"私人筹资"。从分析的角度来说，这一转型的分界点如何确定以及历年的数据如何获得，是我们深入研究这一问题的关键。[④] 然而，由于转型中的劳保医疗支出数据较难获得，因此本章亦只能暂且维持现有的计算。如果这一低估的确存在，那么2005年以来学术界基于卫生公共筹

[①] 卫生部卫生经济研究所编《中国卫生总费用研究报告2009》，卫生部卫生经济研究所，2009，第19~20页。

[②] 在2000年，印度公共筹资（支出）占其卫生总费用的比重为18.4%。参见世界银行编著《2004年世界发展报告：让服务惠及穷人》，本报告翻译组译，中国财政经济出版社，2004，第256~257页。

[③] 参见 Ming-kwan Lee, *Chinese Occupational Welfare in Market Transition*, Macmillan Press Ltd., 2000。

[④] 参见 Edward Gu, "Dismantling the Chinese Mini-Welfare State: Marketization and the Politics of Institutional Transformation," *Communist and Post-communist Studies*, 34 (1), 2001。

第九章 公共财政转型与政府卫生筹资责任的回归：新医改实施前的变化

资比重偏低对中国卫生筹资体制的批评，看起来值得商榷并进一步加以分析。

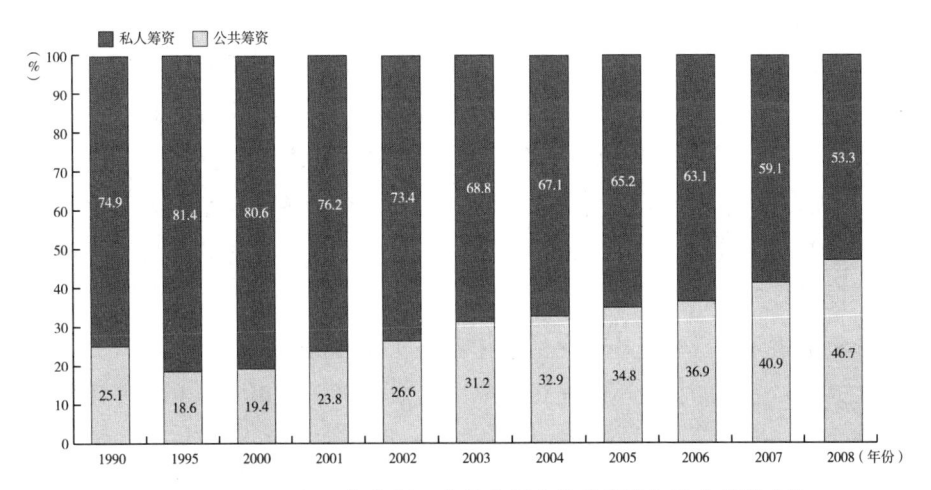

图9-3　1990~2008年中国卫生总费用中公共筹资与私人筹资之比

年份	1990	1995	2000	2001	2002	2003	2004	2005	2006	2007	2008
私人筹资	74.9	81.4	80.6	76.2	73.4	68.8	67.1	65.2	63.1	59.1	53.3
公共筹资	25.1	18.6	19.4	23.8	26.6	31.2	32.9	34.8	36.9	40.9	46.7

资料来源：中华人民共和国卫生部编《2009中国卫生统计年鉴》，中国协和医科大学出版社，2009，第81、350页；国家统计局人口和就业统计司、人力资源和社会保障部规划财务司编《2009中国劳动统计年鉴》，中国统计出版社，2009，第515~516页；卫生部卫生经济研究所编《中国卫生总费用研究报告2009》，卫生部卫生经济研究所，2009，第26页。

本章聚焦于21世纪初期的变化，尤其是在新医改方案颁布前的变化。无论我们对20世纪末的情形如何加以评说，一个基本的事实是，自2000年以来，主要由于三大公立医疗保险（即城镇职工医保、城镇居民医保和新农合）覆盖面的扩大和缴费水平的提高，公共筹资占卫生总费用的比重开始逐年攀升。到2008年，这一比重达到46.7%。

那么，新医改正式实施前中国公共筹资占卫生总费用的比重到底高还是低呢？当然，与全球的平均水平尤其是发达国家相比，这一比重无疑是低的。2006年，全球的平均水平为57.6%，而高收入国家高达60.7%。但是，与发展中国家和亚洲国家相比则未必。表9-1给出了一些国家在2006年公共筹资占卫生总费用的比重。由此可以看出，无论在哪一种类别中，不同国家这一指标的高低具有很大的差异。在中国所属的"中低收入国家"中，这一比重超过40%者可谓凤毛麟角。在包括日本、韩国、新加坡等发达国家在内的东亚与南亚地区，这一比重2006年的平均水平仅为33.6%，而中国同年的水平为40.7%；要知道，日本、韩国的这一比重都大大超过33.6%，因此在与中国可比的东亚和东南亚国家，其公共筹资的比重肯定要比中国低很多。[①]

从国际比较可以看出，中国卫生总费用中公共筹资的比重，从世界范围来看，还是比较低的，但是在经济发展水平相当的中低收入国家中，正在接近甚至超过平均水平。在亚洲，中国的这一指标较高。值得一提的是，在国际上非常热门的中国与印度的比较中，中国占据了上风。2000年，中国总费用中公共筹资的比重为19.2%，印度为18.4%，水平之低可谓半斤八两；但是，到了2006年，中国的这一指标变成了40.7%，而印度仅仅提高到25.0%。

无论如何，所有这些变化都意味着，在过去的若干年内，随着公共财政在卫生筹资上的功能不断强化，中国民众的医药费用负担有了实质性的下降。

表9-1　2006年世界部分国家公共筹资占卫生总费用的比重

单位：%

国家与类别	公共筹资的占比	国家与类别	公共筹资的占比
中低收入国家	43.2	高收入国家	60.7
巴西	47.9	英国	87.3
中国	40.7	日本	81.3
印度	25.0	德国	76.9
越南	32.3	澳大利亚	67.7
中高收入国家	55.1	瑞士	59.1
俄罗斯	63.2	美国	45.8
墨西哥	44.2	韩国	55.7

资料来源：World Health Organization, *World Health Statistics* 2009. Geneva: World Health Organization, 2009, pp.108, 110, 114, 116。

[①] World Health Organization, *World Health Statistics* 2009, World Health Organization, 2009, pp.108, 114, 116. 东亚和南亚地区卫生总费用中公共筹资的比重较低，主要是南亚各国（尤其是印度）拖了后腿。值得一提的是，新加坡这一指标也不高，2006年仅为33.1%。在这份世界卫生组织的文献中，中国在这一年公共筹资占卫生总费用的比重为40.7%，而根据本章的计算，这一指标为38.2%，相差2.5个百分点，在一般的统计误差范围之内。世界卫生组织的数据，均直接采用卫生部卫生经济研究所的测算结果。前文已述，本章测算结果与卫生部卫生经济研究所的测算结果相比，均较低一些。

第九章　公共财政转型与政府卫生筹资责任的回归：新医改实施前的变化

与国家新医改方案颁布的同时，国务院出台了新医改初期（即2009~2011年）三年的新医改实施方案，包括各级政府将新增拨款8500亿元用于支持新医改的五项工作，其中很大一部分将用于基本医疗保障体系的投入。由此可见，公共财政在卫生筹资上的功能必将进一步强化，卫生总费用中公共筹资的比重必将进一步提升，民众的医药费用自付比重必将进一步降低。公共财政在卫生筹资责任上的回归，不但会改变中国卫生总费用的格局，而且还会对中低收入国家甚至全球卫生总费用的格局产生实质性的影响。

二　政府财政预算卫生投入的增加

中国医疗卫生领域公共财政转型的第二个重大体现，在于政府财政预算对医疗卫生的投入有所增加，并将继续增加。针对这一点，我们有必要考察一下在医疗卫生领域政府投入的现状。

从表9-2的统计数据可以看出，政府的预算卫生支出从1990年开始连年增长，但是其占政府财政支出总额的比重却从1990年的6.1%一路下降到2002年的最低点4.1%，之后才缓慢地回升。2008年，政府预算卫生支出总额达3593.9亿元，占当年财政总支出的5.7%，与1990年的6.1%相比还有一定的上升空间。

表9-2还给出了卫生公共筹资的数据，并且计算了政府预算卫生支出、政府财政支出和广义政府卫生支出（即卫生公共筹资）这三项指标的增长指数。从增长指数的历年变化可以看出，1990~2008年，政府预算卫生支出增长了18.2倍，而政府财政支出总额同期则增长了19.3倍。这两项指标的增长指数在1990~1993年是持平的，但是从1994年开始政府财政支出总额的增长速度要快于政府预算卫生支出的增长速度，而且两者的差距自2000年以来拉大，只是到了新医改正式实施前夜的2008年，这一差距收窄。这说明，在新医改正式实施之前的十多年间，医疗卫生领域的确不是政府财政预算的投入重点。值得注意的是，1994年我国实施了"分税制"改革。从数据上看，在实施"分税制"之后，政府卫生投入没有跟上政府财政支出的增长速度。与此同时，在科教文

卫事业费增量中，卫生所占的比重偏低，在 6%～21%，而教育则在 61%～74%。[1]

表 9-2 1990~2008 年政府预算卫生支出及其增长指数

单位：亿元，%

年份	政府财政支出总额	政府预算卫生支出 金额	政府预算卫生支出 占比	广义政府卫生支出	政府财政支出增长指数	政府预算卫生支出增长指数	广义政府卫生支出增长指数
1990	3083.6	187.3	6.1	187.3	1.0	1.0	1.0
1991	3386.6	204.1	6.0	204.1	1.1	1.1	1.1
1992	3742.2	228.6	6.1	228.6	1.2	1.2	1.2
1993	4642.3	272.1	5.9	273.5	1.5	1.5	1.5
1994	5792.6	342.3	5.9	345.5	1.9	1.8	1.8
1995	6823.7	387.3	5.7	397.0	2.2	2.1	2.1
1996	7937.6	461.6	5.8	480.6	2.6	2.5	2.6
1997	9233.6	523.6	5.7	575.9	3.0	2.8	3.1
1998	10798.2	590.1	5.5	650.7	3.5	3.2	3.5
1999	13187.7	641.0	4.9	730.9	4.3	3.4	3.9
2000	15886.5	709.5	4.5	890.7	5.2	3.8	4.8
2001	18902.6	800.6	4.2	1197.9	6.1	4.3	6.4
2002	22053.2	908.5	4.1	1538.1	7.2	4.9	8.2
2003	24650.0	1116.9	4.5	2055.6	8.0	6.0	11.0
2004	28486.9	1293.6	4.5	2494.3	9.2	6.9	13.3
2005	33930.3	1552.5	4.6	3012.5	11.0	8.3	16.1
2006	40213.2	1778.9	4.4	3635.1	13.0	9.5	19.4
2007	49781.4	2581.6	5.2	4730.5	16.1	13.8	25.3
2008	62592.7	3593.9	5.7	6786.0	20.3	19.2	36.2

资料来源：同图 9-3。

在国际上，无论是在公共财政还是在社会政策领域，政府在医疗卫生领域的支出都属于所谓"社会支出"（social spending）的范畴。20 世纪以来，世界各国政府的总支出水平及其占 GDP 的比重都提高了，其主要根源

---

[1] 张振忠主编《中国卫生费用核算研究报告》，社会科学文献出版社，2009，第 65~66 页。

第九章　公共财政转型与政府卫生筹资责任的回归：新医改实施前的变化

在于社会支出的总量和比重都大幅度提高。① 然而，中国政府预算支出的结构偏向于经济建设和行政管理，而在社会领域（social sectors）中的公共预算支出总量比较小，比重比较低。正是在这个背景下，医疗卫生领域并非政府财政预算的投入重点，并不稀奇。

然而，如果我们把广义政府卫生支出的增长幅度与政府财政支出总额的增长幅度进行比较，就会发现另外一番景象。1990～1993 年，两者持平；1994～2000 年，两者要么持平，要么前者低于后者。简言之，从 1990 年到 2000 年，广义政府卫生支出的增长幅度总体上稍低于政府财政支出的增长幅度。但是，2000 年之后，情况发生了改变，卫生公共筹资的增长开始提速，并且从 2003 年开始越来越快。

毫无疑问，这种情形的出现要拜公共医疗保障体系的发展所赐。下文将要论述，自 2003 年开始，政府预算卫生支出中投入公共医疗保障体系（即所谓"补需方"）的数额和比重，都有大幅度增长。由于政府投入增加，公共医疗保障体系动员社会资金的能力（亦即其筹资功能）大大强化了，因此导致广义政府卫生支出出现了大幅度增长的格局。

值得注意的是，就政府对卫生的投入，"新医改方案"中的措辞是"政府卫生投入增长幅度要高于经常性财政支出的增长幅度，使政府卫生投入占经常性财政支出的比重逐步提高"。在这里，"政府卫生投入"这一表述容易让人理解为"政府预算卫生支出"。除了政府预算投入之外，公立医疗保险的基金收入算不算"政府卫生投入"呢？这一点并不清楚。如果采取狭义的理解，即仅仅把"政府卫生投入"理解为"政府预算卫生支出"，那么我们可以断言，"新医改方案"中提出的上述规范，在可预见的未来，即便不是不可能的，也是难以实现或者难以持续的。

因此，唯一切实可行的政策是保持广义政府卫生支出的增长幅度继续快于政府财政支出总额的增长幅度。这意味着，我们一方面要直接增加政府预算卫生支出，另一方面也要大力提高社会医疗保险的筹资水平，即适当提高城乡民众参加基本医疗保障体系的缴费水平。在医疗卫生领域，关注广义政府卫生支出要比关注政府预算卫生支出更具有政策意涵。前文已

---

① 〔美〕维托·坦齐、〔德〕卢德格尔·舒克内希特：《20 世纪的公共支出》，胡家勇译，商务印书馆，2005，第 24～58 页。

述,在整个社会保障领域,所谓"公共财政"不仅包括政府预算支出,而且也包括社会保险的收入和支出。

由此看来,大力强化公共财政在促进医疗卫生事业发展中的积极作用,不仅需要提升政府财政直接支出的水平,而且也要提升政府财政动员社会资源投入这一领域的水平。这一点在未来新医改的实施中是至关重要的。

除了总水平的增长情况之外,政府预算卫生支出在城乡之间的差别在过去若干年的变化也体现了公共财政转型的某些特征。政府财政在公共服务上的支出,其目的之一是推进所谓的"横向公平"(horizontal equity),其一是对于人民生活与发展所必需的某些物品和服务,例如食品、卫生、医疗、住房和教育等,保障最低的提供标准;其二是确保民众至少可以在最低的标准下平等地获取这些物品和服务。[1]

众所周知,以往中国政府卫生投入的重点是城市医院,政府在农村基本医疗保障体系和基本医疗服务体系中的投入长期不足,从而造成了卫生资源配置极不合理的格局。[2] 其结果是农村基层医疗机构萎缩,缺医少药的局面长期无法改善。中国大多数人生活在农村和小城镇,在基层就医的需求很大,但机会很少,看病治病不得不涌向大城市。[3]

中国政府转型的一个重要方面就是逆转原来的支出重点,从城市转向农村,从而实现公共财政在促进公共服务均等化上的积极作用。这样的转型有望随着新医改的推进而进一步强化。前文已述,"新医改方案"进一步明确了新增政府卫生投入的方向,即公共卫生、农村卫生、城市社区卫生和基本医疗保障。在这里,公共卫生新增投入主要也是投向中西部的农村地区,而基本医疗保障体系中的新农合则是政府投入的重点。因此,"新医改方案"确立的新增政府卫生预算投入的流向,主要是农村地区。

尽管政府卫生投入有可能开始偏向农村地区,但长期以来形成的医疗

---

[1] Nicholas Barr, *The Economics of the Welfare State*, 3rd edition, Stanford University Press, 1998, pp. 90 – 91.

[2] 顾昕:《医疗卫生资源的合理配置:矫正政府与市场双失灵》,《国家行政学院学报》2006年第3期。

[3] 张振忠主编《中国卫生费用核算研究报告》,社会科学文献出版社,2009,第69页。

第九章 公共财政转型与政府卫生筹资责任的回归：新医改实施前的变化

服务资源城乡配置不合理的局面，或许在短期内无法得到扭转。然而，"新医改方案"至少明确，城市中的大中型公立医院并不是新增政府卫生投入的重点，而是必须根据实际的具体需要加以评估。一般而言，大中型公立医院必须通过市场竞争来寻求发展壮大的空间；具体来说，它们的收入将主要来自公立医疗保险的支付，而不是政府拨款。相对来说，上述四个新增政府卫生投入的重点领域，除了城市社区卫生（因而颇有争议）之外，均属于市场不足的领域。公共财政的一个基本职能就是弥补市场不足、矫正市场失灵。"新医改方案"对于新增政府卫生投入方向的表述，集中体现了公共财政的最基本原理。

三 政府卫生支出"补需方"的强化

中国医疗卫生领域公共财政转型的第三个重大体现，就是政府支出"补需方"的新实践和新原则应运而生。

毫无疑问，就医疗卫生的问题，民众最为关心的恐怕还是基本医疗服务的可负担性问题。基本医疗服务要实现公益性，亦即人人有病能医，关键不在于基本医疗服务如何便宜，而在于走向全民医疗保障，简称"全民医保"。[1] 实现医疗保障的全民覆盖，离不开政府的积极作用。医疗保障体系如果以商业医疗保险为主导，那就无法实现全民覆盖，这正是美国至今尚未实现全民医保的原因之一。[2] 从另一个角度来说，政府主导全民医保的推进，恰恰就是医疗卫生事业走向公益性的体现。政府推进全民医保的实现，关键在于公共财政"补需方"。所谓"需方"，即付费者（payers，俗称"埋单者"）。在一个健全的医疗体制中，民众医药费用的主要付费者必定是第三方购买者，即医疗保障体系。[3] 因此，医疗领域公共财政"补需方"，意指政府为老百姓参加公共医疗保险提供补贴。

---

[1] 顾昕：《走向全民医保：中国新医改的战略与战术》，中国劳动社会保障出版社，2008。
[2] Jill Quadagno, *One Nation Uninsured: Why the U. S. Has No National Health Insurance*, Oxford University Press, 2005.
[3] 顾昕、高梦滔、姚洋：《诊断与处方：直面中国医疗体制改革》，社会科学文献出版社，2006。

公共财政"补需方"原则的确立,正是"新医改方案"所明确的一大改革新方向,是"新医改方案"的亮点之一。"新医改方案"提出,"中央政府和地方政府都要增加对卫生的投入,并兼顾供给方和需求方"。有很多人认为,"供需兼顾"体现了中国的国情,是一大创新。其实,全世界都是如此,政府卫生投入不可能只投向需方不投向供方,反之亦然。"新医改方案"真正的创新之处,在于同以往相比,把"补需方"作为一种新的公共财政原则加以明确了。在医疗卫生领域,"补供方"甚至"养供方",以及公共管理中常说的"政府直接提供"模式,是我国长期的实践,并非新的东西,而且会在未来很长一段时间内以某种程度延续下去;但"补需方"是以往政府所忽略的。在我国的医疗卫生领域,公共财政"补需方"之举的标志性、制度性的事件是新农合在2003年的建立,但正如下文即将展示的,当时公共财政"补需方"的力度很小。

更为重要的是,公共财政"补需方"实质上以政府购买服务的方式取代原来政府习惯的直接提供模式。采纳政府购买服务的新模式以替代政府直接提供服务的传统模式,在服务提供者中引入了竞争,这是全球性公共管理改革结出的硕果。[①] 所谓"政府直接提供服务"的模式,就是由政府设立公立机构直接为民众提供公共服务。在我国,公立机构更是形成了一种高度行政化的等级体系,即事业单位体系。[②] 近年来,由于公共财政不可能独揽社会领域的筹资责任,因此政府一方面维持事业单位(尤其是在医疗、教育领域)在服务提供上的准垄断地位;另一方面又允许其商业化,形成了"没有市场化的商业化"格局。[③] 这种准垄断性的商业化,实际上是"政府直接提供"模式的一个变种。西方国家虽然没有出现公立机构行政化的情形,更不会出现公立机构大肆商业化的情形,但是大量公立机构的出现的确引发了公共部门官僚化的危机。结果,自20世纪70年代后期开始,西方福利国家发生了大转型。在某些公共服务领域,公立机构依然扮演着传统型直接提供者的角色,但是这样的舞台越来越小。研究显

[①] 〔美〕伊曼纽尔·萨瓦斯:《民营化与公私部门的伙伴关系》,周志忍等译,中国人民大学出版社,2002,第69~91页。

[②] 赵立波:《事业单位改革——公共事业发展新机制探析》,山东人民出版社,2003。

[③] 关于医疗领域出现的"没有市场化的商业化",详细论证参见顾昕《走向全民医保:中国新医改的战略与战术》,中国劳动社会保障出版社,2008,第275~284页。有关教育行政化和产业化的批评文字太多,限于篇幅,恕无法一一引述。

第九章 公共财政转型与政府卫生筹资责任的回归：新医改实施前的变化

示，到1999年，政府直接提供只占美国联邦政府公共服务支出总额的大约5%。①

与此相反，政府扮演非直接提供者的角色，已经成为新公共管理运动的大趋势。② 政府购买服务就是其中的一种新思路和新实践。所谓"政府购买服务"，是指政府基于某种考虑，为某些公共服务全额或部分埋单，但具体实施是向公共服务的需求方发放补贴，然后由需求方向所有符合资质的服务提供者购买服务。③ 在基本医疗服务领域，所谓"补需方"是指政府通过补贴老百姓参加公立医疗保险来向各类医疗机构购买医药服务。因此，"补需方"原则的确立，绝不仅仅是政府财政支出流向的一种变化，更不是如许多人所认为的从"左口袋"流向"右口袋"的事情，而是体现了医疗卫生领域公共管理的一种新实践。简言之，政府不仅要增加在医疗卫生领域的投入，还要转变投入的机制，在基本医疗服务领域引入市场机制，即公立医疗保险代表参保者的利益，向各类医疗机构集团购买诊疗服务和用药服务。这才是"新医改方案"之新的所在。

更为可贵的是，公共财政"补需方"已经不仅仅停留在纸面上，而且已经落实在具体的实践之中。2009年4月8日，时任财政部副部长王军在新医改的新闻发布会上宣布，在未来的3年（2009～2011年）中，各级政府将新增预算开支8500亿元，用于推进5项新医改，其中2/3用于"补需方"。④ 这是一项前所未有的公共财政新政。无论从何种角度来看，都意义非凡。

8500亿元的2/3，高达5667多亿元。这是一笔巨款，将主要投入两个领域：一是公共卫生服务体系；二是医疗保障体系。根据《医药卫生体制改革近期重点实施方案（2009～2011年）》⑤，这一巨款将用于以下支出。

公共卫生支出：将从2010年开始，依照每人15元的标准，新增公共卫生支出，并很快增加到每人20元，用于计划免疫、妇幼保健、环境卫

---

① Lester M. Salamon (ed.), *The Tools of Government*, Oxford University Press, 2002, pp. 4 – 5.
② 〔瑞士〕简·莱恩：《新公共管理》，赵成根等译，中国青年出版社，2004，第4～5页。
③ 公共财政"补需方"的方式很多，其中最为简洁而有效的一种方式就是发放专项代金券，例如教育代金券、培训代金券、交通代金券、计划免疫代金券等等。
④ 参见李雨思《财政部副部长王军详解8500亿医改投入如何花》，中国经济网，http://www.ce.cn/cysc/newmain/s/zyy/200904/08/t20090408_18739568.shtml。
⑤ 这份政府文件，参见 http://www.moh.gov.cn/publicfiles/business/htmlfiles/mohzcfgs/s7846/200904/39876.htm。

199

生、健康促进等公共卫生服务。

城镇职工医保补助：政府将在未来3年内为关闭、破产、困难国有企业的职工和退休人员支付未来10年的医保缴费，一次性地解决历史遗留问题。

城乡居民医保补贴：提高城镇居民医保和新农合的政府补贴水平，从每人最低80元提高到120元。在很多地方，政府补贴水平实际上早已超过了80元，甚至超过了120元，今后还会进一步提高。

巩固医疗救助制度：巩固和发展城乡医疗救助体系，为低收入者参加各种公立医疗保险埋单，同时为他们无力负担的医药费用自付部分提供进一步援助。

实际上，在过去的若干年，政府通过预算卫生支出，为城镇职工医保、城镇居民医保、新农合和城乡医疗救助体系，已经提供了大量补贴，因此可以说，"补需方"的原则开始得到了落实。

那么，在政府预算卫生支出中，究竟有多少用于"补需方"，又有多少用于"补供方"了呢？对于这一问题的解答，具有一定的困难。由于各级政府对公共医疗保障体系的补贴数据比较缺乏，也由于政府预算卫生支出中用于卫生行政部门和医疗保险部门的事业费难以按照"补供方"对"补需方"的方式进行分类，因此本章无法给出政府预算卫生支出中"补供方"和"补需方"的比重及其历年的变化。

但可以预期，在农村地区，随着新医改的推进，政府对农村居民参加新农合的补助水平逐年提高，而且对购买公共卫生的人头费标准也逐年提高，政府农村预算卫生支出中"补需方"的比重将在未来有所提高。在城镇地区，政府预算卫生支出的大部分以事业费的形式投入各类公立医疗机构之中，因此"补供方"的模式占据着主导的地位。但是，同样可以预期，随着城镇居民医保中政府补贴水平的提高，"补需方"的比重在城镇地区也将会大幅度提高。

结　语

自改革开放以来，中国的医疗体制发生了深刻的变化。由于政府责任的弱化，尤其是公共财政在医疗卫生筹资中的功能弱化，中国的医疗体制

第九章 公共财政转型与政府卫生筹资责任的回归：新医改实施前的变化

遭遇了严重的问题，引发民众的不满，一度成为头号社会问题。在这样的背景下，中国政府自2006年底开始酝酿启动新一轮医疗卫生体制改革，即所谓"新医改"。经过多次内部的征求意见以及一次公开的征求意见，官方的"新医改方案"于2009年4月正式发布。

实际上，就在"新医改方案"酝酿的进程中，中国的医疗体制已经悄悄地发生了渐进的变革。这种变革，用世界卫生组织的话来说，就是从"国家退出"（withdrawal of the state）转变为"国家的再介入"（re-engagement of the state）。[1] 首先，国家强化公共财政在卫生筹资中的责任和功能。进入21世纪以来，在中国的卫生总费用中，公共筹资或广义政府卫生支出的比重大幅度上升，从2000年的19.2%提高到2007年的44.1%，增长了1倍有余，超过了中低收入国家的平均水平，并且接近一般发展中国家的平均水平。公共部门在卫生筹资上的功能强化，最直接、最显著的效果就是大大降低了民众看病治病时的自付（out-of-pocket payment）水平，从而有效地提高了医药卫生费用负担的公平性。众所周知，主要由于在20世纪90年代民众医药费用的自付比重过高，世界卫生组织在其2000年的《世界卫生报告》中将中国医疗卫生费用负担的公平性，列为191个成员国中的倒数第四。[2] 自2003年以来，中国公共财政在医疗卫生领域中的变革，有力地扭转了这一局面。

中国公共财政在卫生筹资上的功能强化，主要通过两个途径：其一是政府财政预算直接支出，支持医疗服务机构的建设和能力改善，即所谓"补供方"；其二是政府通过财政预算补贴城乡民众参加公立的基本医疗保障体系，即所谓"补需方"，从而推动了医疗保险的全民覆盖。[3] 政府财政"补需方"的力度在过去的若干年大大加强，尤其是在农村，政府预算卫生投入"补需方"的比重已经从2001年的一无所有提高到2007年的43.7%，其结果是有效地推进了全民医疗保障的进程，并且动员了社会资源投入医疗领域。从"补供方"独大到"补需方"的强化，充分体现出中

---

[1] World Health Organization, *The World Health Report* 2008: *Primary Health Care Now More Than Ever*, World Health Organization, 2008, p.84.
[2] World Health Organization, *The World Health Report* 2000: *Health Systems, Improving Performance*, World Health Organization, 2000, p.191. 这项排名基于1997年的数据。
[3] 顾昕：《全民医疗保险走上正轨》，载汝信、陆学艺、李培林主编《2008年中国社会形势分析与预测》，社会科学文献出版社，2008，第88~102页。

国公共财政乃至整个政府转型的大思路,即从大包大揽社会事业的传统公共管理模式中走出来,国家发挥能促型的角色,动员社会资本进入社会事业,并且提高对需求方的补贴,从政府直接提供公共服务的体制中走出来,推动政府购买服务的新体制形成。这一转变,正是我国整个事业单位体制改革大思路的缩影。

与此同时,中国政府预算卫生支出在城乡之间的差距,已经发生了实质性的改观。长期以来,中国公共卫生资源的流向,偏向大中城市和沿海地区,从而造成了医疗卫生资源配置的区域不平衡性。近年来,在医疗卫生领域公共财政的转型已经开始扭转这一局面。公共卫生资源流向农村地区的比重已经大大提高,而政府投入占农村卫生筹资的比重也在过去的6年里有所增长。这种转变极大地促进了基本医疗保障和基本医疗卫生服务的均等化进程,体现了公共财政弥补市场不足、矫正市场失灵的基本功能,提高了公共服务的整体横向公平水平。

在新医改前若干年的实践基础上,国家"新医改方案"进一步明确公共财政在医疗卫生领域的改革原则,为整个新医改指出了新的方向。第一,国家将继续强化公共财政的卫生筹资功能,使城乡居民个人与家庭的医疗卫生费用负担进一步明显减轻;第二,国家将增加政府财政预算中的卫生支出,并且动员社会资本进入医疗卫生领域;[①] 第三,国家将调整新增政府卫生投入的流向,将公共资源更多地投入市场不足或者容易发生市场失灵的领域,即农村地区的医疗服务体系建设和城乡基本医疗保障体系建设。简言之,"补需方"新原则的确立和"补供方"重点的调整,是新医改方案的新特色。这些新的探索,均同全球性公共管理变革以及随之而来的公共财政转型的大趋势相吻合。

尽管如此,在新医改的大背景下,还有一个问题值得深思,即政府财政预算支出总额中卫生支出的比重是否应该大幅度提高?尽管在新医改前的若干年内,政府财政预算用于卫生的支出水平有了提高,但是其在政府财政预算总支出以及在教科文卫事业费支出的占比,始终都处于非常低的水平。"新医改方案"计划在 2009~2011 年 3 年间新增政府支出 8500 亿元

[①] "新医改方案"第十条中,有一个自然段专门论述了鼓励社会资本进入医疗服务领域的原则性规范。

第九章　公共财政转型与政府卫生筹资责任的回归：新医改实施前的变化

用于支持新医改的五项工作。如果这一计划在各个地方得到不折不扣的落实，那么这意味着政府财政预算用于卫生的支出水平将翻一番。即便如此，政府预算卫生支出占政府预算总支出的比重，是否能回升到1990年的高水平，也未可知。

中国在促进经济社会和谐发展的进程之中，政府财政增加社会政策支出的水平和比重是非常必要的，也是大有可为的。其中，政府预算卫生支出是社会政策支出的一个重要组成部分。世界各国市场经济以及整体现代化的发展历史表明，社会政策支出的提高以及随之而来的社会保护体系的完善，是市场经济体系完善的一个内在组成部分。社会政策支出不是社会消费，更不是社会浪费，而是社会基础设施建设所必需的。社会性基础设施与实体性基础设施的同步发展，是一个国家走向社会经济和谐发展的不二法门。正是在这个意义上，推进新医改方案中提出的公共财政新原则、新规范，其长远的、重要的战略性意义将超越医药卫生领域。

第十章 公共财政转型与政府卫生投入机制的改革：新医改实施后的变化[*]

自2009年启动以来，新医改经历了10多年的努力，取得了巨大的成就，但也依然存在许多问题。尤其是一些老大难的问题，如公立医疗机构当中并非罕见的过度医疗行为，常常会引起公众的广泛关注和诟病。一种极为流行的见解是把弊端的根源归结为政府财政对于医疗卫生事业的投入太少。无论是卫生行政部门，还是各类公立医疗机构的管理层，都在大力呼吁政府增加对医疗的财政投入。在每年的"两会"期间，医疗卫生界代表对于"政府增加投入"的呼吁更是不绝于耳。在很多人看来，政府投入不足似乎就是公立医疗机构所谓"社会公益性淡化"的根源；而只要政府增加财政拨款，公立医疗机构自然就会"回归社会公益性"。

但是，财政部门则倾向于认为政府投入多寡并不是主要的问题，真正的问题是有限的财政投入如何使用。换言之，并非投入水平，而是投入机制与社会公益性的关系，更值得关注。早在2007年的"两会"上，时任财政部副部长王军曾经表示，医疗领域中的问题绝不是仅仅花钱就能解决的，"没钱是万万不能，但钱也不是万能的。只有把政府投入和体制改革结合起来，才能够发挥每一分钱的作用。"当然，卫生部门也对此也"深有同感"。在同样的场合，时任卫生部部长高强批驳了"医改很简单，财

---

[*] 本章较早的一个版本参见顾昕《公共财政转型与政府医疗投入机制的改革》，《社会科学研究》2019年第2期。收入本书后，进行了数据更新和内容充实。

第十章　公共财政转型与政府卫生投入机制的改革：新医改实施后的变化

政部拿钱就行"的说法，他表示，"在这个问题上，卫生部与财政部观点一致，就是政府增加投入必须与转变医院运行机制相结合。光增加投入，不转变机制，是达不到医改的预期目标"[①]。

尽管如此，"政府投入不足"时至今日依然是医疗供给侧改革进展不力的一种托词，其中甚至包含有政府应该对公立医疗机构实施全额拨款的呼吁。这一托词或呼吁貌似理据十足，乃至当医疗界发出这种声音的时候常常是不假思索的，而广大听者（尤其是新闻媒体）也都应声附和。然而，中国政府对医疗事业的投入究竟足不足？医疗事业的政府投入究竟由哪些部分组成？政府主办的社会医疗保险对医疗机构的支付究竟是不是政府投入的一部分？政府对医疗机构的投入究竟应该通过何种机制加以实施？这些问题，亟待系统性的分析。

毋庸多言，财政投入的多寡以及投入机制关涉新一轮医疗改革的走向，具有重大的战略性意义。而且，政府如何通过追加财政投入来推动医疗体制改革，对于中国整个公共财政体系的建立和政府职能的转变，也具有标杆性的意义。因此，通过系统性分析直面上述问题，对于推进医疗事业公共治理体系的现代化来说是十分重要的。根据公共管理的基本原理、公共治理理论的前沿发展以及中国医疗事业治理体系现代化的需要，可以断定，公共财政在新时代医疗事业中的投入必须遵循如下三大原则。

第一，政府主导不等于政府包办。医疗事业的发展离不开政府的投入，但由此而认为医疗事业应该由政府包办，那就大错特错了。医疗事业的投入来源应该多样化，有来自政府的，也有来自市场的，还有来自社会的。政府投入的目的，其一是要弥补市场失灵和社会失灵（慈善失灵），也就是在市场和社会资金不愿意投入而民众又需要的地方和领域加强投入；其二是要引导市场和社会资金的流向，从而使医疗事业的宏观发展格局更好地符合公众利益。

第二，政府投入不只是财政预算投入。在国际上，医疗公共投入的增加意味着公共财政支出的增加，而公共财政支出既包括财政预算支出，也

[①] 相关报道，参见董伟、王亦君《医改草案有望在年内出台 国家财政将加大投入》，《中国青年报》2007年3月8日，第1版。

包括社会保险基金支出。换言之，医疗公共投入并不仅仅意味着财政预算投入，而公立医疗保险支出也是公共投入的重要组成部分。这一点举世皆然。① 增加政府投入，必须一方面加大财政预算直接投入的力度，另一方面提高社会医疗保险的筹资和支付水平。这是全球的通行惯例，中国只能并且应该同国际接轨。在中国，有关加强政府投入的呼吁，自觉不自觉地把政府投入简单地等同于财政预算投入，这是大错而特错的，也深具误导性。这种观点忽略了公立医疗保险在政府医疗投入中的重要地位。随着全民医保的巩固与发展，公立医疗保险筹资和支出的总量会逐年攀升，其在政府医疗投入中的比重，会有所提高。

第三，政府投入不等于排斥市场机制和社群机制。政府投入需要增进市场，通过引入市场机制将行政行为转化为市场行为，充分发挥政府购买对于市场的引导作用；同时，政府投入更要致力于激活社会，让社群机制在治理创新上发挥应有的作用。这正是全球性公共管理和福利国家改革浪潮的主线。② 公共治理现代化从国家大包大揽公共服务的所有责任向"公共支持私人责任"（public support for private responsibility）的理念转型，也就是政府通过各种方式来支持社会，即家庭、社区和非营利组织，以承担更多的社会责任。③ 将政府主导等同于行政机制的主导，并采用回归计划体制的做法，或者将行政主导与市场机制进行板块式组合，不仅是无效的，而且是有害的；而忽视社群机制的作用，致使本应基于社群机制的法人治理和协会治理名不副实，更是中国医疗事业公共治理体系中长期存在的短板。④

具体而言，医疗保险体系扮演着医疗筹资和付费的重要角色。但是，医疗保险体系存在严重的市场失灵和社群失灵，单靠商业性医疗保险和慈善性医疗保险，不可能实现医保的全民覆盖。因此，没有政府主导，单靠市场机制和社会力量，全民医保根本不能实现。没有全民医保，医疗事业

---

① 关于这一点，不必给出更多证据，只需参考任何一本英文公共财政教科书的中译本即可。
② 顾昕：《中国福利国家的重建：增进市场、激活社会、创新政府》，《中国公共政策评论》2017 年第 1 期。
③ Neil Gilbert, *Transformation of the Welfare State: The Silent Surrender of Public Responsibility*, Oxford University Press, 2002, pp. 163–189.
④ 顾昕：《新时代新医改公共治理的范式转型——从政府与市场的二元对立到政府-市场-社会的互动协同》，《武汉科技大学学报》（社会科学版）2018 年第 6 期。

第十章 公共财政转型与政府卫生投入机制的改革：新医改实施后的变化

的社会公益性也就无从谈起。① 既然如此，政府就应该责无旁贷，在这一领域扮演其应有的角色，以保险者、推动者和付费者的身份，推进全民医疗保障事业的改革与发展。②

医疗服务领域尽管也存在市场失灵和社群失灵，但在医保体系覆盖全民的情况下，社会公益性中所有人有病能医的目标可以实现，医疗服务机构完全可以市场化运作，而营利性医疗机构、非营利性医疗机构和公立医疗机构实际上是在同一个医疗服务大市场中竞争，只不过其各自的市场细分有所不同而已。政府需要做的，就是在市场和社会投入都不足的地方，即在基层（社区）、农村和偏远地区，加强投入，以确保民众（尤其是弱势群体）对于基本医疗服务的可及性。当然，就一些较为特殊的医疗卫生服务，要么由于其具有公共物品的性质（例如传染病防治），要么其对市场化服务提供者缺乏吸引力但这些服务又具有较大的正外部性（例如精神疾病、职业病、地方病防治等），也需要政府设立公立机构加以提供。同时，政府的另一个角色是设立特别的公立机构，对医疗全行业实施一视同仁的监管（或规制）。

因此，公共财政在医疗事业中的投入重点，在于医保体系，在于特定的医疗服务地域和领域，在于特定的服务事项（如监管）。本章首先考察中国公共财政对于医疗事业的投入现状，接下来探讨新增财政投入的流向问题，最后讨论公共财政在推进中国医疗事业公共治理现代化上可能发挥的作用。

一 全社会对于医疗卫生事业的投入：卫生总费用分析

在考察公共财政对于医疗的投入之前，我们首先需要把握全社会医疗卫生资源的总体状况，对此，最常用的度量指标就是卫生总费用（Total

---

① Edward Gu, "Towards Universal Coverage: China's New Healthcare Insurance Reforms," in Daly L. Yang, Litao Zhao (eds.), *China's Reforms at 30: Challenges and Prospects*, World Scientific Publishing Co., 2009, 117 – 136.
② 顾昕：《走向全民医保：中国医疗体制改革的战略选择》，《中国公共政策评论》2008 年第 2 期。

Health Expenditure，THE）及其占国内生产总值（GDP）的比重。在图 10-1 中，我们展示了这两个指标的历年数据及其变化情况。可以看出，新医改启动之后，也就是自 2010 年以来，中国的 THE 水平呈逐年递增之势，到 2018 年底，中国 THE 占 GDP 的比重达到 6.6% 的水平。

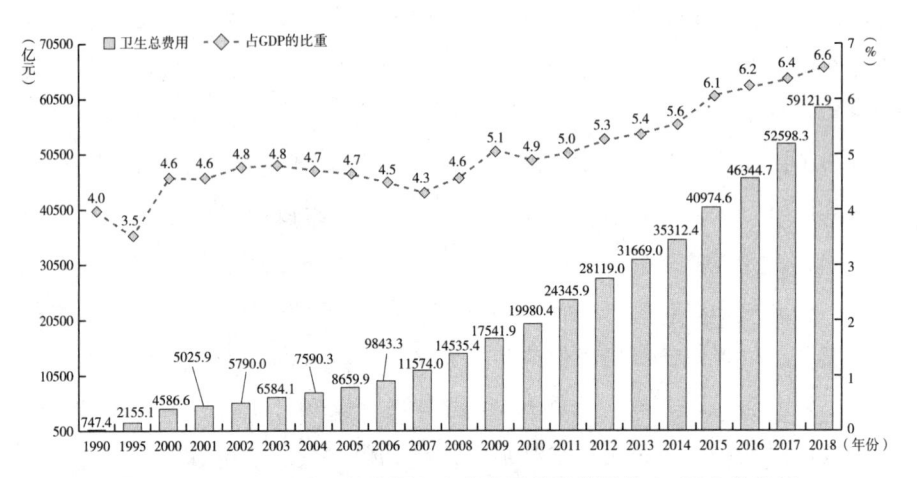

图 10-1 1990~2018 年中国卫生总费用的增长及其占 GDP 的比重

资料来源：国家卫生健康委员会编《2019 中国卫生健康统计年鉴》，中国协和医科大学出版社，2019，第 93、353 页。

卫生总费用这一指标所涵盖的内容比较广泛，既包括本章重点关注的医疗费用（即民众看病吃药的花费），也包括全社会用于预防保健、公共卫生、医药卫生科学技术研究等所有同人民健康有关的支出。值得注意的是，自 2001 年起，高等医学教育经费不再列入卫生总费用的计算之中，因此在此之后有关卫生总费用的数字与国际标准相比有所低估；自 2012 年起，有关计划生育的政府支出也计入了卫生总费用，但这一部分的政府支出与医疗服务的关系不大。

从国际比较的视角来看，中国 THE 占 GDP 的比重一向偏低，只是 2015 年才接近全球平均水平。2000 年，THE 占 GDP 的比重全球平均为 8.0%，这主要是高收入国家 THE 在 GDP 中的比重居高不下所产生的结果。中国在 2000 年属于中低收入国家，其 THE 占 GDP 的比重恰好等于这一类别国家的平均值，为 4.6%。到了 2010 年，全球 THE 占 GDP 的比重提高到 9.2% 的水平。中国在这一年已经进入了中高收入国家行列，这类国家这一比重平均为 6.0%，但中国仅为 4.9%。由此可见，在新医改启动之初，中国

第十章 公共财政转型与政府卫生投入机制的改革：新医改实施后的变化

全社会投入医疗卫生事业的总资源水平，低于国际可比较的水平。

如前所述，随着新医改的推进，中国 THE 占 GDP 的比重自 2010 年起逐年提高，到了 2015 年，这一指标的全球平均值出于种种原因（其中包括统计口径的改变）下降到 6.3%，而中国则达到了 6.1%，首次接近了全球平均水平。由于这一年有关国家类别平均值的统计尚不可获得，因此我们暂且无法将中国与同类国家相比较。但地区类别平均值统计依然是可以获得，由此我们可以看到，尽管中国在这一指标上的表现优于南亚-东亚地区和东地中海地区（亦即西亚地区）的平均水平，但低于非洲地区和美洲地区，更无法与欧洲地区相比。如果在金砖五国中进行比较，我们可以看到，中国在 2000 年的表现与印度相当，名列最低档；2010 年，中国有所上升并与印度拉开了一定的距离，但名次没有变化；但到了 2015 年，中国在这一指标上超越了俄罗斯，在金砖五国中居于中游（参见表 10-1）。

表 10-1 世界各国卫生总费用（THE）占国内生产总值（GDP）的比重

单位：%

	2000 年	2010 年	2015 年
全球平均	8.0	9.2	6.3
高收入国家平均	10.0	12.4	NA
中高收入国家平均	6.2	6.0	NA
中低收入国家平均	4.6	4.3	NA
低收入国家平均	4.2	5.3	NA
非洲地区	5.8	6.2	6.2
美洲地区	11.3	14.3	6.9
南亚-东亚地区	3.5	3.6	4.6
欧洲地区	8.0	9.3	7.9
东地中海地区	4.5	4.5	5.3
西太平洋地区	5.7	6.4	7.0
巴西	7.2	8.4	8.9
南非	8.5	8.6	8.2
中国	4.6	4.9	6.1
俄罗斯	5.4	5.4	5.8
印度	4.4	4.1	3.9

资料来源：WHO, *World Health Statistics* 2008, Geneva: World Health Organization, 2008, pp. 86-90; *World Health Statistics* 2013, pp. 132-141; *World Health Statistics* 2018, pp. 60-66。

总体来说，尽管新医改的推进有效地提高了全社会在医疗卫生领域的总投入水平，但中国卫生总费用的水平依然并不算高，近年来也仅仅是接近世界平均水平，尚未超越世界平均水平，而且在同类国家中也居于中游。在金砖五国中，中国在这一指标上的表现也远远落后于巴西和南非。国际比较给我们提供的另一个视角是，中国卫生总费用的水平还有大大提升的空间。随着医疗卫生健康产业愈加成为新时代产业发展的新增长点，中国 THE 占 GDP 的比重在可预期的未来还有望攀升。

二 政府支出 vs. 民间支出：卫生总费用构成分析

卫生总费用的分析让我们了解到全社会对医疗卫生事业的投入，但我们依然无法从中透视公共财政在其中发挥的作用。为此，我们需要对卫生总费用的来源（即筹资水平）进行构成分析。

如第九章所述，同国际惯例有所不同，中国官方卫生统计把卫生总费用的筹资构成分成三类：（1）政府卫生支出，即"各级政府用于医疗卫生服务、医疗保障补助、卫生和医疗保障行政管理、人口与计划生育事务性支出等各项事业的经费"；（2）社会卫生支出，即"政府支出外的社会各界对卫生事业的资金投入"，"包括社会医疗保障支出、商业健康保险费、社会办医支出、社会捐赠支出、行政事业性收费收入"；（3）个人卫生支出，即"城乡居民在接受各类医疗卫生服务时的现金支付，包括享受各种医疗保险制度的居民就医时自付的费用"[①]。从图 10-2 可以看出，自 1990 年以来，政府卫生支出和社会卫生支出的占比都逐年递减，直到 2003 年才有所回升，其中"社会卫生支出"部分的升势较猛；与此同时，个人卫生支出的占比从 1990 年的 35.7% 攀升到 2001 年 60.0% 的高位，此后随着政府投入和社会支出的增加，个人卫生支出的占比逐年下降，到 2016 年降到 28.8% 的水平。

可是，依照国际惯例，卫生总费用一般被分为公共支出（public spending）与私人支出（private spending）两类，其中公立医疗保险的总缴

---

① 国家卫生健康委员会编《2018 中国卫生健康统计年鉴》，中国协和医科大学出版社，2018，第 91 页。

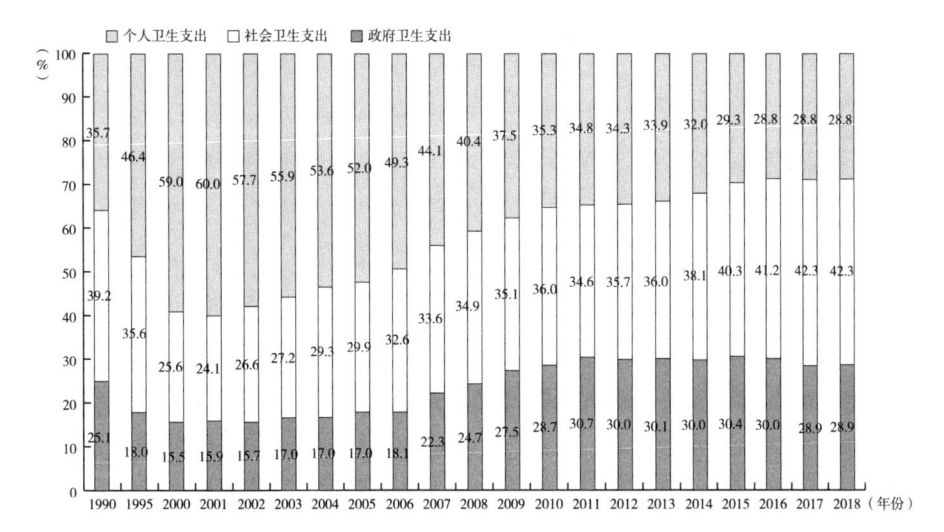

第十章 公共财政转型与政府卫生投入机制的改革：新医改实施后的变化

图 10-2 1990~2018 年中国卫生总费用筹资来源构成

资料来源：国家卫生健康委员会编《2019 中国卫生健康统计年鉴》，中国协和医科大学出版社，2019，第 94 页。

费额（也就是公立医疗保险的基金收入）列入公共支出，而我国则把这些开支列入"社会卫生支出"之中。同第九章一样，我们按照国际惯例，对中国卫生总费用的构成重新加以计算。

从图 10-3 可以看出，公共筹资在中国卫生总费用中的占比在 1995 年处于谷底，仅在 18.6% 的水平，2000 年回升到约 20.0% 的水平。这一水平与同期印度的水平相近，2000 年，印度公共支出在卫生总费用中的占比为 18.4%。[1] 事实上，由于在 1997 年公共支出的占比过低，在世界卫生组织《2000 世界卫生报告——卫生系统：改善业绩》中，中国在"卫生系统资金提供公平性"这一指标上名列 191 个成员国的倒数第四位。[2] 中国政府在 20 世纪 90 年代在医疗卫生筹资上未能履行应尽的责任，在国际文献中被描绘为在卫生领域的"国家退出"。[3] 自 2000 年以来，主要由于公立医疗保险覆盖面的扩大和筹资水平的提高，公共筹资占比开始逐年攀

---

[1] 世界银行编著《2004 年世界发展报告：让服务惠及穷人》，本报告翻译组译，中国财政经济出版社，2004，第 256~257 页。

[2] 世界卫生组织编著《2000 世界卫生报告——卫生系统：改进业绩》，王汝宽等译，人民卫生出版社，2000，第 191 页。

[3] Jane Duckett, *The Chinese State's Retreat from Health: Policy and the Politics of Retrenchment*, Routledge, 2011.

升，在 2013 年曾达到 58.4% 的高水平。从 2013 年到 2018 年，这一占比基本维持在 56% 的水平上下。

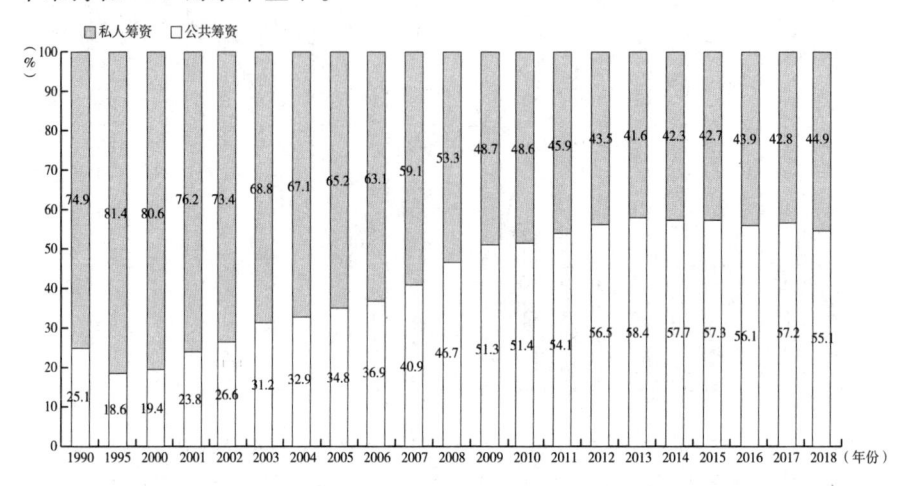

图 10-3　1990~2018 年中国卫生总费用中公共筹资与私人筹资之比

资料来源：国家卫生健康委员会编《2019 中国卫生健康统计年鉴》，中国协和医科大学出版社，2019，第 94~95 页。

中国公共支出在卫生总费用中占比达到 56% 左右的水平，这究竟是高还是低呢？对此，我们有必要进行一番国际比较。由于世界卫生组织发布的世界卫生统计在这一指标上在 2012 年以后没有更新，只能选择性地挑选一些国家和国家组别就选择性的两个年份加以展示。

从表 10-2 可以看出，2000 年，中国公共支出在卫生总费用中的占比仅为 19.4%，不仅远低于当时全球的平均水平（55.5%），而且还低于各种国家组别的平均水平，甚至远低于印度、越南、泰国等亚洲发展中国家，而这些国家的经济发展水平不仅低于中国整体，而且远低于中国经济发达地区。这一数据印证了 2000 年《世界卫生报告》将中国在医疗卫生筹资公平性排在成员国的倒数第四的确是有所依据的。

表 10-2　公共支出在卫生总费用中占比的国际比较

单位：%

国家或国家组别	2000 年	2012 年
美国	43.0	47.0
德国	79.5	76.7
英国	79.1	84.0

第十章 公共财政转型与政府卫生投入机制的改革：新医改实施后的变化

续表

国家或国家组别	2000 年	2012 年
巴西	40.3	47.5
南非	41.3	48.4
俄国	59.1	51.1
中国*	19.4	56.5
印度	27.0	30.5
日本	80.8	80.1
韩国	49.0	54.5
泰国	56.1	79.5
越南	30.9	42.6
低收入国家	37.6	38.8
中低收入国家	34.0	36.4
中高收入国家	46.7	56.2
高收入国家	59.3	60.0
全球平均	55.5	57.6

*注：中国的数据基于本章的计算，即采用图 10-3 中的计算结果。
资料来源：WHO, *World Health Statistics* 2015, World Health Organization, 2015, pp. 126-134。

但是，到了 2012 年，中国的这一指标猛升到 56.5% 的水平，不仅超过了印度和越南，而且在金砖五国中也名列榜首，同时还超过了韩国和美国（其商业医疗保险支出的占比相对较高），并超过了中国所属的"中高收入国家"的平均水平，仅稍微低于全球平均水平。这一变化显示，通过财政预算支出和公立医疗保险支出的大幅度增加，中国政府强化了公共财政在卫生筹资中的责任。由此，中国的医疗体制已经发生了巨大变化。用世界卫生组织早在 2008 年就已预示的，这一变化显示出中国正从国家撤出（withdrawal of the state）转变为国家再介入（reengagement of the state）。① 这一巨大变化，不仅是卫生筹资体制的变化，而且是中国公共财政的巨大变化，这显示出，公共财政开始从经济发展主义占主导的取向向经济发展主义和社会发展主义并重的新格局转变。这一全新的公共财政格局，在始于 2013 年的中国特色社会主义新时代，逐渐

---

① World Health Organization, *The World Health Report* 2008: *Primary Health Care Now More than Ever*, World Health Organization, 2008, p. 84.

形成。

中国的医疗公共支出比重大幅度提升了，但政府财政预算支出到底做出了多大贡献？或者换一种视角，政府财政预算在卫生支出中的占比究竟有多高？图10-4显示了中国政府预算卫生支出占财政总支出的比重，在1990年还处在6.1%的较高水平，但是后来一路下滑，到2002年达到历史低点4.1%。这一比重虽然在2003~2006年有所回升，但力度有限且有所波动。从2007年开始，政府预算卫生支出在财政总支出中的占比开始大幅度攀升，到2018年达到7.5%的高水平，比2006年的4.4%提高了3.1个百分点。

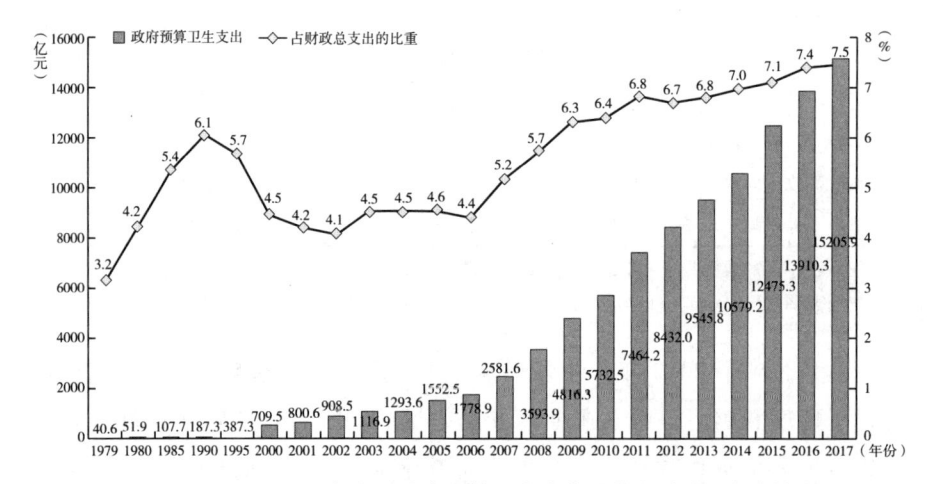

图10-4 1979~2017年中国政府预算卫生支出及其占财政总支出的比重

资料来源：国家卫生健康委员会编《2019中国卫生健康统计年鉴》，中国协和医科大学出版社，2019，第95、353页。

尽管如此，从国际比较的视角来看，中国政府财政预算对于医疗卫生事业的投入水平依然比较低。图10-5显示，就国际可比较数据可获得的2015年而言，在中国国民所熟悉的一些国家当中，中国在这一指标上的表现仅高于印度，与全球平均水平相比，也有2.8个百分点的差距。即便是2018年，中国在这一指标上的表现也不如2015年的全球平均水平，甚至不如2015年的越南。由此可见，自2000年以来，中国公共卫生支出占卫生总费用比重的增加，主要贡献因素是社会保险覆盖面的扩大和缴费水平的提高，而政府预算卫生支出占财政总支出的比重却是另外一种情形。从另一个角度来看，中国政府财政预算中用于医疗卫生健康领域的支出还有相当大的上升空间。

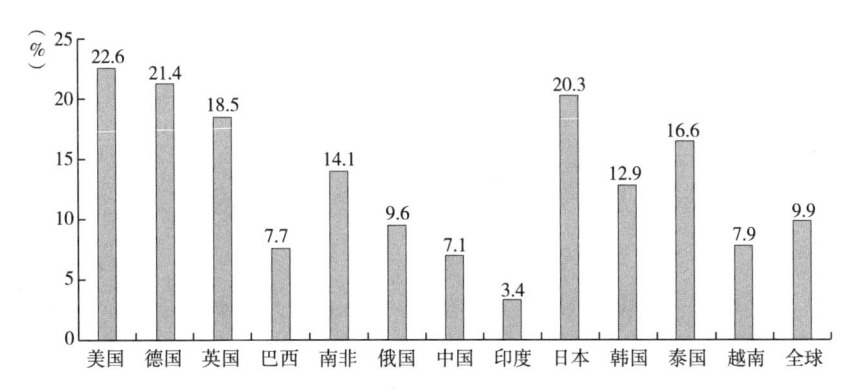

第十章 公共财政转型与政府卫生投入机制的改革：新医改实施后的变化

图10-5 2015年政府预算卫生支出在财政总支出中的占比：国际比较

美国	德国	英国	巴西	南非	俄国	中国	印度	日本	韩国	泰国	越南	全球
22.6	21.4	18.5	7.7	14.1	9.6	7.1	3.4	20.3	12.9	16.6	7.9	9.9

注：其中日本是2014年的数据。
资料来源：WHO, *World Health Statistics* 2018, World Health Organization, 2018, pp. 76-82。

从发展研究和社会政策的视角来看，医疗卫生事业是一个国家的社会性基础设施（social infrastructure）之一，同诸如交通、通信、公用事业等所谓"物质性基础设施"（physical infrastructure）一样，均对国家的社会经济发展具有举足轻重的作用。① 更为重要的是，社会性基础设施还能起到维护民众的基本权益、推动社会公平、促进社会和谐发展的多方面功效。可以说，投资于社会性基础设施，是促进和谐社会的战略性选择。

根据经济合作与发展组织的一份研究报告，长期以来，中国各级政府，尤其是地方政府，特别关注看得见、摸得着的物质性基础设施的建设，对于无形的社会性基础设施的投入（即人力资本和社会发展项目）却长期不足。② 笔者在2013年发表的一篇论文中就主张：实施"积极的社会政策"，建设一个发展型福利国家，完善社会保护体系，使之成为市场机制运行的社会性基础设施，是中国经济发展模式转型的制度性基础。③ 现在，可以看到，尽管自2006年以来，中国政府在医疗卫生事业上投入不足的欠账得到了一定程度的偿还，但总体而言，政府预算卫生支出占财政总支出的比重还大有提升的空间。

众所周知，自2013年以来，中国特色社会主义进入了新时代，新医改

---

① 〔英〕安东尼·吉登斯：《第三条道路——社会民主主义的复兴》，郑戈译，北京大学出版社，2000。
② OECD：《中国公共支出面临的挑战：通向更有效和公平之路》，清华大学出版社，2006，第32页。
③ 顾昕：《社会政策变革与中国经济发展模式转型》，《国家行政学院学报》2013年第6期。

也随之进入了新时代,大力保障民生、促进经济社会协调发展已经成为各级政府新的施政准则。毫无疑问,政府增加在医疗卫生领域中的投入势在必行。这不仅要求进一步巩固全民医保体系,提升其筹资水平和支出水平,而且也要求政府在财政预算中增加卫生支出的比重。

三 支出流向、投入机制与公共治理创新

然而,前文提及的财政部门的关注同样重要,即政府投入的确也可以增加,但更为重要的问题在于投入机制的改变。如果政府一味地追加财政投入,而不注重投入机制的改变,不注重政府职能的转型,不注重推进医疗事业公共治理的创新,那么政府主导卫生筹资的结果很有可能是政府误导。

从公共管理学、公共财政学和卫生经济学的角度来看,有关政府财政预算卫生投入机制的重要战略性选择有二:其一,投供方还是投需方?其二,投供方究竟是以行政化的方式进行,还是以市场化的方式进行?

首先,我们讨论第一项选择,投供方还是投需方?如果政府要增加对医疗卫生事业的投入,那么究竟应该大量向医疗服务机构拨款(投供方),还是大量投入于全民医疗保险体系的发展(投需方)?公立医疗机构当然希望看到前一种情形发生。每次在"两会"期间,我们都可以看到或听到来自医疗卫生界的代表异口同声地呼吁政府追加对公立医疗机构的投入,甚至把这一点同社会公益性的实现挂钩。卫生行政部门自然对此呼吁也全力支持。

但是,一个显而易生的疑问是,如果导致现有公立医疗机构通过供方过度医疗而追求收入最大化的激励机制不改变,那么即使政府再追加多少投入,如何能改变既有的行为?在激励机制没有改变的情况下,政府财政投入增加最有可能的结果就是医疗机构一边从国家那里获取新增投入,另一边继续从病人那里寻求收入最大化。这种情况,笔者曾经在2010年发表的一篇论文中概括为"行政型市场化"。[①] 实

---

① 顾昕:《行政型市场化与中国公立医院的改革》,《公共行政评论》2011年第3期。

第十章　公共财政转型与政府卫生投入机制的改革：新医改实施后的变化

际上，这样的事情不仅在医疗卫生，在教育、文化和其他各类公共服务领域也屡见不鲜。在医疗供给侧改革尚未到位的情况下，政府增加投供方的结果，只能是财政支出的"无底洞"，这一点无疑正是财政部门所担心的。

因此，简简单单地追加对公立医疗机构的政府投入，并不能达到推进医疗事业治理创新的目的，也无助于医疗事业社会公益性的达成。政府投入不单单是投入，更为重要的也是一种推进制度变革的杠杆。政府新增投入的最优先领域，是需方而不是供方。通过投需方（或补需方）力度的加大，促进全民医保的发展，形成对医疗服务的第三方购买机制，再通过医保支付改革的实施，重构医疗供给侧的激励机制，从而间接地推进医疗供给侧的改革，实现"有管理的市场化"，这才是新医改取得成功的唯一之路。[①]

政府通过加大对医疗需方的投入而推进全民医保的重要战略意义，可以从四方面来理解：一是分散民众寻求医疗服务的财务风险，实现"人人有病能医"的公益性目标，即任何人都不会因经济因素的考量而放弃医疗服务的利用；二是降低民众因经济因素而对医疗服务供方的不信任，这对于医疗服务作为一种信任品（credence goods）[②] 的提供来说是非常重要的，对于医患关系紧张的缓解也能提供助力；三是在医疗需求侧和供给侧之间建立一种新型的契约化医疗服务购买关系，即借鉴发达国家在公共部门中引入市场机制的经验，[③] 通过医保支付制度改革，在医保机构和医疗机构之间建立公共契约模式，[④] 促进医疗事业公共治理的创新；四是在市场和社会失灵的领域发挥政府的积极作用，正是新时代政府职能转型本身的应有之义。

所以说，在新医改中厉行政府主导的原则是正确的，只不过政府主

[①] 顾昕：《走向有管理的市场化：中国医疗体制改革的战略选择》，《经济社会体制比较》2005 年第 6 期。

[②] Phillip Nelson, "Information and Consumer Behavior," *Journal of Political Economy*, 78 (2), 1970.

[③] 顾昕：《全民免费医疗的市场化之路：英国经验对中国医改的启示》，《东岳论丛》2011 年第 10 期。

[④] 顾昕：《走向公共契约模式——中国新医改中的医保付费改革》，《经济社会体制比较》2012 年第 4 期。

导并不是一味地要求医疗服务机构免费或者廉价提供服务,而在于加强整个医疗卫生体系的社会公益性,其中通过医疗需求侧的改革,重建医疗供给侧的激励机制,才是最为有效的、可行的方略。无论是中国的经验还是其他各国的实践都表明,任何一个东西如果免费或者廉价提供,表面看起来会惠及老百姓,但是最终结果会造成供给的严重不足。匈牙利经济学家亚诺什·科尔奈的《短缺经济学》不单单适用于计划经济体制。[1]

因此,政府新增医疗卫生的投入应该用于推动所有人享有医保,这一方略又可简称为"补需方"。在有关新医改政策战略选择的争论中,被视为"市场主导派"的学者们其实也同样主张"政府主导",只不过他们更强调政府在新医改的推进中应该正确地发挥其主导作用,即一方面推动全民医保;另一方面推动医疗供给侧走向有管理的市场化,其中核心的政策主张就是增大政府财政"补需方"的力度。[2] "补需方"力度的增大是否会损害医疗机构的利益呢?当然不是,政府财政补需方的钱最终还是会流向医疗机构的。

现在,幸运的是,"补需方"已经不再是"市场主导派"学者们的主张,而是活生生的现实了。自2006年以来,政府首先在新农合中加大了"补需方"的力度;继而,政府在城镇居民基本医保中确立了普惠型参保补贴的制度,意味着"补需方"从农村进入了城市。[3] 在图10-6中,我们以不含行政管理和计划生育费用的政府财政预算卫生支出(仅含医疗保障支出和医疗卫生支出)为基数,分析了"补需方"和"补供方"的占比变化。可以看出,在20世纪90年代和21世纪最初的5年间,"补需方"的力度一直在36.0%以下;但在此之后,"补需方"的力度有了大幅度提升,并在2008~2018年一直稳定在47.6%~53.6%的区间。这意味着,中国政府在推进新医改的过程中通过政府财政卫生支出流向的调整,极大地推进了全民医疗保险体系

---

[1] 〔匈〕亚诺什·科尔奈:《短缺经济学》,张晓光等译,经济科学出版社,1986。
[2] Åke Blomqvist and Jiwei Qian, "Direct Provider Subsidies vs. Social Health Insurance: A Compromise Proposal," in Litao Zhao and Lim Tin Seng (eds.), *China's New Social Policy: Initiatives for a Harmonious Society*, Singapore: World Scientific Publishing Co., 2010: 41-71.
[3] 顾昕:《公共财政转型与政府卫生筹资责任的回归》,《中国社会科学》2010年第2期,第116~119页。

第十章 公共财政转型与政府卫生投入机制的改革：新医改实施后的变化

的建设①，并通过第三方购买机制的形成，积极促进医疗事业公共治理体系的变革。

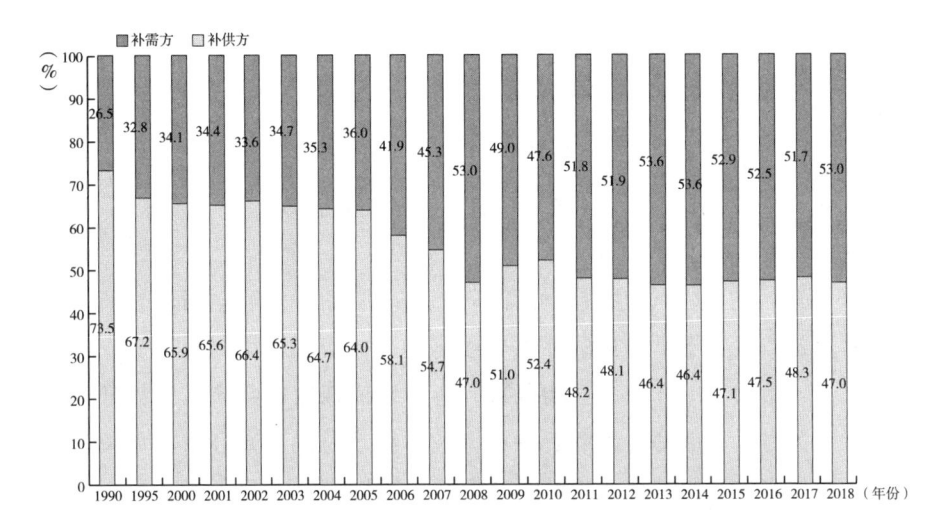

图 10-6 1990~2018 年中国政府财政卫生支出中补需方和补供方的占比

资料来源：国家卫生健康委员会编《2019 中国卫生健康统计年鉴》，中国协和医科大学出版社，2019，第 95 页。

当然，高度强调"补需方"的重要性，绝不意味着政府不应该补贴医疗服务提供方。换言之，政府在供方的投入，在很多情况下是必要的。在一些人看来，提出"补需方"就等于反对"补供方"，意味着政府财政不向供方投一分钱。这种零和博弈式的理解纯属误解。

在这里，"补供方"固然重要，但投入机制问题同样存在。投入机制至少又可分为两个子问题。

一是供方投入的流向问题。在经济发达地区，尤其是在城市地区，医疗服务完全可以也有可能市场化。民间投资于医疗服务，应该在其资质受到严格监管的前提下予以鼓励。这样一来，有限的公共资源可以投入市场不足和市场失灵的地方。简言之，到农村去，到基层去，到边疆去，到祖国最需要的地方，这才是政府医疗卫生财政投入流向的最基本准则。然而，众所周知，我们现在在公共卫生资源的流向却恰恰相反，哪里市场拥挤

---

① Hao Yu, "Universal Health Insurance Coverage for 1.3 Billion People: What Accounts for China's Success?" *Health Policy*, Vol. 119, Issue 9 (2015), pp. 1145-1152.

就去哪里,主要是集中在大城市(尤其是省会城市),集中在大医院(尤其是三甲医院),集中在高端的服务,这同任何流派的公共财政理论都背道而驰。

二是供方投入的方式问题。这就回到本章开头提出的第二项战略选择:既然投入供方是必需的,那么政府对医疗机构的投入究竟应该通过何种机制加以实施?实际上,"投供方"至少有两种不同的方式,即"养供方"还是"补供方",分别体现了两种不同的治理模式。

绝大多数人把公共财政在供方的所有投入都笼而统之地称为"补供方",但实际上,这一说法或认知并不贴切。同样是财政经费投向了供方,但政府为各类服务提供者提供补贴与政府建公立机构直接提供服务,在治理模式上还是大不一样的。长期以来,每当政府认定民众应该获得某类物品或者服务时,一般都会采取后一种办法,即政府拨款兴办事业单位,并在事业单位实施编制管理,政府财政拨款金额与编制挂钩。

本质上,这种"养人办机构"做法意味着以命令与控制为特征的行政治理占据主导地位,而作为服务提供者的公立医疗机构只不过是政府的预算单位,缺乏管理自主性。这在计划体制下所有社会主义国家都是共同的特点。[1] 在经历了40多年的改革开放之后,尽管中国的公立医疗机构已经从作为政府部门预算单位的行政治理模式走向了拥有部分管理权的自主化模式,市场机制也开始在医疗供给侧发挥着一定的作用,但在政府财政投入(或补偿)这方面,行政化治理模式的主导地位始终没有动摇。[2] 实际上,行政化治理在很多公共服务领域都十分盛行,例如教育、文化、传媒等,其弊病不胜枚举。

毫无疑问,政府的确应该在公共服务(或者社会公益事业)的发展上发挥重要的主导作用,但是其具体做法并不应只有"养供方"的一条老路。除了"养供方"之外,新办法之一就是政府采用新型政策工具实施"补供方"。新型政策工具的具体操作办法不一,但一言以蔽之,都可以归结为政府购买服务。因此,真正的"补供方"实际上就是政府购买,是市

---

[1] 〔匈〕雅诺什·科尔奈:《社会主义体制:共产主义政治经济学》,张安译,中央编译出版社,2007,第70页。
[2] 顾昕:《论公立医院去行政化:治理模式创新与中国医疗供给侧改革》,《武汉科技大学学报》(社会科学版)2017年第5期。

场体制下最为常见的一种做法,而"养供方"则是一种行政化的思路。把两者区分开来是十分重要的。鉴于中国的国情,推进市场化的政府购买,减少行政化的政府直接提供服务,恰恰是政府主导与市场机制相结合的正道。

值得注意的是,政府财政"补供方"或"投供方"方式的改变,已经在一些地方政府所推进的治理创新中有所突破。如第十五章将详述的,早在 2015 年秋,浙江省政府就致力于推动基层医疗卫生机构财政补偿制度的改革,并在四个县级市县开展了试点。2017 年 10 月 30 日,在总结四县市基层医疗卫生机构补偿机制改革试点经验的基础上,两部门颁发了《关于全面推进基层医疗卫生机构补偿机制改革的实施意见》(浙财社〔2017〕63 号)①,决定从 2017 年 12 月 1 日开始在全省全面启动基层医疗卫生机构补偿机制改革。这一改革的总体方向,可以概括为"建设发展靠财政、日常运行靠市场",即"建设发展等非经常性支出主要由财政专项安排,日常运行等经常性支出主要通过提供基本医疗卫生服务,由政府或医保(个人)按标准付费购买"。值得注意的是,"日常运行靠市场"中的"市场",包括政府购买,尤其是政府通过公立医疗保险体系代表参保者对医药服务的集团购买。简言之,浙江省政府改变以往依照编制进行财政拨款的机制,改向基层医疗卫生机构购买基本医疗和公共卫生服务。②

结语:公共财政转型推进新医改治理创新

中国新医改在经历了 10 多年的艰苦努力之后,终于在医疗事业的公共治理体系创新上取得了一定的成就。其中,公共财政转型在推动医疗事业公共治理创新上的贡献功不可没。

首先,通过增加对医疗卫生事业的财政投入和建立政府主导的全民医疗保险体系,中国政府重新承担了在医疗卫生领域必须承担的政府职能。这一政府职能的强化,意味着中国政府向公共服务型政府目标的迈进踏出

---

① 该文件文本,参见浙江省财政厅官网,http://www.zjczt.gov.cn/art/2017/11/3/art_1164176_12490607.html。
② 参见顾昕《财政制度改革与浙江省县域医共体的推进》,《治理研究》2019 年第 1 期。

了坚实的一步。其结果，不仅中国卫生总费用绝对和相对规模大幅度提升，更重要的是，卫生领域的公共支出占比大幅度提升，已经接近发达国家的水平。

其次，医疗领域公共财政转型的重大标志在于政府财政预算支出"补需方"的强化及其制度化，这不仅使公立医疗保险体系得以实现全民覆盖，而且还为新医改新时代全面推进医保支付制度改革，进而重构医疗供给侧的激励机制奠定了基础。阿基米德说过，给我一个支点，我就能撬动地球。如今实现了全面覆盖的公立医疗保险就是这样一个支点，有了它，就可以推动整个医疗卫生体系的改革。公共财政的功能就是促进这一杠杆的制造。

最后，医疗领域公共财政转型的方兴未艾之举，在于推动"补供方"或"投供方"的治理变革，即改变以往养人建机构、按编制拨款的行政治理主导的旧模式，引入市场机制，更多地采用政府购买的方式，以契约治理的方式向所有合乎资质要求和保障服务品质的服务提供者购买具有社会公益性的服务。

公共财政在医疗领域的改革之举，对于医疗事业公共治理体系的创新和国家治理体系的现代化，都具有重要的战略意义。治理创新的核心是调整政府—市场—社会的关系并推动政府职能的转型。行政力量通过行政机制在制度建设和组织保障中发挥主导作用，并在引入市场机制、激活社群机制上发挥经济作用，对于公共治理的创新是至关重要的。中国公共财政在推进全民医疗保险的建设上所发挥的作用，正是公共治理创新的一种体现。

第十一章　政府投入与公共卫生的治理变革[*]

导言：健全公共卫生体系是国家治理现代化的重要一环

公共卫生是医疗卫生健康服务的重要组成部分之一，也是公共服务的主要组成部分之一，其健全是国家治理现代化的重要内容，其绩效是国家社会事业发展的重要衡量指标。在很大程度上，公共卫生的绩效取决于治理的成效，而不同治理机制的最优组合是高效治理的制度保障。无论何种物品或服务的提供，其治理机制共有三种，即行政机制、市场机制和社群机制。[①] 这三种机制的运行特征可分别概括为"命令与控制"、"选择与竞争"和"信任与规范"。[②] 问题的复杂性在于，不同的服务有不同的特性，而这些不同也导致这三种治理机制的最优组合有所不同。公共卫生包含的服务种类繁多，特性各异，三种机制在治理不同种类的公共卫生服务时所发挥的作用，也有所不同。因此，公共卫生的治理结构必定是复杂的，并且会随着其所嵌入其中的国家治理模式的转变而发生变化。

---

[*] 本章较早的版本参见顾昕《中国公共卫生的治理变革：国家—市场—社会的再平衡》，《广东社会科学》2014年第6期。收入本书时，进行了大幅度数据更新和内容充实。
[①] 〔美〕萨缪·鲍尔斯：《微观经济学：行为、制度和演化》，江艇等译，中国人民大学出版社，2006，第354页。
[②] 〔英〕朱利安·勒·格兰德：《另一只无形的手：通过选择与竞争提升公共服务》，韩波译，新华出版社，2010。

在计划经济时代，中国国家治理模式的总体特征是行政机制在社会经济的各个领域都发挥着近乎排他性的作用，即政府或国家行动者（state actors）扮演一种全能主义型角色（a totalistic role），包括治理者的角色，而且政府力量具有穿透性，能够渗透到社会经济生活的各个角落；相对来说，市场和社会即便没有被完全消灭，也只是微不足道的。[1] 与此相对应，政府力量习惯采用的行政机制近乎一统天下，市场机制和社群机制发挥作用的空间，即便有，也微不足道。这一特征，即高度行政化，在公共卫生领域自然也不例外。这不仅体现在公共卫生服务组织以行政等级体系的方式建立起来，而且还体现在党和政府时常通过意识形态和政治动员发动全社会投入特定的公共卫生行动之中，运动式治理成为政府以超常方式运用行政机制以克服常规化科层治理不足的常见手段。[2]

在改革开放时代，中国既有高度行政化的公共卫生制度和组织模式架构不仅没有发生多大变化，而且还走上了制度化、专业化和国际化的道路，但作为行政机制的极端化运用模式，政治动员尽管依然在延续，但效力递减。更为重要的是，随着市场转型的进展，市场机制在社会经济生活的各个方面都开始发挥一定的作用，也对高度行政化的公共卫生体系形成了冲击。在国际化的影响下，非政府组织或非营利组织在公共服务中的作用，也在一定程度上开始受到重视。但是，高度行政化的旧体制不仅抑制了市场和社会在公共卫生领域发挥应有的积极作用，而且还扭曲了市场机制和社群机制。公共卫生体系呈现出某种程度的治理不良格局。2003 年，一场前所未有的非典型肺炎（SARS）疫情在中国暴发并波及海外，凸显了中国公共卫生应急管理体系和疾病预防控制体系的孱弱。[3]

在市场转型的大背景下，国家治理模式的转型进入了党和政府改革的议事日程，其中的关键在于如何让市场和社会在社会经济发展中发挥更为积极的作用。2013 年末召开的中国共产党十八届三中全会做出的

---

[1] 邹谠：《二十世纪中国政治：从宏观历史与微观行动角度看》，牛津大学出版社，1994。
[2] 冯仕政：《中国国家运动的形成与变异：基于整体的整体性解释》，《开放时代》2011 年第 1 期；周雪光：《运动型治理机制：中国国家治理的制度逻辑再思考》，《开放时代》2012 年第 9 期。
[3] Arthur Kleinman, James L. Watson（eds.）, *SARS in China: Prelude to Pandemic?*, Stanford University Press, 2005.

《中共中央关于全面深化改革若干重大问题的决定》（以下简称《决定》），将"国家治理体系和治理能力的现代化"确定为全面深化改革的总目标。① 毫无疑问，公共卫生的治理结构变革同样也应纳入公共政策的议事日程。尽管政府在筹资和服务递送中始终发挥着基础性的作用，但是如何让市场和社会也能发挥积极的作用，对于这一公共服务领域中的治理变革，同样是举足轻重的。

进入2020年，一场由新冠病毒引发的传染性肺炎疫情（简称"新冠肺炎疫情"，COVID-19），在世界各国相继暴发，成为全球性的大流行病（pandemic），其蔓延范围之广、严重程度之烈可谓史无前例。在很多发达国家和发展中国家，新冠肺炎疫情都呈现失控状态，尤其是美国以及"金砖国家"中除中国之外的三个国家（巴西、印度、俄罗斯），成为全球新冠肺炎疫情最严重的四个国家，而新冠肺炎疫情在美国的失控令全球意外和震惊。新冠肺炎疫情注定将作为一种改变世界格局和人类命运的大流行病而载入史册。

放眼全球，新冠肺炎疫情的治理是对国家治理能力的一场大考。② 中国政府在意识到疫情来袭之后，面对诸多不确定性，一方面发挥行政机制强大的动员力，在全中国实施了有效的社会隔离，并高效动员医疗卫生资源集中于疫情最为严重的湖北省，在短时间内控制了疫情的蔓延，并为大量新冠肺炎患者提供了免费医疗；另一方面让市场机制和社群机制发挥作用，使事业单位、公司、社会组织和社区在社会隔离措施的实施、民生保障、秩序维护等领域形成协同治理之态，在日常状态逐步建立的社会治理体系在面对突发性公共卫生事件时呈现出强大的治理能力。在新冠肺炎疫情治理的初期，中国的公共卫生体系呈现出一些短板，而新冠肺炎疫情的治理恰恰为健全公共卫生体系提供了新的契机。在任何一个地方，公共卫生体系都是国家治理体系的一个内在组成部分，公共卫生的治理能力无疑与疫情的防控水平密切关联。正如习近平总书记所指出的，只有构建起强大的公共卫生体系，健全预警响应机制，全面提升防控和救治能力，才能

---

① 《中共中央关于全面深化改革若干重大问题的决定》，人民出版社，2013。
② Francis Fukuyama, "The Thing That Determines a Country's Resistance to the Coronavirus", *The Atlantic*, https://www.theatlantic.com/ideas/archive/2020/03/thing-determines-how-well-countries-respond-coronavirus/609025/. (2020)

强化底线思维，增强忧患意识，时刻防范卫生健康领域重大风险。①

一 公共卫生治理变革：走向公私合作伙伴关系

公共卫生的涵盖面非常广泛，是因为对于何为"公共卫生"，无论是专业内外，都没有公认的概念。狭义的公共卫生指的是防治疾病（俗称"防疫"）和健康促进（或健康教育），例如传染病防控（俗称"免疫"）、疾病筛查、慢性病管理、卫生习惯的培育等；而广义的公共卫生则包括所有促进健康的举措，例如环境污染的防治、应急（或大型公共事件）管理、职场安全与卫生、食品与药品安全、营养促进、上瘾与健康有损类食品（酒精、烟草以及毒品）管制，以及减少有损健康的其他社会经济问题（例如贫困和收入不平等）。一般公认，公共卫生的学科基础不限于医学，还包括社会学、心理学、环境科学甚至城市规划等。② 而且，在发达国家，大多数较为知名的大学，公共卫生学院与医学院是分开的，而两个学院所提供的专业教育和训练，尽管有重叠的部分，但是大为不同的。由此来看，公共卫生的发展不仅涉及医疗卫生健康政策，而且还涉及极为广泛的社会经济政策。

理论上，公共卫生的受益人是社群中所有的人，至于社群的大小，取决于具体的公共卫生干预措施所覆盖人群的范围。因此，公共卫生是一种以社群为导向的服务。可是，有些公共卫生服务（例如免疫）必须提供给社群中的每一个个体，而另外一些服务（例如环境卫生）并不需要如此。依照这一维度，公共卫生服务可分为基于个体的卫生服务（individual - based public health services）和基于人群的卫生服务（population - based public health services）两大类，前者主要包括预防保健（免疫）、妇幼保健、慢性病管理等；后者主要包括疾病控制、健康教育、卫生监督、食品与药品安全等，而有些公共卫生服务介于两者之间，如职业病和地方病防治。面向个人的公共卫生服务与初级医疗保健（即普通门诊服务）构成了

---

① 参见《习近平主持专家学者座谈会强调 构建起强大的公共卫生体系 为维护人民健康提供有力保障 李克强王沪宁出席》，《人民日报》2020年6月3日，第1版。
② Rob Baggott, *Public Health: Policy and Politics*, 2nd edition, Palgrave Macmillan, 2011.

第十一章 政府投入与公共卫生的治理变革

公共卫生与医疗保健的交界处（interfaces between public health and medical practice）；在这个交界处，以社群为导向的基本卫生保健（community-oriented primary care）应运而生。[1]

面向人群的公共卫生服务，属于经济学中的"公共物品"（public goods），具有消费的非排除性和非竞争性。由于无法排除任何人成为这类服务的受益者，而且也无法确定具体的受益者及其受益程度，这类服务的提供者不可能向受益者收费；同时，这类服务的提供成本与受益者人数无关，收费标准也就无从确定。因此，在任何一本经济学教科书中，公共物品的提供往往成为政府的责任，亦即行政机制理应成为公共物品提供的主导型治理机制。然而，即便行政机制在公共物品提供的治理上发挥主导性作用，也不意味着市场机制和社群机制没有发挥积极作用的空间。在适当的政治、社会和经济因素（例如再分配性税收政策）所创造的激励下，公共物品的有效私人提供是可能的。[2] 在公共物品的私人提供者中，既有营利性的市场主体，也有各类非营利组织。[3] 具体到公共卫生领域，私营营利性组织和非营利性组织扮演服务提供者的角色，已经在世界各地成为一种常见的实践模式。[4] 当然，政府如何通过行政机制的作用以确保公共卫生的私人提供既具有公平性又能有高效率，也成为国际卫生政策领域中的一个热门研究课题。[5]

从理论分析的角度来看，面向个人的公共卫生服务不属于公共物品，而属于私人物品。但这类私人物品都具有很强的"正外部性"，即这类服

---

[1] Bernard J. Turnock, *Essentials of Public Health*, 2nd edition, Jones & Bartlett Learning, 2012, p. 58.

[2] Thomas Markussen, "Democracy, Redistributive Taxation and the Private Provision of Public Goods," *European Journal of Political Economy*, 27 (1), 2011.

[3] Theodore Bergstrom, Lawrence E. Blume, Hal Varian, "On Private Provision of Public Goods," *Journal of Public Economics*, 29 (1), 1986.

[4] World Bank, *World Development Report 1993: Investing in Health*, World Bank, 1993; Peter Berman, "The Role of the Private Sector in Health Financing and Provision," in Katja Janovsky (ed.), *Health Policy and Systems Development: An Agenda for Research*, World Health Organization, 1996, pp. 125–146.

[5] Philip Musgrove, *Public and Private Roles in Health: Theory and Financing Patterns*, Health, Nutrition and Population Discussion Paper, World Bank, 1996; Ruairí Brugha, Anthony Zwi, "Improving the Quality of Private Sector Delivery of Public Health Services: Challenges and Strategies," *Health Policy and Planning*, 13 (2), 1998.

务的提供可以给某一人群甚至整个社会带来额外的好处,因此又被称为"集体物品"。[1] 具有正外部性的集体物品可以通过市场来提供,但往往会出现市场提供不足的现象。除此之外,这类公共卫生服务还存在质量低度量性的问题,即服务质量高低很难直接度量,也无法通过其产生的结果加以度量,[2] 而物品质量的低度量性会导致一定程度的市场失灵。

即使不考虑市场不足和/或市场失灵问题,政府也另有理据在公共卫生领域发挥更积极的作用,即促进公平,尤其是横向公平,以确保所有低收入者也能在适当的水平上充分获得基本的医疗卫生健康服务。[3] 更有甚者,依照所谓"特定平等主义"(specific egalitarianism)的理念,某些物品或服务具有特殊性,其提供不应该由市场控制,或者说其提供不应该根据个人的收入水平。[4] 市场机制不应该成为这类特殊物品或服务的排他性协调机制,而所有的公共卫生服务都可归于此类。

因此,无论是基于个体还是群体的公共卫生服务,都属于公共服务,其提供的治理不大可能依赖于市场机制发挥基础性作用。公共卫生的治理,需要来自非市场力量的干预,一方面弥补市场不足(即增加正外部性),另一方面抑制市场失灵。对于公共服务的善治,政府是一种重要的非市场力量,但不是唯一的非市场力量。在集体行动的确需要的地方,除了政府干预之外,还可以采取社群治理(例如,协会治理)等多种办法。[5] 尤其是,民间非营利组织,包括社会组织和社区组织,都可以在公共服务的提供上发挥非常广泛的作用。[6]

非常重要的是,在公共卫生领域存在市场失灵,并不意味着市场机制

---

[1] Emanuel S. Savas, *Privatization and Public - Private Partnerships*, Chatham House Publishers, 2000, p. 45.
[2] Alexander S. Preker, April Harding, Phyllida Travis, " 'Make or Buy' Decisions in the Production of Health Care Goods and Services: New Insights from Institutional Economics and Organizational Theory," *Bulletin of the World Health Organization*, 78 (6), 2000.
[3] Nicolas Barr, *Economics of the Welfare State*, 5th edition, Oxford University Press, 2012, pp. 244 - 245.
[4] James Tobin, "On Limiting the Domain of Inequality," *Journal of Law and Economics*, 13 (2), 1970.
[5] 〔美〕埃莉诺·奥斯特罗姆:《公共事物的治理之道:集体行动制度的演进》,余逊达等译,上海译文出版社,2012。
[6] 〔美〕莱斯特·M.萨拉蒙:《公共服务中的伙伴——现代福利国家中政府与非营利组织的关系》,田凯译,商务印书馆,2008。

在其中没有发挥积极作用的空间。实际上，如果抑制市场机制正常发挥作用，也会导致另外一些扭曲，尤其是对供方的负激励，不仅会降低效率，也会有损公平。与此同时，认定政府必须在公共卫生领域承担重要的职责，并不意味着行政机制无论以何种方式发挥作用，都会对公共卫生的治理产生良好的结果。行政机制运作是否产生良好的作用，在很大程度上，取决于国家与市场、国家与社会的关系。就国家与市场的关系而言，如果行政机制与市场机制相互强化，亦即行政机制的运作能够促使政府成为"市场强化型政府"（market-augmenting government），[1] 那么政府行动和市场力量的互动就能相得益彰，否则就会导致政府和市场双失灵的格局。这一点也适用于国家与社会之间的关系，即政府能否发挥能促型角色，致力于提升社会组织的能力，使自己成为能促型国家，[2] 从而形成一种国家与社会相互增权的局面，[3] 是至关重要的。

因此，在公共卫生领域，行政机制、社群机制和市场机制必须保持适当的平衡；换言之，国家—市场—社会关系的再平衡是公共卫生治理变革的关键。由于公共卫生服务多种多样，三种机制的平衡点是有所差别的。随着公共管理改革浪潮的冲击，试图将行政机制、社群机制与市场机制相结合的各种公私合作伙伴关系模式，在公共卫生领域中兴起。所谓"公私合作伙伴关系"，包括三个要素：一是伙伴关系至少纳入一家私立营利性组织、一家私立非营利性组织和一家公立组织；[4] 二是合作伙伴拥有共同的目标，争取为某些弱势群体创造一定的社会价值；三是合作伙伴共同努力，分享收益。[5] 至于建立公私合作伙伴关系的具体模式，极具多样性，包括合同外包、特许经营、补贴运营、代金券、法定委托代理等，但归结起来，其共同的核心特征是从政府直接提供服务转为政府帮助并促进其他

---

[1] Mancur Olson, *Power and Prosperity: Outgrowing Communist and Capitalist Dictatorships*, Basic Books, 2000.
[2] Neil Gilbert, Barbara Gilbert, *The Enabling State: Modern Welfare Capitalism in America*, Oxford University Press, 1989.
[3] Xu Wang, "Mutual Empowerment of State and Society: Its Nature, Conditions, Mechanism, and Limits," *Comparative Politics*, 31 (2), 1999.
[4] Gerald Rosenthal, William Newbrander, "Public Policy and Private Sector Provision of Health Services," *International Journal of Health Plann Management*, 11 (3), 1996.
[5] Michael R. Reich (ed.), *Public-Private Partnership for Public Health*, Harvard Center for Population and Development Studies, 2002, p. 3.

服务提供者更加有效地提供服务。①

在促进公私合作伙伴关系的形成中，政府不再扮演全能主义型角色，而是开始扮演多种新角色。政府角色的多样化，在一定程度上也能促进政府能力的提升，其中的关键在于政府政策工具的多样化，尤其是间接工具的发展。根据美国学者萨拉蒙（Lester M. Salamon）的分析，除了直接提供服务之外，其他的政府政策工具均属于间接工具。间接工具的历史虽然悠久，但是其运用在20世纪末期才得到迅猛的发展，而且越来越精致化。不仅如此，间接工具的使用在政府和公共服务的消费者（也就是公民）之间涉及第三方，即各种类型的民间组织，既包括营利性的也包括非营利性的组织。换言之，间接工具的运用必然要求公共部门与民间组织形成各种伙伴关系。这体现了一种新治理范式（new governance paradigm）的兴起（参见表11-1），以取代由马克斯·韦伯等人创立的经典公共行政范式。

表11-1 从经典公共行政到新公共治理的范式变革

旧行政范式	新治理范式
公立机构的建立（事业单位模式）	政策工具的创新
等级科层体系（纵向关系）	网络建构与运作（横向关系）
公共对民间（自上而下）	公共+民间（合作伙伴）
命令与控制（行政机制）	协商与说服（社群机制）
监督管理	能力促进+助推

资料来源：Lester M. Salamon（ed.），*The Tools of Government*，Oxford University Press，2002，pp. 9-18。根据中国国情，笔者对内容有所调整。

在公共服务日益面向市场化的挑战并且出现种种有待解决的难题之际，政府唯有推动治理变革而不是回归全能主义型角色，才能实现有效的干预。因此，当我们发现市场失灵和社会失灵的存在时，仅仅简单地要求国家干预并不足够，更为重要的是以什么样的原则选择国家干预的方式。在面对市场失灵和社会失灵的挑战时，回归计划经济时代的某些做法，让

---

① Emanuel S. Savas，*Privatization and Public-Private Partnerships*，Chatham House Publishers，2000，pp. 125-138。

政府扮演全能主义型角色，让"命令与控制"机制一统天下，对于不少人来说是逻辑顺畅而又简便易行的选择。但是，这不仅绝不是唯一的，也不是值得推崇的选项，在很多情况下会导致"命令与失控"。在市场转型的时代，政府完全可以以多样化的角色、运用多样化的政策工具对市场和社会进行新形式的干预。唯有如此，市场和社会的积极性才能充分调动起来，而政府也能在缩小行动领域的同时强化自身的能力。如何优化行政机制的运行，如何让市场机制和社群机制正常地发挥作用，进而如何形成国家—市场—社会相得益彰的良序关系，不仅是整个国家治理体系现代化的关键，也是公共卫生治理变革的关键。

二 高度行政化：中国公共卫生领域的治理模式和政府投入

同许多国家一样，中国政府在公共卫生事业的发展上发挥了决定性的作用。新中国成立初期，中国政府开展的一项重要工作就是控制传染病、寄生虫病、地方病的蔓延，简称"防疫工作"。1952年，在抗美援朝的大背景下，为了防范可能的细菌战，成立中央爱国卫生运动委员会；后来，这一机构成为各地防疫工作的总协调者。[1] "爱国卫生运动"起源于中国共产党军队中的卫生管理。[2] 后来，爱国卫生运动主要是政治动员的手段，开展各种以大规模人群和环境为基础的公共卫生活动，包括除四害、农村"两管五改"（管水、管粪、改水井、改厕所、改炉灶、改牲畜圈棚、改室内外环境）、治理脏乱差等等。[3] 自上而下的政治动员机制对于达成某一特定的行动目标往往会很高效，但是一旦目标确定有误，政治动员机制也会高效地造成大的危害。例如，在20世纪50年代末轰轰烈烈的"除四害运动"中，麻雀曾被列为四害之一，引发各地民众扑杀麻雀的浪潮；后来，毛泽东出面阻止，有关专家讨论后确定麻雀不再列为"四害"之一，改为

---

[1] 钱信忠：《中国卫生事业发展与决策》，中国医药科技出版社，1992，第11页。
[2] 黄树则、林士笑主编《当代中国的卫生事业》，中国社会科学出版社，1986，第52~54页。
[3] 钱信忠：《中国卫生事业发展与决策》，中国医药科技出版社，1992，第165~187页。

臭虫。①

20 世纪 50 年代初期，模仿苏联模式，中国政府按照行政区划，在各地建立了卫生防疫站（所），组成疾病防治网。卫生防疫站（所）的行政级别分为省、市和县三级，分别受同级卫生行政部门领导。县以下在卫生院设卫生保健组，村设卫生员；城市医院中都设预防保健科，负责所在地段的卫生保健工作。同时，在产业系统也组建了各自独立的卫生防疫站（所）。此外，政府还就一些常见的传染病和地方病，设立了专门的机构，例如结核病防治所、血吸虫病防治所、疟疾防治所、鼠疫防治所等。这些机构构成了中国公共卫生服务体系的组织基础。②

自 1978 年以来，中国进入了改革开放时期，市场机制在经济生活中愈来愈发挥着重要的作用，即便尚未达到决定性作用的境界。在市场转型的大背景下，中国卫生领域的治理模式也发生了微妙的变化。首先，政治动员的效力出现了随时间递减的现象。作为政治动员机制的体现，爱国卫生运动在改革开放之后延续下来，并同政府倡导的"精神文明建设"结合起来，例如，自 1982 年起，中宣部等 16 个党政部门将每年 3 月定为"全民文明礼貌月"，其中主要活动之一就是治理脏乱差，以改善城乡环境卫生。与此同时，爱国卫生运动组织的一些活动还与国际组织的全球性倡导结合起来，例如 1980 年第 35 届联合国大会发起"国际饮水供应和环境卫生十年活动"，提出到 1990 年实现"人人享有安全饮水卫生"，中国政府于 1981 年开始正式参加这一活动，而农村改水工作是重点。③然而，不可否认，爱国卫生运动的热度和效力，与改革开放之前不可同日而语了。

其次，即便是在行政机制依然占主导的公共卫生领域，市场机制和社群机制的萌芽出现了。但是，新机制的出现并未给这一领域的治理带来更多正面的改善，反而导致了很多扭曲，削弱了这一公共服务领域的公益性，尤其体现在各种创收活动压抑了公共卫生提供者为民众提供免费服务的积极性。

---

① 黄树则、林士笑主编《当代中国的卫生事业》，中国社会科学出版社，1986，第 62~63 页。
② 钱信忠：《中国卫生事业发展与决策》，中国医药科技出版社，1992，第 122~124 页。
③ 钱信忠：《中国卫生事业发展与决策》，中国医药科技出版社，1992，第 188~209 页。

第十一章 政府投入与公共卫生的治理变革

市场机制在中国卫生领域的萌芽始于20世纪80年代初期。具体的标志是收费制度改革，即引入对基本卫生服务的固定收费制度和非基本卫生服务的浮动收费；进而是预算制度改革，即公立医疗卫生机构每年只能获得一笔固定金额的政府预算支付，基本上只能支付人员的固定工资，而机构的运营开支则需要通过自行创收来解决。[1] 在此之后，各种公立医疗卫生机构收入来源中政府拨款的比重开始降低，收费收入比重开始提高，这一点在医疗机构中尤为明显，但在公共卫生机构中也存在同样的趋势。与此同时，政府在公共卫生领域所承担的筹资责任降低，导致公共卫生的停滞。[2] 市场机制的引入的确促使公共卫生机构强化了财务责任制（financial accountability），但也引入了一种扭曲的经济激励机制，诱导公共卫生机构为民众过度提供一些从医学和公共卫生专业视角来看不太必要的服务，而那些具有高度正外部性但对供方经济诱因不足的服务，即具有公共物品特征的公共卫生服务，则出现了提供不足的现象。[3]

最后，也最为重要的是，面对日益凸显的市场失灵现象，中国政府以及公共政策学界的一种流行性应对是主张政府主导，加强政府干预，[4] 但对行政机制的组织和制度模式并不深究。于是，沿袭着计划经济时代的组织和制度模式，中国公共卫生服务体系越来越呈现高度行政化的特征。可是，依照条块分割的行政等级体系建立起来的公共卫生服务体系，受制于大型官僚组织中纵向命令与控制机制的僵硬性，以及对市场机制和社群机制的排斥性和抑制性，并不能带来更具参与性、更公开透明、更具高反应性、更加高效公平的善治局面。在公共卫生的诸多子领域，治理不良甚至治理失灵的情形比比皆是。

政府主导主张的一项具体内容是增加政府投入，以增强公共卫生体系的能力建设。来自公共卫生专业和社会增加政府投入的呼声，往往在重大突发性公共卫生事件爆发之时，更能在政府那里获得响应，而在缺乏这类

---

[1] Xingzhu Liu, Anne Mills, "Financing Reforms of Public Health Services in China: Lessons for Other Nations," *Social Science and Medicine*, 54 (11), 2002.

[2] Jane Duckett, *The Chinese State's Retreat from Health: Policy and the Politics of Retrenchment*, Routledge, 2011.

[3] Xingzhu Liu, Anne Mills, "Financing Reforms of Public Health Services in China: Lessons for Other Nations," *Social Science and Medicine*, 54 (11), 2002.

[4] 王绍光：《中国公共卫生的危机与转机》，《比较》2003年第7期。

事件的时期，公共财政对公共卫生的重视度下降是一种常态。从表 11-2 可以看出，专业性公共卫生机构获得的政府财政投入在所有医疗卫生机构所获政府投入中的占比，在 2003 年 SARS 疫情得到控制之后，政府在公共卫生领域的投入有所增加，但此后呈现逐年下降之势。换言之，在公共卫生领域，公共财政呈现为一种反应式治理格局。

表 11-2 2002~2018 年中国政府财政在医疗卫生机构中的投入

单位：亿元，%

年份	所有医疗卫生机构	专业公共卫生机构	
		金额	占比
2002	422.09	91.71	21.73
2003	NA*	NA*	NA*
2004	532.45	187.50	35.22
2005	484.30	135.11	27.90
2006	589.80	166.68	28.26
2007	1173.25	300.55	25.62
2008	1020.14	257.95	25.29
2009	1335.34	344.10	25.77
2010	1667.87	440.24	26.40
2011	2286.00	551.30	24.12
2012	2714.03	600.46	22.12
2013	3131.04	676.51	21.61
2014	3500.63	801.34	22.89
2015	4321.31	920.55	21.30
2016	4848.57	1020.09	21.04
2017	5432.25	1143.42	21.05
2018	6064.85	1243.65	20.51

注：在《2004 中国卫生统计年鉴》中，2003 年卫生机构收入与支出的数据遗漏了。

资料来源：中华人民共和国卫生部编《2003 中国卫生统计年鉴》，中国协和医科大学出版社，2003，第 67~69 页；《2005 中国卫生统计年鉴》，第 94~96 页；《2006 中国卫生统计年鉴》，第 96~98 页；《2007 中国卫生统计年鉴》，第 94~96 页；《2008 中国卫生统计年鉴》，第 89~90 页；《2009 中国卫生统计年鉴》，第 89~90 页；《2010 中国卫生统计年鉴》，第 91~92 页；《2011 中国卫生统计年鉴》，第 96~97 页；《2012 中国卫生统计年鉴》，第 94~95 页；国家卫生和计划生育委员会编《2013 中国卫生和计划生育统计年鉴》，中国协和医科大学出版社，2013，第 101~102 页；《2014 中国卫生和计划生育统计年鉴》，第 101~102 页；《2015 中国卫生和计划生育统计年鉴》，第 100~101 页；《2016 中国卫生和计划生育统计年鉴》，第 100~101 页；国家卫生健康委员会编《2018 中国卫生健康统计年鉴》，中国协和医科大学出版社，2018，第 102~103 页；国家卫生健康委员会编《2019 中国卫生健康统计年鉴》，中国协和医科大学出版社，2019，第 102~103 页。

政府投入在不同公共卫生领域之间的分布,自 2003 年以来有所变化。从表 11-3 可以看出,妇幼保健的占比有所提高,疾病控制在 2004 年呈现非常态性高点(58.4%)之后有所下降,后基本上稳定在 40% 强的水平。政府投入在卫生监督领域的占比在 2006~2008 年曾经达到高点,缘于当年一系列食品安全事件(例如苏丹红事件、泔水油事件、三聚氰胺事件等)引发全社会关注。在此之后,随着食品安全规制日趋常态化,政府投入在卫生监督领域的相对水平也稳定在 9.0%~9.5% 的区间。健康教育领域中政府投入的相对水平一直不高,只是在 2007 年在食品安全引发关注的年份有小幅提高。实际上,这是一种正常的状态。健康教育的蓬勃及其绩效,在很大程度上并不依赖于政府行动的规模,与政府投入水平的相关性也较弱,而是与专注于健康促进的社会力量是否兴旺发达有关。这一领域,理应是社群机制发挥重要的空间。与此同时,健康教育还同全民健身运动的开展紧密相连,而政府在推动全民健身运动中的行动及其财政表现,主要在体育领域而不是卫生领域。

表 11-3　2002~2018 年专业公共卫生机构中政府投入的分布

单位:%

年份	妇幼保健	疾病控制	卫生监督	专科疾病防治	健康教育	计划生育	其他
2002	20.1	57.0	7.1	9.8	0.5	0.0	5.6
2004	17.2	58.4	14.1	6.1	0.7	0.0	3.4
2005	19.8	48.2	15.1	9.9	0.5	0.0	6.5
2006	18.9	49.2	17.6	7.0	0.4	0.0	6.8
2007	14.1	41.7	27.3	5.4	1.5	0.0	10.1
2008	19.9	49.3	17.1	7.2	0.5	0.0	6.1
2009	19.0	49.4	14.3	7.1	0.4	0.0	9.8
2010	21.2	43.4	12.8	6.6	0.8	0.0	15.2
2011	21.2	40.8	13.3	5.9	0.3	0.0	18.1
2012	22.2	41.0	11.1	6.0	0.7	0.4	18.6
2013	22.1	41.0	9.5	5.4	0.4	13.1	8.4
2014	21.4	38.7	9.5	4.7	0.4	16.8	8.4
2015	23.9	38.7	9.0	5.2	0.4	13.1	9.6

续表

年份	妇幼保健	疾病控制	卫生监督	专科疾病防治	健康教育	计划生育	其他
2016	26.2	40.8	9.2	4.8	0.4	9.2	9.3
2017	29.2	40.3	9.5	5.0	0.4	5.6	9.9
2018	30.0	41.1	9.3	4.6	0.5	4.5	9.9

资料来源：同表11-2。

表11-4显示了政府投入在专业公共卫生机构总收入中的占比。由100%减去表11-4中展示的占比的得数，就是这些机构创收收入在其总收入的占比。可以看到，近年来，卫生监督和疾病控制领域，公共卫生机构创收活动日渐减少，创收空间也日益萎缩，创收在总收入中的占比逐年下降。到2018年，在卫生监督领域，创收收入在机构收入中的占比，已经不足10%了；在疾病控制领域，创收收入占比也只不过25%多一点。这表明，卫生监督和疾病控制领域的专业公共卫生服务主要由政府财政支持的公共服务所组成。在卫生监督领域，民间出资所购买的卫生检测检验监测督查服务，已经微不足道。在疾病控制领域，创收收入主要来自疫苗接种的自费部分以及其他零星的民间购买。

表11-4　2004～2018年政府投入在专业公共卫生机构总收入中的占比

单位：%

年份	妇幼保健	疾病控制	卫生监督	专科疾病防治	健康教育	计划生育	其他
2004	21.0	40.3	36.6	29.5	89.3	—	8.7
2005	15.1	41.3	62.6	30.0	74.1	—	38.4
2006	16.2	44.0	72.0	30.6	80.3	—	52.9
2007	17.5	36.3	33.7	35.8	92.2	—	56.8
2008	17.0	49.3	74.7	36.0	78.6	—	54.3
2009	17.9	54.1	75.3	36.3	78.6	—	60.1
2010	20.5	55.3	79.7	40.3	93.3	—	47.3
2011	21.7	61.2	85.8	38.6	87.6	51.0	50.1
2012	20.2	62.0	85.0	37.0	94.8	51.8	54.8
2013	19.9	62.2	79.6	34.8	89.8	59.0	45.0

续表

年份	妇幼保健	疾病控制	卫生监督	专科疾病防治	健康教育	计划生育	其他
2014	19.7	62.8	87.1	34.2	92.6	62.3	48.8
2015	23.0	67.7	85.9	38.0	91.4	67.8	54.3
2016	23.3	70.7	88.2	36.9	82.3	70.6	56.0
2017	25.0	74.3	90.0	41.0	87.8	74.1	56.9
2018	25.5	74.4	90.5	39.0	53.0	77.9	56.2

资料来源：同表11-2。

妇幼保健和专科疾病防治有所不同。妇幼保健实际上是公共卫生和医疗保健相重叠的领域，妇幼保健机构提供的服务主要是面向妇女儿童的基本医疗服务（包括婴孩生产），其收入来源于医保支付和百姓自付，而由政府财政所购买的属于公共卫生领域的妇幼保健服务，在其收入构成中的占比一向不高。尽管如此，政府投入在妇幼保健机构总收入中的占比有所提高，可以说明，政府在妇幼保健领域对公共卫生的重视度有所提高。同妇幼保健相类似，专科疾病防治也是一个公共卫生和医疗保健相重叠的领域，其重点服务内容在于职业病和地方病的防治，其中相当一部分业务收入也来自医疗保险支付和患者自付。值得注意的是，在健康教育领域，政府投入占比一向处在高位，但2018年政府投入占比突然下降出于什么原因尚不清楚。实际上，正如前文所述，健康教育领域由政府行动主导、由政府财政支撑的格局，并未善治，这表明市场力量和社会力量在这个领域基本上处于无所作为的境地。2018年健康教育领域财政数据的巨变，是否显示出这一领域的治理格局发生了巨变，这有待于深入的研究，其未来的走向也有待于后续的观察。

三 疾病控制、妇幼保健和卫生监督的治理

鉴于公共卫生服务极为多样性，本章限于篇幅，不可能面面俱到，只能对疾病控制、妇幼保健和卫生监督三个子领域的治理格局，加以深入分析。

（一）疾病控制体系

改革开放时期，中国疾病控制体系延续了原卫生防疫工作的制度和组织模式，并加以法制化。1989 年，《中华人民共和国传染病管理法》颁布。该法规定，各类卫生机构必须履行报告义务的传染病有三类，共34 种。到 2002 年 1 月，中国疾病预防控制中心成立；当年，27 个省级疾控中心挂牌运行，同时大约 1/3 的地市和 1/5 的县也组建了疾控中心。[①] 到 2003 年，疾控中心在各个行政层级都建立了起来，绝大部分是原防疫站（所）更名而成。无论是从机构数量还是从人力资源的规模来看，各级疾控中心在中国公共卫生服务体系中都占相当大的比重（见表 11-5）。

表 11-5　2002~2018 年中国疾病控制中心的能力建设

年份	机构数量（个） 公共卫生机构	疾病预防控制中心（防疫站）数量	占比（%）	卫生技术人员（万人）公共卫生机构	疾病预防控制中心（防疫站）人数	占比（%）	政府投入（亿元）公共卫生机构	疾病预防控制中心（防疫站）金额	占比（%）
2002	10787	3580	33.2	37.9	15.9	41.9	91.7	52.2	56.6
2003	10792	3584	33.2	38.8	15.9	41.0	NA	NA	NA
2004	10878	3588	33.0	39.4	16.0	40.7	187.5	109.6	58.4
2005	11177	3585	32.1	40.7	15.8	38.9	135.1	65.1	48.2
2006	11269	3548	31.5	41.2	15.4	37.5	166.7	82.1	49.2
2007	11528	3585	31.1	43.0	14.9	34.5	300.6	125.4	41.7
2008	11485	3534	30.8	44.9	14.9	33.1	257.9	127.2	49.3
2009	11665	3536	30.3	46.6	14.8	31.8	344.1	170.1	49.4
2010	11835	3513	29.7	47.4	14.7	31.1	440.2	191.1	43.4
2011	11926	3484	29.2	48.4	14.5	30.0	551.3	225.1	40.8
2012	12083	3490	28.9	52.9	14.1	26.7	600.5	246.5	41.0
2013	31155	3516	11.3	60.9	14.3	23.5	676.5	277.6	41.0
2014	35029	3490	10.0	63.2	14.2	22.5	801.3	310.5	38.7
2015	31927	3478	10.9	63.9	14.2	22.2	920.6	356.5	38.7

① 《中国卫生年鉴》编辑委员会编《中国卫生年鉴 2003》，人民卫生出版社，2003，第 178 页。

续表

年份	机构数量（个）			卫生技术人员（万人）			政府投入（亿元）		
	公共卫生机构	疾病预防控制中心（防疫站）		公共卫生机构	疾病预防控制中心（防疫站）		公共卫生机构	疾病预防控制中心（防疫站）	
		数量	占比（%）		人数	占比（%）		金额	占比（%）
2016	24866	3481	14.0	64.6	14.2	22.0	1020.1	415.9	40.8
2017	19896	3456	17.4	66.2	14.2	21.5	1143.4	461.1	40.3
2018	18033	3443	19.1	67.8	14.0	20.7	1243.6	511.3	41.1

资料来源：中华人民共和国卫生部编《2003中国卫生统计年鉴》，中国协和医科大学出版社，2003，第6~8、20~22、67~69页；《2004中国卫生统计年鉴》，第6~8、20~22页；《2005中国卫生统计年鉴》，第4~5、20~22、94~96页；《2006中国卫生统计年鉴》，第4~5、20~22、96~98页；《2007中国卫生统计年鉴》，第4~5、20~22、94~96页；《2008中国卫生统计年鉴》，第4~5、26、89~90页；《2009中国卫生统计年鉴》，第4~5、26、89~90页；《2010中国卫生统计年鉴》，第4~5、26、91~92页；《2011中国卫生统计年鉴》，第4~5、28、96~97页；《2012中国卫生统计年鉴》，第4~5、28、94~95页；国家卫生和计划生育委员会编《2013中国卫生和计划生育统计年鉴》，中国协和医科大学出版社，2013，第6~8、26~28、100~101页；《2014中国卫生和计划生育统计年鉴》，第8、28、101页；《2015中国卫生和计划生育统计年鉴》，第8、28、101页；《2016中国卫生和计划生育统计年鉴》，第8、28、101页；《2017中国卫生和计划生育统计年鉴》，第8、28、101页；国家卫生健康委员会编《2018中国卫生健康统计年鉴》，中国协和医科大学出版社，2018，第8、28、103页；《2019中国卫生健康统计年鉴》，第8、28、103页。

从表面来看，中国疾病控制体系的改革是试图模仿美国疾病与预防控制中心（CDC）的组织架构，连英文名字和简称都一模一样。但是，作为联邦政府卫生与人类服务部的执行机构，美国的CDC体系由大约20个精干的公立机构（包括专业化的中心、研究院和办公室）组成一个集团，总部设在佐治亚州亚特兰大附近的一个县。[1] 美国疾控中心不仅自身规模比较小；而且由于联邦主义的制度结构，其运营预算由联邦政府全额提供，与地方政府没有任何行政关系。与美国不同，中国的CDC体系则构成一个高度等级化的庞大官僚机构，各级疾控中心是相应地方政府所属的事业单位。

在SARS疫情得到控制之后，在2003年7月召开的全国卫生工作会议上，主管卫生的副总理吴仪痛责这一庞大体系的混乱不堪："目前，国家、

---

[1] Bernard J. Turnock, *Essentials of Public Health*, 2nd edition, Jones & Bartlett Learning, 2012, pp. 82, 158–159, 164.

省、市、县四级都建立了疾病预防控制中心，但定位不清，职责不清；机构不少，功能不强；队伍庞大，素质不高；设施陈旧，条件落后；防治脱节，缺乏合力；经费不足，忙于创收"。① SARS 疫情暴发自然为中国疾病控制体系的能力建设提供了契机。当年，卫生部与国家发改委共同制定了全国疾控中心基础设施建设规划，总投资金额超过 100 亿元，同时还争取到德国政府和日本政府的赠款和贷款项目。② 除了这些特殊的、一次性的投资之外，疾控机构在 2004 年获得的日常性政府财政拨款和补贴在中国公共卫生专业机构政府投入中的占比高达 58.4%（见表 11－5）。

在高度行政化的官僚体系中，任何一个分部门所遭遇的危机，往往会变成其最大化自身预算和规模的良机。③ 政府行政拨款的增加会增强其能力，但能力建设的强化并未伴随着体制的改变。在 2003 年 SARS 危机之后，中国疾病控制体系的能力建设的确加强了，但其服务机构并未成为独立的专业机构，其业务经常受制于同行政级别的地方政府的干预。在很多情况下这种政府干预具有政治性而非专业性，最典型的就是，地方政府有时出于担心地方经济发展受到负面影响会阻挠当地医疗机构或疾控中心对疑似传染病疫情的专业性上报和披露，有时则会出于争取上级政府拨款的考量（即所谓"财神跟着瘟神走"）而主动上报甚至夸大当地的疫情。④ 无论是"淡化处理"还是"高调处理"，大多出于政治经济利益的计算，而不是专业性的考量。

实际上，早在 2019 年 2 月 25 日，中国疾病控制中心主任高福院士在国家卫健委的一次例行新闻发布会上宣布，我国已建成全球规模最大，横向到边、纵向到底的传染病疫情和突发公共卫生事件网络直报系统，实现对 39 种法定传染病病例个案信息和突发公共卫生事件的实时、在线监测。⑤ 简言

---

① 《中国卫生年鉴》编辑委员会编《中国卫生年鉴 2004》，人民卫生出版社，2004，第 166 页。
② 《中国卫生年鉴》编辑委员会编《中国卫生年鉴 2004》，人民卫生出版社，2004，第 167 页。
③ William N. Niskanen, *Bureaucracy and Public Economics*, 2nd edition, Edward Elgar Publishing, 1996.
④ 蔡如鹏：《SARS 镜子里的中国公共卫生》，《中国新闻周刊》2013 年第 9 期（总 601 期），第 45~48 页。
⑤ 这份报道的视频和文字，参见央视网，http://jiankang.cctv.com/2019/02/26/ARTIsseS2VPn-wv0cVLrjo5Lm190226.shtml。

之，任何医疗机构，只要有传染性疾病确诊，那么就必须登入这一直报系统，而纵向分级建立的疾控机构，从中央到地方，均能接收到直报信息，而当地疾控机构的法定义务是针对直报病例展开流行病学调查。

新冠肺炎一开始是一种致病原因不明的肺炎。值得注意的是，鉴于SARS疫情的教训，不明原因肺炎也在传染病直报之列，希望能破解既有行政官僚化信息上报体系的缺陷。可是，尽管硬件卓越，但这一耗费巨资建立的直报体系在运作上依然在很大程度上依赖于传统的行政化科层管理，可谓硬件设备现代化，软件管理传统化。

就任何不明原因的特发性疫情而言，"早发现"的关键在于疫情早期风险监测预警机制的完善。尽管中国在发现新冠肺炎疫情之后的"抗疫"实践中取得了卓越的绩效，但是在疫情早期监测预警体系的建设和机制完善方面，还有值得反思并大力改善之处。就此，2020年5月24日，习近平主席在参加第十三届全国人民代表大会第三次会议湖北代表团的审议时指出，"这次应对疫情，我国公共卫生体系、医疗服务体系发挥了重要作用，但也暴露出来一些短板和不足。我们要正视存在的问题，加大改革力度，抓紧补短板、堵漏洞、强弱项"。[1] 针对公共卫生体系的短板和漏洞，习近平6月2日主持召开了专家学者座谈会并发表重要讲话，其中特别强调："要把增强早期监测预警能力作为健全公共卫生体系当务之急，完善传染病疫情和突发公共卫生事件监测系统，改进不明原因疾病和异常健康事件监测机制，提高评估监测敏感性和准确性，建立智慧化预警多点触发机制，健全多渠道监测预警机制，提高实时分析、集中研判的能力。"[2]

中国疾控体系的能力建设和治理变革，尤其是在不明病原传染病的疫情风险预警机制建设上，还任重道远。

(二) 妇幼保健体系

中国公共卫生服务体系的第二大部类是妇幼保健体系。实际上，妇

---

[1] 习近平:《在湖北省考察新冠肺炎疫情防控工作时的讲话》，求是网，http://www.qstheory.cn/dukan/qs/2020-03/31/c_1125791549.htm。

[2] 参见《习近平主持专家学者座谈会强调 构建起强大的公共卫生体系 为维护人民健康提供有力保障 李克强王沪宁出席》，《人民日报》2020年6月3日，第1版。

幼保健属于初级医疗保健的一部分，其主要内容是生育服务、孕期妇女保健和儿童保健。20世纪50～60年代，中国政府将发展新法接生作为妇幼保健的重点，从而大大降低了孕产妇和新生儿死亡率。与此同时，卫生部开始在各地建立省、市、县三级妇幼保健院（所）。县级妇幼保健所在改革开放时期才获得了大发展。公立妇幼保健机构形成了高度行政化的等级体系。这一体系的主干是依照行政等级设立的妇幼保健院（所）和儿童医院，而综合医院的妇产科也是生殖服务的主要提供者，同时同样高度行政化的计划生育技术服务机构也以确保生殖健康为核心提供一定范围的妇幼保健服务。① 妇幼保健的主要包括：（1）推广新法接生以及住院分娩；（2）围产期保健，一般同计划生育和优生优育结合起来；（3）妇女劳动保护；（4）妇女常见病筛查和治疗；（5）儿童常见病防治；等等。②

1978年之后，中国进入改革开放时期，但妇幼保健的制度和组织模式并未发生多大改变。中国政府加强了法制化建设，其里程碑性的标志是在1994年颁布了第一部保护妇女儿童健康权益的法律——《中华人民共和国母婴保健法》，并于2001年制定了《中国妇女发展纲要2001～2010年》和《中国儿童发展纲要2001～2010年》，设定了提高出生人口素质、保障孕产妇安全分娩、降低婴儿和五岁以下儿童死亡率等目标。③ 同时，中国在妇幼保健领域与联合国儿童基金会和世界卫生组织开展了多项项目合作。

表11-6 2002～2018年中国妇幼保健院（所）的能力建设

年份	机构数量（个）			卫生技术人员（万人）			政府投入（亿元）		
	公共卫生机构	妇幼保健院（所）		公共卫生机构	妇幼保健院（所）		公共卫生机构	妇幼保健院（所）	
		数量	占比（%）		人数	占比（%）		金额	占比（%）
2002	10787	3067	28.4	37.9	14.4	38.0	98.0	19.2	20.1
2003	10792	3033	28.1	38.8	14.6	37.5	NA	NA	NA
2004	10878	2998	27.6	39.4	14.7	37.2	187.5	32.3	17.2
2005	11177	3021	27.0	40.7	15.3	37.6	135.1	26.7	19.8

---

① 梁万年主编《卫生事业管理学》，人民卫生出版社，2003，第377～380页。
② 钱信忠：《中国卫生事业发展与决策》，中国医药科技出版社，1992，第216～249页。
③ 梁万年主编《卫生事业管理学》，人民卫生出版社，2003，第379～380页。

续表

年份	机构数量（个）			卫生技术人员（万人）			政府投入（亿元）		
	公共卫生机构	妇幼保健院（所）		公共卫生机构	妇幼保健院（所）		公共卫生机构	妇幼保健院（所）	
		数量	占比（%）		人数	占比（%）		金额	占比（%）
2006	11269	3003	26.6	41.2	15.7	38.1	166.7	31.5	18.9
2007	11528	3051	26.5	43.0	16.8	39.0	300.6	42.4	14.1
2008	11485	3011	26.2	44.9	18.0	40.1	257.9	51.3	19.9
2009	11665	3020	25.9	46.6	19.2	41.1	344.1	65.3	19.0
2010	11835	3025	25.6	47.4	20.2	42.7	440.2	93.2	21.2
2011	11926	3036	25.5	48.4	21.6	44.6	551.3	117.2	21.2
2012	12083	3044	25.2	52.9	23.6	44.6	600.5	133.2	22.2
2013	31155	3144	10.1	60.9	25.5	41.9	676.5	149.7	22.1
2014	35029	3098	8.8	63.2	27.1	42.9	801.3	171.1	21.4
2015	31927	3078	9.6	63.9	29.1	45.6	920.6	220.1	23.9
2016	24866	3063	12.3	64.6	32.1	49.6	1020.1	267.5	26.2
2017	19896	3077	15.5	66.2	35.3	53.4	1143.4	333.3	29.2
2018	18033	3080	17.1	67.8	37.7	55.6	1243.6	373.6	30.0

资料来源：同表11-5。

在高度行政化的体系中，政府投入是有一定保障的，因此中国的妇幼保健事业也取得了一定的成就。但是，高度行政化的制度和组织结构导致妇幼保健公共资源的配置产生了相当严重的城乡不均等和地区不均等的现象，也导致了相当一部分人群（农村居民、边远地区居民和流动人口）妇幼保健服务的可及性较低，因而阻碍了整体绩效的改善进度。[1] 更为突出的一个现象是，具有公共服务特征的、对受益者而言是免费的各项妇幼保健服务，例如产后访视、新生儿访视、新生儿疾病筛查、3岁以下儿童系统管理、7岁以下儿童保健管理、儿童计划免疫、妇幼保健宣传等，普遍出现了供给不足的现象；与之相对照，具有私人服务特征的、并不免费的妇幼保健服务，例如住院分娩、产前检查、妇科检查、妇科儿科疾病治疗等，成为各级各类妇幼保健服务提供者趋之若鹜的对象。[2] 这一点在人力

---

[1] 刘民权、王小林、王曲、韩华为等：《中国妇幼保健服务政府筹资及成本测算》，科学出版社，2012，第30~51页。

[2] 顾昕：《中国城市妇幼保健服务的普遍提供》，《公共行政评论》2008年第1期。

资源的配置上也有所反映，即各地妇幼保健服务体系中普遍存在所谓"临床与保健人员比例失调"的现象，即更多的专业人士倾向于从事具有私人服务和临床性质的妇幼保健服务，而不愿意从事具有公共服务性质的妇幼保健服务。①

(三) 卫生监督体系

中国公共卫生服务体系的第三大部类就是卫生监督体系，即卫生相关规制的立法与执法，具体包括卫生标准的制定、卫生检验技术的规范、卫生稽查以及卫生许可受理和评审等。这是一项面向不确定性人群而且内容极为广泛的公共卫生服务，很多属于所谓"社会性管制"（social regulations），其中包括食品卫生、职场卫生（又称"劳动卫生"）、公共场所卫生（又称"环境卫生"）、放射卫生、医疗服务准入和质量监管、采供血机构准入和质量监管、有毒有害化学品生产销售使用的监管等。

1978年之前，卫生监督工作主要由各级卫生防疫站（所）来履行，但基本上限于业务管理、技术指导和专业服务，执法功能比较弱。1978年之后，大量涉及公共卫生的法律法规颁布；相应地，专业卫生监督机构建立起来，专职的卫生监督人力资源也得到了发展。1998年，第一届全国卫生法制工作会议召开，确立了两个改革原则，即：（1）卫生行政部门从卫生机构的主办者转型为监管者；（2）卫生行政部门的监管职能覆盖面必须从直属医疗卫生机构拓展到全行业。2000年1月，卫生部颁发了《关于卫生监督体制改革的意见》，为卫生监督体系的制度化奠定了法律基础。②

同其他公立机构一样，卫生监督体系也是依照行政级别分级设立的。2002年1月，卫生部成立卫生部卫生监督中心。省、市、县各级卫生行政部门陆续设置卫生监督行政机构，并相应设立专门的卫生监督执法机构。③进入21世纪之后，中国卫生监督体系的机构建设和能力建设得到增强，但其力度和进度明显缓于疾控中心。到2007年底，全国347个地市和2898

---

① 刘民权、王小林、王曲、韩华为等：《中国妇幼保健服务政府筹资及成本测算》，科学出版社，2012，第71～74页。
② 王书城主编《中国卫生事业发展》，中医古籍出版社，2006，第403～407页。
③ 王书城主编《中国卫生事业发展》，中医古籍出版社，2006，第407页。

个县当中，分别有338个和2487个组建了卫生监督机构。[①] 2006~2008年，中国出现的一系列食品安全事件，例如泔水油（又称"地沟油"）事件、苏丹红事件、三聚氰胺事件等，引发大众关注。出于对公共卫生危机的反应，2007年是公共卫生服务体系中的政府投入向卫生监督大幅度倾斜的财政年度（见表11-7）。或许正是由于这一点，卫生监督机构覆盖所有市县的目标，到2008年才终于实现。

表11-7 2002~2018年中国卫生监督所（中心）的能力建设

年份	机构数量（个） 公共卫生机构	卫生监督所（中心）数量	占比（%）	卫生技术人员（万人） 公共卫生机构	卫生监督所（中心）人数	占比（%）	政府投入（亿元） 公共卫生机构	卫生监督所（中心）金额	占比（%）
2002	10787	571	5.3	37.9	1.2	3.3	98.0	6.4	6.5
2003	10792	838	7.8	38.8	1.8	4.7	NA	NA	NA
2004	10878	1284	11.8	39.4	2.6	6.7	200.9	28.1	13.9
2005	11177	1702	15.2	40.7	3.5	8.6	135.1	19.9	14.7
2006	11269	2097	18.6	41.2	4.2	10.3	166.7	28.9	17.3
2007	11528	2553	22.1	43.0	5.5	12.9	300.6	81.8	27.2
2008	11485	2675	23.3	44.9	6.1	13.5	257.9	43.9	17.0
2009	11665	2809	24.1	46.6	6.4	13.7	344.1	48.8	14.2
2010	11835	2992	25.3	47.4	7.4	15.5	440.2	56.0	12.7
2011	11926	3022	25.3	48.4	7.0	14.5	551.3	73.0	13.2
2012	12083	3088	25.6	52.9	8.2	15.6	600.5	66.2	11.0
2013	31155	2967	9.5	60.9	7.0	11.5	676.5	64.1	9.5
2014	35029	2975	8.5	63.2	7.0	11.1	801.3	76.0	9.5
2015	31927	2986	9.4	63.9	6.8	10.6	920.6	82.7	9.0
2016	24866	2986	12.0	64.6	6.8	10.5	1020.1	94.0	9.2
2017	19896	2992	15.0	66.2	6.8	10.3	1143.4	108.1	9.5
2018	18033	2949	16.4	67.8	6.8	10.0	1243.6	115.4	9.3

资料来源：同表11-5。

卫生监督承担了相当多的社会性管制职责，其涵盖的服务内容极为广

[①] 《中国卫生年鉴》编辑委员会编《中国卫生年鉴2008》，人民卫生出版社，2008，第191页。

泛。可是说，卫生监督的重要意义已经不仅仅限于公共卫生事业的发展，而且还涉及中国管制型国家（the regulatory state）建设的战略性问题。然而，我们看到，专业卫生监督服务体系的建设是进入21世纪之后才起步的，而且在公共卫生体系，卫生监督能力建设的进度相对来说并不快，直到2008年才有一定的起色。与此同时，同其他公共卫生领域一样，卫生监督体系也存在"重有偿服务、轻无偿服务、重收益多服务、轻收益少服务"的现象，而社会性规制对于卫生监督机构来说恰恰是费力而收益少的服务。[①] 当今中国层出不穷的管制失灵，尤其是在食品安全、药品安全、职场健康、环境健康等领域的管制失灵，在很大程度上与卫生监督体系能力建设的滞后有关联。

更值得注意的是，许多卫生监督的职能在中国的行政体系中经历了管辖权在各部门之间的变更。例如，按照2001年颁布的《职业病防治法》，卫生部主管职业病防治工作，其中包括职场卫生监督检查以及职业环境监测，但2003年根据中编办15号文件，这两项职责又划归国家安全生产管理局。再如，卫生行政部门所属卫生监督机构主要负责公共场所卫生的监管，但环境污染监测的职责主要由政府的环保部门承担。[②] 卫生监督机构与疾病控制中心也存在职能重叠的问题，尤其是在监督与监测分开后，两类机构由于经济利益不平衡而产生了很多协调不力的问题。[③] 因此，行政管理和监管的多部门协调始终是一个头痛的问题，这一点在涉及环境卫生的时候常常导致严重的监管失灵。

结语：行政机制的优化、市场机制的拓展、社群机制的引入

中国在市场转型的过程中面临着如何建设一个高效的"服务型政府"

[①] 广东省卫生监督体制改革研究课题组编《广东省卫生监督体制改革研究报告》，中山大学出版社，2010，第80~81页。
[②] 王书城主编《中国卫生事业发展》，中医古籍出版社，2006，第245页。
[③] 广东省卫生监督体制改革研究课题组编《广东省卫生监督体制改革研究报告》，中山大学出版社，2010，第83~84页。

的大挑战。在迎接这一挑战的过程中,至关重要的是政府如何探寻以新的角色来行使推进公共服务事业发展的新职责。公共卫生是公共服务的重要组成部分之一。由于众多公共卫生的服务要么具有公共物品的特性,要么具有强正外部性,要么具有服务数量和质量的低度量性,这一领域存在市场失灵,因此行政机制成为公共卫生领域的主导性治理机制,是正常的。

同世界各国的情形一样,行政机制在中国公共卫生的治理中发挥着主导性作用。但是,与发达国家的情况不一样的是,在中国,行政机制的主导性抑制了市场机制和社群机制发挥应有作用的空间,从而难以形成多种多样的公私合作伙伴关系,进而也就难以在参与性、透明性、反应性和效率性方面达到善治(good governance)的水平。在行政机制占主导的情形下,中国的公共卫生事业固然也取得了一定的成就,很多公共卫生指标好于发展中国家的平均水平,但中国也存在很多体制性弊端,妨碍公共卫生事业的治理水平向发达国家靠拢。

首先,正如诸多其他各项社会经济部门一样,中国公共卫生事业的发展也呈现严重的城乡非均衡性,这与行政机制在卫生资源配置上的主导性分不开,在这种机制下,更多的资源配置到行政级别较高的服务机构之中,而农村地区服务机构的行政级别无一例外都较低。

其次,在高度行政化的等级体系中,自上而下的纵向协调机制发挥着主导性作用,而官僚体系内部的横向协调却非常低效,导致相当多边界性服务或新兴服务供给不足。与此同时,高度行政化的机构和职能设置,还往往导致整个体系对于新兴的、潜在的公共卫生问题缺乏反应性,例如由于室内装修所带来的室内有害气体已经成为公众健康的隐形杀手,但对于这一领域的健康监管职能尚未明确归属任何一个政府部门,于是监管真空地带出现了。

最后,相当多公共卫生服务对于受益者来说是免费的,其经费来自行政拨款,而在行政化体系中,自上而下设立的激励机制经常失灵,导致这类服务的供给不足或者质量不高(即形式主义盛行);相应地,即便在公共卫生领域,可以创收的服务项目才是服务提供者积极提供的。为了应对这些弊端,中国政府也试图在公共卫生领域引入各种公私合作伙伴关系的实践,但由于行政机制主导性的路径依赖,这些新的实践一来支离破碎,二来成效不佳。

中国公共卫生领域的治理，或更广范围的公共服务的治理，甚至全局性的国家治理，都必须直面两个相互独立但又有关联的问题：一是国家—市场—社会的边界问题，主要是政府职能的边界；二是行政机制运行的模式问题。政府职能理应出现在市场失灵发生之处，公共卫生就是这样一个地方。但是，市场失灵的存在以及行政机制发挥作用的必要性，并不能证明排斥市场机制和社群机制发挥作用是最优的安排，也不能证明任何行政机制发挥作用的模式都是最优的。

政府通过建立大型官僚等级组织以大包大揽的方式直接提供公共服务，不仅不是行政机制的最优运行模式，而且极有可能是最差的。事实上，这种模式构成了传统的计划经济体制和西方福利国家的共同缺陷。在注重公共治理变革的发达市场经济体中，公共服务提供的制度安排具有多样性，而政府也有多种选择。全能主义型角色开始出现分解，治理变革导致政府开始扮演不同的角色：提供者、购买者、承包者、管制者和仲裁者。

众所周知，全能主义型角色的扮演对于政府能力具有极高的要求，因此要求政府长时期内维持始终极高的政府能力是不切实际的。由此我们不难理解，中国政府在20世纪50年代初呈现极高的政府能力，为社会经济生活的各个方面都带来全新的气象。但是，这种局面无法长期维持，而在行政化的社会中，政治动员则成为推动各方积极性的手段。但是，随着政治动员的日益常规化，全能主义型政府必将走向其尽头，国民经济一度处在崩溃边缘的危局引发了经济社会生活的全面改革。西方国家虽然没有出现全能主义型政府，但是在福利国家政府扮演众多公共服务直接提供者的角色也导致了国家日益官僚化的危机，从而自20世纪70年代后期引发了福利国家大转型。政府扮演非直接提供者的角色，已经成为新公共管理运动的大趋势。

归结起来，公共卫生以及更广范围的公共服务需要政府发挥积极的作用，但是政府没有必要甚至也没有可能扮演全能者的角色，高度行政化的组织和制度模式也不能带来善治。全球性公共服务治理变革之道正应了中国的一个古老智慧：有所不为才能有所为。只有中国政府大力推进自身的改革，优化行政机制的运作模式，拓展市场机制的运作空间，引入社群机制的运作框架，推动多种多样公私合作伙伴关系的形成，公共卫生的治理变革才能走上良性循环的轨道。

第十二章　中国全民医疗保险体系的碎片化及其治理之道*

导言：中国全民医保的治理变革

在当今中国，一个覆盖全民的基本医疗保障体系已经建立起来。基本医疗保障体系的建立是中国新医改的成就之一。2009年，新医改正式开始实施。在"十二五"期间，"新医改"在需求侧取得了实质性进展。以城镇职工医保、城镇居民医保和新农合这三大社会医疗保险为支柱的基本医疗保障体系建立起来。截至2014年底，基本医疗保障体系覆盖了13.3亿人口，占中国总人口的97.5%。[①] 再加上商业健康保险以及公费医疗所覆盖的人口，医疗保障体系全民覆盖（简称"全民医保"）的目标已经达成。

全民医保的达成无疑是一个伟大的社会政策成就，但中国医保体系与运转良好的目标还有很长的距离。[②] 尤为显著的是，中国医保体系在组织和制度上存在碎片化问题，导致了严重的制度失调和运转不良，无论是

---

* 本章较早的版本参见顾昕《中国医疗保障体系的碎片化及其治理之道》，《学海》2017年第1期。此文转载于《新华文摘》2017年第11期，且被选为当期封面文章。收入本书时，进行了一定的改写。

[①] 国家卫生和计划生育委员会编《2015中国卫生和计划生育统计年鉴》，中国协和医科大学出版社，2015，第333~334、339页。

[②] Winnie Chi-Man Yip, William C. Hsiao, Wen Chen, Shanlian Hu, Jin Ma, and Alan Maynard, "Early Appraisal of China's Huge and Complex Health-care Reforms", *Lancet*, 379 (9818), 2012.

从公平还是从效率的角度来衡量，都给中国社会保障事业的发展带来深远的负面影响。医保体系本身存在的诸多老大难问题，例如城乡一体化、统筹层次提高、个人账户的使用及其存废、医保基金累计结余的最优规模及其使用、退休者免缴费规则、医保关系跨地区转移接续（即可携带性）、参保者异地就医等，均为医保碎片化所累而迟迟难以解决。除此之外，既有文献很少注意的是，医保碎片化也是医保支付制度改革的重要障碍之一。通过医保支付制度改革重建医疗机构的激励机制，即形成公共契约模式，是医疗供给侧改革的最重要制度性前提之一，实为中国新医改的重中之重。[1] 但在现实中，作为医疗服务的第三方购买者，医保碎片化一方面必然造成新医保支付手段的探索呈现五花八门的地方差异性，从而无法对医疗服务提供者的行为形成清晰的新激励机制；另一方面过于分散化的医保机构也无法形成强大的购买合力，对某些具有区域强势（甚至垄断）地位的医院（尤其是大型公立医院）难以形成有效的控费制约机制，从而间接导致公立医院的法人化改革缺乏推动力。

对于医保碎片化的肇因、表现和诸多不利影响，社会政策研究界的研究成果繁多，决策层也心知肚明。然而，直面碎片化危局，既有文献给出的政策建议以及为政府所采纳的改革方案，均属于就事论事、零零碎碎、适应反应性的制度微调。零碎性的制度调整缺乏方向性和连贯性，非但不能为去碎片化带来持续性的渐进式改善，反而会导致路径依赖，即过渡性的制度安排为改革框定了路径，设置了限制。[2] 路径依赖一方面导致了医保碎片化的自我强化，另一方面也为医保去碎片化增添了新的障碍。

因此，各种就事论事、零零碎碎的制度微调已经无济于事，中国医疗保障体系迫切需要在组织和制度模式上进行系统性的改革。本章提出，从社会医疗保险向全民公费医疗转型，是中国基本医疗保障体系改革最合意的方向，能同时提升这一体系的公平和效率。就转型期而言，实行

---

[1] 顾昕：《走向公共契约模式——中国新医改中的医保付费改革》，《经济社会体制比较》2012年第4期。

[2] Mariana Prado, Michael Trebilcock, "Path Dependence, Development, and the Dynamics of Institutional Reform," *University of Toronto Law Journal*, 59 (3), 2009.

介于社会医疗保险和全民公费医疗之间的准全民公费医疗（或称"全民健康保险"），是一条可行的医保改革路径，也是一个理性的社会政策选择。

一 医保碎片化之源：制度设计的差异性和行政管理的地方性

中国基本医疗保障体系或社会医疗保险体系，是一个典型的渐进式制度建构与变革过程的产物。渐进式的制度建构和变革往往会产生制度不协调（institutional incoordination）的现象，即管治具体事务的诸多制度安排会相互掣肘。[1] 这个在转型国家各个社会经济领域普遍存在的问题，在中国基本医疗保障体系的形成和发展过程之中，有着突出的表现。三个社会医疗保险在不同的时期建立起来，目标定位于不同的人群，采用不同的制度和组织架构，应对当时背景下产生的不同问题。由于受特定历史背景和社会经济条件的限制，中国社会医疗保险体系自其建立之初就缺乏长远的考虑和规划，制度设计缺乏完整性，渐进式的制度微调又受到路径依赖所累，缺乏连续性，因而整个基本医疗保障体系"碎片化"，呈现出城乡分割、地区分割、人群分割和管理分割之况。[2]

医保碎片化的根源在于制度设计的差异性与行政管理的地方化这两个因素的叠加作用。这不仅表现为三个社会医疗保险的制度安排不同（见表12-1），而且表现为每一个社会医疗保险在不同统筹地区的制度安排也有所不同。具体来说，表12-1中每一行所展示的制度安排都存在复杂的地方差异性，而地方差异性叠加起来对整个医保体系的运作带来了难以估量且难以矫正的不良影响。

---

[1] János Kornai, "Transformational Recession: A General Phenomenon Examined through the Example of Hungary's Development," in János Kornai, *Highway and Byways: Studies on Reform and Postcommunist Transition*, The MIT Press, 1995, pp. 161–208.

[2] 申曙光、侯小娟：《我国社会医疗保险制度的"碎片化"与制度整合目标》，《广东社会科学》2012年第3期。

表12-1 中国社会医疗保险的制度结构

保险项目	城镇职工医保	城镇居民医保	新农合
保险性质	强制性社会医疗保险	自愿性社会医疗保险	自愿性社会医疗保险
目标定位	城镇就业人群＋退休者	城镇非就业人群	农村居民
统筹层次	（地级）市级		区县级
行政管理	人社部门		卫生部门
筹资模式	工资税（单位8%＋个人2%）	个人缴费＋财政补贴	个人缴费＋财政补贴
缴费年限	满15～35年后终身受保	当期缴费、当期受保	当期缴费、当期受保
基金构成	统筹账户＋个人账户	统筹账户（＋家庭账户）	统筹账户（＋家庭账户）
给付范围	从住院统筹向大病门诊和普通门诊统筹延伸		
给付水平	起付线＋个人自付比例＋封顶线		

资料来源：笔者基于官方文件和多种参考文献自制。

第一，基本医疗保障体系的基本特征之一就是城乡分割，即城乡医保存在较大的制度差异，而制度差异正是造成医保碎片化的主要原因，城乡分割则是医保碎片化的主要表现之一。

第二，即便三大社会医疗保险各自的性质归属在制度设计层面具有全国统一性，但在制度执行层面依然呈现出地方差异性。

在制度设计上，城镇职工医保是一种基于强制参保的社会医疗保险，所有存在雇佣关系的组织，无论是企业、民办非营利性组织还是公立组织（即事业单位），都必须为其职工投保。城镇居民医保和新农合都是基于自愿参保的社会医疗保险。这在全国都是一样的。可是，在制度执行上，城镇职工医保参保的强制性呈现出很大的地方差异性，很多地方的政府出于种种考虑，对于企业逃避社会保险（包括医疗保险）缴费的行为未加严厉惩罚。[1]

第三，就目标定位而言，各地对流动人口（尤其是农民工）以及灵活就业人员的参保政策多有差异。尤其是针对农民工参加医疗保险的事宜，各地制定的政策在筹资水平、给付结构、可携带性以及退休后待遇等诸多方面，差异性很大。[2]

---

[1] 赵绍阳、杨豪：《我国企业社会保险逃费现象的实证检验》，《统计研究》2016年第1期。

[2] 龚文海：《农民工医疗保险：模式比较与制度创新——基于11个城市的政策考察》，《人口研究》2009年第4期；魏洁、周绿林：《农民工医疗保险现状及模式选择》，《中国卫生事业管理》2010年第1期。

第四，就统筹层次而言，三个社会医疗保险均从区县级统筹起步，在近年来逐步提高，向（地级）市级甚至省级统筹迈进，但进展十分缓慢，且各地进展步调不一，险种之间也步调不一。

第五，就筹资而言，不同险种的游戏规则不一。城镇职工医保实行雇主与雇员联合缴费的制度，政府只是通过医保缴费额免缴所得税的税务优惠措施予以扶持，而城镇居民医保和新农合则是个人缴费与政府补贴相结合，相当于政府代替雇主承担了筹资责任。就个人缴费水平而言，城镇职工医保显著高于城镇居民医保和新农合，且职工参保未获直接的政府补贴，城乡居民参保则有政府补贴，且政府补贴水平越来越高，并早已超过了个人缴费水平，这显然存在社会不公的问题。

无论哪一个社会医疗保险，参保者人均筹资水平都有较大的地区差异。就城镇职工医保而言，筹资水平的地区差异不仅缘于不同地区平均薪酬水平的不同，而且也缘于不同地区医保缴费基数的游戏规则有所不同。就城镇居民医保和新农合而言，筹资水平的地区差异主要缘于各地个人缴费水平不一，而政府补贴水平也由于地方政府财政实力的不同而有所不同。

第六，医保缴费年限与城镇职工医保中退休者免缴费的规则有关。出于历史因素，城镇职工医保设定了退休者免缴费的游戏规则，但其缴费时间必须达到一定的年限。最低医保缴费年限由统筹地区的地方政府设定。由于统筹层次各地不一，医保缴费年限的设定亦呈现出复杂的地方差异性，不仅年限长短不一（从15年到35年不等），而且"缴费"本身的界定也有差异。[1] 由于中国的社会保障体系依然处在转型期，因此在城镇职工医保尚未设立之前职工的工龄，按照国家的统一规定，视为"视同缴费年限"，同参保者"实际缴费年限"一并计算，计入医保缴费年限，[2] 但许多地方又在此基础上设定了各自的"最低实际缴费年限"，以缓解年长的参保者在本地实际缴费时间过短但又可在退休后免费享受医保对本地医保基金造成的给付压力。

第七，城镇职工医保的基金由两部分组成，即个人账户和统筹账户。

---

[1] 傅鸿翔：《缴费年限政策的几点认识》，《中国医疗保险》2011年第11期。
[2] 刘晓婷、杨一心：《基本医疗保险最低缴费年限研究》，《中国卫生经济》2010年第4期。

个人账户使用的游戏规则存在地方差异性，而个人账户与统筹账户的关系也存在地方差异性。

第八，给付范围和给付水平都属于社会政策中"给付结构"（benefit structure）的范畴。就给付范围而言，三个社会医疗保险都从住院保障开始，逐步向其他医疗服务延伸，但三个社会医疗保险不仅在门诊统筹上的游戏规则不一，而且地方差异性极大。此外，三个社会医疗保险就覆盖范围都实行正面清单（positive list）制度，即建立了各自的医保报销目录。在很多地方，城镇职工医保和城镇居民医保实行同一组医保目录，而新农合则实施另一组目录。医保目录的设定及其更新程序也存在地方差异。

就给付水平而言，由于筹资水平不一，各地社会医疗保险给付水平的差异性很大。各地的三个社会医疗保险大多设定了起付线和封顶线，就两线之间的医疗费用设定了自付比例。一般而言，自付比例的地方差异性不大，但起付线和封顶线的地方差异性较大。

二 制度调整的路径依赖：医保碎片化的自我强化

应对各种各样的功能不调，中国基本医疗保障体系无时无地不在进行着制度调整，但所有的制度微调固然能在一段时间内，且在特定地方缓解当时所面对的特殊问题，但就整个体系而言，却强化了制度结构的差异性和行政管理的地方性，从而使医保碎片化愈来愈深化，形成积重难返之势。医保碎片化给基本医疗保障体系的运行带来了很多负面影响，现分述如下。

第一，并非所有地方的基本医疗保障体系都呈现城乡分割之势。有不少地方推动了城乡一体化，但这一进程非但没有弥合各地医保制度上的差异，反而因城乡一体化在各地的进展程度和整合方式不一，进一步加剧了医保碎片化所引致的地区分割、人群分割和管理分割之势。[1]

---

[1] 王丽丽、孙淑云：《整合城乡基本医保制度研究范畴之诠释：基于城乡一体化转型时期社会政策的变迁》，《中国行政管理》2015年第9期。

中国幅员广阔，城乡一体化进度不一是必然的，但这本身无疑会导致各地医保体系差异性的扩大，有些地方城镇城乡一体化了，有些地方则没有，这种差异在很多省份就发生在不少相邻地级市之间。同时，医保城乡一体化的整合模式也有地方差异性：大多数地方将城镇居民医保和新农合合并为统一的城乡居民医疗保险，即"二险合一"，而城镇职工医保依然保持不变，由此在各地形成了医保的"一市两制"情况，即居民医保和职工医保并存；也有极少数地方（例如陕西省榆林市神木市）推动了"三险合一"，实施了某种意义上的全民医疗保险或准全民公费医疗制度，或舆论界所称的"全民免费医疗"。① 因此，在神木市，城镇职工医保废止了，而在榆林市的其他县则依然维持着旧的格局，这导致一些全国性、全省份以及市级医保政策在神木市无法实施。

中国医保城乡一体化进度不一的格局，直到2016年才有所改变。2016年1月12日，国务院颁布《关于整合城乡居民基本医疗保险制度的意见》（国发〔2016〕3号），提出了"六统一"要求，即统一覆盖范围，统一筹资政策，统一保障待遇，统一医保目录，统一定点管理，统一基金管理。② 到2016年末，全国绝大多数省级行政区完成了居民基本医疗保险的城乡一体化，管理机构下属人社部门，只有陕西省归属于卫生与计划生育部门，而福建省则独树一帜，设立了新的专门机构——医疗保障管理委员会，并将其日常工作机构医保办挂靠在财政厅之下。医保行政体系的混乱局面直到国家医疗保障局在2018年成立之后才告结束。然而，无论医保行政管理归属于哪一个政府部门，抑或成为一个单独的政府部门，即便有了明确的"顶层设计"，"二险合一"的大功告成还需要一定的时间，这缘于在"六统一"上的去碎片化并不可能一蹴而就。

第二，由于制度执行情况千差万别，城镇职工医保在各地的强制性程度有很大差别，某些地方政府对于民营企业参保的强制执行力度不足，导致城镇职工医保未能实现应保尽保。依照法定制度，城镇职工医保的

---

① 顾昕、朱恒鹏、余晖：《"神木模式"的三大核心：走向全民医疗保险、医保购买医药服务、医疗服务市场化——神木模式系列研究报告之二》，《中国市场》2011年第29期。
② 此文件文本参见中国政府网，http://www.gov.cn/zhengce/content/2016-01/12/content_10582.htm。

目标定位人群基本上是行政单位职工（其大多为公费医疗待遇享受者）之外的城镇就业者，可是，其在目标定位人群的覆盖面，尽管稳步攀升，但与强制参保所设定的全覆盖目标，还有一定的距离。① 这里以全国城镇非行政单位就业者人数（全国城镇就业人数减去在国家机关与国有公共管理组织就业人数）为基数，以城镇职工医保的职工参保者为分子，考察其覆盖率，结果发现，到2018年底，城镇职工医保在其目标定位就业人群中的覆盖率仅为53.7%（见图12-1）。强制性医保的强制力度不足，导致城镇职工医保出现了社会医疗保险本来不应出现的逆向选择问题，即医疗风险低的年轻雇员有不参保的内在激励，其雇主（尤其是民营企业）为了减轻人力成本负担也有尽量不为雇员参保的内在激励。②

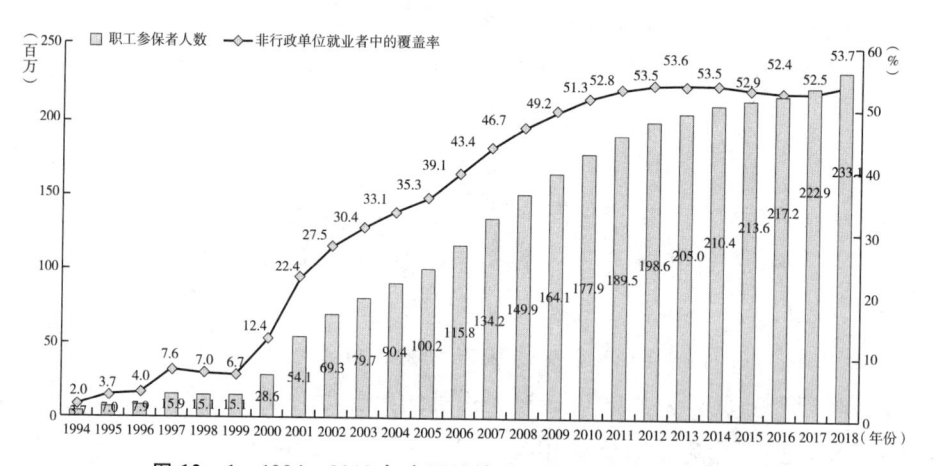

图 12-1　1994～2018 年中国城镇职工基本医疗保险的覆盖面

资料来源：国家统计局人口和就业统计司、人力资源和社会保障部规划财务司编《2019中国劳动统计年鉴》，中国统计出版社，2019，第9、16、17、19、365页。

城镇居民医保和新农合是自愿性社会医疗保险。医疗保险只要是自愿的，所谓"逆向选择"的问题就如影随形，③ 只不过商业健康保险中的逆

---

① 值得注意的是，由于行政与事业单位的社会保障制度正在改革之中，其中公费医疗向职工医保并轨是改革举措之一，有相当一部分行政单位的职工已经进入了城镇职工医保目标定位的范围。因此，由于统计数据可获得性的问题，本章这里未将这部分行政单位职工纳入城镇职工医保的目标定位范围，计算出来的城镇职工医保覆盖率存在着高估。

② 张欢：《中国社会保险逆向选择问题的理论分析与实证研究》，《管理世界》2006年第2期。

③ David M. Cutler, Richard J. Zeckhauser, "Adverse Selection in Health Insurance," in Alan M. Garber (ed.), *Frontiers in Health Policy Research*, The MIT Press, 1998, pp. 1-32.

向选择是双向的（即保险方倾向于选择健康状况好的参保者，这被称为"撇奶油"或"摘樱桃"，而参保方则集中于健康状况差的人群），[1] 而公共医疗保险（非营利性私人医疗保险和自愿性社会医疗保险）中的逆向选择则是单向的，即保险方并不对参保者进行选择，而参保方对于是否参保进行选择，最终导致健康状况较差的人更愿意选择参保，这种情况无论是在（譬如说）美国[2]还是在智利[3]都有发生。在中国也不例外，有实证研究表明，无论是在城镇居民医保，[4] 还是在新农合之中，[5] 都存在逆向选择问题。

第三，流动人口医保政策的地方差异性，导致不同身份的人群在医疗保障上存在分割。尤其是农民工与普通职工之间在医疗保险上存在的身份沟壑，随着各地农民工医保政策的不断出台，非但未能弥合，反而变得愈来愈纵横交错。

第四，统筹层次过低是医保行政管理高度地方化的一种体现，本身就是医保碎片化的制度根源之一。统筹层次过低引致各地筹资水平不等和给付结构差异，又为统筹层次的提高增大了难度，形成恶性循环。统筹层次过低，不仅会缩小医保风险分摊池，降低医保的横向公平性，阻碍医保可携带性（即医保关系跨地区转移接续），[6] 而且还会增大医保经办机构作为第三方购买者与医疗服务提供方开展医保支付制度改革的难度。

统筹层次过低的问题早就引起了政府的关注，提高统筹层次一直是各级政府努力的方向。2009年7月，人力资源和社会保障部、财政部联合下发的《关于进一步加强基本医疗保险基金管理的指导意见》（人社

---

[1] Joseph P. Newhouse, "Cream Skimming, Asymmetric Information, and a Competitive Insurance Market," *Journal of Health Economics*, 3 (1), 1984.

[2] Stephen H. Long, M. Susan Marquis, "Participation in a Public Insurance Program: Subsidies, Crowd-Out, and Adverse Selection," *Inquiry*, 39 (3), 2002.

[3] Cristian Pardo, Whitney Schott, "Public versus Private: Evidence on Health Insurance Selection," *International Journal of Health Care Finance and Economics*, 12 (1), 2012.

[4] 臧文斌、赵邵阳、刘国恩：《城镇基本医疗保险中逆向选择的检验》，《经济学（季刊）》2012年第1期。

[5] 朱信凯、彭延军：《新型农村合作医疗中的"逆向选择"：理论研究与实证分析》，《管理世界》2009年第1期。

[6] 徐宁、张亮、姚金海、王保真、项莉：《提高我国社会医疗保险基金统筹层次研究进展及述评》，《中国卫生经济》2014年第6期。

部发〔2009〕67号）文件就已明确提出了实现基本医疗保险地级市统筹的时间表，即"增强基本医疗保险基金共济和保障能力，提高基本医疗保险统筹层次，到2011年基本实现（职工医保、居民医保的）地级市统筹"，① 可是，这一目标不仅没有如期实现，而且直到2016年底也没有完全达成。

第五，筹资水平的地方差异性必然带来给付结构的地方差异性，而给付结构的地方差异性则为异地就医结算带来困难，即一方面，参保者实际就医地的医疗机构以及医保经办机构相关工作人员必须对诸多异地医保给付政策有清晰的了解；另一方面，医疗机构面对各地医保经办机构的异地结算要求也必然处于疲于奔命的境地。

第六，城镇职工医保退休者免缴费规则具有历史合理性，但不具有制度合理性。这一规则的实施不仅直接导致了医保缴费年限规则的高度碎片化，加重了医保可携带性的障碍，而且其本身还引致医保的老龄化危机。随着参保者人群的老龄化，承担缴费义务的在职职工与免除缴费义务的退休职工的比率（即"职退比"或"赡养比"）将逐年降低，而老龄参保者医疗费用支出将不断增长，这终将给城镇职工医保基金的可持续性造成冲击。

第七，医保基金的个人账户和统筹基金都引发了一系列难题。医保个人账户的设立有历史原因，但其运行存在很多问题。关于个人账户的资金如何使用，各地有很大的差别，但其共同点是使用效率都很低，大量资金在个人账户中沉淀下来，不仅没有发挥医疗保障的作用，而且也无法保值增值。如何提高个人账户资金的使用效率，② 甚至是个人账户的存废，③ 都是医保研究者多年来热议的话题。各地医保管理部门为了盘活个人账户，"八仙过海各显其能"，制定出难以尽数的新游戏规则，导致

---

① 参见《人力资源和社会保障部 财政部关于进一步加强基本医疗保险基金管理的指导意见》（人社部发〔2009〕67号），载《2010中国人力资源和社会保障年鉴（文献卷）》，中国劳动社会保障出版社，2010，第377页。
② 刘国恩、董朝晖、孟庆勋、阎丽静：《医疗保险个人账户的功能和影响（综述）》，《中国卫生经济》2006年第2期。
③ 裴颖：《医保"个人账户"去留问题的探讨》，《人口与经济》2008年第3期，第65~70页；张海洋、沈勤：《城镇职工医疗保险个人账户存废问题探讨》，《社会保障研究》2015年第2期，第42~47页。

个人账户资金的使用范围呈现出五花八门的地方差异性，进一步加剧了医保碎片化。

与此同时，三大社会医疗保险基金中都有累计结余，而城镇职工医保和城镇居民医保基金累计结余的金额巨大。[①] 社会医疗保险基金的运营遵循"以收定支"的原则，医保行政管理部门一般来说不允许医保经办出现医保基金当期赤字，因此累计结余的存在是落实这一原则的自然结果。但除此之外，就城镇职工医保而言，其统筹账户的高额累计结余是退休者免缴费规则的一个结果。无论其具体原因为何，医疗保险基金出现累计结余显然是不经济的，因为医疗费用的涨幅（又称"医疗通货膨胀"）高于一般性通货膨胀是一个全球性的现象，中国绝不可能例外。面对医疗通货膨胀，医保基金中的累计结余实际上处于不断贬值的境地，这种结果对参保者来说是既没有效率也没有公平。

第八，给付结构的差异性是医保碎片化的重要表现之一，而其制度差异和地方差异对统筹层次的提高、城乡一体化、可携带性的强化以及医保支付制度改革，都造就了不小的障碍。

简言之，中国的基本医疗保障体系由三个目标定位不同、游戏规则不一的社会医疗保险组成，加之行政管理的地方化，导致整个体系陷入城乡分割、地区分割、人群分割和管理分割的碎片化境地。碎片化妨碍了医保体系的正常运转，使之出现了一些长期以来经社会政策学界殚精竭虑且各级政府艰苦努力也难以克服的问题，如民众医保待遇依身份与户籍而大有不同、城乡一体化步履维艰、统筹层次难以提高、个人账户与统筹基金累计结余的沉淀资金规模庞大、退休参保者免缴费规则引致城镇职工医保深陷老龄化之困、参保者异地就医即时结算困难重重、医保关系难以跨地区转移接续等。可以说，基本医疗保障体系的运转不良，已经成为中国社会保障事业发展的沉重包袱，对中国社会经济的协调发展造成了显而易见的负面影响。

[①] Junqiang Liu, Tao Chen, "Sleeping Money: Investigating the Huge Surpluses of Social Health Insurance in China," *International Journal of Health Care Finance and Economics*, 13（3），2013.

三 中国医保体系的系统性改革：走向去碎片化

面对碎片化危局，医保改革面临两种制度选择。一种选择是在既有社会医疗保险的框架中进行制度微调，其突出特征是确保城镇职工医保制度框架的不可撼动性以及职工医保和居民医保两种制度体系的并存。这一医保改革思路，既体现在研究文献中汗牛充栋的论述阐发，也体现于现实世界中五花八门的政策调整。但很多年的实践业已证明，制度微调表面上能缓解碎片化的一时之困，但其结果只能是不断带来新的碎片化问题，不仅强化了既有的碎片化格局，而且使医保改革陷入路径依赖的困局。

鉴于制度差异性是医保碎片化的根源，医保去碎片化的关键就在于筹资机制和给付结构的统一，方能打破城乡分割、地区分割、人群分割和管理分割。因此，医保改革的另一种选择是超越既有的社会医疗保险框架，转向全民健康保险或准全民公费医疗，在基本医疗保障体系中面向所有参保者建立统一的制度。具体的改革路径非常简单，即终止城镇职工医保，推进三险合一，所有国民均以统一的居民身份参加全民健保，个人缴费水平一样，政府补贴水平一样，医保给付结构一样。这一改革思路，可以概括为五个字，即"职工变居民"。

"职工变居民"是实现医保体系一体化的唯一可行之路，而反过来，即"居民变职工"，在中国是完全不可行的。要推进筹资机制并轨，从以税收筹资（即政府补贴）为主导的城镇居民医保和新农合向以缴费筹资为主导的城镇职工医保并轨，显然是不可行的。道理很简单：所有居民附属于职工参加医疗保险即便在理论上是可能的，在现实世界中（例如在德国、荷兰、捷克等）也是可行的，但在中国的实践中是难以操作的，这将会极大地加重企业的负担；与之相比，所有职工变成居民，则相对容易得多。因此，基本医疗保障体系改革与发展的可行之道，是转型为准全民公费医疗制度。新体系既可以命名为全民公费医疗，也可以命名为全民健康保险。

在新体系中，所有国民都以同等的居民身份成为参保者。参保者在居住地的社区服务中心登记缴费，以获取参保者身份。依照现行政策免予缴费的国民，尤其是医疗救助享受者，在登记的时候自然可免予缴费。沿袭城镇居民医保和新农合的筹资模式，政府可在转型之初设定每人年200元的参保费和1000元的政府补贴，参保缴费和政府补贴依人均国内生产总值指数化。参保者的医保待遇整齐划一，参照现行城镇职工医保的标准确定，标准的修订走向制度化。政府可以在中央一级组建全民医疗保险总局，并在各省一级建立经办机构，负责代表参保者向医疗机构购买医药服务。无论在中央还是在各省份，全民医保局工作人员均可由人社部门和卫计委既有医保经办人员调配，基本上无须政府增加编制。医保经办的重中之重是厉行医保付费改革，采用各种团购型新付费机制，建构新的激励机制，让那些为国民提供了高性价比医药服务的医疗机构获得更高份额的医保支付。

新体系中国民依然需要缴费参保，并非出于筹资的考虑，因为居民参保费水平很低，而是为了便利于医保支付"随着人头走"。居民在居住地缴费参保，国家医保局即可获得居民在各地分布的准确信息，由此便可测算各地各种疾病的发病率，从而为团购型医保支付（尤其是按病种付费，即按疾病诊断组付费）奠定基础。居民在缴费年度之内搬迁，可在搬迁后居住地重新登记，便可轻易实现医保关系的转移接续。无论居民居住地如何发生变化，国家医保局均可依据参保者的地域分布配置医保资金，即所谓"钱随着人头走"。

全民健康保险的建立意味着城镇职工医保的终止。自新体系建立之日起，所有单位都免除了6%~10%的医保缴费，而所有职工也免除了2%的医保缴费。企业社保缴费的负担大为减轻，职工现金收入也有所增加。更为重要的是，现行碎片化基本医疗保障体系中存在的诸多"老大难"问题，随着新体系的建立，要么自动消解，要么不再成为难题。前文所述医保碎片化相关的问题，如统筹层次过低、城乡身份分割、个人账户不经济、财政给付不平等、医保关系转移接续、异地就医当地结算、缴费年限、医保基金结余等多年来纠缠不清的问题，在新体系中全然消失了。在2016年新年伊始引发众议甚至社会愤怒的退休者医保缴费问题，亦可轻松处置，依照"老人老办法、新人新办法"的原则行事便可实现顺利转型。原城镇职工医保各地设定的最低缴费年限在新体系中得到承认，参保者满足条件便可继续享受免予缴费的待遇，只需在居住地登记便可继续享受医保待遇。各地城镇职工医保统筹基金的累计结余，足以弥补新旧体系过渡时期免缴费退休者所带来的筹资空额。随着免缴费者的离世，这个问题在一段时间之后自然消亡。

当然，全民公费医疗或全民健康保险体系的建立，还涉及一些技术性的问题，下一章将进行详述。总之，中国医疗保障的改革与发展依然任重道远，组织和治理模式的创新依然有待不断地探索，但制度一体化是治理医保碎片化的根本之道。

第十三章 走向准全民公费医疗：医保体系制度创新对公共财政的挑战[*]

在当今中国，一个覆盖全民的基本医疗保障体系已经建立起来，但这一体系与运转良好的目标还有很长的距离。基本医疗保障体系由城镇职工医保、城镇居民医保和新农合三大社会医疗保险组成。自2015年以来，在中央政府的部署下，很多地方开始强力推进城乡一体化，后两个保险已经合并为城乡居民医保。基本医疗保障体系运转不良的根源在于三个（或两个）医疗保险的诸多制度细节，如统筹层次、筹资模式、缴费年限、给付结构和行政管理等，呈现高度地方化，而地方差异性的复杂性导致了整个医保体系的碎片化。医保碎片化不仅有损于医保体系的公平，而且也有损于效率。

直面碎片化，既有文献提出的以及各级政府普遍实施的各种就事论事、零零碎碎的制度微调已经无济于事。中国医疗保障体系亟待从碎片化到一体化的系统性改革。建立一个个人缴费水平统一、政府补贴水平统一、给付结构统一的准全民公费医疗制度，以取代现行的社会医疗保险制度，是一个合意且可行的社会政策选择。

一 准全民公费医疗的制度框架：从碎片化到一体化

以全民公费医疗为制度基础重建中国医保，并非将既有的基本医疗保

---

[*] 本章较早版本参见顾昕《走向准全民公费医疗：中国基本医疗保障体系的组织和制度创新》，《社会科学研究》2017年第1期。收入本书后，内容有所充实。

障体系推倒重来，实际上是另一种新的渐进主义改革思路。新思路的要领，是将城镇职工医保并入城乡居民医保，以推进基本医疗保障体系的一体化，而零碎性、微调式的旧思路，则是立足于维持城镇职工医保的制度框架不变。

基本医疗保障体系需要巩固与发展，这是医保界的共识，但对于如何巩固、如何发展却没有共识。比较主流的意见，是在维持既定制度框架不变的前提，对三大社会医疗保险所面临的问题进行小幅渐进式调整，以克服制度不调的现象。具体而言，在很多研究者以及主管医保的政府官员看来，基本医疗保障体系目前最大的问题在于社会医疗保险的"泛福利化"，即城镇居民医保和新农合，无论是否经历着城乡一体化的过程，都出现了民众缴费水平涨幅远低于政府补贴水平涨幅的趋势，从而导致城乡居民医保演变成了准全民公费医疗。① 对这一主流人群来说，医保改革与发展的方向是基本医疗保障体系的"去福利化"，具体措施不仅要提高城乡居民医保中百姓的缴费水平，降低政府财政补贴的相对水平，② 而且也要在城镇职工医保中废止退休者免于缴费的政策。然而，在福利国家水平依然不高的大环境中，推动基本医疗保障"去福利化"，无论是其政策原则，还是其具体措施（如大幅提高参保者缴费水平和让退休者重新缴费），都会因遭遇强烈民意反弹而步履维艰，甚至不具有可操作性。③ 城乡居民医保多年来民众缴费水平涨幅远低于政府补贴水平涨幅的趋势本身，就证明了这一点。

医疗保障的改革与发展应该另辟蹊径了。笔者曾经在2012年提出建立全民健康保险的构想，但没有任何回响。④ 从国际经验来看，全民健康保险就是"准全民公费医疗"。延续并拓展笔者既有的思路，本章进一步提出，中国医保改革的方向，应该是从"去福利化"转向"再福利化"，

---

① 王永：《城镇居民医保：谨防"泛福利化"倾向》，《中国劳动保障报》2014年7月1日第3版；王东进：《按制度规则规治居民医保》，《中国医疗保险》2015年第3期。
② 蒋云赟、刘剑：《我国统筹医疗保险体系的财政承受能力研究》，《财经研究》2015年第12期。
③ 刘涌：《人社部"提高居民医保个人缴费标准"再惹争议》，《21世纪经济报道》2012年12月20日，第6版。
④ 顾昕：《走向全民健康保险：论中国医疗保障制度的转型》，《中国行政管理》2012年第8期。

将基本医疗保障体系改造为一个以普惠型福利模式为主轴的社会保障制度。新转型路径既清晰也简单，即终止城镇职工医保的运作，以既有的城乡居民医保为制度基础，建立一体化的准全民公费医疗。简言之，中国医保的改革与发展之道可以概括为五个字，即"职工变居民"。

具体而言，准全民公费医疗的新制度架构如下。

目标定位：面向所有国民，无论老幼、性别和工作，均以居民身份参加医保。

参保登记：所有国民（无民事行为能力者由其监护人）在每年年初的法定期限内到居住地所在社区的社会保障事务所（或其他行使类似职能的机构如村委会）办理参保登记手续，而搬迁之后也必须在一定时间内在新居住地社区重新登记。对逾期缴费者设立"待遇等待期"。

筹资机制：所有参保者缴纳定额年参保费，而政府为所有参保者提供定额年医保补贴。在新制度实施的初始阶段，个人参保费可确定为200元，政府补贴费可确定为1000元。个人参保费和政府补贴费均随人均国内生产总值（GDP）指数化，即随着GDP的增长而增长，由此即可避免提高个人参保费而产生的争议。现行医疗救助制度的受益者免缴个人参保费，其个人参保费由政府财政支付。城乡医疗救助受益人以及既有享受免缴费待遇的城镇职工医保退休参保者，只登记免缴费。

给付结构：现行城镇职工医保的给付结构适用于所有参保者（国民），而给付结构调整（如医保目录的更新等）常规化、制度化。

行政管理：国家设立全民健康保险总局或全民公费医疗总局，并在各省份设立公立独立法人"健保中心"，负责筹资和支付的组织，中短期内的工作重心是大力推进医保支付制度改革。

对于上述制度架构，一个最容易产生的疑问是，既然采用全民公费医疗制度，为何要设立居民参保登记缴费的行政环节？为何不干脆在筹资环节实行全免费，使医保筹资全部来源于一般税收？为何一定要在全民公费医疗前面加一个"准"字？

准全民公费医疗（或全民健康保险）与全民公费医疗模式的主要差别在于筹资机制，前者的部分筹资来源于参保者缴费，而后者的筹资来源于一般税收，因此民众无须再为医保缴费。在实施全民公费医疗的发达国家，民众无须缴费，但必须在初级卫生保健提供者那里登记，方能享受公费医疗。初级卫生保健提供者一般是全科医生，他们面向社区，要么单独执业，要么联合执业，又称"家庭医生"。

笔者针对中国情况所建议的准全民公费医疗，其筹资来源既包括个人缴费也包括一般税收。新医保体系设定了民众年定额参保缴费的游戏规则，并非出于筹资本身的需要（因为民众缴费水平远低于政府补贴水平，其在筹资上发挥的作用有限），而是旨在建立参保者登记制度，而这一点对于新医保体系的行政运作，是至关重要的。

首先，参加全民公费医疗或全民健康保险，既是国民应该享有的权利，也是国民必须履行的义务，设立民众缴费的制度有助于强化民众的健康和医保意识，而等待期制度的设立是为了防范民众的逆向选择（即自我感觉身体好的民众平时选择不缴费，而在生病之后再缴费）；其次，缴费实施地点的明晰化可为医保支付管理者统筹医保基金的地区配置，即所谓"钱随着人走"，带来扎实的数据基础；最后，如下文将会详述，参保者缴费登记制度也能为医保关系的跨地区转移接续带来便利。

二 医保再福利化：合乎民意的制度选择

医保再福利化意味着原本在中国只有少数人才能享受的公费医疗转型为一项普惠型福利项目，这一改革之所以具有合意性和可操作性，首先在于其民意高欢迎度。多年来，就中国的医改而言，对广大民众和大众媒体最具有撩拨效应的词，非"全民免费医疗"莫属。2009~2010年，陕西省神木县曾因推行"全民免费医疗"制度而名动天下，一时间，"神木模式"蜚声神州，引发各路媒体一阵喧嚣。① 2013年10月，民众曾为一则俄罗斯坚持全民免费医疗原则不动摇的新闻所撩拨。当月8日，由中央人民广播电台主办的中国广播网刊出中国之声《新闻晚高峰》报道，称："俄罗斯卫生部长近日在一个医疗媒体论坛上宣布，保证俄罗斯公民将永远在俄罗

---

① 王家敏：《医改：学习神木好榜样？》，《中国新闻周刊》2010年第13期（4月12日）。

第十三章 走向准全民公费医疗：医保体系制度创新对公共财政的挑战

斯联邦内能够免费享受医疗服务，而且保证医疗服务项目每年都会增加。这意味着，俄罗斯公民在公费医疗上享受同等待遇，任何人都不会因没有钱而被医院拒之门外，急需动手术的病人也不必以缴费为手术的前提条件"[①]。其实，在相关报道中，"全民免费医疗"这个表述具有误导性，正确的表述应该是"全民公费医疗"。

众所周知，新医改发轫于2005年以来兴起的新一轮医疗体制改革方向的争论。尽管争议点多多，但争论者毕竟达成了一项共识，即新医改的突破口在于医疗保障体制的健全，也就是实现人人享有基本的医疗保障，即"全民医疗保障"，简称"全民医保"。然而，这一共识缺乏实质性内容。关键在于，无论从理论上探讨，还是从人类历史的实践经验中观察，建立医疗保障体系有多种制度选择。那么，中国新医改所确定的"全民医保"，究竟应该选择何种制度，或者说哪些制度的组合呢？具体而言，中国全民医保的主干性制度安排，究竟是全民公费医疗，还是社会医疗保险？在有关新医改的大争论中，对这一关键性问题，并没有达成共识。国家"新医改方案"最终选择了以社会医疗保险为主轴推进全民医保的战略方向，但这一选择似乎并未让这一争论尘埃落定。

我们知道，在世界上，凡是实现全民医保的国家，除了一两个孤例（如瑞士和新加坡）之外，其医保制度主干要么是全民公费医疗，要么是社会医疗保险。相当一部分国家，从社会医疗保险起步，逐步走向了全民公费医疗或全民健康保险。在经济合作与发展组织成员国中，一半实行全民公费医疗或准全民公费医疗，而另一半实行社会医疗保险。值得一提的是，很多国家和地区的全民医保体系并非由单一的制度来支撑，而是以某一种制度为主干，以其他制度为补充。[②]

对于中国人来说，公费医疗体制并不陌生，也令很多人向往，但有些声名不佳。众所周知，中国公费医疗只覆盖了少数人，显然有欠公平性；同时，由于制度缺陷所导致的浪费，以及特权人士的滥用，现行公费医疗体制在受益面非常狭窄的情形下却占用了相当大比例的公共卫生经费。于是，公费医疗成为舆论批评的对象，也成为改革的对象，并入城镇职工医

[①] 参见《俄罗斯宣布终结付费医疗制度 公民看病永久免费》，2013年10月8日，中国广播网，http://news.cnr.cn/gjxw/list/201310/t20131008_513768079.shtml。

[②] 参见顾昕《全球性医疗体制改革的大趋势》，《中国社会科学》2005年第6期。

保，成为公费医疗制度改革的大方向。这样一来，在中国，很多人有意回避"公费医疗"这个词，而全民公费医疗通常被称为"全民免费医疗"。神木的经验也体现了这一点。无论是神木模式的创建者还是其赞扬者，都竭力回避"公费医疗"这个令人厌烦的词，也不愿使用"全民医疗保险"这种中性词，却都刻意使用"免费医疗"这个容易引起轰动效应的字眼。①

简言之，无论是从国际比较所获得的启示，还是从中国民意观察所传递的信息，全民公费医疗其实未尝不能成为中国建立全民医保的一项制度选择。但是，究竟是否应该选择全民公费医疗，不应该仅仅基于国际经验，也不应该仅仅基于中国民意，而应该基于对制度选择收益与成本权衡的理性分析。收益主要体现在职工现金收入增加、企业社保负担减轻、基本医疗保障体系诸多老大难问题可望迎刃而解，成本主要体现在政府财政支出的增加以及制度转型过程中的一些技术性难题。

三 医保再福利化的社会经济收益

就收益而言，本章所提议的医保制度转型，对于当今中国经济领域正在开展的供给侧改革，有短期推动效应。由于新制度终止了城镇职工医保，那么所有企业将免除基本工资6%~8%的医保缴费，这对正在全国范围内推进的企业社保减负来说，是一项实质性的推进措施。② 同时，新医保制度可以有效增加职工的收入。截至2014年底，城镇职工医保共有2.1亿名职工参保者，7255万名退休参保者，职工参保者的人均缴费水平大约为850元，退休参保者免予缴费。③ 在新体制下，原城镇职工医保的职工参保者的医保缴费将降为200元，2亿多名职工的现金收入必然有所增加，而这部分新增现金收入有可能转化为消费。

当然，医保制度选择的依据不应仅仅基于其短期效应，而应该考察其

---

① 王东进：《走进陕西神木 静观"免费医疗"》，《中国医疗保险》2010年第9期，第8页。
② 正在实施的企业社保减负措施，集中在失业保险、工伤保险和生育保险单位缴费率的降低，但减负空间最多不过3%，其效果显然是杯水车薪。
③ 国家统计局人口和就业统计司、人力资源和社会保障部规划财务司编《2015中国劳动统计年鉴》，中国统计出版社，2016，第373页。

第十三章 走向准全民公费医疗：医保体系制度创新对公共财政的挑战

中长期影响。实际上，医保再福利化之利恰在于能够一劳永逸地解决基本医疗保障体系中长期难以克服的诸多老大难问题，从而为医保奠定一个可持续发展的制度基础。诸多医保碎片化问题，将随着准全民公费医疗制度的建立，一一自动化解。而与之相对，基于现行社会医疗保险制度所试图推进的医保去福利化，既不可能解决医保碎片化问题，也不可能实现医保的可持续发展。

第一，新制度的建立意味着三险合一的达成，城乡分割的问题自然就迎刃而解了；而在既有体制下，即便政府自上而下推进城镇居民医保和新农合的二险合一，都困难重重，进展缓慢，直到2016年底才大功告成。但是，从二险合一到三险合一，还是遥遥无期。

第二，新制度并不会百分之百地消除逆向选择问题，但会减轻政府推动医保全民覆盖的行政压力，其中社区服务机构以及寄宿学生所在的学校（包括高等院校）可以发挥积极有效的作用。

第三，流动人口、灵活就业人员以及农民工的医疗保障，在新体制中不再成为特殊的问题；而在既有体制下，无论是政府还是学者，都不得不为包括农民工在内的流动人口以及灵活就业人员单设医保制度而殚精竭虑，而各种方案的实施效果无论从公平还是效率的角度来看都不理想。

第四，在新制度下，医保统筹层次过低的问题得到解决。省级统筹可以实现，这样在每一个省级行政区，都可建立单一付费者医保体系。而在既有体制下，政府自2009年以来努力多年，至今也尚未实现地级市统筹的目标。

第五，新医保体系消除了人均医保筹资的地方差异性，也自然消除了医保给付结构的地方差异性。缴费水平划一、给付结构划一，这符合医保公平性的一般原则。如世界银行的一份报告所说，医保"筹资的一般原则是：国民依照其财富多寡（或支付能力高低）来缴费，而病人则根据其需要接受医疗服务"[1]。在新体系中民众缴费水平划一是否公平，乍看起来或许是一个值得商榷的议题。一般认为，公平的缴费水平应具有累进性，可是这种做法就中国医保改革的现状而言是不经济的，也是没有必要的：一来，由于新制度拟议的缴费水平并不高，再设定累进性费率，将极大地增

---

[1] World Bank, *The Path to Integrated Insurance Systems in China*, World Bank, 2010, p. ix.

加行政成本；二来，新制度的主要筹资来源是一般税收，其累进性与否取决于税收体制的累进性。在医保缴费水平上推进累进性，远不如在一般税收的税制中推进累进性重要，而推进税收体系的累进性本来就是税制改革与发展的题中应有之义。如果一般税收具有累进性，那么新医保体系的筹资也就具有了累进性。参保缴费水平即便划一也不会对新医保体系筹资的累进性有实质性的负面影响，但能极大地减少行政成本，有利于体系的良好运转。个人缴费和财政补贴均随经济发展水平而指数化，也能确保医保体系财务的可持续性，而旧体系中时常因个人缴费水平提高而引发的争议自然也就消弭殆尽了。

第六，退休者免缴费规则，为城镇职工医保埋下了老龄化危机的引信，是基本医疗保障体系不具有可持续发展的制度性根源之一。2016年初，"研究实行职工退休人员医保缴费参保政策"的这一政策导向甫一露头，不仅社会反对之声绵延不绝，而且也在体制内引致不同意见，尤其是在当年的"两会"上激起争议，致使这一政策宣示未能载入《国民经济和社会发展第十三个五年规划纲要》。① 事实上，在既有体制下，即便退休者缴费政策推出，由于缴费水平不可能较高，因此对于城镇职工医保老龄化危机的缓解，到头来还是杯水车薪，无济于事。问题的解决归根结底还是需要政府财政增加投入。既然如此，研究并制定退休者缴费政策，即便达成最佳境况也只能是事倍功半，正常情况下极有可能劳而无功。与其如此，不如推进"职工变居民"，便可轻易摆脱退休者缴费这一棘手的政策议题。

至于既有享受免予缴费的退休职工医保参保者（俗称"老人"），可以在新的准全民公费医疗中继续享受免缴费政策。对于既有未退休职工医保参保者（俗称"中人"）来说，可以设定参加新制度的两个选项，即要么依照老办法继续缴费至医保缴费年限后在新制度下享受免缴费政策，要么直接进入新制度。对于所有尚未入职或从未参加过城镇职工医保的国民来说，自然是"新人新办法"。对于城镇职工医保的退休参保者以及临近退休的参保者顺利过渡到新体系之中，政府需要支付一定的转型成本。

---

① 参见郭晋辉《争议激烈！"退休人员缴纳医保"淡出十三五规划纲要》，第一财经网，2016年3月18日，http://www.yicai.com/news/2016/03/4763564.html。

第十三章 走向准全民公费医疗：医保体系制度创新对公共财政的挑战

第七，医保再福利化转型可以让令人困扰多年的医保个人账户问题和基金累计结余问题彻底终结，而在既有体制下这两个问题无论是理论上还是在实践中都没有哪怕是较为理想的解决方案。在新制度下，准全民公费医疗是一个现收现付制度，当年筹资基本上全部用于当年支付，而筹资标准的指数化确保了医疗保障给付水平与经济发展水平相适应。

截至 2014 年，城镇职工医保共有 2.8 亿参保者，共计累计结余 9449.8 亿元，其中统筹基金 5537.2 亿元，个人账户 3912.6 亿元。[①] 这样，城镇职工医保统筹基金人均累计结余达 1977.6 元，个人账户人均累计结余达 1397.4 亿元。对于这些沉淀资金在新体系中的使用，可以有多种方式，对于这一技术性问题，本章限于篇幅，暂不详述。

第八，在既有体制下，城镇职工医保和城乡居民医保在给付结构上极为复杂的地方差异性，不仅本身有损于社会公平，而且还对医保体系的运作，尤其是对医保异地结算和医保关系跨地区转移接续（即医保可携带性），造成了极大的障碍。随着医保再福利化转型，这些问题均可迎刃而解。

给付结构地方差异性的消失以及省级统筹的实现，为医保异地结算提供了极大的行政便利。由于实行省级统筹，全民医保制度下的省内异地就医根本没有问题。如果参保者跨省就医，而且患者通过本省医疗机构进行跨省转诊转院，那么本省医疗机构实际上可扮演跨省就医的"守门人"角色。即便不设立转诊转院制度，任何一个省的健保局可以同跨省医疗机构直接建立契约化支付关系，例如，天津、河北、内蒙古、山西、山东、辽宁等地的全民健保局都可以同协和医院建立医保支付关系。而且，跨省医保支付服务也可以外包给第三方管理公司，让后者与医疗机构打交道，这就是国际上通行的医疗保险第三方管理（third-party administration，TPA）模式。[②] 第三方管理模式的开拓，不仅将极大地促进健康保险的专业化，而且还能催生一个全新的服务行业。

[①] 国家统计局人口和就业统计司、人力资源和社会保障部规划财务司编《2015 中国劳动统计年鉴》，中国统计出版社，2016，第 373 页。

[②] Amalia R. Miller, Christine Eibner, Carole Roan Gresenz, "Financing of Employer Sponsored Health Insurance Plans before and after Health Reform: What Consumers Don't Know Won't Hurt Them?", *International Review of Law and Economics*, 36, 2013.

在既有体制中，医保可携带性是一个长期以来难以解决的问题。除了参保者"累计缴费年限"接续的问题之外，所谓"转移接续问题"中还涉及不同地方城镇职工医保经费如何转移接续的问题。目前，当参保者工作地点发生跨统筹地区变动之后，只有个人账户可以移转，而统筹基金的移转则比登天还难。在新体系中，这个问题解决起来要轻松许多。任何国民如果在省内迁居，什么事情都没有；如果跨省迁居，那么参保者原所在的省医保局可将其个人缴费和中央财政补贴的资金化为12份，根据参保者在本省实际居住的月份，将剩余金额转给迁移后所属的省医保局。因此，准全民公费医疗或全民健康保险是一个具有高度"可携带性"特征的制度，即医保待遇可以随着参保者的迁徙而全国漫游。这就要求，所有参保者在跨省迁居之后，在一个月内及时在新常住地的社区服务中心重新注册医保关系。毫无疑问，医保关系注册与居住证签发这两项公共服务通过社区服务中心的平台整合在一起，有利于公共服务整体性的改善。

此外，医保再福利化转型也能为医保经办的公共管理改革带来新的契机。新全民健保经办机构完全可以从行政化向法人化转型。为了推进这一转型，全民健保总局从设立之初，就可模仿全国社会保障基金，建立理事会制度。全民健保总局在各省设立的分局，可以经由现城镇医保和新农合经办机构整合而成。设置在北京的总局负责所有与医保支付相关的政策性事务，并对各地医保局进行业务指导，而各省的全民医保局则扮演支付者的角色。这意味着，一个以省为单位的单一付费者体系建立起来了。实际上，从全民医保的全球经验来看，只要是在地域辽阔的大国（例如加拿大和澳大利亚），以省（州）为单位的单一付费者体系是最为常见的制度安排。[1]

四 医保再福利化的转型成本

任何选择都既有益处也有成本，医保再福利化这一制度选择也不例

---

[1] Khi V. Thai, Edward T. Wimberley, Sharon M. McManus（eds.），*Handbook of International Health Care Systems*，Marcel Dekker, Inc.，2002，pp.79, 119, 489.

第十三章 走向准全民公费医疗：医保体系制度创新对公共财政的挑战

外。从既有社会医疗保险制度转型为准全民公费医疗，必将面临一些挑战，政府与民众也必须共同面对这些挑战，而直面这些挑战并不是无成本的。挑战主要集中在三点：其一，新制度的财务可负担性；其二，各地医疗服务费用和品质差别较大，因此均等化的筹资水平必然带来不均等的医疗服务水平和医疗保障水平；其三，目前有些地区的医疗保障筹资水平和保障水平超越了我们拟议中的全民医保水平，那么如何将这些地区的医疗保障制度与未来的全民医保制度衔接？

第一项挑战可以简称为"财务问题"，其包括两个方面。一是现城乡居民医保参保者在既有体系中的缴费水平，从每人每年50元到1000元不等，而新体系中初始参保缴费水平定为每人每年200元。这意味着，相当一部分民众的医保缴费水平将有所提高。但考虑到每人每年200元的参保登记费对绝大多数国民来说是完全可负担的，且新医保体系的给付水平将比既有城乡居民医保的待遇提高很多，加之全民公费医疗的民众欢迎度较高，城乡居民个人缴费水平的提高并不是不可行的。

二是政府财政支出的可负担性。依照前文给出的制度框架，新医保体系需要的财政支出基本上由三部分组成：（1）全体国民的医保补贴，简便起见，国民总人口按14亿计算，共计14000亿元（1000元×14亿）；（2）医疗救助受益者的参保费，依照2014年底的统计数据计算，城镇低保对象1877.0万人，农村5207.2万人，优抚对象917.3万人，因此医疗救助对象共计约0.8亿人，[①] 需要财政支付其豁免的参保费160亿元（200元×0.8亿）；（3）既有城镇职工医保退休参保者的参保费，依照2014年底的统计数据计算，城镇职工医保退休参保者共计7254.8万人，考虑到新增退休者、老龄化以及计算简便化的因素，我们可按0.8亿人来计算，这样共需财政支付160亿元。因此，新体系所需政府财政支出共计14320亿元。同样以2014年的数据来测算，这笔开支占当年中国政府财政预算总支出（计151785.6亿元）的比重为9.4%。鉴于随人均GDP的增长而指数化，加之第三项支出会随着转型进程的延续而逐步减少，再考虑到其他一些未加细算的支出，准全民公费医疗所需政府补贴在未来大体会稳定在政府财

[①] 三类医疗救助对象的人口数据，参见中华人民共和国民政部编《2015中国民政统计年鉴》，中国统计出版社，2015，第59、62、70页。

政总支出的 9.5% 上下。

值得注意的是，这部分支出并非全部是新增支出。2014 年，政府财政预算内卫生支出中用于医疗保障的支出总额为 4958.5 亿元，占政府财政总支出的比重为 3.3%。[①] 这意味着，建立准全民公费医疗，需要政府财政新增的支出占财政总支出的比重为 6.1%。

用大约 6% 的新增财政总支出建立一个稳固的医疗保障体系，是否构成财政可负担性问题，完全取决于政府施政的理念。在中国推进供给侧改革以实现经济发展模式转型的大背景下，政府财政支出的流向是否应该从产业政策的实施转为社会性基础设施的建设，是一项重大的经济政策选择，也是社会政策选择。事实上，只要有一个小角度的转向，中国基本医疗保障体系的大转型就可以实现。笔者曾经也基于财务可负担性对全民公费医疗在中国的可行性提出过质疑，[②] 这一质疑的基础建立在既有公共财政体制以及经济发展模式没有出现重大转型的前提之上，现在看起来，这一基础非常脆弱，早已不合时宜。实际上，中国的公共财政极有必要也有可能从以促进经济发展为中心的模式转型为以促进公共服务为中心的模式，而随着公共财政大转型的推进，以全民公费医疗为主干建立基本医疗保障体系的制度选择，也就变得现实可行了。

第二项挑战可以简称为"均等化问题"。从技术上乍看，这一挑战似乎是比较严重的。譬如说，如果北京市健保局和河北省健保局所管辖居民的医保筹资水平都一样，那么北京居民所能享受的医疗保障水平可能不会高，因为北京医疗机构的平均费用水平与河北相比显然要高出很多。

但是，这一挑战是否严重，其实是一个认识的问题。其一，新体系初始阶段的非均等性实际上有助于医疗资源的重新配置，即优质医疗资源向人口集中的大省流动，在一段时间之后医疗资源配置的均等化有望实现，因此表面看起来近期的"麻烦事"也许能在未来变成"大好事"。例如，随着河北省健保局支付能力的大幅度提高，北京的知名医疗机构完全有可能也有必要到河北诸城市开设分院，形成连锁式的医联体。如此，长期困

---

① 国家卫生与计划生育委员会编《2015 中国卫生和计划生育统计年鉴》，中国协和医科大学出版社，2015，第 93、353 页。
② 顾昕、朱恒鹏、余晖：《"全民免费医疗"是中国全民医保的发展方向吗？——神木模式系列研究报告之一》，《中国市场》2011 年第 24 期。

第十三章 走向准全民公费医疗：医保体系制度创新对公共财政的挑战

扰医疗供给侧的资源配置失衡的老大难问题，也有了新的契机得到缓解。

其二，准全民公费医疗或全民医疗保险体系的建立，仅仅意味着基本医疗保障体系的重构，其目的只是为全国民众提供一个最基本的医疗保障。对于消费水平较高的经济发达地区，以各种补充医疗保险为主要产品的民营健康保险，尤其是商业健康保险，理应成为医疗保障体系的重要组成部分。在这个意义上，"均等化问题"带来的挑战，又可以转化为民营健康保险发展的新转机。因此，"均等化挑战"看起来是一个技术性问题，但实际上也在促进中国医疗保障体系的结构性完善方面发挥某种战略性的作用。

第三项挑战可以简称为"平稳过渡问题"。这一挑战与第二项挑战有密切的关联。

如同前文所述，新体系实际上是现行城乡居民医疗保险的升级版和扩展版。在全国大多数地区，现行城乡居民医保的筹资水平和保障水平都不及本章提议的新体系，但也有少数地区例外，即这些地方居民参保的缴费水平已经超过了年200元。对于这些例外的地区，就存在"平稳过渡问题"。为了应对这一问题，这些地区完全可以由政府出面，在新体系之上设立带有财政补贴的自愿性补充健康保险。对这些地区的居民来说，参加准全民公费医疗带有强制性，而参加补充健康保险则是自愿性的。对于这些地区的政府来说，提供与全国其他地方一样的全民医疗保险是规定性的公共服务，而提供补充健康保险则是自选性的公共服务。

值得注意的是，走向准全民公费医疗固然有转型成本，但也有转型收益（亦即转型红利）。基本医疗保障体系的大转型可以为当今中国政府力推的供给侧改革助燃。供给侧改革的核心内容是为企业减轻负担，其中包括社会保障缴费的负担。众所周知，中国企业所承受的社会保障筹资负担即便与发达国家相比也是不低的。可是，目前针对企业的社保减付措施仅仅是降低失业保险缴费率以及通过并入医疗保险而取消了生育保险缴费，但这些措施对企业来说绝对是杯水车薪。准全民公费医疗制度的建立，意味着城镇职工医保的废止，全国企业便可至少减去6%的医保缴费负担。与此同时，全国的就业者可免去每年数千元的医保个人缴费，亦可增强其当期的消费购买力，这对于中国经济向消费拉动型发展模式转变不无益处。

简言之，尽管推进准全民公费医疗需要一定的成本，但一来这些成本并不大，二来这些成本也可以通过配套改革转化为收益。因此，总体来说，建立准全民公费医疗的社会经济收益，远远大于成本。

结　论

中国医保碎片化的根源在于医保体系内部的制度不调，而从碎片化走向一体化，即走向全民健康保险，是医保改革与发展的大方向。事实上，中国现行的基本医疗保障体系中，已经蕴含着全民健保的某些制度要素，即城镇居民医保和新农合的个人缴费水平远低于政府补贴水平。这一现状被视为社会保险的"泛福利化"的一种体现而遭到相当一些社会政策学者、相关政府部门智库以及政府官员的质疑，而相应的改革意见就是"去福利化"。可是，至少在医疗保险领域，"去福利化"不仅在实践中缺乏可操作性，而且在理论上也缺乏理据。无论基于国际经验的比较、福利国家发展的理论分析还是中国改革实践的反思，医保"再福利化"才是合意而且可行的改革方向。

作为医保再福利化的具体路径，从碎片化的社会医疗保险走向一体化的全民健康保险是一种渐进主义的改进，制度转型的阻力和障碍比较少。全民健康保险是一种准全民公费医疗制度。以全民健保制度为主干重建基本医疗保障体系，是发展型社会政策的一次完美体现，具有同时促进经济增长和社会发展的双重功效。从短期来看，推进全民健保实际上是一种简单易行而又可持续的企业社保减负计划，可以立竿见影地促进经济增长，而且有助于经济发展模式的转变；从长远来看，全民健保制度的建立，标志着社会性基础设施的建设又迈上了一个新的台阶，这必将为中国重建福利国家的努力奠定一个良好的基础。

实现这一转型，不仅需要政府财政增加一定的预算卫生支出，而且还需要政府以及公共政策学界治理理念的转变，即重新思考一个具有善治特征的福利国家与市场经济发展的关联性。随着政府财政收入水平的不断提高，只要在未来财政支出的大盘子中切出大约9.5%的份额，或在现有基础上新增6%的财政支出，就能为全体国民建立一个保障水平达到实际医

第十三章　走向准全民公费医疗：医保体系制度创新对公共财政的挑战

疗费用75%的全民健保制度，而剩下25%的医疗费用，恰恰可以为民营健康保险的发展留下空间。与此同时，现行医保体系中由于碎片化而引致的许多老大难问题，都可以迎刃而解，或者烟消云散。这绝对是一个利在当代、功在千秋的民生促进之举。

最后，值得一提的是，推进全民健保，仅仅在医疗需求侧（即医保筹资和给付制度）进行了重大调整，这绝不是医疗体制改革与发展的全部内容。医保筹资和给付制度改革、医保支付制度改革和医疗供给侧改革，是中国新医改的三驾马车，缺一不可。除了本章所提议的医保筹资和给付制度改革之外，公立健保机构代表所有参保者向医疗机构团购医疗服务，推进医保支付制度改革，建立所谓的"公共契约模式"（public contracting model），[①] 是全球性的医改大趋势。即便实行全民公费医疗的国家，也借助"公共契约模式"，使市场机制在医疗资源的配置上发挥着决定性的作用。[②] 公共契约的一方是具有强大团购能力的医疗购买方，另一方应该是形成多元竞争格局的医疗供给方。因此，随着医疗需求侧改革的巩固，医疗供给侧的改革与发展也必须并辔而行，而医疗供给侧改革的大方向，简言之，就是公立医疗机构走向去行政化、民营医疗机构实现大发展。

[①] OECD, *The Reform of Health Care: A Comparative Analysis of Seven OECD Countries*, Organisation for Economic Cooperation and Development, 1992, pp. 19–27.
[②] 顾昕：《全民免费医疗的市场化之路：英国经验对中国医改的启示》，《东岳论丛》2011年第10期。

第十四章 重新思考退休者免医保缴费的问题：中国医保体系的可持续发展[*]

导言：中国医保体系的可持续性问题

中国基本医疗保险体系中退休者免于缴费的问题，看起来似乎是一个关涉医保筹资的技术性问题，实则不然，这一问题关涉整个医保体系的可持续性问题。

2016年新年伊始，中国医疗的需求侧意外引爆了一个令全民喧哗的议题，这就是退休者医保缴费新政。2015年12月16日，财政部部长楼继伟在《人民日报》上发表署名文章《建立更加公平更可持续的社会保障制度》，其中在"改革医疗保险"的部分提及"研究实行参加职工医保的退休人员缴费政策"。[①] 2016年1月，楼继伟在《求是》刊文，纵论"十三五"期间中国经济社会制度诸多方面的改革，其中在有关社会保障体制改革的部分，提出"改革医疗保险制度，建立合理分担、可持续的医保筹资机制，研究实行职工医保退休人员缴费政策"。[②] 这两篇内容广泛的文章经过官方媒体的报道之后，其余部分毫无舆论反响，仅有退休者医保缴费这一政策导向性宣示，引起轩然大波，真可谓一石激起千层浪。1月22日，

---

[*] 本章的较早版本参见顾昕《退休者免缴费的问题：中国医保体系的制度设计、激励机制与可持续性发展》，《中国卫生管理研究》2016年第1期。收入本书后，内容有充实。

[①] 楼继伟：《建立更加公平更可持续的社会保障制度》，《人民日报》2015年12月16日，第7版。

[②] 楼继伟：《中国经济最大潜力在于改革》，《求是》2016年第1期。

第十四章 重新思考退休者免医保缴费的问题：中国医保体系的可持续发展

人力资源和社会保障部在例行新闻发布会上回应了这个话题，人社部新闻发言人李忠澄清说："这里提出的是要研究实行职工退休人员医保缴费参保的政策。下一步我们会按照五中全会的精神，认真地开展研究，将广泛听取社会各界意见，在综合分析考虑各种因素的基础上，适时提出政策建议。"①

然而，这一新政还未孕育，不仅社会反对之声绵延不绝，② 而且也在体制内引发了不同意见。《新京报》2016 年 2 月 20 日报道："全国人大财经委副主任委员乌日图在第二届全国社会保障学术大会上发表主旨演讲时表示，在当前制度下，由于退休人员在职时已经缴费支付了当时的退休人员的医疗费用，因此，让退休人员继续缴纳医保，相当于让他们承担了双重责任，这是不大公平的。"③ 乌日图曾任劳动和社会保障部医疗保险司原司长，且是医疗保险的资深研究者，他的观点在社会政策学者亦有一定的代表性。在 2016 年的"两会"期间，退休者医保缴费成为"两会"代表热议的话题之一，全国政协常委、卫生部原副部长黄洁夫在接受媒体采访时也表示，让退休人员缴纳医保，有失公平也不合理。由于没有达成共识，"研究实行职工退休人员医保缴费参保的政策"这一提法，没有出现在 3 月 17 日晚间新华社授权发布的《国民经济和社会发展第十三个五年规划纲要》之中，取而代之的是"完善医保缴费参保政策"这种笼统的提法，有视情况再定之意，仍然给未来重启相关政策研究留出了空间。④

众所周知，中国的基本医疗保障体系由三大社会医疗保险所组成，即城镇职工医保、城镇居民医保和新农合。在城乡一体化的进程之中，城镇

---

① 新闻发布会内容，参见人力资源和社会保障部政策研究司 2016 年 1 月 22 日在官方网站上的发布，http://www.mohrss.gov.cn/gkml/xxgk/201601/t20160127_232565.htm。
② 对于职工退休者医保缴费新政反对声浪高涨的判断，笔者暂且根据直觉经验加以判断，并且相信这一判断贴近事实，也相信这一事实判断能获得读者的认可。不消说，更为科学的判断，可以通过对相关新闻跟帖文本的大数据分析加以确认，但这一分析耗时耗力，是短时间内无法完成的。本章无法等待科学的确认，但相信直觉经验的判断与科学确认的结果相距不远。
③ 吴为：《全国人大财经委副主任委员：当前制度下让退休人员缴医保不公平》，《新京报》官方网站，http://www.bjnews.com.cn/news/2016/02/20/394603.html。
④ 参见郭晋辉《争议激烈！"退休人员缴纳医保"淡出十三五规划纲要》，第一财经网，2016 年 3 月 18 日，http://www.yicai.com/news/2016/03/4763564.html。

居民医保和新农合正合并为居民医保。可以预期，在"十三五"期间，中国的基本医疗保障体系将由两大社会医疗保险组成，即职工医保和居民医保。

退休者医保缴费的问题，仅与职工医保有关，与居民医保无关。无论是面向城镇居民还是农村居民，无论是否城乡一体化，居民医保的所有参保者无论老幼均需缴费，只不过在某些地方不同年龄参保者的费率有所不同而已。退休者免于缴纳医保费的情形只发生在城镇职工医保之中。这是城镇职工医保制度建立之初就已确立的一项游戏规则，后载入了《中华人民共和国社会保险法》，成为一项法定制度。这一制度设计有其合理的历史考量，但对医疗保障体制运行的公平和效率都造成了不利的影响，对其覆盖面的扩大、筹资的公平性、给付的可持续性、可携带性（即医保关系转移接续）造成了诸多阻碍。

事实上，对于退休者免医保缴费所带来的负面后果，社会政策学界早在 21 世纪初就开展了研究，并提出了可能的改革之路。基本上，对这项规则的改革，有两种意见：一是基于保险精算的技术，研究最优医保缴费年限，以探索延长参保者最低缴费年限的可能性；二是废止退休者免于缴费规则，将城镇职工医保彻底转型为一种现收现付的社会保障制度。很显然，经过一段时期的酝酿，第二种意见在政府决策层那里得到了积极的回应，于是退休者医保缴费新政在"十三五"期间正式提上了社会政策的议事日程。然而，由于学界研究的内容不为外界所知，也由于政府对于新政的缘由缺乏必要的解释，再加上其他社会保障改革措施（如退休年龄延迟）所造成的舆论环境以及新媒体传播所特有的短平快特质，社会各界对于退休者医保缴费新政缺乏理解，相关评论（尤其是网络评论）失之简单化、情绪化和平面化也就在所难免。

本章将对相关问题以及相关研究成果进行回顾，并在此基础上提出，作为基本医疗保障体系的根本改革之道，建立准全民公费医疗制度，一方面将一劳永逸地解决现行基本医疗保障体系中存在的诸多问题，包括退休者缴费问题；另一方面也可从公平和效率两方面提升基本医疗保障体系的绩效，从而缓解民众对医疗保障的焦虑感，甚至化解由此而生的社会戾气。当然，新设想的实现，需要国家财政能力的保障，更需要政府推动新福利国家建设的政治决断力。

第十四章　重新思考退休者免医保缴费的问题：中国医保体系的可持续发展

一　城镇职工基本医疗保险的免缴费规则：历史遗产与制度设计

退休者免予医保缴费，是城镇职工医保建立之初所确立的一项游戏规则。1998年12月14日颁布的《国务院关于建立城镇职工基本医疗保险制度的决定》（国发〔1998〕44号）规定："退休人员参加基本医疗保险，个人不缴纳基本医疗保险费，对退休人员个人账户的计入金额和个人负担医疗费的比例予以适当照顾。"[1] 这就意味着，不论缴费年限长短，参保者退休之后的医疗保障待遇都一样，这显然会在参保人之间造成不公平。于是，部分地区很快就开始设置医保最低缴费年限，之后这一做法在全国推广，并且在2010年10月28日颁布的《社会保险法》中得到确认。

退休者免缴费制度设计的初衷是对退休人员的医疗保障给予一定的优惠，这一点在文件文本的措辞中就能体现出来。这一优惠是中国社会保障转型时期历史背景的一种反映。在计划体制时期的单位社会主义福利体制之中，企业单位职工享有近乎免费医疗的"劳保医疗"，行政事业单位职工则享受"公费医疗"，两者都无须职工本人缴费。当单位社会主义福利体制在市场化的进程中无以为继之后，以社会统筹为特征的城镇职工医保开始建立，并逐渐取代了单位福利体制中的医疗保障。[2] 在苏联式社会主义旧体制下，国家与职工实际上签订了一项社会契约，即国家向职工支付较低的工资，但国家为职工提供终身就业和社会保障（包括医疗保障）。[3] 这种社会契约在所有苏联式社会主义国家都存在，只不过中国以单位福利制度为落实这一社会契约的具体模式较为特殊而已。[4] 在旧体制中，所有退

---

[1] 参见《国务院关于建立城镇职工基本医疗保险制度的决定》（国发〔1998〕44号），载《1999中国劳动和社会保障年鉴》，中国劳动社会保障出版社，2000，第123页。

[2] Edward Gu, "Market Transition and the Transformation of the Health Care System in Urban China," *Policy Studies*, 22 (3-4), 2001.

[3] Edward X. Gu, "Dismantling the Chinese Mini-Welfare State: Marketization and the Politics of Institutional Transformation," *Communist and Post-communist Studies*, 34 (1), 2001.

[4] Linda J. Cook, *The Soviet Social Contract and Why It Failed: Welfare Policy and Workers' Politics from Brezhnev to Yeltsin*, Harvard University Press, 1993.

休者已经履行了社会契约，因此要求他们在新建立的医保体系中缴费，一来属国家违约行为，二来其微薄的退休金也根本无力负担医保缴费，因此城镇职工医保在建立之初设立退休者缴费的规则实属顺理成章。[1]

如果说，由于既定的社会契约，退休者免缴费这一规则既适用于在制度转型之时已经退休的职工（即俗称的"老人"），也适用于在制度转型之时已经在职但尚未退休的职工（即俗称的"中人"），实属顺理成章的话，那么对于刚刚入职或尚未入职的职工（即俗称的"新人"），国家理论上可以与他们重新订立社会契约，毕竟这些"新人"与旧体制下的社会契约没有任何关系。然而，一方面，社会契约本身意味着退休者免缴医保费这一规则已经内化为社会普遍认可的一种观念和价值观，对任何人都适用，自然也适用于"新人"；另一方面，公共政策决策多具有反应性，即着重于应对当下的需求，政策制定者在多数情况下不大可能考虑到制度细节的未来影响。因此，退休者免缴费这一游戏规则就变成了"一刀切"的政策，适用于所有参保者。

退休者在一定条件下免缴医保费的规则一直延续到今天，变成了一个典型的历史遗留问题。2010年颁布的《社会保险法》第二十七条规定："参加职工基本医疗保险的个人，达到法定退休年龄时累计缴费达到国家规定年限的，退休后不再缴纳基本医疗保险费，按照国家规定享受基本医疗保险待遇；未达到的，可以缴费至国家规定年限。"[2] 因此，退休者免缴费规则实际上由两条子规则组成。子规则1，参保者累计缴费必须达到"国家规定年限"，通称"医保缴费年限"规则；子规则2，在满足规则1的情况下，参保者必须在达到法定退休年龄之后才能免于缴费。

由此可见，退休者免缴费规则由最低缴费年限和法定退休年龄两项内容所组成。法定退休年龄是由养老保险政策所决定的。目前，中国的法定退休年龄基本上为男性60岁、女性55岁，明显过低，对社会养老保险和社会医疗保险的可持续发展都带来显而易见的不利影响。2015年，延长退休年龄既成为业已确定的政策导向，也成为舆论议论的热点之一，反对声浪亦十分高涨。法定退休年龄的延长对于医疗保险基金的运行也有着显著

---

[1] 城镇职工医保在建立之初只面向企业职工和退休者，后来逐步扩大到事业单位。这样，其中有关企业退休人员的游戏规则，也逐渐适用于事业单位中的离休人员。

[2] 参见《社会保险法配套法规规章选编》，中国法制出版社，2011，第4页。

第十四章　重新思考退休者免医保缴费的问题：中国医保体系的可持续发展

的影响，[①] 但限于篇幅，本章对此暂不详述。

医保缴费年限则是城镇职工医保的最重要游戏规则之一。然而，虽为法定规则，但医保缴费年限的长短并非由中央政府所决定。缴费年限的确定，基本上是地方政府的职责，而究竟是哪一级地方政府的职责，基本上取决于城镇职工医保的统筹层次。尽管早在2009年7月，人力资源和社会保障部、财政部联合下发的《关于进一步加强基本医疗保险基金管理的指导意见》（人社部发〔2009〕67号）就已明确提出了实现基本医疗保险地级市统筹的时间表，即"增强基本医疗保险基金共济和保障能力，提高基本医疗保险统筹层次，到2011年基本实现（职工医保、居民医保的）地级市统筹"，[②] 可是，这一目标并没有如期实现。城镇职工医保的统筹层次，在不同的地方依然大有不同，全国不少地区依然实行区县级统筹，一些地区实现了地级市统筹，极少数地区（主要是直辖市和个别幅员较小的省份）实行省级统筹。由于统筹层次全国没有统一，医保行政管理必定出现碎片型地方化的格局，就本章而言，其不良后果之一就是导致最低医保缴费年限的规定五花八门。除了省际差别之外，在同一个省内，不仅不同统筹地区也有差别，而且不同身份的参保人员也有差别，医保缴费年限从15年到30年不等。

有些地方（如上海、宁波等）参照基本养老保险连续缴费满15年后即可享受待遇的规定，将最低医保缴费年限也设定为15年。医疗保险的最低缴费年限是否应该与养老保险保持一致，这在医保工作者中还产生了争论。[③] 但无论如何，更多地方出于各种考虑，最低医保缴费年限的设定都多于15年。有些地方的最低医保缴费年限还有性别之差，例如武汉市男性为30年，女性25年；北京市男性为25年，女性20年；而另一些地方则男女平等，如上海市男女都是15年，杭州市男女都是20年。此外，有些地方，如南京市，还对灵活就业人员参加职工医保附设了在退休前连续缴费年限不少于10年的规定。[④]

[①] 何文炯：《退休政策与医疗保险基金》，《中国医疗保险》2012年第8期。

[②] 参见《人力资源和社会保障部 财政部关于进一步加强基本医疗保险基金管理的指导意见》（人社部发〔2009〕67号），载《2010 中国人力资源和社会保障年鉴（文献卷）》，中国劳动社会保障出版社，2010，第377页。

[③] 孙国桢：《职工医保退休人员最低缴费年限应与养老保险一致》，《中国医疗保险》2012年第8期；沈华亮：《养老保险缴费年限不应等同于医保缴费年限》，《中国医疗保险》2012年第8期。

[④] 宋新玲、宋永怀、伍勤生：《设定城镇职工医保连续缴费年限的必要性》，《中国卫生经济》2013年第7期。

值得注意的是，对于前述的"中人"，其在国有企事业单位的既有工龄被定为"视同缴费年限"，计入医保缴费年限之中。因此，对于很多参保者来说，医保缴费年限由两部分组成，即视同缴费年限和实际缴费年限。对于视同缴费年限和实际缴费年限，各地的规则又各有不同：多数认可视同缴费年限，但也有少数地方例外；相当一些地方将视同缴费年限和实际缴费年限连续计算，但也有一些地方再对实际缴费年限设定了最少年份的规则，从5年到15年不等。①

除了最低医保缴费年限的时间长短有差别之外，全国各地在规则1上还出现了两种其他类型的差别。其一，缴费年限究竟是可以累计计算还是必须连续计算；其二，参保者累计缴费年限已经达标但尚未达到法定退休年龄，是否可以不再参保而不影响其在退休后享受待遇。针对第一个问题，依据《社会保险法》的文本，缴费年限为累计计算，这意味着参保者因故（如工作变动、非自愿性失业、学习进修、搬迁等）而中断参保，不影响其最低缴费年限的计算。可是，在实践中，许多地方执行的是"连续参保"的政策，即参保者中如果因故断保，则必须将断保期间的参保费予以补缴，方能享受其退休后的医保待遇。② 由于补缴费的规则细节上又有差别，从而导致退休者免缴费规则本身出现了极为复杂的地方差异。针对第二个问题，即医保缴费年限已满但尚未达到法定退休年龄是否可以中断参保而不影响退休后的医保待遇，各地设定的游戏规则同样是五花八门。

这些规则看起来琐碎，但并非无关宏旨，而是对城镇职工医保乃至整个基本医疗保障体系的运行，都会造成诸多不利的后果。

二 退休者免缴费规则与城镇职工基本医疗保险的老龄化危机

退休者免缴费规则的最显而易见且首当其冲的后果之一，就是城镇职工医保参保者的老龄化及其对医保基金可能产生的支付压力。在中国，由于人口出生率的下降和寿命的延长，人口老龄化的趋势已经不可逆转。一

---

① 刘晓婷、杨一心：《基本医疗保险最低缴费年限研究》，《中国卫生经济》2010年第4期。
② 傅鸿翔：《缴费年限政策的几点认识》，《中国医疗保险》2011年第11期。

第十四章　重新思考退休者免医保缴费的问题：中国医保体系的可持续发展

般认为，医疗费用会随着人口老龄化而增多，这在国际学界中也曾是一个普遍流行的看法，[1] 但有学者指出，这种看法是一种迷惑人的错误看法（即西语中的"红鲱鱼"），而对医疗费用的高低产生实质性影响的因素并不是人均预期寿命的绝对值，而是临终前接受医疗服务的时间长短。[2] 美国首屈一指的卫生经济学家约瑟夫·纽豪斯（Joseph Newhouse）基于经验研究和文献综述，曾提出过一个著名的命题，即医疗费用上涨的最主要推动力是技术变革，而老龄化的作用微不足道。[3] 但纽豪斯命题是否成立及其与医疗保障体系制度因素的关系，尚未得到充分验证。按常识推断，如果医疗保障体系对住院服务的保障水平较高，这会增加老年人对临终医疗服务（多表现为住院）的需求，从而会显著推高医疗费用。

就中国而言，无论如何，人口老龄化的大趋势必定会转化为城镇职工医保参保者的老龄化，这是确定无疑的。对于城镇职工医保来说，退一万步说，即便单纯的参保者老龄化因素本身对基金支付压力的贡献度较低，但退休者免缴费的游戏规则这一制度因素，加上针对住院服务的医保给付水平的提高，必定会为基金支付增添额外的负担。中国学者就人口老龄化对中国医疗保险制度的影响展开过不少研究。[4] 共识性的结论是：随着参保者的老龄化，缴费人群的规模相对变小，而高给付受益人群的规模相对增大，这极有可能会对城镇职工医保给付的可持续性造成冲击。何文炯等学者将此称为"基本医疗保险'系统老龄化'"。[5]

城镇职工医保"系统老龄化"的演变趋势，可以从其职退比（即承担

---

[1] Åke Blomqvist, Per-Olov Johansson, "Economic Efficiency and Mixed Public/Private Insurance," *Journal of Public Economics*, 66 (3), 1997.

[2] Peter Zweifel, Stefan Felder, Markus Meier, "Ageing of Population and Health Care Expenditure: A Red Herring?" *Health Economics*, 8 (6), 1999; Peter Zweifel, Stefan Felder, and Andreas Werblow, "Population Ageing and Health Care Expenditure: New Evidence on the 'Red Herring'", *Geneva Papers on Risk and Insurance: Issues and Practice*, 29, 2004.

[3] Joseph P. Newhouse, "Medical Care Costs: How Much Welfare Loss?" *Journal of Economic Perspectives*, 6 (1), 1992.

[4] 仇雨临：《人口老龄化对医疗保险制度的挑战及对策思考》，《北京科技大学学报》（社会科学版）2005年第1期；李军：《人口老龄化与我国城镇医疗保险基金收支趋势》，《国际行政学院学报》2008年第2期；杨洁、王净：《人口老龄化对医疗保障的影响及对策研究述评》，《医学与哲学》2015年第1A期。

[5] 何文炯、徐林荣、傅可昂、刘晓婷、杨一心：《基本医疗保险"系统老龄化"及其对策研究》，《中国人口科学》2009年第2期。

缴费责任的职工参保者与免于缴费责任的退休参保者之比）的历年变化中，大致观察出来。具体而言，在过去的20年中，职退比（又称"负担比""赡养比"）呈现下降的趋势。表14-1显示，在城镇职工医保试点之初，职退比都在10以上，尤其是在1995年，职退比达到16.2的高点，即每一位退休者有16.2位在职者为其承担医保缴费之责。退休者免予缴费的规则就是在这种高赡养比的背景下制定出来的。可是，短短5年，城镇职工医保的职退比就大幅度下降，到21世纪来临，就猛降到3.0左右的水平，并在此水平上维持了十多年光景。从2013年起，职退比进一步下降，并稳定在2.8的水平上。

表14-1 1993~2018年中国城镇职工基本医疗保险的负担率

单位：万人

年份	职工参保者	退休参保者	职工参保者与退休参保者之比
1993	267.6	22.5	11.9
1994	374.6	25.7	14.6
1995	702.6	43.3	16.2
1996	791.2	64.5	12.3
1997	1588.9	173.1	9.2
1998	1508.7	369.0	4.1
1999	1509.4	555.9	2.7
2000	2862.8	924.2	3.1
2001	5407.7	1815.2	3.0
2002	6925.8	2475.4	2.8
2003	7974.9	2926.8	2.7
2004	9044.5	3359.2	2.7
2005	10021.7	3761.2	2.7
2006	11580.3	4151.5	2.8
2007	13420.3	4600.0	2.9
2008	14987.7	5007.9	3.0
2009	16410.5	5526.9	3.0
2010	17791.2	5943.5	3.0

第十四章 重新思考退休者免医保缴费的问题：中国医保体系的可持续发展

续表

年份	职工参保者	退休参保者	职工参保者与退休参保者之比
2011	18948.5	6278.6	3.0
2012	19861.3	6624.2	3.0
2013	20501.3	6941.8	3.0
2014	21041.3	7254.8	2.9
2015	21362.0	7531.2	2.8
2016	21720.0	7811.6	2.8
2017	22288.4	8034.3	2.8
2018	23307.5	8373.3	2.8

资料来源：国家统计局人口和就业统计司、人力资源和社会保障部规划财务司编《2015中国劳动统计年鉴》，中国统计出版社，2015，第365页；《2019中国劳动统计年鉴》，第365页。

可以说，城镇职工医保自1998年在全国正式推开之后，其系统老龄化的危机就面临着随时引爆的危险。当然，从全国范围来看，这一危机并没有爆发。从表14-2可以看出，在1994年到2018年这20多年间，城镇职工医保基金每年都有当期结余。因此，累计结余逐年积累，其总额已经达到了很高的水平。但我们也应该注意到，当期结余率自2001年达到36.4%的历史高点之后，基本上就呈现波动式下滑的态势，而累计结余自2008年达到可支付19.6个月的历史高点之后也逐年下滑。值得注意的是，2017~2018年，无论是当期结余率还是累计结余率，又有小幅回升的迹象。截止到2018年底，尚没有一个省级行政区出现过基本医疗保险基金当期结余为零的情形，更不要说出现赤字了，其累计结余也都逐年增多。[①] 由此可见，城镇职工医保的系统老龄化危机尚未爆发。

表14-2　1994~2018年中国城镇职工基本医疗保险基金的收入、支出和结余

单位：亿元，%

年份	基金收入	基金支出	当期结余	当期结余率	累计结余	累计结余率	累计结余可支付的月数
1994	3.2	2.9	0.3	9.4	0.7	21.9	2.9
1995	9.7	7.3	2.4	24.7	3.1	32.0	5.1

---

① 国家统计局编《2019中国统计年鉴》，中国统计出版社，2019，第791页。

续表

年份	基金收入	基金支出	当期结余	当期结余率	累计结余	累计结余率	累计结余可支付的月数
1996	19.0	16.2	2.8	14.7	6.4	33.7	4.7
1997	52.3	40.5	11.8	22.6	16.6	31.7	4.9
1998	60.6	53.3	7.3	12.0	20.0	33.0	4.5
1999	89.9	69.1	20.8	23.1	57.6	64.1	10.0
2000	170.0	124.5	45.5	26.8	109.8	64.6	10.6
2001	383.6	244.1	139.5	36.4	253.0	66.0	12.4
2002	607.8	409.4	198.4	32.6	450.7	74.2	13.2
2003	890.0	653.9	236.1	26.5	670.6	75.3	12.3
2004	1140.5	862.2	278.3	24.4	957.9	84.0	13.3
2005	1405.3	1078.7	326.6	23.2	1278.1	90.9	14.2
2006	1747.1	1276.7	470.4	26.9	1752.4	100.3	16.5
2007	2214.2	1551.6	662.5	29.9	2440.8	110.2	18.8
2008	2885.3	2019.7	865.6	30.0	3303.6	114.5	19.6
2009	3420.3	2630.1	790.2	23.1	4055.2	118.6	18.5
2010	3955.4	3271.6	683.8	17.3	4741.2	119.9	17.4
2011	4945.0	4018.2	926.7	18.7	5683.2	114.5	17.0
2012	6061.9	4868.5	1193.4	19.7	6884.2	113.6	17.0
2013	7061.6	5829.9	1231.7	17.4	8129.3	115.1	16.7
2014	8037.9	6696.6	1341.3	16.7	9449.8	117.6	16.9
2015	9083.5	7531.5	1552.0	17.1	10997.1	121.1	17.5
2016	10273.7	8286.7	1987.0	19.3	12971.7	126.3	18.8
2017	12278.3	9466.9	2811.4	22.9	15851.0	129.1	20.1
2018	13537.8	10706.6	2831.2	20.9	18749.8	138.5	21.0

资料来源：国家统计局人口和就业统计司、人力资源和社会保障部规划财务司编《2010 中国劳动统计年鉴》，中国统计出版社，2010，第 441 页；《2015 中国劳动统计年鉴》，第 373 页；《2016 中国劳动统计年鉴》，第 371 页；《2017 中国劳动统计年鉴》，第 379 页；《2018 中国劳动统计年鉴》，第 375 页；《2019 中国劳动统计年鉴》，第 375 页。

但是，城镇职工医保在全国和省级范围内还没有出现支付危机，并不表明这一危机不存在，也不表明这一危机不会在未来爆发。城镇职工医保体系老龄化危机之所以尚未爆发，缘于诸多因素的协同作用，

第十四章 重新思考退休者免医保缴费的问题：中国医保体系的可持续发展

如覆盖面还有向职工平均年龄较低的民营企业进行拓展的空间，缴费基数随着薪酬水平有所提高，保障水平（待遇）的提高依然可控，统筹层次的提高可提升保险基金的共济能力，医保支付制度改革有望控制医药费用上涨的幅度，等等。可以预计，城镇职工医保基金的运行在短期内还不会出现大范围的收不抵支状况，至少在省级范围不会出现基金赤字的情况。但局部统筹地区，即某些赡养比偏低的城市，城镇职工医保基金的支付风险一直是社会政策学者关注和研究的课题。[①]而且，这种风险已经开始变成了现实。据中国新闻网的报道，在 2014 年 7 月 25 日，人社部新闻发言人李忠就在例行的新闻发布会上透露，随着人口老龄化和医疗费用上涨的因素，有极少数统筹地区的医疗保险已经出现了当期赤字的情况。[②] 2015 年 2 月 26 日，人社部官网"人社新闻"栏目刊登了一篇文章，其中提及"在医疗费用快速增长的背景下，医保基金与养老保险基金一样，也面临越来越大的支付压力，支出增幅高于收入增幅，甚至有相当一部分省份出现了当期收不抵支的状况，基金'穿底'风险日益凸显"[③]。当期赤字问题是否在近期内会在省一级爆发，这需要观察，但这一问题在相当一些医保统筹地区出现，已经是一个事实了。

有学者依据既有的医疗保险收支数据以及医疗费用支出数据进行精算，判断如果缴费率维持不变，那么城镇职工医保会在 2012~2040 年遭遇到当期收支的赤字危机。[④] 这一判断并不符合 2012~2015 年的实际情形，这显示判断所基于的精算模型有改进的空间。华中科技大学团队编纂的《中国医疗卫生事业发展报告（2014）》预测，到 2017 年，城镇职工医保基金就将出现当期收不抵支的现象，到 2024 年累计结余也会支出殆尽。[⑤]尽管对精算的技术性环节以及预测的可靠性还大有商榷余地，但如果既有

[①] 李亚青、申曙光：《退休人员不缴费政策与医保基金支付风险——来自广东省的证据》，《人口与经济》2011 年第 3 期。

[②] 《人社部谈"医保基金现透支风险"：部分地区赤字》，中国新闻网，http://www.chinanews.com/gn/2014/07-25/6427522.shtml。

[③] 《我国社保费率高不高？》，人社部，http://www.mohrss.gov.cn/SYrlzyhshbzb/dongtaixinwen/buneiyaowen/201602/t20160226_233940.htm。

[④] 董现垒、李炳富：《人口老龄化趋势下城镇职工医疗保险基金评估研究》，《北京工业大学学报》（社会科学版）2015 年第 2 期。

[⑤] 方鹏骞主编《中国医疗卫生事业发展报告（2014）》，人民出版社，2015，第 272 页。

的游戏规则不改变,城镇职工医保"系统老龄化"的危机迟早会爆发,这是可以取得共识的一个结论。

可以断言,退休者免缴费政策的客观效果是给城镇职工医保埋下了一个定时炸弹,只不过这一炸弹的引线过多,且相互缠绕在一起,目前无论通过何种精算分析,都无法判断出其引爆的准确时间。但是,这一定时炸弹的存在,以及不对游戏规则加以修改的话,定时炸弹早晚会引爆,这是确定无疑的。

三 退休者免缴费规则的其他负面后果：负面激励与制度失调

除了埋下老龄化危机的定时炸弹之外,退休者免缴费规则还导致了诸多不良的后果,不仅给城镇职工医保而且对整个基本医疗保障体系的运行,都造成诸多难以克服的困难。

第一,最低医保缴费年限设定的地方化导致了明显的地区差异和身份差异,这本身导致城镇职工医保的参保者之间在筹资和给付水平上存在明显的不公平。这种深植于社会的不公平感,会对医保覆盖面的扩大带来负面影响,即退休者免缴费规则会在参保者那里引致负激励,有损于参保积极性。

赡养比的降低本身就是负激励的一种表现,其根源一方面在于参保者的自然老龄化,另一方面也在于城镇职工医保覆盖面的拓展在在职者尤其是青年在职者人群当中的进展并不如人意。如果法定退休年龄为60岁,医保缴费年限为35年,那么就业者选择从25岁开始参保,显然是风险较小的理性选择。对于已经达到累计缴费年限的参保者来说,选择不再参加城镇职工医保,也是一个有吸引力的理性选项。当然,在城镇居民医保尚未正式推出的2006年之前,尚未达到法定退休年龄的参保者一旦不参加城镇职工医保,便极有可能没有任何医疗保障,当期风险较大。但在2006年之后,有国家财政补贴且个人缴费水平较低的城镇居民医保,为城镇职工医保参保者退出城镇职工医保提供了新的医疗保障渠道。随着其筹资水平和保障水平的不断提高,城镇居民医保对城镇职工医保的挤出效应就有可能

第十四章 重新思考退休者免医保缴费的问题：中国医保体系的可持续发展

开始呈现。事实上，城镇职工医保的目标定位人群是行政单位职工之外的城镇就业者，但其目标定位人群的覆盖面，尽管稳步攀升，但与强制参保所设定的全覆盖目标还有一定的距离。城镇职工医保全覆盖的目标远没有达成，退休者免缴费的规则至少对这一后果的产生，有一定的贡献度。

第二，最低医保缴费年限的计算方式以及补缴费政策的制定，均与社会医疗保险中的逆向选择有关。

本来，逆向选择只出现于自愿性医疗保险之中，因此有研究发现在自愿性的城镇居民医保以及城镇职工医保参保者在购买商业医疗保险时存在着逆向选择，① 这是不足为奇的。逆向选择还出现在参保者在不同医保制度之间的选择当中。② 灵活就业人员纳入城镇职工医保的目标定位人群，早在2003年《关于城镇灵活就业人员参加基本医疗保险的指导意见》（劳社厅发〔2003〕10号）颁布之后，就已成为既定的政策，而且各地医保管理部门也将此作为推进城镇职工医保拓展覆盖面的施政重点，但其参保率多年来疲弱不振，根源也在于灵活就业人员的逆向选择，③ 缺乏组织载体的灵活就业人员更是如此。④ 可是，对正式就业者来说，城镇职工医保是一种强制性的社会医疗保险，理应不会出现逆向选择，但实情并非如此。城镇职工医保中存在逆向选择是多种制度因素造成的，首先是强制参保的实施力度不足，尤其是对雇员年龄偏低的民营企业、外资企业、新兴企业力度不足；其次是给付水平与缴费水平缺乏相关性而导致负激励。⑤ 除此之外，如果最低医保缴费年限的计算方式严格按照《社会保险法》来执行，即采取累计计算法，那么在参保强制性不强的条件下就会在就业者中产生逆向选择的激励，就业者完全有可能选择只在身体状况可能不佳的年份参保。因此，在医保行政管理的实践中，累计计算普遍变成了连续计算，且制定了针对断保的补缴费政策，以遏制逆向选择。但是，针对参保

---

① 臧文斌、赵绍阳、刘国恩：《城镇基本医疗保险中逆向选择的检验》，《经济学（季刊）》2012年第1期。
② 陈翔：《我国医疗保险领域逆向选择的成因及对策》，《广西社会科学》2010年第5期。
③ 李兴友、李兴国：《灵活就业人员社会医疗保险问题研究》，《中国人力资源开发》2006年第1期。
④ 刘俊霞、帅起先、吕国营：《灵活就业人员纳入基本医疗保险的逆向选择》，《经济问题》2016年第1期。
⑤ 张欢：《中国社会保险逆向选择问题的理论分析与实证研究》，《管理世界》2006年第2期。

者断保之后的补缴费政策,又出现了碎片型地方化的问题,一方面造成了额外的地区间不平等,在参保者当中积累不公平感;另一方面也人为增加了医保管理的行政成本。

第三,如前所述,最低缴费年限的计算包括视同缴费年限和实际缴费年限,但不少地方又在最低缴费年限总规则的基础上设定了最低实际缴费年限的子规则,而这一子规则在不少"中人"当中引起了不满。例如,福建省劳动和社会保障厅2003年12月16日颁发的《福建省省本级灵活就业人员参加基本医疗保险的实施细则》(闽劳社文〔2003〕435号)规定,灵活就业人员除了缴费年限(含视同缴费年限的工龄)满25年以外还要"实际缴费年限满10年"。之后,福建省劳动和社会保障厅连续发布文件,如《关于省本级医疗保险实施中有关问题的请示》(闽劳社医保文〔2004〕4号)、《福建省医疗保险管理中心关于省本级医疗保险实施中有关问题的再次请示》(闽劳社医保文〔2004〕44号)、《福建省医疗保险管理中心关于福建省电器工业公司申请核减在职职工有关问题的请示》(闽劳社医保文〔2005〕12号)、《关于省本级医疗保险实施中有关问题的批复》(闽劳社文〔2005〕256号),对游戏规则进行细化和强化。由于这些文件的目标定位人群包括一些所谓"40~50"的下岗退休职工,他们在旧体制下的工龄已达20余年,原本只要再参保缴费5年左右,便可获得退休后免缴费而享有医保的待遇,可是"实际缴费年限满10年"的新子规则,却使他们不得不额外多缴费大约5年。因此,这项新规曾激起了下岗者的强烈反弹,但相关部门不为所动。此项规则在《社会保险法》颁布之后继续执行,福建省人力资源和社会保障厅2013年1月30日发布《福建省省本级灵活就业参保人员职工基本医疗保险费征缴业务经办规定》,针对灵活就业人员,重申了"25+10"年的缴费年限规则。

第四,由于退休者不缴费规则必定引致城镇职工医保潜在着老龄化危机,为了应对这一危机,相关部门在20世纪末和21世纪初对基层医保行政管理机构一直采取了鼓励累计结余越多越好的绩效管理导向,导致城镇职工医保基金积累了巨额资金(见表14-2)。可是,这一行政管理举措的效率低下。一方面,累计结余的高额积累是以参保者当期医疗保障待遇水平不高为代价的;另一方面即便以一般的通货膨胀率来衡量医保基金的累计结余都存在贬值的问题,更不要说以医疗通货膨胀率来衡量了。冀望以

第十四章 重新思考退休者免医保缴费的问题：中国医保体系的可持续发展

累计结余来为未来日益高涨的医疗费用埋单，以应对城镇职工医保的老龄化危机，毫无疑问是不切实际的。

实际上，医保基金尤其是城镇职工医保基金巨额累计结余所引致的问题，已经引起学者和政策制定者的关注。[①] 事实上，人社部近年来已经不再以累计结余越多越好为绩效管理的指标，某些统筹地区在提高参保者医疗保障水平的进程中还提出了当期零结余的新绩效管理目标导向。但从全国来看，累计结余不经济的问题依然没有解决，而且在既有的制度框架下也不可能得到解决。

第五，退休者免缴医保费规则的另一大负面后果就是其对医疗保险可携带性的不利影响，即为参保者跨地区医保关系的转移接续造成诸多难以逾越的障碍。实际上，这一问题与"系统老龄化"问题同样严重，但受到的关注程度相对较弱。

就业者跨地区流动以及退休者在长期社会保险（包括养老保险和医疗保险）参保地之外的地区居住生活（可简称为"跨地区退休"），实属常态，但其社会保险关系的可携带性一直是当今中国社会保障体系中的一个难解之题。由于退休者免缴费规则的存在及其碎片型地方化所造成的极为复杂的地区间差异，医保关系的转移接续尤为困难。2009年，人社部、卫生部和财政部联合颁发了《流动就业人员基本医疗保障关系转移接续暂行办法》（人社部发〔2009〕191号），规定："建立个人账户的，个人账户原则上随其医疗保险关系转移划转，个人账户余额（包括个人缴费部分和单位缴费划入部分）通过社会（医疗）保险经办机构转移。"[②] 但众所周知，医保关系转移接续的实质性问题不在于个人账户的转移划转，而是参保者在搬迁前地区统筹基金的待遇能否在搬迁后地区得到承认的问题。医保关系转移接续绝不是一个技术性的经办问题，更不是技术性的信息化问题，而是医保碎片型地方化所引致的地区间制度失调的问题。

根据仇雨临和梁金刚的研究，医保关系转移接续的难点主要有四：一是转入地与转出地的基金平衡难以解决；二是医保缴费年限互认以及折算办法缺失；三是关系转接、缴费转接和待遇转接发展不同步；四是不同地

[①] 顾昕：《中国城乡公立医疗保险的基金结余水平研究》，《中国社会科学院研究生院学报》2010年第5期。

[②] 参见《社会保险法配套法规章选编》，中国法制出版社，2011，第221页。

区间医保经办机构的联络成本高昂。① 在这四个难点中,至少有两个与城镇职工医保退休者免缴费规则有关。转入地与转出地的基金平衡问题的产生,根源在于退休者免缴费规则中的医保缴费年限子规则,即搬迁者在不同地方的实际缴费年限如果不同,会给缴费年份少且高龄居住的地区带来沉重的医保基金支付压力。由于不少人在年轻时选择在经济发达地区就业,而在进入中年甚至老年之后选择回归经济不太发达的故里,这一问题的存在会给经济不发达地区带来更大的医保支付压力,从而导致社会不公平。例如,以参保者在四川和广东两地流动为例,假如川籍人员年轻时在广东打工从而参加城镇职工医保,但在中年之后回到家乡就业,那么如果其在广东的缴费年限长于在四川的缴费年限,那么在其医保关系转移接续之后,四川的医保基金就会遭遇极大的压力。②

由于各地医保缴费年限的规定差别很大,因此在医保关系转移接续的时候如何互认以及如何折算、如何补缴等,成为医保可携带性的新障碍。很多地方对最低实际缴费年限的规定,在很大程度上也是为了应对这一问题,但这种规定不仅是"头痛医头脚痛医脚"之举,而且进一步增加了医保可携带性的困难。由于这一问题的存在,医保关系转移接续更多地发生在医保缴费年限差别不大的省内,而省际医保关系转移接续则困难重重,③更不要说医保关系的"全国漫游"了。

此外,在既有文献很少提及的一个现象是,由于退休者免缴费,那么一旦退休者从医疗服务资源稀缺的地区向医疗服务资源丰富的地区搬迁,这种"跨地区退休"所伴随的医保关系转移接续会给后一类地区带来沉重的医保基金支付压力。道理很简单,前一类地区的平均职工工资和医疗费用水平都较低,而后一类地区则较高,而参保者在前一类地区退休前的医保缴费总额较少,即便采取某种办法在退休后将部分缴费转移到退休后生活的地区,对后一类地区来说也是不够的,更何况医保统筹基金跨地区转移近乎是不可能的事情。正是由于这一因素,二、三、四线城市职工医保

---

① 仇雨临、梁金刚:《基本医疗保险关系转移接续的现状——基于典型地区试点运行的实证调查》,《海南大学学报》(人文社会科学版) 2014 年第 5 期。
② 高小莉:《退休人员医保政策要考虑统筹地区之间的公平》,《中国医疗保险》2012 年第 8 期。
③ 汤晓莉、陈丽、姚岚:《浙江省医疗保险关系转移接续政策及经办分析》,《中国卫生经济》2011 年第 1 期。

参保者在一线城市退休生活后,都普遍面临着医保关系难以转移接续而被迫异地医保报销的问题。

综上所述,退休者免缴费规则不仅为城镇职工医保植入了老龄化之后基金支付不可持续性的潜在危机,而且还造成了诸多负面激励,导致整个基本医疗保障体系的制度失调。无论是从公平还是从效率的角度来看,退休者免缴费规则所带来的负面后果是广泛的、严重的、深远的,并对整个基本医疗保障体系的改革造成了诸多难以消除的障碍。因此,退休者免缴费的规则必须改革,这在众多社会政策学者中是一个难得的共识。

四 路径依赖与制度创新:走向准全民公费医疗的变革之道

可是,就退休者免缴费规则应该改革取得共识是一回事,就如何改革取得共识是另一回事。迄今为止,就相关话题展开讨论的学术论文给出了三个改革之法:其一,探索最优医保缴费年限;其二,延长法定退休年龄;其三,推出退休者缴费新政。

就第一个改革之法,为了应对医保老龄化所带来的潜在基金支付危机,显而易见的解决之道是尽量延长医保缴费年限。可是,目前在不少地方规定的35年年限,即便尚未达到延无可延的峰值,恐怕也已经接近大限了。如果男性60岁、女性55岁的既定法定退休年龄暂不延长,那么医保缴费35年年限的规则意味着男性从25岁、女性从20岁开始就业,就必须在法定退休年龄到来之前连续就业且连续缴费参保,不能有中断。由此可见,35年年限之规对相当一部分民众来说,实际上意味着在其正式退休之后还需要缴费若干年。

就第二个改革之法,延长法定退休年龄是养老政策改革的大势所趋,举世皆然,中国绝不可能例外。2015年,政府已经明确延退成为既定的社会政策导向之一,但延退问题成为社会热议的焦点之一,反对声浪此起彼伏。为了有效实施延退,政府恐怕有必要在社会福利的其他方面实施一些新的普惠型社会政策。

就第三个改革之法,很多专家主张,在职业生涯实施强制性缴费而在退休之后免予缴费的医疗保险制度，应该被一种"即投即保、不投不保"的模式所取代。这种新模式的核心原则在于，不管是就职期间还是退休以后，只要参加保险并缴费就享有当期的医疗保障待遇，不缴费就意味着未参加保险，也就无法享受医保待遇。[①]

简言之，医疗保障体系应该成为一种现收现付的制度，医疗费用的风险通过代际转移既不公平也无效率，对这一点恐怕没有什么争议。实际上，在中国的基本医疗保障体系之中，城乡居民医保就实行现收现付的制度。然而，可商榷的是如何将城镇职工医保现行的代际风险转移制度转型为现收现付的制度。最显而易见且直接的办法就是实行退休者缴费新政，这也是已经显示出来的政府偏好。这一办法并未改变基本医疗保障体系既有的制度结构，呈现渐进式制度变革的路径依赖特征，但一方面必定会激发民意的强烈反弹；另一方面也会引致新的制度设计问题和行政成本问题，诸如退休者缴费的基数和费率如何测定、退休者缴费的来源以及作为退休者缴费来源之一的基本养老保险基金如何调整给付水平和结构。更为重要的是，这种渐进改革与其说体现了审慎性，不如说彰显了保守性，或许这就是当今社会保障体制改革研讨就事论事的特征。

如第十三章所述，无论从公平还是从效率的角度来看，基本医疗保障体系有必要打破路径依赖，走制度创新之路，进行一场根本性的改革，即从现行的社会医疗保险制度转型为准全民公费医疗制度。在中国经济社会发展模式亟待转型的今天，基本医疗保障体系的大转型恰逢其时。首先，但就本章而言，实施准全民公费医疗制度，可以一劳永逸地化解原基本医疗保障体系之中退休者免缴费规则所引发的所有问题。更为重要的是，在延退新政"箭在弦上不得不发"但又引发准全民不满的大背景下，适时推出准全民公费医疗制度，社会戾气即便不会消散殆尽，也会大为舒缓。

其次，准全民公费医疗制度的实施，可以一劳永逸地克服既有基本医疗保障体系的碎片化问题，解决包括地区差异导致的社会不公、可携带性弱、个人账户与基金累计结余的不经济、统筹层次过低等在内的诸多问题，并为强有力地推动医保支付改革提供新的组织保障，最终有望引领中国的医疗保障体系走向在全球范围具有主导性的公共契约模式。

[①] 郑秉文：《医保缴费年限多长才算合适》，《就业与保障》2012年第6期。

第十四章　重新思考退休者免医保缴费的问题：中国医保体系的可持续发展

最后，也是最为重要的，以当今中国最为薄弱且最为缺乏的普惠型福利模式建立基本医疗保障体系，是推进社会事业发展的战略之举。适度发展普惠型的社会福利是中国社会事业发展必不可少的一项内容。① 从长远来看，重建福利国家的工作，应该列入中国政府的议事日程。如笔者在一篇英文论文中所指出的，在改革开放前和改革开放初期，中国曾经存在某种意义上的福利国家制度，这是一种以计划经济体制为核心的社会安全网制度，尽管其福利给付水平较低。随着市场改革的推进，计划经济体制作为一种整体性的社会经济制度逐渐瓦解，原有的社会安全网随之破裂。② 在过去的40多年，尽管社会保障事业的发展提上了公共政策的议事日程，但长期以来一直从属于经济发展，社会发展没有成为政府施政的重心，社会政策也没有成为独立的公共政策部类。近年来，尽管社会经济发展失衡的格局有所改观，以居民为目标人群的多种普惠型社会保障制度得以快速发展。然而，无论是政府，还是全社会，都缺乏一种重建"福利国家"的意识。其实，"福利国家"无非是一种"社会性基础设施"（social infrastructure），正如交通、通信等物质性基础设施（physical infrastructure）一样，都是市场经济体系正常运转所必需的。③ 物质性和社会性基础设施的建设，都不宜超越社会经济发展的水平，这是无须赘言的。但众所周知的事实是，在当今中国，社会性基础设施的建设是大大滞后的；而在现有福利制度安排中，普惠型福利又是最不发达的，亟待增强。在医疗保障领域引入普惠型福利的制度安排，利远大于弊，这是医疗保障体系全球性改革的实践所证明的。

当然，建立准全民公费医疗制度不仅需要重建福利国家的社会共识，也需要政府的政治决断力。毕竟，这一新制度的建立，需要政府在医疗领域新增财政支出，但新增部分占政府财政支出的比重，基本上仅在5%~8%这一区间。尽管如此，这依然需要政府对公共财政体制进行深刻的改革，从而将政府预算内支出的重心转移到民生领域。需要说明的是，对于

---

① 王思斌：《我国适度普惠型社会福利的建构》，《北京大学学报》（哲学社会科学版）2009年第3期。

② Edward X. Gu, "Dismantling the Chinese Mini - Welfare State: Marketization and the Politics of Institutional Transformation," *Communist and Post - communist Studies*, 34（1），2001.

③ 〔英〕安东尼·吉登斯：《第三条道路——社会民主主义的复兴》，郑戈译，北京大学出版社，2000。

基本医疗保障体系大转型所需的政治决断力,绝非基于短期利弊的权衡,而是与中国公共财政改革的战略大趋势相吻合的。

结　语

职工退休者免予缴费而继续享受参保者的待遇,是城镇职工基本医疗保险长期形成的基本游戏规则之一,并由《社会保险法》确立为国家的法定制度。这项规则是在城镇职工医保职退比较高的历史背景下制定的,初衷是履行国家与职工就退休者免费享受各种社会保障待遇所达成的社会契约。可是,这一规则不仅在基本医疗保障体系中埋下了老龄化引致支付压力的潜在危机,而且还对城镇职工医保的覆盖面拓展、筹资公平性、医保关系可携带性和地区间均衡发展,带来了广泛而深刻的负面影响。

退休者免缴费这一规则,是历史的遗产,也是中国依然处在从计划经济体制向市场经济体制转型期的一种制度表现。从基本医疗保障体系的长期可持续发展出发,这一规则的改革是必然的。2016年初,政府正式宣布即将开展废止这一规则的公共政策研究。可是,退休者从免予医保缴费转向缴费,中断了多年形成的社会契约,因此这一政策导向甫一露头,便遭遇到汹涌的民意反对。

解决这一问题的根本之道,并非在退休者如何缴费上就事论事,而是要对基本医疗保障体系进行彻底的改革,走向准全民公费医疗制度。在准全民公费医疗制度中,所有国民缴费水平均等化,而政府对所有国民的医保补贴水平也均等化,既能促进公平也能提升效率。一旦准全民公费医疗制度建立,城镇职工医保自动废止,而其本身特有的诸多历史遗产及其带来的诸多历史问题,包括退休者免缴费所引致的所有问题,均不治而愈。唯有如此,中国基本医疗保障体系才能从制度设计上重构激励机制,实现可持续发展。更为重要的是,这一制度创新不仅在短期内能为中国经济的供给侧改革助燃,而且从长远来看,与中国公共财政和社会事业的战略发展趋势相吻合。重建福利国家,应该纳入中国的公共政策议事日程,而建立准全民公费医疗制度,正是这一伟大转型的重要一步。

第十五章 财政制度改革与县域医共体的推进：浙江经验*

健康中国战略实施的关键，在于建立一个强有力的基层医疗卫生服务体系，这凸显了新医改"强基层"战略的重要地位。[①] 强基层战略目标的实现，有赖于医疗卫生供给侧去行政化改革的全面推进，为初级卫生保健（primary care or primary health care）的公共治理体系创新开辟新的道路。人人享有初级卫生保健成为世界卫生组织强力推进、世界各国高度重视的医疗卫生改革与发展的共同目标。[②] 中国的社区卫生服务经过近30年的发展，尽管形成了一个完整的体系，但无论在服务能力上还是服务的公众认可度上，都长期处于积弱不振的境况。中国医疗供给侧的这一格局被学界描绘为医院强、基层弱的"倒三角"或"倒金字塔"。[③] 如何从"倒三角"转变为"正三角"，即如何促进基层医疗卫生服务的发展，扩大并夯实中国医疗保健服务体系的基础，实现中国政府早已向世界卫生组织承诺的"人人享有初级卫生保健"的目标，无疑是中国新医改必须面对的严峻挑战。[④]

---

* 本章较早的版本参见顾昕《财政制度改革与浙江省县域医共体的推进》，《治理研究》2019年第1期。收入本书时，内容进行了充实。
① 有关报道，参见《医改重心放在保基本、强基层上》，《瞭望》2010年第12期。
② WHO, *The World Health Report* 2008：*Primary Health Care：Now More Than Ever*, World Health Organisation, 2008.
③ 顾昕：《政府购买服务与社区卫生服务机构的发展》，《河北学刊》2012年第2期。
④ 何子英、郁建兴：《全民健康覆盖与基层医疗保健服务能力提升——一个新的理论分析框架》，《探索与争鸣》2017年第2期。

近五年来，浙江省在促进基层医疗卫生服务方面开展了卓有成效的探索，从试点医疗服务联合体（以下简称"医联体"）起步，到推进县域医疗卫生服务共同体（以下简称"医共体"）建设，积累了丰富经验。尤其是医共体建设从试点到推开，正逐步突破既有基层医疗卫生公共治理体系的行政化窠臼，有望在健全初级卫生保健和发展整合健康服务方面探索出新路。浙江省医共体建设有其重要特色，足以形成中国医疗供给侧改革的"浙江模式"。

浙江省医共体试点工作在2017年秋季进行组织动员，从2018年1月1日开始实施。2017年10月12日，浙江省医改办颁发《关于开展县域医疗服务共同体建设试点工作的指导意见》（浙医改办〔2017〕7号），要求11个地级（及以上）市各选择1个县（市、区）（以下简称"试点县"域），开展医共体建设的试点，即"以县级医院为龙头，整合县乡医疗卫生资源，实施集团化运营管理。着力改革完善县级医院、乡镇卫生院（社区卫生服务中心）的管理体制和运行机制，形成服务共同体、责任共同体、利益共同体、管理共同体"。[①] 截至2018年6月30日，浙江省11个试点县域（杭州市淳安县、衢州市常山县、湖州市德清县、金华市东阳市、丽水市缙云县、绍兴市柯桥区、台州市路桥区、舟山市普陀区、温州市瑞安市、嘉兴市桐乡市、宁波市余姚市）共组建了医共体31个。各试点县医共体的数量不一，最少者组建1个医共体，最多者4个医共体。绝大多数医共体有1家牵头单位，但也有2个医共体有2家牵头单位。2018年9月26日，中共浙江省委办公厅、浙江省人民政府办公厅印发了《关于全面推进县域医疗卫生服务共同体建设的意见》（浙委办发〔2018〕67号）[②]，将医共体建设从试点阶段向全省推开阶段迈进。

浙江省政府将医共体建设的政策概括为"三统一、三统筹、三强化"，即医共体内实现机构设置、人员招聘使用、医疗卫生资源调配的"三统一"，财政财务管理、医保支付、信息共享的"三统筹"，分级诊疗、签约服务、公共卫生的"三强化"。其中，"三统一"给出了医共体建设的政策

[①] 此政策文本，参见浙江省卫计委官网，http：//www.zjwjw.gov.cn/art/2017/10/12/art_1202101_11482882.html。

[②] 此政策文本，参见浙江省卫健委官网，http：//www.zjwjw.gov.cn/art/2018/9/26/art_1551291_21698864.html。

目标,"三统筹"提出了医共体建设的政策工具,"三强化"说明了医共体建设的绩效指标。

作为医共体建设的政策目标之一,机构设置统一的提出是一个具有突破意义的创举,这意味着县级医疗机构(尤其是县医院和县中医院)将同基层城乡社区卫生服务机构(主要包括城镇社区卫生服务机构和乡镇卫生院)实现机构合并。这同包括全国各地都在推进的医联体建设形成了鲜明的对照。医联体建设的特征是政府推进高层级医院(尤其是三甲医院)与低层级医院(尤其是县级医院)结成联盟关系,促使高层级医院对低层级医院展开业务帮扶,从而实现让医疗服务利用下沉的政策目标。

医共体建设与医联体建设最大的不同,在于以机构间整合代替了机构间联盟,最根本的目标是让整个医共体成为一个利益共同体。只有当组成单位在利益上形成协调一致的局面,医共体才能真正成为一个责任共同体、管理共同体、服务共同体。唯有真正形成利益共同体,医共体牵头医院面向其他组成机构的能力建设之举,才不再是一种"帮扶",或者不仅仅是一种"帮扶",而且是整个医共体必不可少的、可持续的、拥有内在动力的业务拓展和业务布局行动。机构设置统一这一创举,突破了医联体建设中各机构联盟关系中利益协调不力的格局。[1]

从机构间联盟到机构间整合,不仅是医疗供给侧组织模式的一次大变革,也激发了医疗供给侧诸多制度安排的再调整。公共部门中各种公立机构即事业单位之间的合并,与各种市场主体在市场力量推动下所进行的并购行为,有很大的区别。在市场并购中,参与者无论大小、无论名望、无论绩效,地位都是平等的,并购行动的要件取决于其管理层之间的谈判,并购决策取决于其公司治理结构的设置。当然,市场并购也受到政府规制的制约,尤其是反垄断法的规制,而这一规制优势不仅在国家层面上而且还有可能在国际层面上实施。

公立机构或事业单位之间的合并则有所不同。首先,这不是市场机制运作的结构,因此只能称之为"合并"而不能称之为"并购";其次,这是由行政力量所推动的组织行为,而参与者即便拥有法人身份也没有推动

---

[1] 史明丽:《我国纵向型区域医疗联合体的进展与挑战》,《中国卫生政策研究》2013年第7期。

合并行为的自主权；再次，事业单位合并不仅受到行政法规的制约，而且还受到公共部门内纵横交错的行政隶属关系和业务指导关系的制约，即政府内部的条块关系深刻影响着公共部门的组织变革。

浙江省医共体建设不仅仅致力于推动不同层级公立医疗卫生机构的一体化，而且也开始着力于推动医疗供给侧中法人制度、财政制度以及其他领域的体制改革，突破了既有高度行政化体制给初级卫生保健体系发展与改革所设置的重重藩篱，为深化医药卫生体制改革提供了新的契机。

由于医疗供给侧的任何组织变革均涉及法人治理、财政投入、人事薪酬、价格规制、质量监管等多方面的制度调整，限于篇幅，本章仅考察政府财政对公立医疗卫生机构的补偿（或投入）体制（以下简称"财政补偿制度"）对于医共体建设的影响，在此过程中，本章也会兼及与财政补偿制度密切相关的人事制度改革，尤其是编制制度改革。

一 制度嵌入性：医共体建设中机构统一所处的制度结构

任何一种制度的改变都会影响到其他制度因素的变化，反之亦然。这种影响往往出现"牵一发而动全身"的效果，即各种制度因素相互嵌入，形成一个相互关联、相互支撑的套嵌式结构，致使其中任何一种制度的改变都会受到这一制度所在其中的制度结构的制约。对此，学术文献概称为制度嵌入性。制度嵌入性在很多情形下会使某项重要的组织和制度变革异常艰难。这一点对于浙江省医共体建设"三统一"之首要目标"机构设置统一"的达成，尤为真切。

在社会科学中，有两个学派高度重视对制度嵌入性的分析。一是政治科学中的历史制度主义学派。从一开始，历史制度主义就把"强调制度的关联性特征"作为其主要分析对象之一。[1] 从逻辑上看，制度之间的关联性存在着四种理想类型：（1）互补性，即当一种制度的有效运作能提高另

---

[1] Peter A. Hall, *Governing the Economy: The Politics of State Intervention in Britain and France*, Oxford University Press, 1986, p. 19.

一种制度运作的效率，那么这两种制度就具有互补性；（2）替代性，即如果一种制度运转不良甚至缺失会提升另一种制度有效运转的可能性，那么这两种制度就具有替代性；（3）互斥性，即如果一种制度的有效运转会削弱或扭曲另一种制度的运转，那么这两种制度就具有互斥性；（4）支撑性，即如果一种制度的缺失会导致另一种制度的运转不良，那么这两种制度就具有支撑性（见图15-1）。本质上看，互补性和支撑性是同一种关联性的两面，即互补性是正面的支撑性，支撑性是负面的互补性。

	对另一种制度产生的效应	
	增强	削弱
一种制度 运作良好	互补性	互斥性
一种制度 运转不良	替代性	支撑性

图 15-1 制度关联性的四种理想类型

就制度关联性的这四种类型，历史制度主义学派中专门研究市场经济多样性的学者，对制度互补性所产生的深刻影响进行了深入挖掘。他们发现，在经济全球化的冲击下，发达国家中市场经济的制度结构并没有产生趋同的现象，其中的根本性缘由正在于不同领域（例如企业组织、金融市场、就业促进、福利保障等）之间制度的互补性维持了市场经济的多样性。[1] 相对来说，对于制度替代性、互斥性和支撑性的研究，尚不充分，而这三种制度关联性在现实世界中的存在比比皆是。在中国40多年来从计划经济向市场经济转型的改革开放伟业中，既有多种互补性制度在旧体制之外异军突起从而开辟社会经济生活新天地的成功案例（例如自发性民营企业的兴起，尤其是在新经济领域），也有一些新制度在更大的环境未加改变的情况下替代了旧体制中一些局部性的传统制度而促成了社会经济事业的转型（例如社会保险制度取代了传统的单位制劳动保险制度），也有一些制度的缺失或发育不良导致另一些制度无法发育发展（例如非营利组织制度环境不健全导致包括住房合作社在内的诸多社会企业在中国发育不

---

[1] Peter A. Hall, David Soskice (eds.), *Varieties of Capitalism: The Institutional Foundations of Comparative Advantage*, Oxford University Press, 2001, pp. 17-21.

良),更有一些制度的强势运行削弱并扭曲了新兴制度的正常运转(例如行政力量的全面干预导致自主化公立医院呈现出"行政型市场化"的格局)。①

高度重视制度嵌入性的第二个社会科学学派是社会学制度主义,其中一些学者致力于探究"生产的社会体系",着重研究在市场经济中运行的生产和工作体系如何因为嵌合于更大的制度、社会、经济、政治和文化的结构而呈现多样性。② 社会学制度主义与历史制度主义的差异在于:第一,前者偏向方法论整体主义,即强调制度所嵌入者往往是一个宏大的、多重因素交织在一起的整体,而后者偏向方法论个体主义,仅关注特定制度的组合所产生的影响;第二,前者强调制度的层次性,而不同层次的制度形成一种套嵌式的结构,相互补充,牵一发而动全身。无论有何细微的差别,社会科学业已发展成熟的制度嵌入性分析,对于我们理解医共体建设中财政补偿制度的深刻影响,无疑是有助益的。

如前所述,在医共体建设中,机构设置统一是首要的政策目标,这是医共体区别于医联体的首要特征。机构设置统一这一目标的落实,在医共体的不同试点县域有不同的实践。具体的实践可分为两种模式:一是单一法人-统一治理模式,又可简称为"法人机构统一"模式,即医共体成为一个单一法人,其组成机构成为新组建医共体的分支机构,简单说,就是城乡社区卫生服务机构变成县级医院的分院;二是多元法人-统一管理模式,又可简称为"法人代表统一"模式,即医共体组成机构保留各自的法人地位,但医共体内所有机构的法人代表均由医共体的法人代表兼任,而医共体的法人代表均为医共体牵头医院的院长。

单一法人-统一治理模式只出现在常山县,而其他10个试点县域都采用了多元法人-统一管理模式。法人机构统一对于医共体的健康发展是基础性的条件之一,但其真正实现,需要各级政府在人事、财政、医保和价格体制上推进配套改革,而配套改革的推进一方面需要县政府内部各政府部门的协同;另一方面需要更高层级政府大力推进诸多领域的改革,尤其是需要省政府的顶层设计。人事、财政、医保和价格体制形成的制度嵌入

---

① 顾昕:《行政型市场化与中国公立医院的改革》,《公共行政评论》2011年第3期。
② J. Rogers Hollingsworth, Robert Boyer (eds.), *Contemporary Capitalism: The Embeddedness of Institutions*, Cambridge University Press, 1997.

性，以套嵌性和多层性的形式，在医共体机构统一的推进中形成了掣肘。在人事、财政、医保和价格体制配套改革尚不能协调到位的情况下，或者在更高层级政府尚未对此给出配套改革的完整方案之前，医共体建设采取法人代表统一模式不失为一种理性的组织变革过渡方案。这一模式的实践在一定程度上推进了机构设置统一，但我们在实地调研中获取到的普遍反映是，在这一模式的操作下，医共体尚未成为真正的利益共同体。

（一）以编制为核心的人事薪酬体制

在既有的事业单位人事管理体制中，编制制度及其改革进程对于"三统一"中"机构设置统一"的模式选择，有着相当大的约束。"三统一"要求的第二项是"人员招聘使用"的统一，这直接触及公立医疗机构人事编制和薪酬制度的改革。医共体人事编制制度的变革有两种模式，分别契合上述法人治理的两种模式。第一种模式与法人机构统一模式相适应，即人事管理权统一到医共体，所有人员（至少是新进人员）均成为医共体的编制，取消社区编制和县域编制的差别，而财政投入将以岗位设置而非编制为基准。所有新进人员的招聘工作均以医共体的名义统一开展，而新招聘人员在医共体内统一调配使用。目前，只有常山县采用了这一模式。

第二种模式与法人代表统一模式相适应，即保留县域和社区编制身份差别不变，同时保留基于编制的财政投入方式不变，但新进人员的招聘全部由医共体统一组织实施，并对社区服务人员给予额外补贴。除常山县之外的 10 个试点县域均采用这一模式。在第二种模式中，还由于各地推进人事管理一体化的进度有别，各地在新进人员的招聘上又有两种不尽相同的做法：一种是将受招人员的编制身份和岗位安排基本上明确下来，另一种则完全以医共体编制的身份进行人员招聘。前一种做法，实际上在编制改革上没有丝毫的推进。

由于编制改革迟缓的掣肘，医共体在人力资源管理制度一体化上的进展必定会相当迟缓，这一点在医共体内新薪酬制度的确立上有所体现。事实上，由于原不同单位的薪酬制度大不相同，绝大多数医共体管理层在统一化薪酬制度的建立上耗费了极大的心力。

无论是在全国范围内，还是在浙江省内，对于编制改革的必要性和紧迫性均尚未形成共识。这使不少似是而非的观念束缚了各级政府内部改革者的手脚。实际上，编制改革的深远意义在于打破既有专业人员人力资源配置中行政治理的主导性，并引入市场机制，建立一个统一的专业人员劳动力市场。

（二）财政补偿制度与公立医疗机构的财务管理

在医共体建设"三统筹"中，财政财务管理统筹并非限于财务管理的一体化，也非医共体内部所能独立完成的任务，而是需要政府推进医疗卫生机构财政补偿制度的改革。政府对医疗卫生机构的财政投入，还同编制制度相互嵌入。长期以来，政府财政投入的很大一部分依照在编人数核定拨款金额。如果出现"空编"情况，那么政府财政拨款金额少于依照核定编制核拨的金额。

浙江省政府改变以往依照编制进行财政拨款的机制，改向基层医疗卫生机构购买基本医疗和公共卫生服务，在初级卫生保健体系中引入市场机制，这正是医疗卫生健康事业公共治理体系创新的集中体现之一。随着改革的深入，政府对医疗卫生机构的财政补偿制度将实现从按编制拨款到按绩效购买服务的转型。这一转型的实质是在财政拨款或补偿制度中走向了去行政化，并引入了按绩效购买服务的新市场机制。

（三）医保支付制度改革：激励结构的重建

随着医保支付水平的不断提高，医保支付已经成为包括医共体在内的医疗机构的重要收入来源。如果医保支付依然以按项目结算＋付费为主，医共体建设将劳而无功，所有组成机构必将陷入三个导致恶性循环的境地：一是不得不参与到"抢病人"的竞争之中；二是缺乏约束与控制过度医疗的积极性；三是缺少积极主动介入促进民众健康的激励，这使公共卫生服务在医共体的建设中有边缘化之虞。由此，医保支付方式的改革对于医共体内组成单位的利益整合至关重要。

各试点县域在推进医保支付制度改革上的进展有很大的差异。相当一部分试点只是在既有按项目结算－付费的基础上，加上了总额控制、按人头付费、单病种付费等零星的新支付办法，但新医保支付方式所涉金额在医保总支付中的占比都不高。与此同时，即便引入了以"打包付费"为特征的新医保支付方式，但如果细节性制度设计不当，正确的激励效应并不会自动产生。在按项目付费的基础上实施总额控制,在全国范围内是一种普遍的实践,在浙江省医共体试点县域也不例外。实施总额控制或总额预算的过程中,一些细节性游戏规则设计不当的情形比比皆是。

在浙江省医共体试点县域内,不少地方进行了多元付费组合的探索。其中,只有少数县域在住院服务的支付上引入了按疾病诊断组（diagnosis-related groups, DRGs）付费。DRGs不仅对医保机构来说是一种医保支付的先进工具,而且也是医院绩效考核（尤其是质量控制）、财务管理（尤其是预算管理）、风险控制、物流管理的管理工具。大力推进DRGs的应用,对于医保机构、卫生行政部门和医疗机构管理层来说,是同等重要的。[1]

为了协调医保和医疗领域的诸多事务,一些医共体试点县域建立了医疗保障办公室（以下简称"医保办"）,成为推进医保支付改革的组织保障。县级政府中的医保办,必将随着各级政府医疗保障局的组建而进行相应的机构调整,并在推进医保以及与之相关的价格改革中发挥重要的作用。

（四）价格调整与价格形成方式的转型

在医共体试点县域,很多地方通过与地级市物价局进行协调,开展了幅度不等、程度不等的医疗服务价格调整医疗价格体制改革,短期内以调放结合之策逐步调整价格结构,长期而言则以医保机构、医疗机构和医药企业多方谈判的形式,建立新的价格形成机制。这是一条从行政治理走向市场治理的渐进主义转型之路。药品价格管制改革的根本之道在于去行政化之举,即解除既有的多重管制,转而建立药品的公共定价制度,即由作为医药付费者的公立医保机构与各类医疗机构以及相关企业展开谈判定价。

所有试点县域的医共体都落实了药品-耗材的集中统一采购制度,并同医药企业开展"二次议价"。没有一个试点县域的医共体联合起来开展药品-耗材的集中统一采购,也没有发现跨县域、跨地区的药招联盟。在

---

[1] 杨燕绥、胡乃军、陈少威：《中国实施DRGs的困境和路径》,《中国医疗保险》2013年第5期。

药品集中招标采购上未能走出医共体内部统一的局限，走向全县域甚至跨地区的药品集中采购，不仅体现出药品价格管制改革的滞后，也体现出医保支付制度改革的普遍不到位。

二 突破制度嵌入性的羁绊：财政补偿制度改革与医共体建设的推进

前文已述，财政财务管理统筹是医共体试点县域中"三统筹"的第一项要求。实际上，几乎在所有的试点县域，医共体都大力推进财政财务管理的一体化。不少牵头医院管理能力较强的医共体，甚至将财务管理账号统一起来，而其基层组成单位不再设立单独的财务室，只在行政管理办公室中安排特定的岗位，招聘财务管理员，负责定期向医共体总部报账。

然而，财政财务管理统筹并非限于财务管理的一体化，也非医共体内部所能独立完成的任务，而是需要政府推进医疗卫生机构财政补偿制度的改革。只有系统性地推进财政补偿制度改革，医共体建设才能突破制度嵌入性的羁绊，进入一个全新制度结构的发展之中。

（一）财政体制在制度嵌入性中的核心位置

从财务的角度来看，每一个公共部门的单位都是其所隶属行政系统中的一个预算单位。因此，国际文献常常把苏联、东欧、亚洲等社会主义国家中诸如大学、医院、剧院、博物馆之类的公立机构，即中国通称的事业单位，称为"预算单位"（budgetary units）。[①] 毫无疑问，医共体内所有组成单位，原本都是卫生行政部门下属的预算单位。医共体内推进财务管理的一体化与其组成单位均在财政上是独立的预算单位，有所扞格。

更有甚者，在事业单位分类改革实施之后，中国的事业单位并不像在其他社会主义或前社会主义国家那里是统一的"预算单位"，而是有了身份差别。基层医疗卫生机构属于"公益一类事业单位"，政府财政予以全

[①] 〔匈〕雅诺什·科尔奈：《社会主义体制：共产主义政治经济学》，张安译，中央编译出版社，2007，第70页。

额拨款，而县级医院则属于"公益二类事业单位"，政府财政只能差额拨款。有一些医疗卫生服务业务量较大的基层医疗卫生机构，还处在全额拨款和差额拨款这两类事业单位的中间地带。就财政补偿，政府对不同医疗卫生机构实施不同的制度，这对于医共体建设中实现财务管理的一体化是不小的掣肘。

县级医院和城乡社区医疗卫生机构的主要财政投入，缘于县政府的统筹。在医共体法人机构统一之后，县政府需要在财政体制上推进配套改革，其核心是落实政府购买服务的公共财政改革原则，将政府购买款项全额拨付给医共体，由医共体统一调配使用。可是，问题在于，既有的财政投入尽管由县级政府统筹管理，但实际上由多级政府来承担，因此，与医共体统一法人改革相配套的很多财政补偿制度改革就超出了县政府的权限。

在既有的财政体制中，各级政府对原城乡社区医疗卫生机构给予一定的财政补贴，其中，这些机构所开展的公共卫生服务由政府财政全额拨款加以补偿，而这些补偿由多级政府承担。在推进医共体的法人机构统一之后，既有的多级财政补贴渠道是否能维持下去便成为新的问题。

此外，在既有行政化的政府管理体制中，城乡社区医疗卫生机构是街道－乡镇政府推进辖区内公共卫生或健康促进项目的抓手，无论这些项目是以自上而下还是自下而上的方式启动的。一旦城乡社区医疗卫生机构完全并入医共体，一种担心认为，街道－乡镇政府将失去推进当地卫生健康工作的抓手。当然，这一担心对于富裕的街道－乡镇政府来说并不存在，这些政府完全可以向医共体购买服务；但是，对于不富裕的街道－乡镇政府来说，这的确是一个新的问题。在实地调研中，我们接触到的较为富裕的街道－乡镇政府，都表示尽管其辖区内的原基层医疗卫生机构现在成为医共体的一员，尤其是在形式上成为县级医院的分院，但当地基层政府还会继续给予一定程度的财政支持。但这种财政投入的有无和多寡，均基于个案性商讨，而不是制度性安排，街道－乡镇政府是否继续给予基层医疗卫生机构财政投入，在很大程度上取决于基层政府领导的个人取向以及他们与基层医疗卫生机构管理者之间的个人关系。

当然，从根本上来说，只要财政补偿制度改革以及医保支付改革到位，县级以下财政的问题并不应该构成医共体法人统一的障碍。在新的制度安排所建立的新激励结构下，医共体的业务重心有可能从医疗卫生服务向更加全面的健康促进转型，由此原面向社区的基层医疗卫生机构在成为医共体的分院之后，依然会有更大的积极性为其所在社区的民众提供各种健康保障和健康促进的服务。街道-乡镇政府，无论穷富，都会有更有实力、更具声望的医疗卫生机构，成为其公共卫生或健康促进项目的新抓手。

（二）财政补偿制度与人事编制管理的互补嵌入性

不止如此，政府对医疗卫生机构的既有财政投入制度，还同人事编制管理制度相互嵌入，它们构成了一对互补性制度。长期以来，政府财政投入的很大一部分依照在编人数核定拨款金额。如果出现"空编"情况，即对于核定编制，相关单位无法招聘到符合在编人员资质要求的人选，那么政府财政拨款金额就会少于依照核定编制核拨的金额。事实上，很多医疗卫生机构，包括浙江省试点县域医共体的各组成机构，均出现核定编制没有填满却又同时招聘编制外人员的情况。在这种情况下，这些医疗卫生机构实际上是自筹经费，使用非编制人员去完成与编制核定相关的工作。这种"一个机构、两种体制"的二元劳动力市场，不仅会在编外人员中塑造强烈不公平感，而且还会挫伤医疗卫生机构推进人力资源管理变革的积极性，也使编制制度不能达成其预期的效果。[①]

在既有的人事管理体制中，政府编办根据事业单位的性质设置编制，一部分原城乡社区医疗卫生机构属于全额拨款的事业单位，而几乎所有的县级医疗卫生机构均属于差额拨款的事业单位。随着法人机构的统一，医共体内全额拨款的医疗卫生机构不复存在，原有的编制管理必然发生重大的变化。

在浙江省医共体试点的过程中，有些地方，如常山县，在编制改革上进行了一定的探索，并把编制改革与财政改革关联起来。常山县破除原来基于法人性质的编制管理旧办法，推出了"基于岗位"的编制管理新办法，即政府基于公共财政购买公共服务的新原则设定一定数量的由

---

① 刘晶霞：《医院编制管理与人力资源配置的分析讨论》，《人力资源管理》2014年第7期。

政府财政补偿的"编制"岗位,而这类岗位的设置与事业单位的性质无关。

再如东阳市,在不触动既有编制体制的前提下,在新人新办法上做出了新的文章,设立"医共体人才池",实行人才"统招公用"。具体的做法是:改变以往由各基层医疗单位独立招人策略,变为全市统一招录,新招入的专业技术人才和定向培养毕业人员,全部纳入"医共体人才池"管理,经牵头医院共同培养后,由医共体管理中心进行统一调配,在山区、半山区、平原地区、城区进行轮转工作,且调配优先满足山区和半山区乡镇医院的工作需要。

(三) 浙江省基层医疗卫生机构财政补偿制度改革的新尝试

既有多层级、套嵌式制度格局的种种不尽合理之处,尤其是财政补偿制度与人事编制制度的互补嵌入性,显示出计划体制遗留下来的事业单位管理体制早已不再适应民众对公共服务的需求,也不再适应公共服务机构改革与发展的需要。这一点在医共体建设的试点中突出地体现出来。很显然,针对基层医疗卫生机构的财政补偿制度以及与之互补嵌入的人事编制制度,亟待改革。

值得注意的是,在医共体试点中,衢州市常山县在财政补偿制度和人事编制制度的改革上取得了一定的突破,这也促成该地初步达成了医共体建设的首要政策目标,即让县级医院与基层医疗卫生机构实现机构设置统一。这一突破的背景在于浙江省在基层医疗卫生机构补偿改革上的新探索。

实际上,就基层医疗卫生机构财政补偿制度,浙江省早就开展了改革部署。早在2015年10月26日,浙江省财政厅和卫生与计划生育委员会就联合颁发了《关于开展基层医疗卫生机构补偿机制改革试点的指导意见》(浙财社〔2015〕133号)[①],决定于2016年选择嘉兴市海盐县、金华市义乌市、绍兴市嵊州市、衢州市江山市进行试点。2017年10月30日,在总结四县市基层医疗卫生机构补偿机制改革试点经验的基础上,两部门颁发

---

① 该文件文本,参见浙江省财政厅官网, http://www.zjczt.gov.cn/art/2015/12/2/art_1164176_711952.html。

了《关于全面推进基层医疗卫生机构补偿机制改革的实施意见》（浙财社〔2017〕63号）①，决定从2017年12月1日开始在浙江全省全面启动基层医疗卫生机构补偿机制改革。

浙江省基层医疗卫生机构补偿机制改革的总体方向，可以概括为"建设发展靠财政、日常运行靠市场"，即"建设发展等非经常性支出主要由财政专项安排，日常运行等经常性支出主要通过提供基本医疗卫生服务，由政府或医保（个人）按标准付费购买"。值得注意的是，"日常运行靠市场"中的"市场"，包括政府购买，尤其是政府通过公立医疗保险体系代表参保者对医药服务的购买。在市场经济体中，政府是一个重要的市场参与者，而政府施政不仅要靠以命令与控制为特征的行政机制，也要靠以选择与竞争为特征的市场机制，并在可能的情况下，还要促进以"认同与信任"为核心的社群机制。② 在公共管理中引入市场机制和社群机制，增进市场、激活社会，并与行政机制形成互补协同之格局，这才是公共治理体系创新之要义。③ 浙江省政府改变以往依照编制进行财政拨款的机制，改向基层医疗卫生机构购买基本医疗和公共卫生服务。

在浙江省推进的改革中，对于基层医疗卫生机构的政府财政投入，分为两部分：一是财政专项补助；二是财政购买服务。

财政专项补助主要包括：（1）按规定核定的基本建设（含修缮）；（2）设备购置（含信息化建设）；（3）人员培养培训经费；（4）基本人员经费（含基本工资和以基本工资为基数计算的单位缴纳的社会保险费、住房公积金、职业年金部分）等；（5）山区、海岛、人口稀少地区的特别补助。在其中的第四项，按编制拨款的旧体制依然在新体制中留下了一个尾巴。

财政购买服务主要包括：（1）对政府下达由基层医疗卫生机构承担的重大公共卫生服务项目、突发公共卫生事件处置和对口支援任务等指令性工作，政府按定项定额购买的办法给予补偿；（2）对基层医疗卫生机构提

---

① 该文件文本，参见浙江省财政厅官网，http://www.zjczt.gov.cn/art/2017/11/3/art_1164176_12490607.html。
② 顾昕：《走向协同治理：公立医院治理变革中的国家、市场与社会》，《苏州大学学报》（哲学社会科学版）2017年第5期。
③ 顾昕：《中国福利国家的重建：增进市场、激活社会、创新政府》，《中国公共政策评论》2017年第1期。

供的基本公共卫生服务和部分收费价格补偿不足的基本医疗服务，由政府统筹整合基本公共卫生服务项目经费和扣除人员培养培训经费、基本人员经费后的经常性收支差额补助，作为改革后政府购买服务的可用资金，采取政府付费购买方式给予补偿；(3) 政府购买计划生育技术服务；(4) 政府购买责任医生（家庭医生）有效签约服务。

就财政购买服务部分，按照浙财社〔2017〕63号的要求，各地财政部门和卫生计生部门应参照《浙江省基层医疗卫生机构补偿机制改革基本服务项目标准化工作当量参考标准》，结合开展基本公共卫生等服务的需要与当地实际情况，合理确定购买服务项目，并根据每个服务项目的服务标准、人力成本、资源消耗、风险和难度等因素，确定本地区基本服务项目标准化工作当量。对纳入购买范围的基本医疗服务项目，各地还要结合下文即将讨论的价格改革情况对标化工作当量进行适当调整。简言之，这是一种按绩效购买服务的制度安排，即政府付费购买以基于标准化工作当量确定的财政付费标准和服务数量为主要依据。

然而，在实地调研中，我们也体会到，浙江省各地在推进财政补偿制度和人事编制管理制度改革的进度上有相当大的差别。因此，在医共体的试点中，大多数试点由于旧财政体制的羁绊，在推进机构设置统一之时多有束缚。正是由于衢州市在这两方面的改革力度较大，常山县有条件突破制度嵌入性的羁绊，在医共体试点中顺利推进了机构设置的统一。

事实上，在医共体试点之初，财政补偿或投入体制的配套改革并未受到充分的重视。医共体试点指导文件浙医改办〔2017〕7号文就政府财政投入问题，仅有一句话的简短而且笼统的指导意见，即"医共体各成员单位的财政投入政策不变，根据医共体建设的需要，适当调整财政投入方式，加大投入力度"。然而，当医共体建设从试点走向全省推开之时，情况发生了变化。医共体推广开展的指导文件浙委办发〔2018〕67号文，对于财政投入有了两点更加明确的指示：第一，"根据医共体建设发展的需要，加大财政投入力度，科学调整财政投入方式"；第二，"县乡医疗卫生机构整合组建医共体后，要继续按照公立医院和基层医疗卫生机构补偿机制改革要求，按原渠道足额安排对医共体成员单位的财政投入资金，并将资金统一拨付医共体，由医共体结合资金性质和用途统筹使用。"这两点意见显示，医共体建设与基层医疗卫生机构的财政补偿制度改革即将开始发生全面的共振。

结　语

初级卫生保健或社区医疗卫生服务的发展，离不开组织、制度和治理模式的创新。浙江省县域医共体建设就是这样一种创新，其核心是推进县级医院与基层的城乡社区医疗卫生机构一体化，从而让医共体内所有组成单位结成一个利益共同体。

然而，在医共体的试点中，机构设置统一的目标并未轻易实现。绝大多数医共体内各组成单位依然保留了各自的独立法人身份，而机构设置统一仅仅体现在所有组成单位的法人代表由医共体牵头医院的法人代表兼任。简言之，机构设置统一变成了法人代表统一。只要机构设置统一未能实现，医共体就不可能成为一个真正的利益共同体。

机构设置统一的目标之所以难以在短期内达成，归根结底在于所有医疗卫生机构都处在一个人事、财政、医保和价格体制所构成的多层级、套嵌式制度结构之中。多种制度相互嵌入，形成了一种牵一发而动全身的格局。制度嵌入性致使原制度结构中各个体制以及相关政策具有互补性，而新组织和制度模式在旧的制度结构之中左右扞格，难免运转不良，甚至难以维系。

在制度嵌入性所构成的羁绊当中，财政补偿体制居于核心位置。既有财政补偿体制与人事编制管理制度相互嵌入，导致多家政府对不同医疗卫生机构的财政拨款依照机构的行政类别和编制数量来实施。当这些不同类别的机构走向一体化之时，既有的财政补偿渠道无法让改变了行政类别的机构获得既有水平下的财政拨款。

浙江省政府从2017年秋就在全省范围内推进基层医疗卫生机构财政补偿制度的单项改革，其核心内容是引入公共治理的新理念，根据服务绩效的监测结果，向所有提供基本医疗和公共卫生服务的机构购买服务。由此，服务机构的行政类别和编制多寡就不再成为政府财政投入的依据。这一转型的实质是在财政拨款或补偿制度中走向了去行政化，具体而言就是去编制化，并引入了按绩效购买服务的新市场机制。这一单项改革在推进过程中与医共体的试点建设发生了共振，从而使一些地方实现了机构设置统一的政策目标。

可以预计，随着改革的深入，政府对医疗卫生机构的财政补偿制度将实现从按编制拨款到按绩效购买服务的转型。这一转型的范围将不限于基层医疗卫生机构，而是适用于各级医疗卫生机构，甚至适用于所有的事业单位。在基本卫生保健体系中引入市场机制，这正是医疗卫生健康事业公共治理体系创新的集中体现之一。如果在绩效指标标准化和政府购买付费标准的确定上引入社群机制，让医疗卫生专业组织和医药商业协会也能参与进来，形成政府、市场、社会三方协同治理的新格局，那么医疗卫生公共治理体系将出现一系列重大创新。[①] 一旦这一转型到位，医共体推进"三统一"目标的实现，尤其是其首要的机构设置统一，将变得简单易行。

[①] 顾昕：《新时代新医改公共治理的范式转型——从政府与市场的二元对立到政府—市场—社会的互动协同》，《武汉科技大学学报》（社会科学版）2018年第6期。

第十六章 国家医疗保障局与新时代医疗保险的新挑战[*]

导论：医疗保障局的建立与中国新医改的新时代

从 2009 年到 2019 年，中国新医改已经走过了 10 年的历程。国家医疗保障局（简称"医保局"）的组建既是政府机构改革的重要内容之一，也是中国新医改进入新时代的一个里程碑。国家医保局整合了原来分散在若干政府部门的医保政策制定、医保筹资、价格制定、医保经办（主要是医保支付业务）、医疗费用与质量管控、医疗救助、医疗服务投入品（主要是药品）的集中招标采购等职能，推动这些领域中的体制改革成为医保局的主要工作。国家医保局在中央一级的组织建设工作完成之后，各地的医保局也将建立起来。

医保局的建立不仅意味着政府职能的调整和转型，而且也标志着国家治理体系现代化在医疗领域中的实践迈出新的步伐，具有重要的战略意义。就需求侧改革而言，正如中国社会保障学会会长郑功成所说，医保局的建立意味着"我国医疗保障改革与制度建设将自此由部门分割、政策分割、经办分割、资源分割、信息分割的旧格局，进入统筹规划、集权管理、资源整合、信息一体、统一实施的新阶段"；就供给侧改革而言，北京大学医学部主任助理吴明表示，医保局的设立有利于"三医"联动，推

---

[*] 本章较早的版本参见顾昕《中国新医改的新时代与国家医疗保障局面临的新挑战》，《学海》2019 年第 1 期。收入本书时，内容有更新充实。

动公立医院转变运行机制，从而更有效实现医改目标，让老百姓从中受益。[①] 简言之，中国新医改将超越初期阶段，进入一个由需求侧改革走向去碎片化、供给侧改革走向去行政化的新时代。在新医改的新时代，国家和地方医保局面临三大新的重大挑战：（1）医保公共预算制度的建立；（2）医保支付制度改革的规范化与制度化；（3）价格体制改革与药品集中采购制度的重建。

直面新医改在新时代所面临的新挑战，关键不在于诸多技术性政策的酝酿、出台和实施，而在于公共治理理论范式的转型和实践模式的创新。医保局的建立，本身就是医疗事业公共治理体系转型的一个战略性举措，其职能定位和改革取向也预示着公共治理理念的创新。唯有超越技术性环节，在推动理念创新的基础上开展制度设计、政策制定和措施落实，医疗事业公共治理的创新才能被纳入党的十八届三中全会所提出的"国家治理体系和治理能力现代化"的伟业之中。

一 医疗事业的公共治理体系：政府—市场— 社会关系的重建

国家治理体系和治理能力现代化是中国改革与发展事业进入新时代的总体目标，其重心在于公共治理创新。一般认为，公共治理创新的要义在于调整政府—市场—社会的关系，重点在于政府职能的调整和转型。[②] 为此，学界和政界取得的共识可以概括如下：市场能办好的，就放给市场；社会可以做好的，就交给社会；[③] 而"放管服"则是政府职能调整与转型的核心。[④] 政府的职责是管住、管好其应该管的事务，即弥补市场不足与

[①] 李红梅：《国家医疗保障局正式挂牌，专家解读——三种医保统一管，会带来啥改变》，中国政府网，http://www.gov.cn/zhengce/2018-06/01/content_5295242.htm（《人民日报》2018年6月1日报道，随时可查阅）。

[②] 汪玉凯：《第二次改革与公共治理变革》，《探索与争鸣》2014年第3期；胡税根、翁列恩：《构建政府权力规制的公共治理模式》，《中国社会科学》2017年第11期。

[③] 《李克强谈机构改革：市场能办的多放给市场 社会可做好的就交给社会》，人民网，http://leaders.people.com.cn/n/2013/0317/c58278-20816505.html。

[④] 汪玉凯：《党和国家机构改革与国家治理现代化》，《领导科学论坛》2018年第8期。

社会不足，矫正市场失灵和社会失灵。自2009年新医改启动以来，这一共识在医疗需求侧和供给侧改革的某些方面得到一定程度的体现，医疗事业的公共治理体系也处在不断的转型和创新之中，政府—市场—社会的关系发生了一定的变化。但尽管如此，行政机制的主导性依然根深蒂固，市场机制和社群机制的发育和完善尚有漫长的道路要走（参见图16-1，该图用不同类型和不同深度的线型来刻画行政机制、市场机制和社群机制发挥作用的不同程度）。

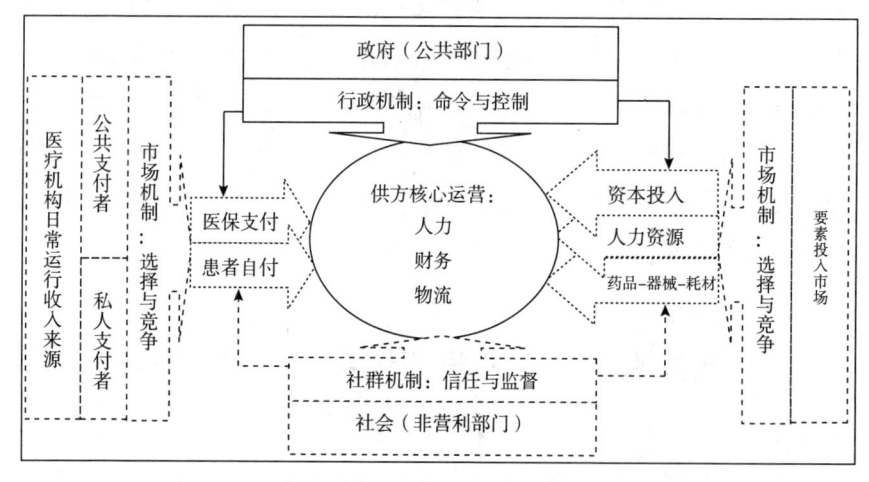

图16-1 医疗公共治理体系中的政府、市场与社会

概括来说，在医疗公共治理体系的转型之中，有三个特征值得关注。第一，政府主要通过对公立医疗机构的行政管控在医疗事业的公共治理上发挥着主导作用，而公立医疗机构依然以高度行政化的事业单位体制组织起来，行政机制以命令与控制的方式主宰着公立医疗机构（尤其是公立医院）诸多内部事务的治理。尽管其收入来源早已市场化，但由于其战略决策和日常运营的方方面面均受到严格的行政管控，公立医疗机构处于一种"行政型市场化"的格局。[①] 在这种格局中，行政干预不仅未能发挥其应有的作用，而且还对市场机制的运行产生了扭曲效应，从而造成了行政治理和市场治理的双失灵。

第二，市场力量在医疗产业链的三个方面开始发挥一定的作用，即

[①] 顾昕：《行政型市场化与中国公立医院的改革》，《公共行政评论》2011年第3期。

(1) 非政府财政资本（即政策术语中的"社会资本"）投入的增加促使民营医疗机构的数量增长，多元办医的格局初步形成，① 但民营医疗无论是在资源拥有量还是在市场占有率上都依然无法望公立医疗之项背；② （2）医疗服务供方（无论公立还是民营）的主要收入来源来自医保支付和患者自付，而随着基本医疗保障体系覆盖面的拓展和支付水平的提高，公共医保体系的支付在供方收入中的占比开始大幅度提高，患者自付的占比下降；③ （3）医疗服务要素投入（人力资源、资本、药品－器械－耗材）走向了市场化，但受制于众多承继于计划经济时代的管制（尤其是价格管制），要素投入市场化出现了很多既有损效率也不利公平的严重扭曲现象，这一点在药品经销和物流上体现得尤为明显，如众所诟病的"药价虚高"现象。④

第三，社群机制在医疗公共治理体系中的作用依然孱弱，在公立医疗机构中尤为明显。无论是在公立或民营医疗机构的法人治理、医保机构与医疗机构之间的支付谈判，还是在要素投入市场的制度建设和运行规范等方面，医疗专业学会和医药企业协会均尚未拥有发挥积极作用的渠道和能力。

在图16-1中，医保局是政府主办的一个专业化公共服务机构，隶属于公共部门。根据其职能界定，医保局将成为医保支付的制度设计者、建设者和执行者。同时，医保局还将成为医疗价格体制改革和药品集中招标采购改革的主要参与者，甚至是主导者，一方面将对医疗服务中人力资源的配置产生深远的影响；另一方面将直接影响药品－器械－耗材的经销与物流，并间接影响到医药商业的市场结构。由此可以看出，医保局的建立和运作并不仅仅是新机构代替了旧机构，而且还意味着医疗公共治理体系新变革的开始。

---

① 刘国恩、官海静、高晨：《中国社会办医的现状分析》，《中国卫生政策研究》2013年第9期。
② 顾昕、陈斯惟：《民营医院在中国医疗供给侧的市场份额》，《新疆师范大学学报》（哲学社会科学版）2018年第4期。
③ 于保荣、柳雯馨、田畅：《公立医院补偿机制改革现状研究》，《卫生经济研究》2017年第2期。
④ 顾昕：《价格管制失灵与公立医院的药价虚高》，《中共浙江省委党校学报》2011年第6期。

作为需求侧改革的一个举措，医保局的建立对完善医疗保障体系的意义是显而易见的，但其对医疗供给侧改革的影响更为深远。由于行政机制、市场机制和社群机制发挥作用的程度不同及其相互嵌入的方式不同，医疗供给侧的组织和治理模式也有所不同（见图16-2）。就医疗机构的组织模式而言，一端是行政化，另一端是民营化，而公立医疗机构的组织变革有三条路径，一是走向自主化，二是经由自主化阶段走向法人化，三是在自主化和法人化之后转制而走向民营化。[①] 在不同的组织模式中，行政机制、市场机制和社群机制各自发挥作用的事项及其发挥作用的程度与方式均有所不同。[②] 图16-2中所列的四个供方治理事项，均与医保局所行使的政府职能相关。

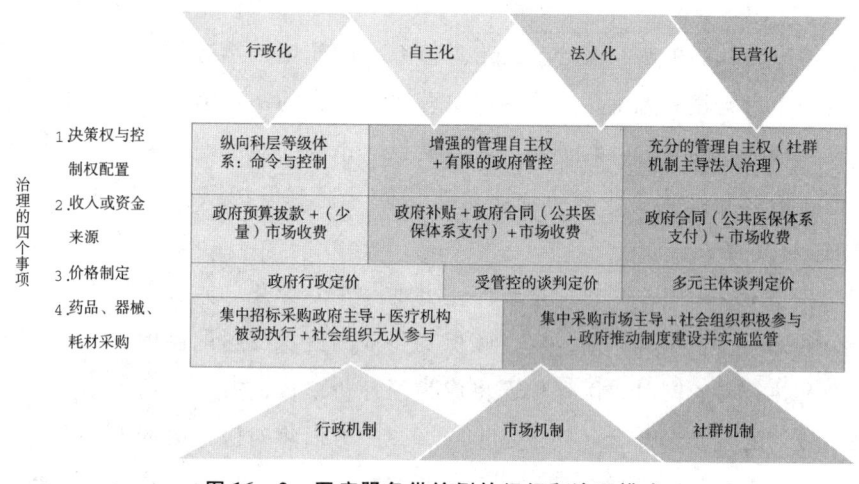

治理的四个事项	行政化	自主化	法人化	民营化
1. 决策权与控制权配置	纵向科层等级体系：命令与控制	增强的管理自主权+有限的政府管控	充分的管理自主权（社群机制主导法人治理）	
2. 收入或资金来源	政府预算拨款+（少量）市场收费	政府补贴+政府合同（公共医保体系支付）+市场收费	政府合同（公共医保体系支付）+市场收费	
3. 价格制定	政府行政定价	受管控的谈判定价	多元主体谈判定价	
4. 药品、器械、耗材采购	集中招标采购政府主导+医疗机构被动执行+社会组织无从参与	集中采购市场主导+社会组织积极参与+政府推动制度建设并实施监管		
	行政机制	市场机制	社群机制	

图 16-2 医疗服务供给侧的组织和治理模式

一是供方组织决策权和控制权的配置，如果所涉组织既有可能是公法人也有可能是私法人，这涉及法人治理结构的制度安排。在行政化的事业单位中，公立医疗机构的决策权和控制权都由其行政上级主管部门行使，供方缺乏管理自主权，其管理者实际上仅扮演执行者的角色；在自主化的

[①] Alexander Preker, April Harding (eds.), *Innovations in Health Service Delivery: The Corporatization of Public Hospitals*, World Bank, 2003.
[②] Richard B. Saltman, Antonio Durán, Hans F. W. Dubois (eds.), *Governing Public Hospitals: Reform Strategies and the Movement towards Institutional Autonomy*, The European Observatory on Health Systems and Policies, 2011.

组织中，供方拥有一定的管理自主权，但依然没有法人地位。[①] 面对以上两种类型的供方，医保局只是其医疗服务的单纯购买者，其签约对象是供方的行政主管部门。而面对法人化的公立医疗机构，医保局作为其重要的利益相关者有可能进入其理事会，参与其法人治理。这一点同样适用于非营利性民营医疗机构的法人治理。在既有医疗机构法人治理的文献中，较少论及医保机构在其中的作用，仅有少数例外。[②] 医保局在医疗机构法人治理中的作用，将成为未来一段时期内的一个重要的研究课题。

二是供方的收入或资金来源（funding sources）。在行政化的组织模式中，医疗机构的收入来源主要来自政府拨款，而在自主化、法人化和民营化的组织模式中，医疗机构收入来源呈现多元化，既包括政府补款或补贴，也包括医保支付和患者自付，以及社会捐赠等。[③]

随着医疗保障体系的健全以及与之相适应的供方组织模式变革的开展，政府财政预算拨款或补贴在供方收入中的占比逐渐变小，对不少公立医院来说会变得微不足道，而医保支付在供方收入中的比重将会增大。[④] 当医疗供给侧的治理出现问题之时，在医界和社会总会出现"增加政府投入"的呼声，其中甚至包含政府应该对公立医疗机构实施全额拨款的呼吁。这种呼吁，一方面有着再行政化治理理念的支撑，另一方面也无视公共医保支付同样也是政府投入的事实。然而，除非针对极少数特定情形（如边远地区、贫困地区、特定医疗服务如传染病防治等），供方收入来源再行政化的主张是不切实际的。在新医改的实践之中，再行政化治理的理念曾以"收支两条线"之名义在不少地方针对相当一部分医疗机构（尤其是基层医疗机构）进行过试点，[⑤] 但都不具有可持续性。就供方的多元收

---

① 顾昕：《公立医院的治理模式：一个分析性的概念框架》，《东岳论丛》2017年第6期；顾昕：《走向协同治理：公立医院治理变革中的国家、市场与社会》，《苏州大学学报》（哲学社会科学版）2017年第5期。
② 杨燕绥、岳公正、杨丹：《医疗服务治理结构和运行机制——走进社会化管理型医疗》，中国劳动社会保障出版社，2009。
③ 顾昕：《论公立医院去行政化：治理模式创新与中国医疗供给侧改革》，《武汉科技大学学报》（社会科学版）2017年第5期。
④ 顾昕：《公共财政转型与政府卫生筹资责任的回归》，《中国社会科学》2010年第2期。
⑤ 应亚珍、戈昕、徐明明、李杰、徐鸿、刘永华、高广颖：《基层医疗卫生机构"收支两条线"的比较研究》，《卫生经济研究》2016年第9期。

入来源而言，在医保支付制度改革中实现行政机制－市场机制－社群机制的相得益彰，依然是新医改的前行方向，这一点将在下文详述的医保公共预算制度的建设之中得到体现。

三是价格制定方式的重构或价格体制改革。在行政化的模式下，医疗服务项目（包括药品、耗材、器械使用等）的收费标准由政府制定，供方只是价格的执行者。作为医疗服务市场上的供需方，无论是医疗机构还是医保机构，都没有价格决定权。在中国医疗事业既有的公共治理体系中，医疗服务由省发改委物价局实施按项目行政定价（地级市有5%的调整权），可收费医疗服务项目目录则由卫生行政部门制定；而针对在医疗服务市场上占据主导地位的公立和民办非营利性医疗机构，药品价格由各省卫生行政部门主导的集中招标体系确定。在此之外，政府还对公立和民办非营利性医院的医疗服务、药品采购、使用和销售环节实施多重价格或准价格管制，[1] 如药占比管制、进货价管制（即受管制医院采购药品必须执行中标价）、药品加成管制（从固定百分比管制到零加成）、药品采购两票制等。

然而，多重价格管制的实施非但没有达成降低药费以及整体医疗费用的效果，反而直接扭曲了市场机制的运作，导致了"以药养医"[2]"药价虚高"[3] 等具有中国特色的市场扭曲现象，而且也间接增大了腐败的空间，强化了腐败的激励，导致药品－器械－耗材采购环节的腐败现象丛生，也由此扼杀了医学专业组织和医药行业协会以社群机制弘扬专业和市场伦理规范的积极性。有鉴于此，国家发改委自2014年底就开始致力于推动医药价格体制改革，确立了逐步缩小行政定价范围并代之以医疗机构、医保机构、医药企业多方参与的谈判定价的改革原则和方向。医保局组建之后，推进医药价格体制改革的重任从发改委转移到医保局，必将成为后者在未来五至十年内的重点之一。

第四，药品集中招标采购是供方物流管理的重要组成部分。在既有的医疗公共治理体系中，为了控制药价和药费，中国政府以省为单位实施了

---

[1] 朱恒鹏：《管制的内生性及其后果：以医药价格管制为例》，《世界经济》2011年第7期。
[2] 郭科、顾昕：《价格管制与公立医院的"以药养医"》，《天津行政学院学报》2016年第4期。
[3] 朱恒鹏：《医疗体制弊端与药品定价扭曲》，《中国社会科学》2007年第4期。

由卫生行政部门主导的药品集中招标采购制度。在大多数地方，这一制度的实际运行状况显示，这并不是一个如其名称所显示的市场化政府采购制度，而是一个针对公立和民营非营利性医疗机构的二次市场准入和价格管制制度。接受管制的医疗机构必须在中标范围内进行采购（业内称之为"购标"），并必须执行中标价，这相当于实施了进货价管制。无论受到管制的药品加成率为多少（如15%或0%），进货价管制都会变成销售价管制。

尽管经过多年的运作，药品集中招标制度的运作已经相当稳定，但始终无法达其初衷，即降低药价和药费，[①] 但其改革由于路径依赖而长期陷入小修小补但于事无补的境地，而药品零差率等管制调整措施也无法破解这一困境。[②] 医保局从卫生行政部门接管药品集中招标的管理职能，有可能为药品集中采购制度的改革提供新的契机，开辟更广阔的空间。这一点对于医疗器械和耗材的购销管理也同样适用。

这四个治理事项，必将汇入到医保局在未来五至十年内所必定直面的三大挑战之中。医保公共预算制度的建立对医疗服务供方的法人治理结构和收入来源结构有着深刻的影响；医保支付制度改革不仅改变着供方的收入来源结构，而且还将会重构供方的激励结构；价格体制改革与药品－器械－耗材集中招标采购的重建是两个密切相关的工作，均为医疗供给侧改革的重要内容。

二 医疗保障局面临的新挑战：推进需求侧去碎片化、驱动供给侧去行政化

中国医疗保障体系的碎片化格局亟待破解，而医保局的建立是医疗需求侧走向去碎片化的组织保障，这一点早已成为共识，无须赘言。推进需求侧的去碎片化，所需的技术性举措众多，但在战略上取决于医保公共预

[①] 康赞亮、刘海云、向锦：《药品集中招标采购的信息经济学分析》，《中国卫生经济》2006年第12期；刘桂林：《省级集中招标采购降低药价和减轻药费负担的效果研究》，《中国卫生经济》2012年第5期。

[②] 岳经纶、王春晓：《堵还是疏：公立医院逐利机制之破除——基于广东省县级公立医院实施药品零差率效果分析》，《武汉大学学报》（哲学社会科学版）2016年第2期。

算的制度化。医保局的职能并不限于需求侧。在供给侧去行政化蹒跚而行之际,医保局在医疗服务价格和药品集中招标这两方面的改革,将成为供给侧改革的新的驱动力。

(一) 医保公共预算制度的建立:筹资模式、给付结构和总额控制的一体化

依照国务院机构改革意见的指引,国家医保局的前三项职能为:(1) 拟订医疗保险、生育保险、医疗救助等医疗保障制度的政策、规划、标准并组织实施;(2) 监督管理相关医疗保障基金;(3) 完善国家异地就医管理和费用结算平台。国家医保局的第六项职能为:监督管理纳入医保范围内的医疗机构相关服务行为和医疗费用。这四项政府职能的行使,可以归结为医保公共预算制度的建设。

公共医疗保障基金是公共财政的组成部分。可是,在我国,公共预算制度的研究和实践长期以来只是局限于政府财政预算,而相对忽略了包括医疗保障基金在内的社会保障基金预算制定和执行。由此,医保政策的制定和执行,医疗保障基金的监督和管理,医疗保险机构对医疗服务行为与费用的约束,在实践中变成了碎片化的诸项业务,而在学术研究中变成了就事论事的研讨对象。医保局的设立为医保公共预算制度的建立开辟了空间,这一方面能为医保去碎片化奠定制度基础,另一方面也为扭转医保政策研究中就事论事型的偏误提供契机。

医保公共预算制度的建立,有如下若干重要方面。

第一,筹资模式的组织和制度选择。既有医疗保障体系碎片化的一个重要方面在于险种不一、筹资模式不一。在基本医疗保障体系之中,城镇职工医保采用职工和单位缴费的方式筹资,从国际视野来看,这是一种工资税的筹资模式;而城乡居民医保的筹资依赖于专项缴费和政府补贴。筹资模式碎片化不仅有损效率,有失公平,还有可能削弱可持续性。

在宏观层面,筹资模式的去碎片化所设计的最重大问题,在中国实践中被称为"三险合一",在国际上则成为医保制度在社会医疗保险(social health insurance, SHI)、全民健康保险(national health insurance, NHI)和全民公费医疗(national health service, NHS)之间的选择。在微观层面,筹资模式的去碎片化涉及一系列执行层级制度安排的变革。例如,城镇职

工医保中退休者免予个人缴费的细节性制度安排所导致的"系统老龄化",已经成为一颗破坏整个医疗保障体系健康发展的定时炸弹。[1] 然而,解除这一爆炸风险的方案绝非在既有碎片化制度结构不变的前提下强制安排退休者缴费,而是彻底重构医保筹资模式。[2]

就筹资的组织和制度选择而言,中国医保去碎片化的可行之路是走向以省为单位的全民健康保险模式,这种省内的单一付费者体系有望破解既有医疗保障体系碎片化所带来的种种问题。

第二,给付结构的设计。这基本上包含两个相互关联的子问题,即给付范围和给付水平。给付结构的设计无一例外都是微观层面具体制度安排的调整,但都在宏观层面具有战略意义。在中国新医改的政策话语体系之中,医保给付结构设计关涉"保基本"目标如何达成。微观层面制度安排细节的调整,一方面涉及百姓医保福利权利,另一方面也影响到医疗供给侧一系列改革的推进。

例如,医保报销目录制定的规范化和制度化涉及哪些医疗服务项目和药品为医保所覆盖,既是百姓福利权利之所系,也是整个医疗体系能否实现"全民健康覆盖"的关键。[3] 事实上,国家医保局组建之后开展的第一项工作,是抗癌药医保准入的专项谈判。[4] 最终,17 种抗癌药纳入医保支付范围,而且国家医保局办公室、人力资源社会保障部办公厅、国家卫生健康委办公厅还于 2018 年 11 月 30 日联合发布《关于做好 17 种国家医保谈判抗癌药执行落实工作的通知》,明确规定这些药物不纳入药占比管制的范围,以利于其在医疗机构的广泛使用;[5] 又如,门诊费用是否纳入医保给付结构之中,亦即基本医疗保障体系是否以及如何推进门诊统筹,不仅关涉百姓初级卫生保健可及性的公平,也关涉"健康守门人"和分级诊疗的制度化进程。[6]

---

[1] 何文炯、徐林荣、傅可昂、刘晓婷、杨一心:《基本医疗保险"系统老龄化"及其对策研究》,《中国人口科学》2009 年第 2 期。
[2] 顾昕:《退休者免缴费的问题:中国医保体系的制度设计、激励机制与可持续性发展》,《中国卫生管理研究》2016 年第 1 期。
[3] 何子英、郁建兴:《走向"全民健康覆盖"——有效的规制与积极的战略性购买》,《浙江社会科学》2017 年第 2 期。
[4] 董子畅:《中国医保局召开抗癌药医保准入谈判会 18 家药企参会》,中国新闻网,http://www.chinanews.com/jk/2018/07-13/8566451.shtml。
[5] 央广网,http://china.cnr.cn/news/20181202/t20181202_524436979.shtml。
[6] 顾昕:《政府购买服务与社区卫生服务机构的发展》,《河北学刊》2012 年第 2 期。

再如，大病保险给付的安排，不仅关涉百姓医疗费用风险分摊的公平性，而且也关涉公共医疗保险和商业健康保险的合作伙伴关系。①

第三，医保经办的组织和制度模式选择。医保局建立之后，医保经办机构如何纳入新的行政体系以及这些机构本身的组织变革之路，影响着医保公共预算制度建设的组织保障。在既有碎片化医保体系中，由于医保统筹层次不一，医保经办机构的设立呈现高度分散化格局，而且在某些地方隶属于社会保险行政体系，②在另外一些地方则独立于社保体系，这种碎片化的格局不利于医保机构发挥医疗服务团购者的角色。如上所述，随着各地医保局的建立，在医保统筹层次上有望走向省级统筹，从而在各省建立单一付费者体系。此时，医保经办机构在各省的医保支付上将成为垄断者，如何进行监管，有赖于公共治理体系的创新。借鉴世界各国的经验和教训，单一付费者体系具有提升医保服务效率的潜质，③但要真正做到这一点，不仅需要行政机制的改善以实施有效的监管，也需要社群机制发挥出应有的积极作用，确保市场机制运行的效率，同时矫正各种各样的市场失灵。

（二）医保支付制度改革的规范化与制度化：补偿与激励机制的重构

如图 16-2 所示，医疗供给侧公共治理的核心内容之一在于供方收入来源及其所蕴含的激励机制。④ 由于政府财政拨款在供方收入中的占比逐渐减小，医保支付日益成为供方的主要收入来源。推进医保支付改革，在政府主导的基本医疗保障体系与医疗机构之间建立公共契约关系，是新医改的核心。⑤ 随着医保局在各地的设立，医保支付制度改革的规范化和制度化必将在新医保经办

---

① 何文炯：《建设更加公平可持续的医疗保障制度》，《中国行政管理》2014 年第 7 期。
② 朱亚鹏、岳经纶、肖棣文：《社会行政在社会保障制度发展中的作用：全民医保的"东莞模式"研究》，《中国公共政策评论》2010 年第 1 期。
③ P. Hussey, G. F. Anderson, "A Comparison of Single – and Multi – payer Health Insurance Systems and Options for Reform," *Health Policy*, 66 (3), 2003.
④ Timothy Powell – Jackson, Winnie Chi – Man Yip, Wei Han, "Realigning, Demand and Supply Side Incentives to Improve Primary Health Care Seeking in Rural China," *Health Economics*, 24 (6), 2015; Winnie Chi – Man Yip, William Hsiao, Qingyue Meng, Wen Chen, Xiaoming Sun, "Realignment of Incentives for Health – care Providers in China," *Lancet*, 375 (9720), 2010.
⑤ 顾昕：《走向公共契约模式——中国新医改中的医保付费改革》，《经济社会体制比较》2012 年第 4 期。

机构议事日程上处于优先位置，这必将对医疗机构的激励结构产生深远的影响。

对于医疗机构来说，医保支付方式基本上可分为如下几类：（1）按项目付费；（2）按工资支付；（3）按人头付费；（4）混合型支付。按项目付费即付费方根据服务提供者所实际提供的服务项目按照一个事先制定好的费用表进行支付，又称"费用表支付体系"。[1] 这适用于面向个人提供的所有服务，包括普通门诊、妇幼保健、住院治疗、护理康复等。医疗机构及其医务人员的收入等于所提供的服务项目数量乘以项目付费标准（即价格）。按项目付费的一个变种俗称"点数法"或简称为"相对价值法"，其支付基准不是事先定好的价格，而是表征不同服务项目成本或投入资源相对价值的点值。[2] 按工资支付是按照医生的工作时间进行支付，医生收入与服务量多寡无关。按人头付费是基于服务人群人数多寡支付年度定额补偿，所服务的个人必须与服务提供者（如家庭医生）签约，接受其所提供的基本医疗卫生服务，使后者成为前者的"健康守门人"。[3]

不同的医保支付制度在医疗机构那里造就了不同的激励结构。如何运用经济激励机制来规范医疗服务提供者的行为，这是医疗政策研究与实践领域的热点之一。实际上，有关经济激励机制的研究是经济学中契约（合同、合约）理论的核心内容，是市场机制理论的重要支柱之一。三位契约理论的领军人物，梯若尔（Jean Tirole）、霍尔姆斯特罗姆（Bengt Holmstrom）和哈特（Oliver Hart），分别于2014年和2016年获得了诺贝尔经济学奖。契约理论在医疗卫生领域的应用自21世纪以来始终是医疗政策研究领域中的热点之一，[4] 其重点在于对医保支付制度改革如何重构激励机制的研究。[5]

简言之，按项目付费会造就供方过度医疗的激励结构。改良版的按项

---

[1] Duane C. Abbey, *Fee Schedule Payment System*, CRC Press, 2011.
[2] Duane C. Abbey, *Healthcare Payment System: An Introduction*, CRC Press, 2011, pp. 24 – 26.
[3] Kurt R. Brekke, Robert Nuscheler, Odd Rune Straume, "Gatekeeping in Health Care," *Journal of Health Economics*, 26 (1), 2007.
[4] Jesop Figueras, Ray Robinson, Elke Jakubowski (eds.), *Purchasing to Improve Health Systems Performance*, Open University Press, 2005.
[5] Jon B. Christianson, Douglas Conrad, "Provider Payment and Incentives," in Sherry Glied, Peter C. Smith (eds.), *The Oxford Handbook of Health Economics*, Oxford University Press, 2011, pp. 624 – 648.

目付费即点数-点值法经过重复博弈后可以有效抑制过度医疗,但其积极效果仅限于此。按工资支付固然能抑制过度医疗,但也会扼杀供方提升服务数量和质量的积极性。按人头付费能有效抑制过度医疗,激励供方为更多的人提供性价比高的服务,[1] 同时基于人头的总额预付制还有促进整合医疗之效。由于不同支付制度的激励结构不同,因此在很多国家和地区混合型支付模式得到了普遍采用。[2]

在中国,医保支付方式的主干依然是按项目付费。实际上,早在2009年国家新医改方案颁布前后,全国各地就以零散的方式进行了混合型支付模式的一些试点,[3] 但缺乏规范性和制度化,对于供方激励结构的重构收效甚微。[4] 新医改正式启动之后,医保支付制度改革的战略意义越来越受到重视,中央政府自2011年以来每年都通过颁发文件的方式试图推进,但这一改革总体上进展迟缓。基本上,在很多发达国家面向初级卫生保健(内含普通门诊)所采用的按人头付费,在中国迟迟无法落地,其根源在于门诊统筹尚未在中国的基本医疗保障体系中落实,这间接地阻碍了"健康守门人"和分级诊疗在中国医疗供给侧的发展。针对住院服务,在国际上得到普遍采用且经验成熟的按疾病诊断组付费(DRG-based payment),在中国历经5~6年的改革进程依然处于局部试点的阶段。[5]

医保局的建立,有望改变医保支付制度改革蹒跚而行的局面。一方面,医保局的建立为中国医保支付改革从局部试点走向全面制度化,奠定了组织基础;另一方面,医保局对各地医保机构进行了整合,随着医保支

---

[1] Marie Allard, Izabela Jelovac, Pierre-Thomas Léger, "Payment Mechanism and GP Self-selection: Capitation versus Fee for Service," *International Journal of Health Economics and Management*, 14 (2), 2014.

[2] Alexander S. Preker, Xinzhu Liu, Edit V. Velenyi, Enis Baris (eds.), *Public Ends, Private Means: Strategic Purchasing of Health Services*, The World Bank, 2007.

[3] World Bank, *Health Provider Payment Reforms in China: What International Experience Tells Us*, World Bank, 2010.

[4] Hong Wang, Licheng Zhang, Winnie Yip, William Hsiao, "An Experiment in Payment Reform for Doctors in Rural China Reduced Some Unnecessary Care But Did Not Lower Total Costs," *Health Affairs*, 30 (12), 2011.

[5] 杨燕绥、胡乃军、陈少威:《中国实施DRGs的困境和路径》,《中国医疗保险》2013年第5期;Weiyan Jian, Ming Lu, Kit Yee Chan, Adrienne N Poon, Wei Han, Mu Hu, Winnie Yip, "Payment Reform Pilot in Beijing Hospitals Reduced Expenditures and Out-Of-Pocket Payments Per Admission," *Health Affairs*, 34 (10), 2015。

付水平的提高，医保局的谈判能力大幅度提高，医保支付制度改革上的地方创新有望蓬勃。

（三）从政府单方行政定价到多方市场谈判定价：价格管制改革与医药产业的发展

依照国务院机构改革意见的指引，国家医保局的第四、五项职能分别为"组织制定和调整药品、医疗服务价格和收费标准"和"制定药品和医用耗材的招标采购政策并监督实施"，这意味着价格体制与药品集中招标采购体制改革将成为各地医保局未来的重要工作内容之一。鉴于后者在很大程度上也属于价格管制的一种实践，因此两者的改革密不可分。从政府单方行政定价到多方市场谈判定价，一方面是国家发改委业已确定的医疗服务价格体制改革的方向，另一方面也可为药品集中招标采购制度的重建奠定基础。

医保局价格体制改革的未来走向，可以在2017年11月11日国家发改委发布的《关于全面深化价格机制改革的意见》（发改价格〔2017〕1941号）找到指引。该文件一方面提出继续巩固药品和耗材零加成政策并对医疗服务项目的定价水平实施大范围的调整；另一方面提出要逐步缩小政府定价范围，建立基于多方谈判形成医保支付价的新机制。这预示着价格体制改革的两个方向，前者并没有触动既有的价格管制，只是在既有管制框架中对于行政定价的水平进行调整，可简称为"行政调价"，后者则意味着在推进医保支付改革的同时建立了全新的价格形成机制。

要了解全新价格形成机制的原委，必须对既有的医药价格制度加以准确的界定。如图16-2所示，医疗供给侧所呈现的"行政型市场化"格局，其重要特征之一在于医疗服务项目以及药品的价格受到严格的管制。事实上，所有公立和民营非营利性医院医疗服务中可收费项目的目录，由国家卫生行政部门发布，而其具体价格由各省发改委物价局制定，地级市物价局有5%的调整权限。尽管药品的生产和销售早已市场化，但公立和民营非营利性医疗机构对药品的采购和销售（使用）受到多重多层价格管制的制约。

其中，第一层管制是国家发改委长期对大部分药品实施最高零售限价管制，这属于国际管制经济学学界所界定的价格帽管制，但这一管制在2014年终止。第二层管制，政府通过省级卫生行政部门主导的药品集中招标制度对公立和民营非营利性医院的用药实施二次市场准入管制（国家药监局对药品上市实施一次市场准入管制）和进货价管制。第三层管制是政府对所有公立和民营非营利性医院实施药品加成管制，即这些医疗机构的药品销售价限定为进货价的115%。这在国际上属于"收益率或加成率"的范畴。自2015年开始，政府运用行政手段在全国基层公立医疗机构和公立医院中推行药品零差率政策。这实际上是一种特殊的加成率管制措施，而这一措施实施的客观效果使药品集中招标制度演变成为药品行政定价制度，即中标价等于销售价。医疗服务项目和药品的行政定价制度统一起来，只不过行政定价制度的执行者分属两个行政机构，一个是各省发改委物价局，另一个是各省由卫生行政部门所主导的药品招标办。

对于价格管制的研究，包括有关医疗服务从行政定价到行政调价的研究和药品多重多层价格管制的研究，在学术上属于管制经济学的范畴。尽管价格管制的市场扭曲效应在微观经济学早已有了定论，似乎并不值得深入研究。其实不然。首先，尽管其效果并不理想，但医疗服务和医药市场的价格管制依然普遍存在，而且政府实施医药价格管制多有一定的民意基础，在医疗行业内也颇有一些支持者，[1] 这说明经济学的定论并未成为公共认知，更谈不上公共选择；其次，价格管制在不同行业所产生的市场扭曲效应表现为不同的现象，而且不同的价格管制措施也会引致不同的扭曲现象，医疗产业中很多扭曲现象的出现有着深刻的管制性根源，而有关的学术研究并不充分，这也对政府和公众的认知产生负面影响；再次，由于各地在不同时期的价格管制措施不同，以及价格管制所嵌入的制度环境和历史背景不同，管制效果自然有所不同，这导致有关价格管制扭曲性效应的理论和经验研究远未达成共识。[2]

学界早已认识到，医药服务供求各方的价格谈判机制的形成需要行政机构、市场组织和社会组织的多方参与，[3] 在此过程中，行政机制、市场机制和社群机制互补嵌入性的制度化至关重要。与此同时，由于价格谈判

---

[1] Gerard Anderson, Bradley Herring, "The All-Payer Rate Setting Model for Pricing Medical Services and Drugs," *American Medical Association Journal of Ethics*, 17 (8), 2015.

[2] Elise Coudin, Anne Pla, Anne-Laure Samson, "GP responses to Price Regulation: Evidence from a French Nationwide Reform," *Health Economics*, 24 (9), 2015.

[3] 何文炯、杨一心：《基本医疗保险治理机制及其完善》，《公共管理学报》2017年第2期；胡晓毅、詹开明、何文炯：《基本医疗保险治理机制及其完善》，《学术研究》2018年第1期。

需要对基本医疗服务和基本医疗保险的大数据进行分析,专业性数据分析和咨询机构的参与也是不可或缺的,而这类机构既有可能是营利性公司,也有可能是非营利性组织,或者是公共部门中的分支机构。多方参与的价格谈判机制如何形成,这必将是医保局的重要工作内容之一。

一旦行政定价被多方谈判定价所取代,既有行政化药品集中招标制度将进入历史,取而代之的药品购销模式是一种政府监管下的市场化药品集中采购新体制。在这种新体制中,医保局一方面主导制度建设,另一方面推动集中招标平台建设,而平台的运营既可以外包给营利性的市场组织,也可以委托给非营利性的社会组织,各类医学-药学专业学会和医药行业协会在药品集中采购中也扮演专业信息支持的角色。当然,另一种可能的走向是各地医保局自己扮演药品集中招标采购者的角色;换言之,药品集中招标采购走上再行政化之路。所有这些,对于其他原来投入品(如耗材和器械)购销的治理,也是适用的。随着新的价格机制的形成,既有行政化的药品集中招标就将完成其历史使命,新的药品采购制度将形成,无论其制度模式走向分散化的市场化之路还是集中化的再行政化之路,医药商业领域中某些顽疾(如市场集中度不高等)也将不治而愈。

结 论

医保局的建立标志着中国新医改进入新时代,医疗需求侧改革将走向去碎片化,供给侧改革将走向去行政化。

首先,医保局将推动医保公共预算制度的建立,通过筹资体制、给付结构、经办模式的重构,将既有碎片化的基本医疗保障体系整合为以省为单位的单一付费者体系。以省为单位组建医保局,大力推动医保的省级统筹,有望破解既有医疗保障体系碎片化所带来的种种问题。同时,医保覆盖目录(尤其是药品目录)更新的常态化和制度化、门诊统筹纳入基本医疗保障、医保经办机构的整合等微观改革,具有广泛和深远的宏观意义。

其次,医保局将大力推动医保支付改革的规范化与制度化,从而加快重构医疗供给侧的激励结构,让医疗机构有更高的积极性为参保者提供性价比高的医药服务。医保局的建立为医保支付改革走向全面制度化奠定了组织基础。同时，随着省级单一付费者体系的建立和医保支付水平的提高，各省医保局的谈判能力将会大幅度提高。在门诊统筹中实施按人头付费和在住院服务中普及按疾病诊断组付费，是医保支付改革近期内的重点。

最后，医保局将推动价格体制改革，并在此基础上重建药品集中采购制度。从政府单方行政定价到多方市场谈判定价，是业已确定的价格体制改革的方向。医保局在探索价格体制改革路径的同时，拥有了重建药品－器械－耗材集中采购制度的契机。既有的行政化集中招标制度将走入历史，代之以政府监管下的采购新体制。在这一新体制中，政府在制度建设和监管上发挥主导作用，并推动市场机制和社群机制发挥积极作用，让市场组织和社会组织（专业学会和行业协会）在交易平台建设与运行以及信息提供和自我监管等方面扮演主角，大力促进医药商业市场格局的大转变。当然，另一种可能是医保局全盘接收药品集中采购，在特定区域内以公立医院和民办非营利性医院大宗药品的唯一购买者，与医药企业展开市场博弈。

医保局的建立及其在医疗需求侧和供给侧推动的改革，是医疗事业公共治理创新和国家治理体系现代化的重要实践，具有重要的战略意义。治理创新的核心是调整医疗领域中政府—市场—社会的关系并推动政府职能的转型。行政力量通过行政机制在制度建设和组织保障中发挥主导作用，并且在增进市场、激活社会上发挥能力促进和帮扶助长作用，对于公共治理的创新是至关重要的。

参考文献

〔美〕埃莉诺·奥斯特罗姆：《公共事物的治理之道：集体行动制度的演进》，余逊达等译，上海译文出版社，2012。

〔英〕安东尼·吉登斯：《第三条道路——社会民主主义的复兴》，郑戈译，北京大学出版社，2000。

〔美〕保罗·皮尔逊：《福利制度的新政治学》，汪淳波译，商务印书馆，2004。

〔美〕丹尼斯·C.穆勒：《公共选择理论》第三版，韩旭、杨春学等译，中国社会科学出版社，2010。

〔英〕蒂莫西·贝斯利：《守规的代理人：良政的政治经济学》，李明译，上海人民出版社，2009。

顾昕：《全民医保的新探索》，社会科学文献出版社，2010。

顾昕、高梦滔、姚洋：《诊断与处方：直面中国医疗体制改革》，社会科学文献出版社，2006。

何文炯、徐林荣、傅可昂、刘晓婷、杨一心：《基本医疗保险"系统老龄化"及其对策研究》，《中国人口科学》2009年第2期。

何子英、郁建兴：《走向"全民健康覆盖"——有效的规制与积极的战略性购买》，《浙江社会科学》2017年第2期。

〔美〕莱斯特·M.萨拉蒙：《政府工具：新治理指南》，肖娜译，北京大学出版社，2016。

〔美〕莱斯特·萨拉蒙：《公共服务中的伙伴：现代福利国家中政府与

非营利组织的关系》，田凯译，商务印书馆，2008。

吕炜：《我们离公共财政有多远》，经济科学出版社，2005。

〔英〕马丁·鲍威尔主编《理解福利混合经济》，钟晓慧译，北京大学出版社，2011。

〔加〕米什拉：《社会政策与福利政策：全球化的视角》，郑秉文译，中国劳动社会保障出版社，2007。

钱信忠：《中国卫生事业发展与决策》，中国医药科技出版社，1992。

王思斌：《我国适度普惠型社会福利的建构》，《北京大学学报》（哲学社会科学版）2009年第3期。

文雁兵：《改革中扩张的政府支出规模：假说检验与政策矫正》，《经济社会体制比较》2016年第2期。

〔匈〕雅诺什·科尔奈：《社会主义体制：共产主义政治经济学》，张安译，中央编译出版社，2007。

杨灿明、孙群力：《外部风险对中国地方政府规模的影响》，《经济研究》2008年第9期。

〔美〕伊曼纽尔·萨瓦斯：《民营化与公私部门的伙伴关系》，周志忍等译，中国人民大学出版社，2002。

臧文斌、赵绍阳、刘国恩：《城镇基本医疗保险中逆向选择的检验》，《经济学（季刊）》2012年第1期。

张欢：《中国社会保险逆向选择问题的理论分析与实证研究》，《管理世界》2006年第2期。

〔英〕朱利安·勒·格兰德：《另一只无形的手：通过选择与竞争提升公共服务》，韩波译，新华出版社，2010。

Alan Peacock, Alex Scott, "The Curious Attraction of Wagner's Law", *Public Choice*, 102 (1), 2000.

AlexanderPreker, April Harding (eds.), *Innovations in Health Service Delivery: The Corporatization of Public Hospitals*, World Bank, 2003.

Alexander S. Preker, Xinzhu Liu, Edit V. Velenyi, Enis Baris (eds.), *Public Ends, Private Means: Strategic Purchasing of Health Services*, The World Bank, 2007.

Anthony Hall, James Midgley, *Social Policy for Development*, Sage Publications, 2005.

Antony Davies, "Human Development and the Optimal Size of Government", *Journal of Socio – Economics*, 38 (2), 2009.

Arye L. Hillman, *Public Finance and Public Policy: Responsibilities and Limitations of Government*, Cambridge University Press, 2009.

Bernardin Akitoby, Benedict Clements, Sanjeev Gupta, "Public Spending, Voracity, and Wagner's Law in Developing Countries", *European Journal of Political Economy*, 22 (4), 2006.

Charles Wolf, Jr., *Markets or Governments: Choosing between Imperfect Alternatives*, 2nd edition, The MIT Press, 1993.

ChristopherHoward, *The Hidden Welfare State: Tax Expenditures and Social Policy in the United States*, Princeton University Press, 1999.

Dani Rodrik, "Why Do More Open Economies Have Bigger Governments?" *Journal of Political Economy*, 106 (5), 1998.

Edward X. Gu, "Beyond the Property Rights Approach: Welfare Policy and the Reform of State – owned Enterprises in China, 1978 – 1998," *Development and Change*, 32 (1), 2001.

Evelyne Huber, John D. Stephens, *Development and Crisis of the Welfare State: Parties and Policies in Global Markets*, University of Chicago Press, 2010.

GeoffreyBrennan, James M. Buchanan, *The Power to Tax: Analytical Foundations of a Fiscal Constitution*, Cambridge University Press, 1980.

Gøsta Asping – Anderson, *The Three Worlds of Welfare Capitalism*, Princeton University Press, 1990.

Ian Holliday, "Productivist Welfare Capitalism: Social Policy in East Asia," *Political Studies*, 48 (4), 2000.

James Midgley, "Developmental Social Policy: Theory and Practice", *Asian Journal of Social Policy*, 2 (1), 2006.

Jeff Madrick, *The Case for Big Government*, Princeton University Press, 2009.

Joseph P. Newhouse, "Cream Skimming, Asymmetric Information, and a Competitive Insurance Market," *Journal of Health Economics*, 3 (1), 1984.

J. Rogers Hollingsworth, Robert Boyer (eds.), *Contemporary Capitalism:*

The Embeddedness of Institutions, Cambridge University Press, 1997.

Junqiang Liu, Tao Chen, "Sleeping Money: Investigating the Huge Surpluses of Social Health Insurance in China," *International Journal of Health Care Finance and Economics*, 13 (3), 2013.

Karl Polanyi, *The Great Transformation: The Political and Economic Origins of Our Time*, Beacon Press, 2001 (1965).

Livio Di Matteo, *Measuring Government in the Twenty-first Century: An International Overview of the Size and Efficiency of Public Spending*, The Fraser Institute, 2013.

Neil Gilbert, Barbara Gilbert, *The Enabling State: Modern Welfare Capitalism in America*, Oxford University Press, 1989.

Neil Gilbert, *Transformation of the Welfare State: The Silent Surrender of Public Responsibility*, Oxford University Press, 2002.

Nicholas Barr, *Labor Markets and Social Policy in Central and Eastern Europe: The Transition and Beyond*, Oxford University Press, 1993.

Nicolas Barr, *Economics of the Welfare State*, 5th edition, Oxford University Press, 2012.

Nita Rudra, Stephan Haggard, "Globalization, Democracy, and Effective Welfare Spending in the Developing World", *Comparative Political Studies*, 38 (9), 2005.

Peter H. Lindert, *Growing Public: Social Spending and Economic Growth since the Eighteenth Century*, Vol. I: *The Story*; Vol. 2: *Further Evidence*, Cambridge University Press, 2004.

Richard A. Musgrave, Peggy Boswell Musgrave, *Public Finance in Theory and Practice*, 5th edition, McGraw Hill Higher Education, 1989.

Robert J. Barro, "Government Spending in a Simple Model of Endogenous Growth", *Journal of Political Economy*, 98 (5), 1990.

Stephan Haggard, Robert R. Kaufman, *Development, Democracy and Welfare States: Latin America, East Asia, and Eastern Europe*, Princeton University Press, 2008.

VitoTanzi, *Government versus Market: The Changing Economic Role of the State*, Cambridge University Press, 2011.

VitoTanzi, Ludger Schuknecht, *Public Spending in the 20th Century: A Global Perspective*, Cambridge University Press, 2000.

Wallace E. Oates, "Searching for Leviathan: An Empirical Study," *American Economic Review*, 75 (4), 1985.

Walter W. Powell, Elisabeth S. Clemens (eds.), *Private Action and the Public Good*, Yale University Press, 1998.

William D. Berry, David Lowery, "The Measurement of Government Size: Implications for the Study of Government Growth", *The Journal of Politics*, 46 (4), 1984.

William J. Baumol, *The Cost Disease: Why Computers Get Cheaper and Health Care Doesn't*, Yale University Press, 2012.

World Health Organization, *The World Health Report* 2000: *Health Systems, Improving Performance*, World Health Organization, 2000.

World Health Organization, *The World Health Report* 2008: *Primary Health Care Now More than Ever*, World Health Organization, 2008.

图书在版编目（CIP）数据

公共财政转型与社会政策发展/顾昕著.--北京：社会科学文献出版社，2021.4
ISBN 978-7-5201-8059-7

Ⅰ.①公… Ⅱ.①顾… Ⅲ.①公共财政-研究-中国 ②社会政策-研究-中国 Ⅳ.①F812 ②D601

中国版本图书馆CIP数据核字（2021）第041271号

公共财政转型与社会政策发展

著　　者 / 顾　昕
出 版 人 / 王利民
责任编辑 / 黄金平

出　　版 / 社会科学文献出版社·政法传媒分社（010）59367156
　　　　　地址：北京市北三环中路甲29号院华龙大厦　邮编：100029
　　　　　网址：www.ssap.com.cn
发　　行 / 市场营销中心（010）59367081　59367083
印　　装 / 三河市尚艺印装有限公司
规　　格 / 开　本：787mm×1092mm　1/16
　　　　　印　张：22.25　字　数：360千字
版　　次 / 2021年4月第1版　2021年4月第1次印刷
书　　号 / ISBN 978-7-5201-8059-7
定　　价 / 128.00元

本书如有印装质量问题，请与读者服务中心（010-59367028）联系

▲ 版权所有 翻印必究